FRIHET, LIKHET, BRORSKAP:

kapitalismen i teori og praksis

Av samme forfatter:

Filosofi: en innføring
(Kontekst forlag 1991)

Fornuft, egoisme, kapitalisme: essays om Ayn Rand
(Kontekst forlag 2003)

Forteljingas pedagogikk: folkediktning før og no
(Sammen med Lis K. Andersen og Johan Einar Bjerkem,
Gyldendal norsk forlag 2003)

Frihet, likhet, brorskap: kapitalismen i teori og praksis
(Kontekst forlag 2004, ny utgave 2021)

Krig, fred, religion og politikk
(Kontekst forlag 2015)

Saysiansk økonomi
eller en introduksjon til politisk økonomi basert på teoriene til
Jean-Baptiste Say
(Kolofon forlag 2017)

Vegard Martinsen er også bidragsyter til disse bøkene:

Når fremtiden nekter å vente
(Red. Torbjørn Røe Isaksen, Unge Høyre 2002)

Vivo: lærerens bok
(Red. Elen Egeland mfl., Gyldendal 2010)

Grunnlov og frihet: turtelduer eller erkefiender?
(Red. Jørn K. Baltzersen, Kolofon forlag 2017)

FRIHET, LIKHET, BRORSKAP:

kapitalismen i teori og praksis

Utvidet utgave

av

Vegard Martinsen

Kontekst forlag 2021

FRIHET, LIKHET, BRORSKAP: kapitalismen i teori og praksis

Utvidet utgave

Kontekst forlag

Oslo

ISBN 978-82-91106-08-3

Innhold

Forord

De aller fleste ønsker et samfunn preget av de verdiene som ble uttrykt i kampropet fra den franske revolusjon: «Frihet, likhet, brorskap!» Min overbevisning er at dette idealet kun kan gjennomføres dersom enkeltmennesker har frihet til å handle på alle fredelige måter, og at de holdes ansvarlige – både moralsk, juridisk og økonomisk – for sine handlinger. Samfunnet må med andre ord organiseres i samsvar med full individuell frihet, dvs. som et laissez-faire-kapitalistisk samfunn.

Dette forutsetter igjen en bred aksept i kulturen av rasjonelle ideer som individualisme, fornuft og rasjonell egoisme. Disse verdiene står svakt i dag; ideer som uttrykker de motsatte verdier dominerer, og samfunnet beveger seg da naturlig nok i retning av mindre individuell frihet, mer politikerstyring, mer kriminalitet, økende sosial avmakt, osv. For å forsøke å begrunne og klargjøre dette har jeg i de siste år holdt endel foredrag og skrevet endel artikler. Noen av disse artiklene og foredragene er samlet i denne boken. (Alle er oppdatert i forhold til første publisering.) Selv om mange av artiklene tar for seg en konkret problemstilling, illustrerer de allikevel prinsipper som det vil være nyttig å kjenne til også hvis den konkrete saken hadde vært foreldet.

Dessverre ser det ut til at de konkrete sakene som omtales fortsatt er aktuelle.

Innholdet i denne boken bør sees i sammenheng med innholdet i mine to tidligere bøker *Filosofi: en innføring* og *Fornuft, egoisme, kapitalisme: essays om Ayn Rand.* Siden alle artiklene ble skrevet for å stå alene, er det uunngåelig at det i en samling som denne vil bli en del overlappinger.

I den perioden jeg har arbeidet med disse artiklene har jeg hatt utbytte av samtaler og diskusjoner med en rekke personer, og de takkes herved: Tomm Arntsen, Andreas Aure, Knut Eirik Braaten, Tore Bøckmann, Sindre Duedahl, Dag Inge Fjeld, Arne Jørgensen, Per Arne Karlsen, Jan Karlstrøm, Inger Lazzeri, Scott McConnell, Knut Mønnesland, Karl Martin Mertens, Kjell Ramstad, Niclas G.R. Ransted-Jøranli, Hanna Cecilie Skurdal, Inge Simon Thorbjørnsen, Harald Waage. Ingen av disse er nødvendigvis enige i de synspunkter jeg gir uttrykk for her.Under arbeidet med denne samlingen har jeg hatt god hjelp av Inger Lazzeri og Tomm Arntsen, og de takkes spesielt.

Alle feil som boken allikevel måtte inneholde er dog fullt og helt kun undertegnedes ansvar.

Oslo, februar 2004
V.M.

Denne nyutgaven inneholder to nye artikler om DLFs historie; den ene skrevet av Trond Johansen, som var leder i DLF fra 1997 til 2001, den andre skrevet av undertegnede. Artikkelen «Islam: den ellevte landeplage» er noe utvidet i forhold til første publisering. De andre artiklene er i all hovedsak uforandret i forhold til første utgivelse, men noen feil er rettet, det er foretatt noen presiseringer, og i et par tilfeller er det satt inn fotnoter som inneholder nye vurderinger.

Oslo, juli 2021
V.M.

Innledning

Kapitalismen er et samfunnssystem som innebærer at statens oppgaver kun er primæroppgavene politi, rettsvesen og militært forsvar. Kapitalismen er altså noe helt annet enn det politiske system som finnes i Vesten i dag. For å presisere at man med uttrykket kapitalisme ikke mener dagens system i Vesten, benytter man iblant uttrykket laissez-faire-kapitalisme.

Alle vestlige samfunn i dag har en stat som i tillegg til de primære, legitime oppgavene, har tatt på seg et utall andre oppgaver. Staten (eller kommunen) driver skole, helsevesen, pensjons- og trygdeordninger, likestillingsarbeid, forskning og distriktsutbygging. Videre, staten gir økonomisk støtte til alle typer bedrifter og virksomheter, og til de fleste enkeltindivider. For å finansiere dette er alle tvangsmessig underlagt en høy beskatning, og all økonomisk aktivitet er underlagt en enorm mengde tvangsmessige restriksjoner (konsesjonsordninger, produksjonskvoter, rapporteringsplikt, osv). Skattenivået er blitt kolossalt høyt; i Norge betaler mange innpå 70 % av det de tjener til det offentlige i samlede skatter og avgifter. For å håndtere alle oppgavene som det offentlige har tatt på seg har det utviklet seg et kolossalt byråkrati og et enormt skjemavelde. Resultatet er blitt et gjennomregulert samfunn hvor staten disponerer en stor del av de verdiene som skapes, og hvor pressgrupper forsøker å grafse til seg mest mulig av «samfunnskaken». Folk er blitt mer og mer hensyns-løse i alle sammenhenger, kriminaliteten øker, og politikerforakten når stadig nye høyder. Kvaliteten på det offentlige tilbudet synker jevnt og trutt. Deltagelsen ved valg synker stadig*, og det er tydelig at folk i stadig større grad føler avmakt.

Vi har altså et samfunn som i svært liten grad er preget av ønsket fra den franske revolusjon om «frihet, likhet, brorskap». Men hvordan kan kapitalismen gi oss frihet, likhet og brorskap? For å besvare dette må vi først klargjøre hva disse ordene betyr.

---

* Den har dog øket noe etter at dette ble skrevet.

Frihet

Hva er frihet? Dette er et positivt ord, et ord som betegner en tilstand som praktisk talt alle sier de er tilhengere av. «Frihet» benyttes i mange ulike sammenhenger: man kan si at man føler seg fri når man har løsrevet seg fra uønskede konvensjoner eller forventninger, men her skal vi se på «frihet» som et begrep som hører hjemme i politisk filosofi.

La oss da i utgangspunktet definere begrepet «frihet» ved å si at frihet er retten til å bestemme selv. Man er fri hvis man kan handle på basis av egne valg, man er ikke fri hvis andre bestemmer hva en skal gjøre. Begrepet må heller ikke være selvmotsigende, dvs. det må ikke inneholde innbyrdes motstridende elementer: man kan ikke si at noen mennesker er frie hvis den tilstanden de er i innebærer en krenkelse av andre menneskers frihet.

Et opplagt og nærliggende eksempel på en krenkelse av frihet er tvungen militærtjeneste: å bli tvunget til å avtjene verneplikt er selvsagt ikke i samsvar med retten til å bestemme selv. Men er det i samsvar med frihet at man må betale for å spise og bo? Alle må jo spise og alle må jo bo – og kan man være fri når man er «tvunget» til å betale for dette?

Nå er det slik at dersom man går ut i skogen (dvs. til et område ingen eier), så kan man spise og bo der uten å betale for det. Da må man leve av det man finner eller kan dyrke selv, og tilværelsen vil være svært kummerlig; man må leve av markens grøde. De aller fleste vil nok foretrekke å bo i et samfunn og der kjøpe det man trenger. Bor man altså i en leilighet og skaffer seg mat fra butikken, så er det slik at disse tingene – leiligheten og matvarene – er produsert av noen: noen har arbeidet for å skape disse tingene. Grunnen til at de har gjort dette, er at de har forventet å få noe tilbake. Mao. bakeren har bakt brødet og snekkeren har bygget leiligheten, og de har sagt: «den som gir oss x kr kan få overta dette». Man kan da velge å ta i mot tilbudet eller la være. Poenget her er at det ikke er en krenkelse av noens frihet om de må betale for å spise og bo. Det som ville ha vært en krenkelse av snekkerens og bakerens frihet var hvis noen hadde sagt til dem at «NN har krav på mat og hus, og derfor må dere produsere det og forære det til NN uten å få noe tilbake» – da måtte i så fall snekkeren og bakeren tvinges til å jobbe og gi bort det de produserer, og dette er en krenkelse av deres frihet.

Det skulle være klart at den som sier at frihet innebærer at man skal ha gratis livsnødvendigheter som f.eks. mat og hus, begår en selvmotsigelse. «Friheten» til å slippe å betale for mat og hus innebærer en krenkelse av snekkerens og bakerens frihet.

Hva så med utsagn om at «den fattige er ikke fri»? Den fattige kan ikke bo i en fin leilighet eller spise på flotte restauranter – er ikke dette en restriksjon på hans frihet? Nei, den fine leiligheten og den flotte restauranten er igjen resultater av menneskers arbeid, og disse menneskene vil ha noe igjen for det arbeid de har utført. Det er korrekt at den fattige har mindre makt enn den rike (makt er definert som evnen til å tilfredsstille sine ønsker), og det er klart at den rike har langt større muligheter enn den fattige til å tilfredsstille sine ønsker. Den rike har mer makt enn den fattige, men de kan være like frie.

Frihet betyr altså selvbestemmelse for individer. Frihet betyr fravær av tvang. Alle forestillinger om frihet som avviker fra dette er selvmotsigende, og derfor ugyldige. Kapitalismen er et system som er basert på fravær av tvang, og kapitalismen er derfor det eneste system som er i samsvar med frihet.

Så vil noen kanskje spørre: har ikke vi i Vesten stor frihet i dag? Vi kan si hva vi vil – vi har ytringsfrihet. Vi kan reise hvor vi vil – vi har bevegelsesfrihet. Vi har et stort tilbud av varer og tjenester – vi har mange valgmuligheter. Har vi ikke derfor stor frihet i dag?

Disse påstandene er korrekte, og de nevnte friheter er viktige. (Stor velstand og mange valgmuligheter er dog ikke det samme som frihet.) Men når det offentlige gjennom skatter og avgifter forsyner seg av 70 % av de flestes inntekt, så har man liten frihet til å disponere det man tjener. Bruken av private eiendommer er også underlagt omfattende offentlige reguleringer, så man kan trygt si at privatpersoner har liten frihet i dag. Også de næringsdrivende har svært liten frihet. Den som vil starte eller drive en bedrift er underlagt en kolossal mengde reguleringer, bestemmelser, skatter og avgifter, og disse fører til et enormt merarbeid: entreprenører må jobbe ekstra for å sette seg inn i offentlige bestemmelser, fylle ut skjemaer, sørge for at regler følges, og de må betale store beløp i skatter og avgifter til det offentlige. Dette gjør det umulig å drive bedrifter på en effektiv måte. Dessuten finnes det enkelte varer og tjenester som det er nærmest forbudt for private entreprenører å tilby, f.eks. innen helsemarkedet. Siden produksjonen av varer og tjenester, som vår velstand er et resultat av, da blir ineffektiv, er dette svært skadelig. Når staten legger hindringer i veien for produksjon og verdiskapning, vil dette etter hvert føre til at verdiskapningen stagnerer, og da vil velstanden synke, noe som selvsagt vil være negativt for alle.

I et kapitalistisk samfunn er det ingen restriksjoner på verdiskapning – det er ingen offentlige skjemaer man må fylle ut, det er ingen skatter og avgifter man må betale, det er ingen statlige produksjonskvoter man må overholde, det er ingen tillatelser som man må vente i månedsvis på å få, det er ingen restriksjoner som gjør at bedrifter ikke kan ansette dyktige folk eller si opp udugelige ansatte, det er ingen obligatorisk likestillingspolitikk som må følges, det er ingen konsesjonsordninger, osv. Alle de nevnte statlige påbudene er restriksjoner på næringslivets frihet, og dette viser at det for næringslivet ikke finnes frihet i dag. Kun kapitalismen er uten restriksjoner på verdiskapning, dvs. kun kapitalismen innebærer frihet for næringslivet.

Hvis vi oppsummerer denne diskusjonen kan vi si at frihet er fravær av tvang, noe som er det samme som respekt for individers rettigheter. (Her menes rettigheter slik de ble definert i tradisjonen etter John Locke.) En person er fri dersom han ikke utsettes for tvang fra andre mennesker. Et samfunn er fritt dersom staten ikke initierer tvang overfor sine innbyggere, og dersom den på en effektiv måte arbeider for å beskytte innbyggernes rettigheter mot de som initierer tvang, dvs. kriminelle.

Men det finnes en annen betydning av «frihet»: Hovedpersonen i Dostojevskis roman *Kjellermennesket* hevdet at han ikke kunne være fri så lenge han var tvunget til å godta slike ting som at 2+2=4. Til denne type innvendinger vil jeg si at det er kun andre mennesker som kan utsette en for tvang, virkeligheten tvinger oss ikke til noen ting. Virkeligheten må man bare godta slik den er, å akseptere virkeligheten innebærer ingen begrensning av ens frihet; det eneste som kan begrense ens frihet er tvang fra andre mennesker. (Man kan selvsagt forsøke la være å rette seg etter virkeligheten, men dette vil naturligvis ende med forferdelse.) Mitt syn er at ethvert menneske bør leve i frihet, og at

12

enhver har et moralsk krav på å være fri. Dette gjelder for de som ikke initierer tvang overfor andre. Den som initierer tvang overfor andre skal straffes av staten, f.eks. ved at vedkommende settes i fengsel.

Likhet

Hva så med likhet? Hva er sammenhengen mellom frihet og likhet? Før den franske revolusjon hadde adelen særfordeler; adelsmenn var ikke underlagt de lover som gjaldt alle andre. For dem var det ingen straff for å krenke sine undersåtter. Kravet om likhet besto i et ønske om likhet for loven.

I et kapitalistisk system er det ingen som av kongen eller av Gud er gitt særfordeler, og siden lovverket kun har én oppgave: å beskytte alle individers frihet, så vil det være likhet for loven. Nå vil kanskje enkelte spørre om ikke likhet betyr at alle skal ha det like bra, dvs. ha den samme levestandard? Svaret på dette er Nei. Alle mennesker er forskjellige i evner, anlegg og interesser, og derfor vil deres arbeids- innsats bli forskjellig. De vil derfor bedrive verdiskapning i ulik mengde og av ulik kvalitet, og de vil derfor ha forskjellig levestandard. Enkelte som i dag mener at likhet betyr likhet i resultater, mener at da må staten bedrive utjamning ved progressiv beskatning og støtteordninger, men dette innebærer initiering av tvang, og er dermed som vi har sett i strid med prinsippet frihet. Vi må også innse at dersom staten, som i dag, i stor grad regulerer økonomien, vil svært mye virksomhet være avhengig av statlige tillatelser og godkjennelser. Dette åpner for korrupsjon og lobbyvirksomhet, og statlige tillatelser og løyver går til de som har best forbindelser innad i byråkratiet og til politikerne. Dette vil i praksis føre til at prinsippet om likhet for loven ikke blir fulgt. I et kapitalistisk system er det ingen offentlig regulering av næringslivet, alle kan på sin eiendom utøve hva de måtte ønske av fredelige aktiviteter, og derfor er det heller intet behov for å bestikke offentlige tjenestemenn til å innvilge søknader eller å gi tillatelser.

Brorskap

Hvordan skal man i et samfunn få gjennomslag for at folk skal behandle hverandre som brødre, dvs. på en vennlig, hjelpsom og hensynsfull måte? Det er fundamentalt sett to måter mennesker kan forholde seg til hverandre på: de kan bruke tvang overfor hverandre, eller de kan

13

forholde seg til hverandre på frivillig vis. Hvilken av disse vil man tro vil føre til respekt, velvilje og broderlighet? Dersom man organiserer samfunnet med initiering av tvang som et vesentlig element, vil folk i større og større grad bruke tvang, både personlig og gjennom staten, for å tilfredsstille egne ønsker. Dette vil innbære at man i større og større grad betrakter andre mennesker som om de har en plikt til å tilfredsstille ens egne ønsker. Når noen sier at «staten må gi meg større pensjon, billigere barnehave, bedre skole, støtte til bedriften jeg jobber i», så er de med på å tvinge andre mennesker til å jobbe gratis for å tilfredsstille sine egne ønsker. Alle må altså under en slik ordning betale mer og mer i skatt, dvs. de må i stadig større grad jobbe gratis for å tilfredsstille andres ønsker og behov. Det er vel ingen som tror at denne holdningen vil føre til at mennesker i økende grad vil betrakte hverandre på en broderlig måte. Hvis folk ikke kan bruke tvang ovenfor hverandre, må de forsøke å få i stand samarbeid på frivillig vis, og dette innbærer at man må tilby andre noe for å få noe igjen. Med andre ord: siden frivillige bytter kun skjer hvis begge involverte tjener på det, vil enhver handel føre til at alle involverte blir mer tilfredse. Dette vil føre til øket velvillighet mellom mennesker – dette vil føre til at brorskap blir en utbredt verdi. Altså: kun et system med frihet kan føre til et samfunn preget av likhet og brorskap. Med andre ord: frihet, likhet og brorskap kan kun gjennomføres i et kapitalistisk system.

Liberalismen

I Aftenposten *gikk det høsten 2003 en debatt om liberalismen. Blant deltagerne var kjente akademikere som Bernt Hagtvet og Stefán Snævarr. Flere aktive liberalister sendte innlegg til* Aftenposten, *men ingen av disse ble tatt inn. Her følger en noe utvidet versjon av det innlegg jeg sendte til* Aftenposten:

Innleggene i Aftenpostens debatt om liberalismen og det frie marked har hatt et sterkt varierende saklighetsnivå, og også underholdnings-verdien har vært blandet. Sist ute er professor Stefán Snævarr, som under tittelen «Markedet som djevel» 10/10-03 blant annet hevder at den norske kritikken mot liberalismen er forårsaket av en sosialdemokratisk ryggmargsrefleks. Det ser også ut som om Snævarr på de fleste punkter er uenig med de andre debattantene, som alle er sterke motstandere av det frie marked. Representativt for markedsmotstandernes saklighetsnivå er dessverre professor Bernt Hagtvets forestilling om at markedsliberalismen er vulgær, og Snævarrs oppsummerer treffende de hittil fremkomne poenger fra markeds-motstanderne med at «markedsliberalerne er onde og dumme». Det man uansett kan si er at det er en rekke fundamentale poenger som burde ha vært med i debatten, men som ingen har nevnt. Dette muligens fordi inntil dette innlegget har ingen liberalister deltatt – eller fått delta – i debatten.

Individets rettigheter

Til tross for at de fleste av debatt-deltagerne er professorer, er det lite i deres innlegg som tyder på at de har godt kjennskap til hva det frie marked er. La meg derfor kort med enkle ord forsøke å forklare dette. Utgangspunktet for liberalismen er å finne i John Lockes rettighetsteori.

Denne sier at hvert individ på sin eiendom kan produsere og handle som det selv ønsker, og statens eneste legitime oppgave er å beskytte individet, dets handlinger og resultatene av dem. Statens eneste legitime oppgave er altså kun å beskytte oss mot tyveri, ran, svindel, overfall, etc. Under liberalismen skal individers (lockeanske) rettigheter respekteres fullt ut, og staten skal derfor hverken gi tillatelser til produksjon/handel (i form av konsesjoner), eller regulere priser og arbeidsbetingelser – alt slikt skal avtales frivillig blant de som er direkte involvert. Liberalismens ideal er altså at mellommenneskelige forhold skal være frivillige.

Den fremste liberalistiske tenkeren i moderne tid, Ayn Rand, hevdet med styrke at den eneste måten individers rettigheter kan krenkes på, er ved initiering av tvang. Initiering av tvang er alltid et onde, fordi tvang fornekter menneskets evne til rasjonell tenkning; tvang fornekter altså den egenskap som gjør oss til mennesker. Å initierte tvang er med trusler om vold å påvirke en person til å handle annerledes enn det vedkommende selv foretrekker, og dette er å fornekte hans eller hennes tenkeevne – formålet med tenkning er å planlegge og å vurdere ulike handlingsalternativer. Tvinges et individ til å handle på en bestemt måte, tilsidesettes dets tenkeevne. Slik tvang reduserer også velstand og velvære, fordi folk under tvang må gjøre noe annet, og ifølge dem selv mindre nyttig, enn det de selv hadde foretrukket. Statlige reguleringer av økonomien består alltid av initiering av tvang: hvis man ikke følger myndighetenes påbud blir man ilagt straff i form av fengsel eller bøter.

Markedskreftene
Frihet – fravær av tvang – innebærer en fri markedsøkonomi, og den fremkommer altså som et resultat av full respekt for individets rettigheter. Dette innebærer at markedskreftene, som alle snakker så stygt om, ikke er annet enn summen av individers frivillige tilbud og etterspørsel. Som et eksempel på markedskreftenes «ødeleggende» virkning brukes ofte eksemplet med nærbutikken: markedskreftene gjør at den koselige nærbutikken legges ned og at vi isteden må handle i store, upersonlige shoppingsentre. Det kritikerne av markedskreftene ignorerer er at grunnen til at shoppingsentrene erstatter nærbutikkene er at folk frivillig velger å dra til shoppingsentrene heller enn å handle i nærbutikken.

De som vil hindre markedskreftenes «herjinger» ønsker gjerne at det offentlige skal subsidiere nærbutikkene: Tor Åge Bringsværd beskriver i sin ferske bok om London en gate som tidligere var omkranset av bokhandler, men «i stedet for bøker preges gaten [nå] av kaffebarer og fjollete souvenirbutikker ... Forstår man ikke at bokhandlenes husleier burde subsidieres av det offentlige...?» (s. 112).

16

Man må dog huske på at det offentlige ikke har andre penger enn de som tvinges inn fra folk i form av skatter og avgifter. Altså, ved å ønske statsstøtte til nærbutikken, ønsker man å tvinge folk til å betale inn til staten, og så skal staten bruke disse pengene til å støtte nærbutikkene. Det som da skjer er at staten med tvang overprøver folks egentlige preferanser: Folks egne handlinger sier at «vi vil ikke bruke pengene våre i nærbutikkene», staten sier: «da tvinger vi litt penger fra dere og bruker dem på nærbutikkene likevel». Liberalister vil si at dette både er umoralsk og ineffektivt.

Statlige støtteordninger betyr at staten tar penger fra folk for å bruke dem på en annen måte enn folk selv ville ha gjort. Slik er det med alle ordninger som skal «forbedre» de resultater som det frie marked fører til. I det frie marked blir det kanskje f.eks. liten bosetting i distriktene, men grunnen er at folk foretrekker å bo i sentrale strøk. Hva er det moralske i å tvinge penger fra folk – noe som ikke er annet enn å tvinge dem til å arbeide gratis – for så å bruke disse pengene på noe annet enn det folk selv foretrekker?

Liberalister mener at individer selv bør få bestemme over sine liv, og dette betyr at de selv skal få disponere sine eiendommer og sine inntekter. Vulgært, sier den selvutnevnte elite som vil tvinge penger fra folk for å bruke dem «bedre» en det folk selv gjør. Liberalister hevder at denne holdningen er uttrykk for en paternalistisk innstilling som er modne og anstendige mennesker uverdig.

Inngrep i økonomien

Markedsøkonomiens motstandere hadde dog hatt et poeng dersom inngrep i og regulering av økonomien hadde ført til øket velvære eller velstand. Men sannheten er at ethvert inngrep i og enhver regulering av økonomien skaper større problemer enn det løser. Dette vil da igjen føre til enda flere reguleringer, og disse vil igjen føre til enda større problemer, osv. I Norge har vi i dag tragisk nok ca 100 000 arbeidsløse, og dette er resultat av omfattende statlige reguleringer av næringslivet: hindringer av nyetableringer, kunstig høyt lønnsnivå, støtte- og trygdeordninger som gjør at mange ikke tjener mer på å jobbe enn på å motta støtte som arbeidsløs, osv. Videre er det slik at støtteordningene blir mer og mer kompliserte og uoversiktige: det sies om støtte-ordningene til norsk landbruk at de er blitt så kompliserte at selv

Vårherre har mistet oversikten. Og alle som så innslaget om det på TV2s nyhetssendning husker tidligere statsminister, tidligere finansminister og fagøkonom Jens Stoltenbergs kraftfulle beskrivelse av utregningsreglene for pensjoner: de var «totalt uforståelige».

At statlige reguleringer er av det gode er nærmest et aksiom for dagens intellektuelle. Og uansett hvilke negative resultater reguleringer fører til, blir skylden alltid lagt på kapitalismen/markedet/liberalismen. Nærmere undersøkelser vil imidlertid vise at det er de statlige reguleringer som forårsaker de store problemene. Ett eksempel: husleiene i Oslo er høye. Årsaken er at det er få boliger i Oslo. Hvordan skaffe billigere boliger? Selvsagt ved å fjerne de offentlige restriksjoner som hindrer boligbygging i Oslo, f.eks. ved å oppheve markagrensen. Isteden for å gjøre dette, fraskriver politikerne seg ansvaret og legger skylden på «bolighaier», og forsøker å løse problemene med tiltak som husleieregulering. Slike tiltak vil selvsagt ikke føre til at det blir bygget flere boliger, de vil kun presse bolighandelen over i mer og mer korrupte transaksjonsformer: handel vil da skje via bekjentskaper eller med penger under bordet.

I dag bemektiger det offentlige seg innpå 70 % av den inntekt mange har. Til tross for dette er de offentlige tilbudene innen viktige områder som undervisning, helsetjeneste og eldreomsorg ikke spesielt gode. Er det virkelig noen som tror at tilbudene blir bedre dersom andelen heves til 75 % eller 80 %?

Grunnen til at offentlige tilbud er av så dårlig kvalitet er at den som mottar tjenesten og den som betaler for den, ikke er den samme: alle mottar tjenester «gratis» fra det offentlige, og det offentlige betaler. I et fritt marked er den som mottar og den som betaler den samme, og da må tilbyder gi kvalitet eller miste sin kunde. I et system hvor det offentlige i praksis har monopol, kan ikke kunden velge, og da kan ikke tilbyder miste kunden. Da trenger tilbyder heller ikke legge så stor vekt på kvalitet.

Velferdsstaten

I utgangspunktet vil mange si at dagens system – velferdsstaten – er det ideelle system: vi betaler litt av det vi tjener til det offentlige, og så skal det offentlige til gjengjeld sørge for at vi får «gratis» skole, helsevesen, eldreomsorg, veier, spredt bosettingsmønster, etc. Men en slik ordning

18

har en rekke ulemper: det apparat man må opprette for å styre og forvalte vil ofte tiltrekke seg ikke personer som primært er opptatt av å tjene befolkningen, men personer som vil mele sin egen kake. Det er heller ingen grense for antall gode saker som det offentlige kan ta seg av, og dette betyr at det i dagens system blir flere og flere lover – eller ulover. Denne viltvoksende floraen av ulover fører til at det blir vanskeligere og vanskeligere å følge de legitime lovene, og resultatet blir at respekten for lov og rett synker. Ulovene fører også til økning i reell kriminalitet, som man for eksempel lett kan se har vært resultatene av forbudene mot alkohol og narkotika.

Dessuten vil innføringen av ulover påvirke politiets prioritering: f.eks. kan det skje at politifolk heller vil bruke tid på en razzia i en pornobutikk enn å etterforske reell kriminalitet som innbrudd og overfall. Den kjente maksime fra Frostatingsloven, «Med lov skal landet bygges, og ikke med ulov ødes», er meget treffende. Dessuten vil også i velferdsstaten byråkratiet bli større og større, og skattene vil bli høyere og høyere. Videre vil pengene som staten tar inn i betydelig grad ikke gå til å dekke reelle behov, men til de pressgrupper som roper høyest og er flinkest til å spille på media (typiske eksempler er forskningen om drivhuseffekten, eller at midler til astmaforskning for barn reduseres samtidig som midler til dåpsopplæring økes, noe som skjedde i forbindelse med statsbudsjettet for 2004).

Liberalister er klar over denne ødeleggende utviklingen, og vil hevde at systemet velferdsstat ikke er forenlig med et velferdssamfunn. «Det frie marked belønner kun de sterke» er en ikke uvanlig kritikk. Utsagnet forutsetter helt feilaktig at det er kun én form for styrke. Det frie marked belønner de som er dyktige til å produsere det som andre er villige til å kjøpe – de som blir rike er de som produserer det som mange finner nyttig. I en statlig gjennomregulert økonomi, derimot, som er det eneste alternativet til et fritt marked, belønnes ikke de dyktige produsentene, der belønnes de som er dyktige til å sno seg i jungelen av støtte- og reguleringsordninger. I en gjennomregulert økonomi blir de nyskapende sittende på offentlige venteværelser mens de forsøker å kjempe seg igjennom villnisset av skjemaer som må fylles ut og byråkrater som må blidgjøres. Resultatet av dette er selvsagt et økonomisk forfall.

Heller ikke må man glemme at hvis det offentlige skal ta seg av de svake (dvs. gi dem penger), så vil flere og flere grupper forsøke å få seg klassifisert som svake for derved å få mer av den såkalte felles-kaken. Da vil flere og flere ikke få sine inntekter ved å produsere noe som andre finner nyttig og er villige til å betale for, men ved å utgi seg for å være svake som ikke er i stand til å være verdiskapende. For å finansiere dette må skattene stadig økes, og siden det er de produktive som betaler skattene, betyr dette ikke annet enn at de produktive straffes og de ikke-produktive belønnes.

Velferdsstaten er altså slik at gode egenskaper; det å være produktiv; straffes, og negative egenskaper; det å være for svak til å kunne produsere; belønnes. Folk flest i dag ikke bare godtar dette, de støtter dette entusiastisk, selv om alle burde forstå at en slik politikk er ødeleggende i det lange løp. Årsaken til at folk godtar dette er at det som fundamentalt sett styrer mennesker er grunnleggende filosofiske ideer. Den ideen som er årsaken til dagens utvikling er en fundamental etisk holdning som innebærer at det som er moralsk er å gi avkall på egne verdier til fordel for de svake. Dette moralske idealet – altruisme, selvoppofrelse – er fullstendig godtatt i alle etablerte miljøer i dag, og er årsaken til at folk ikke bare finner seg i, men er tilhengere av, stadig høyere skatter og flere offentlige reguleringer; påskuddet for denne politikken er jo å hjelpe de svake.

Sannheten er at ved et omfattede system med støtteordninger blir de svake passivisert og over tid ødelagt – å gi offentlig hjelp til de svake er å gjøre dem en bjørnetjeneste. Det beste for de svake er å gi dem mulighet til å delta i arbeidslivet. Dette kan skje ved at man har en sterk grad av arbeidsdeling; dette fører til at det blir bruk for selv de mest sjeldne og de mest beskjedne talenter. Praktisk talt alle kan da ta del i den produktive virksomheten, og dette er nyttig for alle – jo flere som arbeider, jo større blir produksjonen og jo større blir velstanden. Denne utviklingen kan dog kun skje i et fritt marked.

Dessuten må alle de restriksjoner som holder folk ute fra arbeidslivet avvikles: statlige bestemmelser om arbeidstid og lønn, byråkrati og skjemavelde i forbindelse med alt fra etablering av nye virksomheter til ansettelser må avvikles slik at det blir enklere for folk å komme inn i arbeidslivet. Kun et fritt marked kan sikre at staten ikke innfører ordninger som stenger arbeidsføre mennesker ute fra arbeidslivet.

Man bør heller ikke se bort fra det faktum at mange er mindre forsiktige med andres penger enn med egne – man sløser lettere med «fellesskapets» penger enn med de pengene man selv har tjent ved egen innsats. Allerede Aristoteles observerte dette: «Det som eies i fellesskap er det ingen som tar vare på» (*Politikken,* bok 2, kap. 3). Man grøsser ved tanken på all den sløsing som forekommer når innpå 70 % av manges inntekter disponeres som om de «eies i fellesskap».

Og hvem er det som disponerer disse 70 %? Jo, våre politikere. Lite tyder på at de er spesielt dyktige til å «styre samfunnet». Men disse velges, og det de da er dyktige til er å drive valgkamp. Innpå tre fjerdedeler av manges inntekter disponeres altså av folk som i beste fall har ett talent: å drive valgkamp. Det eneste politikere virkelig kan er å gi tomme løfter og å bortforklare hvorfor de ikke har klart å løse de problemene de lovet å løse i forrige valgkamp.

Det er ikke overraskende at politikerforakten øker, at færre og færre stemmer ved valgene, og at avmakten og likegyldigheten sprer seg. Staten og politikerne burde være moralske idealer, men isteden er staten blitt en treg institusjon som de fleste betrakter som en vits, og politikerne betraktes som bortforklarende pratmakere blottet for tillit.

Allikevel ønsker eliten ved universitetene og i pressen å øke politikernes makt. Liberalistene, derimot, vil ta makten fra politikerne og gi den tilbake til folket. Dette kan kun skje ved å la hver enkelt selv få disponere sin inntekt og sin eiendom.

Her har jeg kort forsøkt å presentere noen få av de mange viktige poenger i liberalismen. Hvis noen på bakgrunn av det ovenstående vil beskrive oss liberalister som vulgære, onde og dumme, så får vi bare leve med det. Men vi føler oss ikke truffet. Snarere tvert imot.

Losing Ground

Publisert i Fremskritt 18. november 1987

I 1968 var 13 % av befolkningen i USA under den såkalte fattigdoms-grensen. Like før hadde president Johnson innledet sin «krig mot fattigdommen». I årene deretter ble det brukt millioner av dollar på forskjellige former for hjelp til de fattige, som f.eks. bostøtte, yrkesopplæring, skoleplasser, matkuponger, gratis medisinsk behandling, hjelp til ugifte mødre, osv. Resultatet av dette var at i 1980 var fremdeles 13 % av befolkningen under fattigdomsgrensen. I årene før Johnsons «war on poverty» var det praktisk talt ingen offentlig hjelp til de fattige, og da hadde andelen av fattige stadig sunket; i 1950 var 30 % under fattigdomsgrensen, i 1960 hadde tallet sunket til 22 % og i 1968 var tallet nede i 13 %. Denne heldige utviklingen stanset med en gang det offentlige begynte å bruke store beløp på å hjelpe de fattige.

Charles Murrays bok *Losing Ground: American Social Policy 1950-1980* gir en historisk fremstilling av amerikansk sosialpolitikk i årene før og etter krigen mot fattigdommen ble satt i gang. Murray, som har en Ph.D. fra Massachusetts Institute of Technology, har i en årrekke arbeidet med sosiale spørsmål ved American Institutes for Research. Boken har vakt stor oppsikt, ikke bare i USA, men også internasjonalt, den har fått bred omtale i både Time og Newsweek. I Norge er boken blitt ignorert, selvfølgelig.

Murray åpner boken med å fortelle at fattigdom ikke var noe problem i USA før 1962, det vil si, det var ikke et problem som forskere og politikere var særlig opptatt av. Forandringen skjedde i 1962, da Michael Harrington utga boken *The Other America*. Harrington påstod at det midt i blant velstående amerikanere fantes en stor, fattig befolkning, ca. 50 millioner mennesker, og at denne fattigdommen ikke ville bli mindre og mindre etter hvert. Harrington mente altså at fattigdommen var strukturell. Til tross for at boken brakte en del ukorrekte opplysninger, fikk den meget stor innflydelse på amerikansk politikk i årene deretter.

Tidligere holdninger til dette problemet hadde stort sett gått ut på at, for å sette det litt på spissen, «er du fattig, er det fordi du er lat». Etter 1962 var det umulig å mene dette. Nå var det samfunnet som

23

hadde skylden hvis du var fattig. «Det er ikke din skyld om du går på en dårlig skole eller bor i et dårlig strøk, det er ikke din skyld om du får barn uten å vite hvem faren er, og det er ikke din skyld om du gjør en pike gravid og så nekter å ta ansvaret for det.» Dette synet vant gjenklang hos politikerne, og de bestemte seg for å løse problemet. Politikerne gjorde som de alltid gjør når de vil løse problemer, de bevilget penger. Fra midten av 60-tallet brukte den amerikanske staten millioner av dollar for å hjelpe de fattige. Det overraskende resultatet var at det ikke hjalp. Etter 15 år var det ikke bare flere fattige, det så også ut som om hjelpen hadde gjort problemene større.

Først så Murray på endel nærliggende forklaringer på at antall fattige (i prosent) har holdt seg konstant. Er forklaringen at den amerikanske økonomien var i vekst frem til 1968 og stagnerte den deretter? Dette kan ikke være en korrekt forklaring, fordi i årene fra 1953 til 1959 hadde bruttonasjonalproduktet en gjennomsnittlig vekst på 2,7 % pr. år, mens økningen var på 3,2 % pr. år fra 1970 til 1979. Ligger forklaringen i demografiske forhold? Gjennomsnittsalderen i den amerikanske befolkningen har øket de siste årene, og siden gamle ofte har lave inntekter, kan dette kanskje gi en forklaring på at antallet fattige hadde øket. Men dette stemte heller ikke. Murray viser at dersom man ser helt bort fra de gamle, blir tendensen forsterket. Forklaringen måtte være en annen.

Ved å se nærmere på det statistiske materialet, fant Murray at de som ble voksne i årene omkring 1968 oppførte seg annerledes på en del områder enn deres foreldre hadde gjort da de ble voksne. Forskjellen var til og med markant hvis man så på eldre søsken til de som ble voksne rundt 1968. Murray sier det slik: «På grunn av alle støtteordninger som ble innført for å hjelpe de fattige, ble det lettere å greie seg uten å ha en jobb. Det ble lettere å la være å ta ansvar hvis man hadde gjort en pike gravid. Det ble lettere for en pike å ta seg av et barn uten å ha en mann. Det ble lettere å begå forbrytelser uten å bli tatt av politiet, det ble lettere å få tak i narkotika. (...) Fordi det ble lettere å greie seg uten arbeid, ble det lettere å la være å ta en utdannelse».

Det ble altså iverksatt en rekke støtteordninger som alle innebar at «Uansett hva du selv gjør, så går det bra». Boken setter opp tre hovedprinsipper for hvordan folk flest oppfører seg, og Murray mener at all sosialpolitikk må baseres på disse prinsippene. 1) Folk flest

24

reagerer på incentiver. 2) Folk flest har ikke spesielt stor lyst til å arbeide hardt. Hvis det ikke lønner seg å arbeide hardt, vil de la det være. 3) Folk (dvs. individer) må holdes ansvarlige for sine handlinger.

Fra midten av 60-tallet forsøkte man å gjennomføre en politikk som gikk ut på å ignorere disse prinsippene. Resultatet ble, som vi har sett, særdeles mislykket. Murrays forslag til løsning er at samfunnet må bevege seg over i en mer liberalistisk retning. Han mener at hele det offentlige velferdsapparatet må nedlegges; ingen bør få hjelp fra det offentlige. Begrunnelsen Murray gir er at hjelpen fra det offentlige ikke bare er unyttig, den er ofte skadelig. I boken finner vi mange eksempler på dette; la oss se på ett her: Det høres kanskje fint ut at man gir støtte til ugifte mødre. Men når dette fører til at disse kvinnene får flere barn enn de ellers ville ha fått, og at det i denne gruppen forekommer dobbelt så mye barnemishandling som ellers, kan man spørre om det ville ha blitt best å ikke gi noen «hjelp» i det hele tatt.

Murray berører bare såvidt de moralske sidene av saken: Hvilken rett har staten til å ta penger fra en person og gi dem til en annen? Dette spørsmålet stilles ikke så ofte; statens «rett» til å gjøre med oss hva den vil, taes for gitt av de fleste.

Murray viser i boken at holdningen som ble vist av de offentlige myndigheter førte til at de fattige i mindre og mindre grad fikk kontroll over og ansvar for sine egne liv. På områder som inntekt, utdannelse og kriminalomsorg ble voksne mennesker behandlet som barn. Da er det kanskje ikke så rart at mange av dem ikke ble voksne. Skal man få folk til å ta ansvar, til å oppføre seg som voksne mennesker, må de behandles som voksne individer med ansvar for sine egne liv. Den beste hjelp staten kan gi er kanskje å ikke gi noen hjelp i det hele tatt?

Beskatningens begredelige historie
Publisert i Morgenbladet 1994

Skatt er et av de spørsmål som opptar alle mennesker. Noen ønsker at den skal være lavere enn den er, de fleste vil at de som er mer velstående enn dem selv skal beskattes hardere, nesten alle prøver å gjøre sin egen skattebyrde så liten som mulig på lovlig (eller ulovlig) vis, alle har hatt kontakt med svart arbeid, osv. Politikk dreier seg i svært stor grad om skatt, og politikeres posisjon bestemmes ofte av deres stilling til spørsmål om skatt: for ikke lenge siden ble både USAs president George Bush og Storbritannias statsminister Margaret Thatcher kastet på grunn av deres standpunkter i skattespørsmål. (Bush lovet å ikke øke skattene dersom han ble valgt i 1988 og han sa til og med «Read my lips: no new taxes!». Etter valget øket han allikevel skattene, og han ble da ikke gjenvalgt i 1992. Thatcher forsøke å innføre en slags koppskatt, men dette var noe England ikke var modent for i 1989. Koppskatt går kort fortalt ut på at hver enkelt skatteyter betaler det samme til staten uavhengig av inntekt, og at skatten er en betaling for offentlige tjenester. Ordet «kopp» kommer fra det tyske «kopf», som betyr «hode», og betyr at koppskatten betales per hode, dvs. per person.)

Siden statens oppgaver finansieres av skatt (dvs. penger tatt fra befolkningen) eller inflasjon (dvs. trykking av pengesedler i så stort omfang at pengeverdien reduseres, eller ved at mynter lages av gull iblandet andre metaller), har skattenivået stor betydning for omfanget av de oppgaver staten påtar seg. (For enkelhets skyld lar jeg her skatt betegne både direkte skatt, indirekte skatt, avgifter, inflasjon, toll, osv.) I vår tid er statens oppgave i de vestlige land hovedsaklig «velferd», mens i tidligere tider ble skatteinntektene ofte brukt til å fremme kongens prestisje (felttog, overdådige palasser). Det ville derfor være naturlig å tro at spørsmål om skatt skulle ha stor betydning i et fag som historie. Men dersom man leser de historieverker som her i landet er tilgjengelig for et alminnelig publikum (gymnaslærebøker, Grimberg, verdenshistorier utgitt av Cappelen eller Aschehoug), finner man at spørsmål om skatt praktisk talt ikke er nevnt. Man finner selvsagt en og annen beretning om bondeopprør når skattene ble for store, men disse beretningene er ikke satt inn i noen større sammenheng – de fremstår som isolerte hendelser uten noen videre betydning.

En nylig (1993) utkommet bok, *For Good and Evil: The Impact of Taxes on the Course of Civilization* av Charles Adams (Madison Books 1993), gir et helt annet perspektiv på skattens betydning for historiens utvikling. På de over 500 sidene behandler Adams skattens historie fra de tidligste tider: skattesystemene i antikkens Hellas, i Romerriket, i det spanske riket, i storhetstidens England, i Holland, i Russland, i USA; han beskriver hvilke teknikker ligningsfunksjonærer benytter når de undersøker den enkeltes skatteforhold, han beskriver skatteparadisenes vekst, han beskriver skattesystemene i de fem tigre (Japan, Singapore, Taiwan, Hong Kong, Sør-Korea). Og på basis av sine omfattende undersøkelser fastslår Adams at sivilisasjoner vokser og blomstrer når skattene er lave, og forfaller og går til grunne når høye skatter kveler produktiv virksomhet.

Romerriket

Adams forteller blant annet at en av hovedgrunnene til at islam bredte seg så raskt i tiden fra år 632 til 750 – på denne tiden øket islams utbredelse raskere enn noen annen religion noen gang har spredt seg – var at de arabiske erobrere ikke krevet opp skatt av de som lot seg omvende til islam. Kristne ble avkrevet høye skatter; de som lot seg omvende ble ikke avkrevet skatt. De områder araberne erobret var tidligere for det meste underlagt Rom. Roms sammenbrudd kom i en tid da skattene var blitt høye, mens Roms storhetstid falt sammen med en periode med lave skatter. En av de viktigste skrittene på veien til Roms storhetstid var at Rom ca år 200 f.Kr. klarte å erstatte det tradisjonelle handelssentrum Rhodos med den romerske havnen Delos. Dette oppnådde de ved å la handelsskip benytte havnen i Delos uten å betale havneavgift. Selv om havneavgiften i Rhodos kun var på 2 %, førte dette i løpet av bare ett år til at virksomheten i Rhodos sank med 85 %. Handelsmennene sviktet Rhodos og begynte å benytte Delos, med alle de positive virkninger for Delos den økede virksomheten førte med seg.

Men Roms skattenivå var av mange ansett for å være for høyt. Mithridates den store, som var konge over et lite landområde som nå ligger i Tyrkia, ledet et opprør mot Rom, og dette opprøret fikk stor oppslutning. Adams sier at hovedgrunnen var at Mithridates lovet

28

skattefrihet i fem år til alle de byer som ville støtte ham. Den kjente romerske generalen Sulla klarte å nedkjempe Mithridates, og de som ikke betalte den skatt de ble pålagt kunne henrettes. Dette førte til at skattebetalerne ble meget samarbeidsvillige. Rom ble allikevel plaget med flere slike opprør på grunn av høye skatter, men klarte å nedkjempe dem alle. Disse opprørene tok etter hvert i hovedsak slutt, og Romerriket fikk en lang periode med fred: Pax Romana. Dette var høydepunktet i Roms storhetstid, fra ca 30 f.Kr. til ca 180 e.Kr.

Den fremste keiseren i denne perioden var Augustus. Han innførte et enkelt skattesystem, som også skulle være uniformt over hele riket. (Juleevangeliet forteller om Josef og Maria som måtte reise til Bethlehem for å innskrives i manntall; innskrivingen måtte foretaes på grunn av etableringen av det nye skattesystemet.) Årsaken til fredsperioden var at skattesystemet ble oppfattet som rettferdig, og at endel av inntektene ble brukt til oppgaver som kom alle deler av riket til gode: veibygging, broer, vannledninger, offentlige bygninger. Skatter ble også ettergitt dersom f.eks. avlinger slo feil.

Rom hadde etter hvert påtatt seg en rekke oppgaver, og dette førte til økende offentlige utgifter, noe som keiserne etter hvert ikke klarte å finansiere med skatteinntekter: løsningen ble inflasjon. I år 210 var sølvinnholdet i dinaren halvparten av den opprinnelige, 60 år senere var sølvinnholdet kun 5 %. Det gikk som det måtte gå: et fullstendig sammenbrudd. Uten en stabil pengeverdi bryter alt økonomisk liv sammen.

Det spanske riket

Det spanske rike var et av de mektigste verden hadde sett. Karl 5. (1500-1558) var konge ikke bare av Spania, men over mye av Europa (bl.a. Nederland og deler av Østerrike og Italia), og spanske oppdagelsesreisende brakte mye av den nye verden (dvs. Amerika) under den spanske trone. Den viktigste skatten i Spania ble kalt «alcabala», en 10 % skatt på all handel og annen overføring av eiendom. Adams skriver: «Alcabalaen hadde en ødeleggende effekt på produksjon og handel. De samme varene ble beskattet hver gang de skiftet eier; de ble altså beskattet flere ganger. Spanske varer ble derfor priset ut av markedene både hjemme og ute» (s. 186). Kong Karls kostbare militære eventyr førte til høye skatter, og flere ganger endte opprør mot skattene i at skatteoppkrevere ble lynsjet av sinte bønder. Karl innførte hardere styre, og opprør var ikke lenger mulig. Resultatet ble da at et stort antall mennesker forlot Spania: «Flukten var ikke noe kortvarig fenomen. År inn og år ut, over flere tiår, forlot tusener på tusener av spanske bønder og arbeidere Spania til fordel for områder uten beskatning ... Hverken før eller siden har verden sett et slik opprør mot høye skatter. Når denne perioden var over, var Europas sterkeste makt lagt i ruiner» (s. 188).

Adams siterer en av de fremste ekspertene på spansk historie: «Spanias næringsliv ble kvalt av de mest byrdefulle og kompliserte skattesystemer menneskelig dårskap kan skape ... Skattebetalerne ble nedlesset av en enorm mengde ulike typer skatt, og et nettverk av regler som skulle hindre skatteunndragelser. Skattebetaleren ble paralysert av en dødelig opphopning av skattebyrder» (s. 196).

Anekdoter

Adams kommer også med endel opplysninger som setter kjente skikkelser fra historien i et nytt perspektiv. Alle vet at den sveitsiske mesterbueskytteren Wilhelm Tell ble pålagt å skyte et eple ned fra sin sønns hode. Adams forteller hvorfor: Tell var leder for en gruppe som nektet å betale skatt til de østerrikske skatteoppkreverne. Straffen han ble pålagt var å skyte ned eplet.

Et spørsmål som mange har stillet seg er hvordan den spanske hærføreren Cortes og hans få menn (kun 508) i løpet av kort tid kunne erobre det store Aztekerriket. Tidligere har historikerne forklart dette med at aztekerne trodde spanierne var guder, og derfor lot dem overta makten. Moderne historikere avviser dette, forteller Adams. Innbyggerne i aztekerriket var misfornøyde med de harde skattene de ble avkrevet: «Aztekerne brukte terror og militærmakt for å innkreve skatter ...» (s. 200). De misfornøyde skattebetalerne slo seg derfor gladelig sammen med spanierne.

I boken kan vi også finne den kjente historien om Kong Fredrik den store av Preussen (1712-1786) og isklumpen: I et regjeringsmøte spurte Fredrik sin finansminister om hvorfor skatteinntektene var så små selv om innbyggerne betalte så mye i skatt. Finansministeren tok da en isklump, ga den til ministeren som satt ved siden av seg og ba ham sende den videre til nestemann – og slik skulle det fortsette rundt bordet til klumpen nådde frem til kongen. Når klumpen nådde frem til Fredrik var det ingen is igjen, det eneste han fikk var en våt hånd. Poenget var at mesteparten av skatteinntektene forsvinner i administrasjon og byråkrati. Adams kommenterer lakonisk at det er overraskende at Fredrik mottok så mye som en våt hånd (s. 211).

Alt kan beskattes

Enhver norsk skattebetaler vet at absolutt alt kan beskattes, men den historiske person som var mest kreativ i å finne på ting å beskatte var tsar Peter den store av Russland (1672-1725). I tillegg til at hver familie måtte betale skatt alt etter antall familiemedlemmer, beskattet han «alle typer mat, klær, hester, hatter, støvler, senger, møller, fiskerier, bikuber, kjellere, piper, vann og offentlige bad. Han beskattet fødsler, ekteskapsinngåelser, begravelser, skjegg, de som ikke var døpt, og de som ikke var medlemmer av den russiske kirke. Den eneste skatt han ikke ila var skatt for dødsfall. Det er vanskelig å forstå hvorfor han ikke beskattet eiendommer og arv. Alle varer som gikk inn eller ut av landet ble beskattet. Det var stempelavgift på papir, og kontrakter måtte skrives på en spesiell type papir som ble solgt av myndighetene til latterlig høye priser. Det var statlige monopoler på salt, salt fisk, tobakk, og en rekke andre varer som ble solgt til høye priser. Kort sagt, det var et nærmest utenkelig antall skatter på alt og alle.» Adams tilføyer: «Denne listen er langt fra fullstendig» (s. 173).

Også i andre land var skattemyndighetene kreative: I England måtte man fra 1660 også betale skatt etter antall ildsteder i sin bolig. Siden denne ordningen medførte at ligningsfunksjonærer måtte gå inn i folks hus for å kontrollere, var dette en lite praktisk ordning. Den ble derfor i 1698 erstattet av en skatt som ble ilagt etter antall vinduer i boligen. Denne skatten kunne naturlig nok beregnes fra utsiden. Aviser ble beskattet etter antall sider, i Nederland ble hus beskattet etter størrelsen på fasaden, osv. Et poeng som de skatteglade som oftest overser, er de forandringer i folks oppførsel nye skatteregler alltid får: En skatt ilagt etter antall vinduer, fører til at nye hus bygges med færre vinduer. (Denne skatten var årsaken til at arbeidere i industrialismens barndom bodde i bygninger uten vinduer. Alle lærebøker i historie forteller dette, men ingen nevner at skattereglene var årsaken.) At aviser ble beskattet etter antall sider førte til at avisene ble laget med større

31

sider, en tradisjon som fortsetter den dag i dag. Og hvis man har undret seg over hvorfor hus i Nederland er så smale, vet man nå årsaken: de ble beskattet etter størrelsen på fasaden.

Ligningsfunksjonærer

Boken forteller også utallige historier om hvordan ligningsfunksjonærer oppfører seg. Ikke bare har ligningsvesenet større makt til å undersøke enkeltindividers personlige forhold enn det vanlige politiet, men ligningsvesenet opptrer på vegne av «samfunnet», i motsetning til politiet, som ofte bare opptrer på vegne av en enkeltperson som er ranet eller overfalt. Derfor opptrer ligningsfunksjonærer med større «moralsk rett» enn politiet, og dette er hovedgrunnen til at ligningsfunksjonærer ofte oppfører seg «mindre hensynsfullt» enn alminnelig folkeskikk skulle tilsi. Adams gjengir følgende sitat fra en tidligere ansatt i det amerikanske ligningsvesenet, IRS: «Av alle informasjonssamlende organisasjoner underlagt alle verdens regjeringer i alle tider, må den aller dyktigste være IRS. Denne monsterorganisasjonen samler mer informasjon om flere mennesker, gjør det mer stillferdig og med mindre oppmerksomhet enn noe annet regjeringsorgan jeg vet om. Det er mulig at Sovjet og Kina skryter av at de har bedre organisasjoner enn IRS, men jeg tviler sterkt på det. Ikke engang Gestapo var bedre enn IRS» (s. 389).

Også fra Skandinavia finnes det eksempler på svært upassende oppførsel fra ligningsfunksjonærer: Den svenske regissøren Ingmar Bergman ble i 1976 hentet inn til avhør hos ligningsvesenet mens han holdt prøver på et teaterstykke. Ligningsfunksjonærenes oppførsel førte til at Bergman måtte tilbringe flere dager på sykehus, og meget snart forlot han Sverige. Dette skjedde bare på grunn av en mistanke om skatteunndragelser som senere viste seg ikke å være berettiget. Også skuepillerinnen Bibi Anderson har opplevet svenske ligningsfunksjonærer: «De oppførte seg som nazister». Boken inneholder mange flere eksempler.

Adams' tese

Adams' tese, slik den fremkommer i boken, er at perioder med lave skatter er oppgangstider: Lave skatter fører til investeringer og produktiv virksomhet, og dette fører igjen til økende velstand. Når skattene øker, fører dette nødvendigvis til redusert produksjon, kreativitet benyttes i stor grad til skatteunndragelse, langsiktige investeringer stopper opp, begavede mennesker flytter til andre områder med lavere skatt («brain-drain»), og den alminnelige velferd synker drastisk. Adams henviser til en rekke historiske eksempler som støtter opp om tesen: Romerriket, Nederlands og Spanias storhetstid og fremveksten av det engelske verdensherredømme falt sammen med perioder med lave skatter. De siste tiårs vekst i de fem tigre faller på tilsvarende måte sammen med lave skattesatser. Perioder med forfall faller likeledes sammen med høye skatter: et typisk eksempel fra den nære historie er England i etterkrigstiden. Vår tid kommenterer Adams på følgende måte: Det politikerne egentlig gjør når de stadig vedtar større og større skatter, er å skrive dødsdommen for det land de lever i.

Siden jeg ikke er historiker har jeg intet grunnlag for å trekke i tvil Adams' historiefremstilling. Men jeg vil allikevel påpeke at Adams kun fokuserer på skatt som årsak til vekst og forfall. Dette er antagelig riktig av ham, siden hans tema er beskatningens historie, men for min egen del vil jeg tilføye at skattenivået ikke kan betraktes isolert fra andre forhold i samfunnet. Jeg vil si det slik: skattenivået er et mål på graden av frihet i et samfunn. (Frihet er enkeltindividers rett til selvbestemmelse.) I perioder med stor frihet er skattene lave, og dette fører til innsats, produktiv virksomhet, tillit til fremtiden og dermed langsiktige investeringer. Resultatet er vekst og økende velstand for alle. Perioder med høy skatt har liten frihet og stor grad av tvang, og dette fører uunngåelig til forfall på alle områder med en synkende velstand som uunngåelig resultat. Det fundamentale er altså graden av frihet, og skattenivået er et mål på dette.

De opplysninger som Adams bringer burde være en del av den ordinære historieundervisningen. Som nevnt er mange av de opplysninger som finnes i denne boken utelatt i nær sagt alle historiebøker som retter seg mot ikke-fagfolk. Årsaken til dette er opplagt: de som skriver lærebøker deler de samme grunnholdninger som er vanlige blant intellektuelle i vår tid; de slutter opp om de marxistiske ideer og den moralske basis som den bygger på: enhver har rett til å leve på andres bekostning, og enhver har plikt til å være med på å forsørge andre. Denne morallæren, altruismen, er ikke bare allment akseptert i dag, den er så dominerende at praktisk talt ingen våger å utfordre den. Denne morallæren medfører og legitimerer høye skatter, og så lenge denne morallæren dominerer, vil vi ha høye skatter og et samfunn i forfall. Redningen er å forvise altruismen og alle dens politiske implikasjoner ikke bare til historiens søppelhaug, men til et deponi for svært giftig avfall.

Frihet medfører frivillig skatt

Eter mitt syn bør alle mellommenneskelige forhold baseres på frivillighet; tvang hører ikke hjemme i forhold mellom siviliserte mennesker. Statens legitime oppgaver – politi, rettsvesen og militærvesen – bør finansieres ved frivillige bidrag. Det utall av andre oppgaver som det offentlige nå har, bør overtaes av private.

Jeg bør nevne at Adams – til tross for hans grundige kjennskap til skattehistorien – ikke deler dette synet. Adams ønsker at beskatning skal skje med skattebetalernes samtykke, og med dette mener han at skatteregler skal fastsettes ved folkeavstemninger. Han mener altså at et flertall skal kunne binde et mindretall – og dette er intet annet enn flertallsdiktatur, noe som selvsagt ikke er forenlig med frihet. En ordning med frivillig skatt, dvs. at finansieringen av statens legitime oppgaver skjer ved frivillige bidrag, vil selvsagt føre til at all form for skatteunndragelse vil forsvinne, og den uunngåelige sløsingen som nå forekommer vil nærmest opphøre (sammenlign Fredrik den Stores isklump). Alle de nyttige oppgaver utover primæroppgavene som det offentlige nå står for (skoler, helsevesen, infrastruktur, o.l.) vil overtaes av private, og vil da bli utført langt mer effektivt enn nå. Oppgaver som distriktsutbygging, u-hjelp og «utjamning» kan i et slikt fritt samfunn bedrives av de som ønsker å kaste bort sine egne penger, ikke som nå av personer som kaster bort andres penger. Og de svake som virkelig trenger hjelp vil alle anstendige mennesker frivillig være med på å hjelpe.

Adams forteller faktisk om et samfunn hvor skattesystemet var nærmest identisk med det jeg skisserer her. Det var i til og med i den fremste sivilisasjon verden har sett før vår tid: antikkens Hellas. Her var den tvungne skatten svært lav, mens andre offentlig oppgaver – veier, broer, idrettsarrangementer – ble finansiert med bidrag fra velstående borgere.

Det var riktignok et sosialt press som gikk ut på at de velstående var forpliktet til å finansiere slike oppgaver, men i vår tid kan man investere i slike oppgaver mot forventning om profitt; denne muligheten fantes ikke i antikkens Hellas.

Hva nå?

Mennesket bør altså leve i frihet. Et opplagt element ved dette er at det enkelte menneske selv bør disponere sin inntekt. Derfor bør som nevnt finansieringen av de offentlige oppgaver være en frivillig sak. Men hva gjør man i dag i et land hvor det offentlige grafser til seg omtrent 70 % av den inntekt mange har?

Etter mitt syn bør man aldri gå inn for forandringer i skattesystemet. Skattesystemet er særdeles komplisert, og enhver forandring får uventede konsekvenser. Statssekretær i finansdepartementet, Svein Harald Øygaard, viste faglig innsikt da han bekreftet dette i Aftenposten 7/4-1991: «Man vet egentlig svært lite om virkningene av skattesystemet. Faktum er at skatteomlegningene de siste tiårene gjennomgående har hatt helt andre virkninger enn planlagt». (Øygaard er Arbeiderpartimann, og man kan derfor trygt si at hans politiske innsikt ikke er på samme nivå.) Uventede konsekvenser er som regel negative for skattebetaleren. To eksempler: Ved innføringen av MOMSen skulle andre skattesatser reduseres – dette skjedde selvsagt ikke. Og det skulle være unødvendig å gå i detaljer om den nylige (1991) skattereformens delingsmodell.

Et viktig element ved enhver form for investering er forutsigbarhet. Enhver skattereform reduserer forutsigbarheten, og vil derfor redusere mengden av investeringer, og investeringer er nødvendige for økonomisk fremskritt (dvs. øket velstand, redusert arbeidsløshet osv.). Ved et stabilt skattesystem vil en investor vite hva han har å holde seg til, noe han ikke kan vite dersom det stadig kommer forandringer i skattesystemet. Og selvsagt, en reduksjon i skattesatsene er alltid velkommen. Derfor bør en liberalist aldri gå inn for reformer i skattesystemet, men kun for reduksjoner i de gjeldende satsene.

Konklusjon

Vi bør se frem til den tid da de fakta som Adams nevner blir en integrert del av den vanlige historieundervisningen, men dette vil ikke skje før de tidligere nevnte dominerende holdninger er forandret. Inntil da vil denne boken være et uunnværlig supplement til de ordinære historiebøker. I kampen for skattereduksjoner, som er en del av kampen for frihet, er denne boken også helt uunnværlig. Den inneholder en enorm mengde nyttige opplysninger om hvor skadelig beskatning er, og enhver frihetsforkjemper vil ha stor nytte av å kjenne til disse.

Eiendomsrettens betydning

Foredrag holdt i FSO 24. november 1998

Noen land er rike og noen land er fattige – men hvorfor er det slik? Det er tre svar som vanligvis gis på dette spørsmålet: Ett svar er at de rike land er de land som har mye naturressurser, fattige er de land som ikke har slike ressurser. Et annet svar er at de rike land er de som har utnyttet eller plyndret andre land, og det er disse som har vært plyndret som nå er fattige. Årsaken til rikdom er altså visstnok imperialisme, og årsaken til at enkelte land er fattige er at de er blitt utnyttet av andre land. Et tredje svar som gis er at rike land har en befolkning med høy utdannelse. I de land som bygger på dette tredje svaret forsøker de politiske myndigheter å øke velstanden ved å styrke skoleverket og andre deler av utdannelsessystemet med å ha gratis skoler og subsidierte studielån.

Det er bare én ting i veien med disse forklaringene: de stemmer ikke med virkeligheten. Det finnes land/områder som er rike på naturressurser og som er fattige, og det finnes land som ikke har naturresurser og som er rike. Eksempler på det første er nærmest hele Afrika, og på det andre Hong Kong og Japan. Og det finnes land som har gått fra å være rike til å bli fattige selv om de har mye naturressurser (Argentina). Utdannelse er heller ikke avgjørende – befolkningen på det fattige Cuba er visstnok velutdannet (målt med tradisjonelle mål for u-land), men dette poenget er vanskeligere å eksemplifisere. Og det er ingen sammenheng mellom imperialisme/rikdom og kolonistatus/ fattigdom: USA er rikt uten å ha hatt kolonier, Hong Kong var rikt selv om det var en koloni, Sovjetunionen var fattig selv etter flere tiårs kontinuerlig plyndring av en rekke satelittstater. Hva er det da som avgjør velstand/fattigdom? Det korrekte svaret på dette spørsmålet er følgende: velstand finnes i land som har en sikker eiendomsrett, fattige er de land som ikke har sikker eiendomsrett. Med dette menes at et land for å bli rikt må ha en allment akseptert eiendomsrett, og at denne er presisert i et lovverk som blir håndhevet. Videre må landet ha et politi som beskytter eiendom, dvs. som arresterer tyver og svindlere, og det må ha et rettsapparat som straffer de som krenker eiendomsretten. Har et land en eiendomsrett som er respektert og sikker, da har landet økonomisk vekst og stadig økende levestandard for hele befolkningen. Har landet det ikke, er landet fattig. Og dersom et land har en eiendomsrett som stadig svekkes, da vil landet forfalle. Tom Bethells bok *The Noblest Triumph* (St. Martin's Press, 1998) tar for seg eiendomsrettens historie, og viser blant annet det som nettopp ble beskrevet. I det følgende skal jeg komme inn på noen av av de poengene som taes opp i Bethells bok.

Eksempler på eiendomsretten betydning

Vi tenker oss en bygning med 300 leiligheter som alle eies av hver sin private eier. Strømregningen er dog felles. Alle bruker så mye strøm som de vil, og regningen deles likt på alle 300. Dersom man er forsiktig og sparer – slår av lys når man går ut av et rom, setter ned varmen når man ikke bruker rommet osv., da får man selv nyte godt av 1/300 av besparelsen. Sparer man strøm for 100 kr, da sparer man alle for 33 øre. Derimot, hvis man sløser med strømmen – lar lys stå på, holder alle rom oppvarmet hele døgnet, og for eksempel øker strømregningen med 100 kr – da må alle, også en selv, kun betale 33 øre mer. De besparelser og ekstrautgifter som den enkelte forårsaker blir altså fordelt på alle leieboerne. Dette fører selvfølgelig til sløsing av strøm. Ledelsen, styret i blokken, er klar over at det sløses, og de foreslår selvfølgelig følgende løsning: det deles ut løpsedler og settes opp oppslag om at nå må man spare: sett temperaturen ned, slå av lys, osv. Selvfølgelig hjelper ikke dette. Det neste man gjør er å ansette inspektører som kan komme inn i folks leiligheter for å sjekke om de har lys på i rom som ikke brukes, og om de har for høy temperatur i rom de ikke benytter. Disse kommer først på varslede besøk. Dette hjelper ikke. Så kommer de på besøk som ikke er varslet, dvs. de kan gå inn i folks leiligheter når eierne ikke er tilstede, og man ender opp med et overvåkingssamfunn hvor alle mistror alle, hvor alle mistenker alle, osv. Og selvsagt, det hjelper ikke: strømregningene fortsetter å stige. Så kommer rasjonering: i dette tilfelle blir strømmen slått av og på for hele bygningen på bestemte tider. Meningsløst og urealistisk? Alle disse metodene benyttes i Norge idag for å spare på områder som ikke disponeres i overensstemmelse med privat eiendomsrett.

Det Bethell foreslår som løsning på dette problemet er selvfølgelig følgende: La eieren av hver leilighet selv betale for den strømmen han selv bruker! Da kan hver bruke så mye han ønsker, og selv spare/sløse så mye han vil. Alle problemene ovenfor ville da ha blitt unngått. Bethel forteller at der hvor man innfører slike ordninger – hver enkelt betaler den strømmen han selv benytter – der synker strømforbruket over natten med ca 25 %.

Allerede Aristoteles innså dette: «For that which is common to the greatest number has the least care bestowed upon it» (*Politics*, Book II). Men han sa dessverre også at å ha ting felles er en fin ting, selv om det er upraktisk.

Løsningen på problemet med sløsing er å innføre privat eiendomsrett. Men hvorfor er det så få som forstår dette? Hvorfor er disse løsningene innført på så få områder? Før han svarer på dette tar Bethell et lite forbehold. I visse tilfeller kan ordninger med «alt felles» fungere. Det må da være i små grupper med spesielt utvalgte personer, og disse må være sterkt bundet til hverandre av en felles, selvoppofrende ideologi. Det finnes f.eks. klostre som fungerer på denne måten. Men for store grupper mennesker vil denne felleseiemodellen alltid føre til sløsing, snylting, mistenksomhet, strid, uro, kaos, korrupsjon, forfall, vold – slik vi nå omkring oss kan observere disse tingene: det uunngåelige resultat av sosialisme og velferdsstat.

Over til endel historiske eksempler: En gruppe innvandrere (104 stk) reiste fra England til Amerika i 1607. De kom til områder (Jamestown, Virginia) med gode muligheter for å leve rett av landet slik det var; «the country was fertile and in many ways hospitable. There were mussels and oysters, turkie nests and many eggs, many fruits as strawberries, mulberries, raspberries and fruits unknown, meadows great and large, great store of deer ... the soil was good and fruitful» (s. 33).

Men i løpet av noen få måneder døde 38 personer av sult. Gruppen ble supplert med flere, ca 500, fra England, men i løpet av et halvt år var det bare 60 igjen. Den første som begynte å se årsaken til problemene var en ny guvernør som kom til området i 1611, Sir Thomas Dale: Opprinnelig skulle alle dyrke i fellesskap, og det som ble produsert skulle gå inn i en felles pott. Denne ordningen hadde ført til at så mange sultet ihjel. Men Dale innførte privat eiendomsrett:

«Sir Thomas Dale hath taken a new course throughout the colonies ... and this it is, he hath allotted to every man in the colonie, three English acres of cleared Corne ground, which every man is to mature and tend....» (s. 34).

Denne nyordningen førte til store forandringer. Folk begynte å jobbe intenst, velstanden steg, og folk ble etterhvert rike. Samtidig hadde Dale innført strenge straffer. Bethell nevner ikke hva som var straffbart, men foruten tyveri var det antagelig straffbart ikke å gå i kirken, å være blasfemisk, etc. Men så kommer det viktige: Alle hjemme i England ble oppmerksom på at velstanden i kolonien økte, og de snakket varmt om de nyordninger som guvernør Dale hadde innført. Men det som ble fremstilt som årsaken til den økende velstanden, det var de strenge straffene, og ikke eiendomsretten. Bethell skriver

«Here we see something that we shall encounter time and again: the failure to grasp the role played by private property in economic life, and the attribution of its advantages to some other cause; in this instance, the use of severity» (s. 35).

Robert Owen (1771-1858) tjente en formue på å produsere spinne-maskiner. Han var en del av tidens intellektuelle miljø – han var en forretningspartner med Jeremy Bentham, han diskuterte med folk som Thomas Jefferson (sa Owen i sin selvbiografi, men Jefferson nevner ham ikke), Malthus, Ricardo og Mill. I 1825 fikk han tale til USAs kongress, høyesterett og regjering. Han ble endog nevnt ved navn som en stor pionér i *Det kommunistiske manifest*.

Owen mente at religion var forferdelig – den gjorde mennesket til «a weak, imbecile animal», han hatet maskiner, de var menneske-hetens største forbannelse, mente han. Men viktigst er hans syn på eiendomsretten: Han mente at eiendomsretten var roten til alt ondt: «private property is an evil of incalculable magnitude, and a never-failing cause of disunion among all classes and countries» – dette ble skrevet mens han var en erfaren mann på 78. Owen ønsket et samfunn hvor alt ble eiet i fellesskap, og hvor alle fikk det de trengte. Siden han var rik kunne han prøve ut sine ideer.

Han overtok en møllebedrift i 1800, og i den ansatte han langt flere personer enn det var bruk for, og han ga dem skoler, boliger, legehjelp og pensjoner som var nesten gratis. Owen var aktiv som talsmann for denne måten å organisere samfunn på, han skrev i avisene, møtte politikere og adelsmenn, osv. Han kjøpte opp mengdevis av eksemplarer av aviser som omtalte hans prosjekter og sendte dem til innflydelsesrike personer. Han grunnla også en koloni i USA. Han inviterte alle som var «indistrious and well-disposed» til å komme til hans koloni New Harmony i Indiana. I løpet av kort tid haddde han 1000 kolonister. De var alle villige til å bo gratis i hans hus, lytte til foredrag om det nye mennesket som ikke hadde behov for eiendom, delta i diskusjoner, spise gratis mat, osv. Men det de ikke var interessert i, det var å jobbe.

Hvordan gikk det med denne kolonien? En historiker skriver:

«…the one thousand Owenites at New Harmony ... neither put the factories into operation, nor even got farming underway ... the community could not even grow food to sustain itself» (s.131).

Hvorfor virket det ikke? Den vanlige forklaringen er at folk ikke er idealistiske nok, de må oppdras til, de må opplæres til å bli mer idealistiske. Som vi vet, alle forsøk av denne typen har endt i fiasko. Alle kolonier av denne type som ble etablert endte – ender – i fiasko. De må legge ned etter kort tid. Hvorfor? Vi kommer tilbake til dette.

Syn på eiendomsrett blant økonomer

Vi vet at det finnes økonomer og andre tenkere som har forstått hvor viktig eiendomsretten er: Bastiat, Say, Mises, Rand, men disse befinner seg utenfor «the mainstream». Hvordan er så forståelsen for eiendomsrettens betydning innen etablerte miljøer? Sosialøkonomiens far er selvsagt Adam Smith. Han forfekter i stor grad et fritt marked, og hans *The Wealth of Nations* kom på en tid (1776) da eiendomsretten sto sterkt. Den sto så sterkt at man ikke anså det for nødvendig å gi eiendomsretten noe forsvar eller noen begrunnelse. *The Wealth of Nations* inneholder praktisk talt ingen ting om eiendomsretten, og uttrykket «private property» er ifølge Bethell (s. 100) kun nevnt en eller to ganger i hele det store verket.

Ricardo nevnte ikke privat eiendomsrett mer enn én gang (s. 100), og eiendomsretten som sådan ble bare nevnt av Ricardo i forbifarten (s. 99). Men Bentham derimot skrev at «The law that gives sanctity to property is the noblest triumph of humanity over itself» (s. 101). Fra dette sitatet har Bethell tatt bokens tittel.

John Stuart Mill er den første økonom som diskuterer eiendomsrett i betydelig grad (i *The Principles of Political Economy*). Med utgangspunkt i den feilaktige tese om at produksjon var gitt – produksjon av det vi trenger av alle typer varer og tjenester (mat, klær, hus, fornøyelser, kultur, etc.) går av seg selv, og at kun distribusjon av dette er et problem som må løses, gikk han inn for noe som vi idag vil beskrive som «en mer rettferdig fordeling av det som "samfunnet" produserer». Mill sa det slik: «The distribution of wealth depends on the laws of society» (s. 111). Altså: produksjon er ifølge Mill gitt, og det som er produsert må fordeles på en passende måte. Bethell skriver: «This may have been one of the more influential errors in the history of economic thought» (s. 111). Mill skryter i sin selvbiografi at «det som er den viktigste forskjellen på min bok (*Principles of Political Economy*) og alle tidligere fremstillinger av politisk økonomi er min innovasjon: skillet mellom produksjon og distribusjon» (s. 111). Dette er altså den samme Mill som på grunn av skriftet *On Liberty* fremstilles som arketypen på en liberalist.

I sosialøkonomiens barndom fantes det altså i den økonomiske litteraturen praktisk talt intet forsvar for eiendomsretten. Men det var heller ingen angrep på den. Og nå, når angrepene kommer, da finnes det intet forsvar! Fra nå av er det intet forsvar overhodet for eiendomsretten å finne noe sted (i etablerte miljøer), og den begynner å bli angrepet fra alle hold; fra både konservative og radikale, dvs. sosialister og marxister. Den vanlige holdning blant alle var at de lover som beskytter eiendom, de skaper fattigdom. Grunnen til at noen er fattige, trodde – tror – de fleste, er at de rike har for mye og ikke vil dele. Derfor mente – mener – de fleste at for å bekjempe fattigdom må man fordele de verdiene som allerede finnes, mao. man må ta fra de rike og gi til de fattige. Dette synet finner man hos Alfred Marshall, som i sin viktige *Principles of Economics* (1890) kritiserte Bentham: «Bentham hadde i

sine disipler sådd en nærmest overtroisk respekt for privat eiendoms-
rett» (s. 101). Og med Marx kommer for alvor ideene til Rousseau inn:
som kjent hyllet Rousseau «the noble savage», og han hevdet at den
første som gjerdet inn et område, sa «dette er mitt» og fikk folk til å tro
på det, det var han som innførte sivilisasjonen og dermed ødela verden
og mennesket.

Marx var fundamentalt sett sterkt influert av Rousseau:
«kommunismens teori kan oppsummeres i en setning: opphevelsen av
privat eiendom» (s. 111). Marx sa videre at privat eiendomsrett
«independently from society and without regard for other men» ikke er
annet enn en «right to selfishness», hvilket er korrekt. Marx mener at
mennesket er ødelagt, ikke av sivilisasjonen, men av arbeidsdeling: det
virkelige menneske må kunne gjøre alle jobber som det ønsker, det
burde ikke være fanget av å være kun lege eller gartner eller forfatter –
hvert menneske skulle være alt samtidig. Men Marx hadde i hvert fall et
positivt syn på industri og materiell velstand. Bethell oppsummerer:

> «In the works of Smith, Ricardo, and others, then, we see that
> property was for a while considered to lie outside the realm of
> economics. Then it was admitted into Mill´s treatise ... under the
> rubric of distribution ...[and then] the Marxists ... swept aside as
> unworthy [any discussion about the right to property]» (s.
> 116).

Synet på eiendomsrett i dag

I 1971 uttalte en velkjent økonom, den senere Nobelprisvinner Kenneth
Arrow, at «eiendomsrett har ingen betydning for folks produksjon og
handel» (s. 311). Dette var det utbredte synet på denne tiden. Men noe
før denne uttalelsen falt hadde Arman Alachian, økonom ved UCLA, i
1965 skrevet en artikkel for *New Palgrave Dictionary of Economics*,
hvor han sa at eiendomsretten har betydning for folks produksjon og
handel. Alachian forsvarte eiendomsrett og mente at den er et gode.
Men mest interessant for oss her er følgende formulering – dette er et
sitat fra Alachian i 1981:

> «I felt like a monkey who sat at a typewriter and typed out
> E=mc2 or something like that, and along came Einstein a little

later on and interpreted it. I am constantly amazed at the idea
that somehow, and it´s always nice to hear, I´ve played a role in
establishing a new field called property rights» (s. 310).

Altså, innen etablert sosialøkonomi er eiendomsrett et nytt tema, et som
ble oppdaget da Alachians artikkel ble publisert midt på 1960-tallet!

Alachian refererte til en Einstein som tolket det han hadde
skrevet, som den som forsto betydningen av eiendomsretten. I dette
tilfellet var det Ronald Coase (som fikk Nobelprisen i 1991) som forsto
dette. Han hevdet at eksternalitetsproblemer, som man trodde at kun
staten kan løse, kan løses ved en veldefinert eiendomsrett, og at det intet
er å spare på statlige inngrep. Et eksempel: Anta at røyk fra et tog
skitner til områder ved skinnegangen. Coase sier at den vanlige
løsningen – staten gir regler – ikke er mer effektiv enn å ha et system
med privat eiendomsrett hvor eierne så løser slike konflikter ved
frivillige avtaler seg imellom, f.eks. ved at jernbaneselskapet betaler en
kompensasjon til de som eier de tilgrisede områdene.

En annen viktig begivenhet i gjenreisningen av respekten for
eiendomsretten er Garrett Hardins innflydelsesrike artikkel «The
Tragedy of the Commons» (1968). Denne artikkelen gjentar Aristoteles'
poeng (sitert ovenfor), og innfører uttrykket «allmenningens tragedie»
om overforbruk av ressurser som alle bruker og ingen eier (som
strømforbruket i vår bygning).

Ifølge Bethell skjer det altså en gjenoppdagelse av
eiendomsrettens betydning fra midten av 1960-tallet. Det var på denne
tiden at Ayn Rand begynte å skrive filosofiske essays, og i et av disse
forsvarte hun eiendomsretten. Bethell gjengir følgende sitat (s. 172), og
karakteriserer dette slik: «Never has the doctrine of rights been more
forcefylly stated». Sitatet fra Ayn Rand er slik:

«The right to life is the source of all rights – and the right to
property is their only implementation. Without property rights,
no other rights are possible. Since man has to sustain his life by
his own effort, the man who has no right to the product of his
own effort has no means to sustain his life. The man who
produces while others dispose of his product, is a slave. Bear in
mind that the right to property is a right to an action, like all

44

others, it is not the right to an object, but the action and the consequences of producing or earning the object. It is not a guarantee that a man will earn property, but only a guarantee that he will own it if he earns it» (Ayn Rand i essayet «Man's Rights»).

Nytten av eiendomsretten

Når folk jobber så skaper de verdier. Og det er kun dette – å skape verdier – som gir velstand. Men hvordan få folk flest til å jobbe? Jo, de må tjene på det selv. Verdiskapning må knyttes til muligheten til å øke sine egne verdier. Dette skjer enten ved at de som arbeider mottar mye nok av de pengene de tjener, dvs. at skattenivået ikke er for høyt, eller ved at de forbedrer noe de selv eier (sitt eget hus/sin egen leilighet/ landeiendom/firma etc.).

(Det finnes selvsagt noen få mennesker som jobber selv uten dette – det er de som sparer på strømmen i den bygningen jeg nevnte, men dette er unntak, og kan ikke danne basis for en samfunns-organisering.)

Med andre ord: verdiskapning skjer på basis av eiendomsrett. Folk må eie landområder, hus, firmaer, og de må få beholde mesteparten av det de tjener. Uten eiendomsrett, ingen verdiskapning. En historiker sa det slik:

> «Gi en person sikker eiendomsrett til en steinrøys, og han vil gjøre den om til en have. Gi ham en ni års leiekontrakt til en have, og han vil gjøre den om til en steinrøys. Eiendomsrettens magi gjør om sten til gull» (s. 246).

Akkurat dette uttrykket – dets innhold – kan man finne eksplisitt bekreftet i historien. Under Romerriket var de nordlige deler av Afrika meget fruktbare områder. Men så ble disse områdene erobret av araberne – dere vet at det arabiske rike spredte seg over hele Nord-Afrika og inn i Spania – og mange hevder at arabere har en aversjon mot fysisk arbeid, som f.eks. landbruk. Fra *Encyclopdia Brittanica*, 1911-utgaven: «The true Arab despises agriculture», og fra Raphael Patais standardverk om arabisk kultur, *The Arab Mind,* henter vi følgende: «the Arab has an aversion to physical labor». Dette er selvsagt

45

ikke resultat av biologiske forhold, men av de ideer som er rådende i arabisk kultur. Dette er holdninger som folk i denne kulturen blir opplært til fra de er småbarn; det er slik fundamentale filosofiske ideer bestemmer kulturers innhold. Aversjonen mot fysisk arbeid resulterer i at eiendomsrett til land står meget svakt i arabiske land; ingen tar vare på landområder, og de fruktbare områdene ble gjort om til ørken. En britisk offiser, C.S. Jarvis, uttalte på 1930-tallet at «araberne er kjent som ørkenens sønner. Det ville vært mer korrekt å kalle dem ørkenens fedre – det er jo de som skaper ørken». Og hos Ibn Khaldun, en stor arabisk historiker som virket på 1400-tallet, finner vi følgende: «i de områder som araberne tok over, der kollapset sivilisasjonen ... the very earth was turned into something that was no longer earth» (s. 240).

Synet på eiendomsretten kan forklare flere hendelser fra historien. Den industrielle revolusjon og den store velstand som fulgte av denne, skjedde i Vesten omkring 17-1800-tallet og fremover. Dette var i land hvor eiendomsretten sto sterkt. I andre områder, Østen, Arabia, Afrika, har eiendomsretten aldri stått sterkt, og disse områdene har aldri oppnådd velstand. (Over hele verden har det alltid vært noen enkeltpersoner som har vært rike og som har hatt stor materiell velstand – høvdinger, maharajaer, sultaner – men disse har levd på slavearbeid.)

Land hvor eiendomsretten har stått relativt sterkt, men hvor den så har forsvunnet, som f.eks. i Argentina på 30-tallet, bekrefter dette bildet om at det er eiendomsrett som gir velstand.

Ang. Sovjetunionen: Trotsky hevdet at revolusjonen i 1917 «avløste et system som var basert på privat eiendom». I 1918 ble arv forbudt i Sovjet. Den sovjetiske økonomien var alltid i stand til å produsere noe, med de varene som ble produsert var alltid av dårlig kvalitet og det var alltid for lite. Men vestlige økonomer mente at den sovjetiske økonomien var god: En økonom ved MIT uttalte i 1957: «Om fem år vil Sovjet være foran oss [USA] i alt» (s. 150), og Samuelsons svært mye brukte lærebok i økonomi spådde i alle sine utgaver at snart ville den sovjetiske økonomien ta igjen den amerikanske. Disse økonomene lot seg lure av statistikk som ikke var annet enn ren propaganda. Man kan spørre seg hvorfor de lot seg lure. Men grunnen til at folket ikke sultet i Sovjet var at en del jordbruk var privat – 0,5 % av jordbruksarealet var privat og sto for 25 % av den totale jordbruksproduksjonen. Og etter hvert brøt økonomien der borte fullstendig sammen.

Midtøsten: i de arabiske land er det reelt sett forbud mot privat eiendom over en viss størrelse. Alle store eiendommer, alle store bedrifter eies av staten. Resultatet er selvfølgelig en meget lav levestandard. Folk har lov til å eie et lite hus, noen husdyr, små jordlapper og små familiebedrifter som selger hjemmelagede tøyer, tepper, klær og smykker – virksomheten på basarene er jo velkjent. Dette gir en mulighet til ikke å sulte. Men rikdommen som finnes for noen få kommer fra salg av naturressurser, og skatt på oljeselskaper. (Jeg kommer tilbake til disse problemstillingene.)

Det vanligste husdyr i de arabiske land er geiter. Hvorfor ikke kuer eller sauer, som er bedre på alle vis – de gir bedre kjøtt, mer melk, er lettere å stelle? Grunnen er at kuer og sauer krever beiteområder, og beiteområder må man eie. Men det er ikke lov å eie beiteområder i disse landene. Derfor satser man på geiter. En flokk geiter kan man slippe ut hvor som helst og de er meget nøysomme og lever av nesten ingenting. Og de kommer tilbake når man roper på dem.

Som kjent er en del dyrearter utrydningstruet: elefanter, tigre, nesehorn, etc. I enkelte land i Afrika har man innført privat eiendomsrett til slike «interessante» dyr. I disse områdene er bestandene voksende. Hvordan innføre eiendomsrett? Et firma, en person, eller en landsby kan få eiendomsretten til alle dyr i et område. Man kan så f.eks. selge retten til å skyte et nesehorn, og det finnes folk som er villig til å betale 25 000 dollar for dette. Enkelte er også villige til å betale store summer for retten til å bli fotografert ved siden av et skutt nesehorn. Irrasjonelt, javel, men eiendomsrett bevarer ressurser. Fordi eierne nå tjener på å bevare dyrene, og også kan tjene mer på å øke dyrenes antall, så er bestander av interessante dyr i slike områder nå økende. Et eksempel fra Norge (ikke fra Bethells bok): dere vet at sauebønder slipper sauene sine ut i områder hvor ulv og bjørn og andre rovdyr kan ta dem. Gjett hvem som taper dersom bjørn eller ulv tar en sau? Er det bonden selv, eller er det skattebetalerne? Hvis bonden selv hadde måttet stå for hele tapet, så ville han ha passet på sauene sine. Men det er skattebetalerne som betaler: dersom en bonde kan sannsynliggjøre at en sau er tatt av rovdyr, får han dekket tapet med en utbetaling som er mye større enn det han hadde fått dersom han hadde levert sauen til slakteriet. I land uten slike støtteordninger, der blir sauene gjetet.

Sultkatastrofer

Irland ble midt i det nittende århundre rammet av en sultkatastrofe. Millioner av mennesker sultet i hjel: befolkningen ble redusert fra 8 mill i 1840 til 4,5 mill i 1900 (en del utvandret til USA), selv om øya er et av de mest frodige områdene i verden. Dere kan vel nå gjette at forholdet til eiendomsrett har noe med dette å gjøre. Det katolske Irland ble kolonisert av det protestantiske England fra 14-1500-tallet. Under britenes styre ble det forbudt for katolikker å eie land: land ble tatt fra dem og gitt til engelskmenn. Katolikker kunne ikke kjøpe land eller motta det i gave.

Katolikker kunne leie land. De kunne så dyrke og betale avgifter til eierne. Men på grunn av en valutareform i 1797 ble disse avgiftene så høye at ingen kunne betale. Hvorfor jobbe da? Resultatet ble at meget fruktbare områder ble liggende udyrket, ingen mat ble produsert, alle sultet, mange sultet ihjel. Men hvorfor kunne de ikke jobbe allikevel – det stod jo om livet? Hvis de hadde jobbet og produsert mat, ville andre tatt avlingene fra dem, andre ville ha nydt godt av den maten som ble produsert. Valutareformen nevnt ovenfor bestod i at Bank of England gikk bort fra gullstandarden i 1797. Først satte myndighetene i gang en inflasjon, og deretter en paripolitikk for å komme tilbake til den opprinnelige gullverdien. Dette førte til harde tider som beskrevet hos f.eks. Dickens, (og resultatene av paripolitikken i Norge mer enn 100 år senere ble tilsvarende). Ingen vanlige fremstillinger omtaler eiendomsrettens betydning for sulten i Irland, og grunnen er at det vanlige synet sier at eiendomsrettforhold er irrelevant. Den vanlige forklaringen er at irene er late, eller at det ble eksportert mat fra Irland til England.

Et annet eksempel: Vann i California er gratis. Det forekommer ofte perioder med lite vann, perioder hvor man blir bedt om å spare fordi magasinene er nesten tomme. Men det er stor sløsing av vann i landbruket. 85% av alt vannet benyttes av landbruket, som står for 2,5% av økonomien. En bonde kan gratis benytte like mye som han brukte året før. Dette fører til at det ikke finnes tiltak for innsparing i bruk av vann i landbruket.

Den peruvianske forfatteren Hernad de Soto la i sitt hjemland merke til at noen områder var rike, og de besto av pene hus, velstelte haver, osv., og at noen områder var fattige, og der var husene lite annet enn pappesker og planker. Han begynte å lure på hvorfor. Det var samme folkeslag begge steder, begge hadde samme typer jobber, osv. Jo, på det ene området hadde folk eiendomsrett. På det andre hadde de det ikke. Når folk eier noe, så steller de pent med det. Dere har sikkert på TV sett slike landsbyer hvor husene ikke er mer enn pappesker og lemmer stablet inntil hverandre. Hvorfor bygge et ordentlig hus når myndighetene kan jage deg vekk i morgen? de Soto skrev den virkelig betydningsfulle boken *The Other Path* (1989), hvor han behandlet dette. Denne boken har hatt stor betydning for å gjenreise eiendomsretten som et viktig tema for økonomisk teori.

Dagens «privatiseringer»
I dag er det en tendens til å gjenreise eiendomsretten, og å overføre ting til privat virksomhet: dette kalles privatisering (noen elementer av denne tendensen er dog nokså gamle).

Men mange av de privatiseringer som er foretatt fortjener ikke dette navnet, fordi de ikke er reelle privatiseringer. Siden de ikke har vært reelle privatiseringer, så har de hatt tildels svært negative konsekvenser.

Måten norske kommuner «privatiserer» på er at de legger en tjeneste ut på anbud. I anbudsperioden konkurrer tilbyderne om de kommunale politikerne og byråkratenes gunst. (Også her er det avdekket snusk.) Den som vinner anbudsrunden får så enerett på å levere tjenesten i løpet av kontrakttiden.

Dette ender opp med en ordning som ikke er vesensforskjellig fra den tidligere monopolordningen. Det spiller liten rolle om selskapet som har monopol på å levere en tjeneste er eid av stat/kommune eller av private. Det utgjør i alle fall ingen stor forskjell. Kundene er fremdeles like maktesløse, og det er der problemet ligger. Ved en reell privatisering er tjenesteyter direkte ansvarlig ovenfor kundene, ikke overfor kommunen eller staten.

Ved en reell privatisering er det de som bruker tjenesten som får velge leverandør, ikke kommunen eller staten. Konkurransen om kundene må være permanent, og ikke noe som kun eksisterer under

49

anbudsrunden, slik det er i dagens «privatiseringer». Kun en slik ordning vil utgjøre en reell privatisering, og kun dette kan gi bedre tjenester over tid. Et fritt marked er noe man må ha hele tiden. Slik det er nå må kundene finne seg i dårlig kvalitet på tilbudene uten å ha noen konkurrenter å henvende seg til. Den leverandøren som fikk anbudet har en kontrakt med kommunen, og legger da mest vekt ikke på brukerne, men byråkratene og politikerne i kommunen. Fra leverandørens ståsted er det kommunen som er hans kunde, ikke brukerne. Årsaken til kvalitetsproblemene er at det er kommunen og staten som har ansvaret for å skaffe folk helse- og omsorgstjenester. Som kjent er det den som betaler som bestemmer, og da betaler og bruker er to forskjellige personer, er interessekonflikten et faktum. Den løsningen som kan gi kvalitet over tid er selvsagt at brukerne må betale for tjenestene selv, f.eks., gjennom et forsikringsselskap, og at hvem som helst må få anledning til å tilby de ønskede tjenester for salg. Intet annet fortjener å bli kalt privatisering. De som raser over dagens «privatiseringer» av helse- og omsorgstjenestene gir kapitalismen skylden. Men hvis de hadde sett litt nærmere etter, ville de oppdaget at årsaken er – som vanlig – det motsatte: for lite kapitalisme. Dette er enda et eksempel på det lite kloke i å gi fra seg pengene sine (gjennom skatter og avgifter) til andre (politikerne), i bytte mot at politikerne lover å bruke pengene dine slik som er best for deg. Dette skjer praktisk talt aldri. Resultatet er alltid det motsatte av det man ønsker: vi får dårligere skoler, dårligere veier, dårligere sykehus, dårligere gamlehjem, etc. En annen feilaktig anvendelse av dette prinsippet – «privatiseringer» – er landreformer. For å bedre folks situasjon er det enkelte land som innfører landreformer: store eiendommer som eies av noen rikinger deles opp og gis til de som bruker jorda. Dette er helt feil fremgangsmåte. Dette er jo å krenke eiendomsretten. En slik politikk kan ikke være basis for er system som går ut på å etablere respekt for eiendomsretten. Det man må gjøre er å innføre full eiendomsrett. Man må la de som eier i dag få disponere fritt det de eier, med unntak kun i de tilfeller hvor eiendommer opplagt er stjålet og hvor man lett kan finne frem til de rettmessige eiere. Etter noen tid vil da alle eiendommer havne på de hender som totalt sett er i stand til å utnytte dem best. Vi må ha full eiendomsrett – kun dette er frihet, og kun frihet gir stabilitet, harmoni og velstand.

Full eiendomsrett medfører ingen reguleringer (offentlig dirigerte bruksmåter) av eiendommer, og heller ingen ekspropriasjon overhodet. Ekspropriasjon er skadelig for de personer som rammes, og er da på sikt skadelig for samfunnet som helhet. De som fikk sine eiendommer ekspropriert i forbindelse med Gardermoen-utbyggingen forteller om sosiale tragedier, psykiske lidelser, endog selvmord. De av disse menneskene som er prinsipielle motstandere av ekspropriasjon har vi selvsagt stor medfølelse med. De andre – hva skal vi si om dem? Kan vi si at de har fått smake sin egen medisin? Det som nå er statlig, det som staten «eier», det har den stjålet. Det som bør skje nå er å få det over på private hender på en eller annen måte, gjerne på den måte som er mest effektiv eller lettest å gjennomføre. Noen eiendommer bør selges til høystbydende. Noen bør selges eller gis bort til de som bruker dem (kommunale leiligheter, jordbrukseiendommer). Noen bør gis bort til idealistiske organisasjoner – f.eks. kan fuglereservatet Østensjøvann gis til foreningen Østensjøvannets venner, nasjonalparkområder kan gis til Naturvernforbundet, osv.

Man må få alt over på private hender. Det er elementer av politisk taktikk her: man må kjøpe opp motstand. Man må lage privatiseringspakker som inneholder noe til ulike typer grupper, siden slike pakker vil få mange forsvarere.

Når kan dette skje? Bethell har intet om dette. Det kan – vil – skje når rasjonalitet og rasjonell egoisme er bredt akseptert i befolkningen. Inntil da vil vi ha mer og mer restriksjoner på eiendomsretten og alle typer overføringer og reguleringer. Men hva med dagens privatiseringer? Det som skjer nå er at navnene er blitt populære, og det establishment da gjør er å sette nye og populære navn på den samme gamle tradisjonelle politikken. Frihandel – i dag kryr det av frihandelsavtaler, men de representerer ikke frihandel: en reell frihandelsavtale er kun på to setninger. F.eks. «Alle svensker kan ta med hva de vil fra Norge til Sverige. Alle nordmenn kan ta med hva de vil fra Sverige til Norge». En reell frihandelsavtale består ikke av tusenvis av sider som dusinvis av byråkrater bruker år på å forhandle frem. Så også med privat eiendomsrett: Oppslutningen om den sies å være økende, men det som virkelig er økende er alle mulige reguleringer og inngrep i eiendomsretten. Dette betyr at i de vestlige land er det slik at eiendomsretten i praksis fortsatt svekkes. Derimot er det nå en stigende forståelse for eiendomsrettens betydning i akademia, men den praktiske effekten av dette gjennomslaget har ennå ikke gjort seg gjeldende.

Hva må til for å få aksept for eiendomsrett både i teori og i praksis? Et svar på dette består av flere elementer.

1) Eiendomsretten må gjelde fullt og helt. Dette innebærer f.eks. ingen tvungen skatt. Heller ikke skatt på «rike» firmaer som f.eks. oljeselskaper. Skatt på firmaer er kun en indirekte måte å beskatte firmaets kunder på. Bethel er ikke enig i at full privat eiendomsrett innebærer avskaffelsen av tvungen skatt, han sier at tvungen skatt er akseptabelt: «Some level of taxation is legitimate» (s. 307). Grunnen til at han mener dette er antagelig at han ikke forstår viktigheten av prinsipper. Gir man avkall på eiendomsretten på et område – hvorfor ikke et til og ett til og ett til ... dette er å gi fanden lillefingeren. Eksempel: inntektsskatten i USA begynte på følgende lave nivå: den var på 2% på inntekter over USD 40 000. Nå er den langt større. Altså: for å få aksept for eiendomsrett må man først ha fått aksept for prinsipper.

2) Aksept av prinsipper, dvs. overbevisningen om at tenkning må være prinsipiell, følger av aksept av fornuft. Kun høy grad av rasjonalitet kan begrunne og derved sikre anvendelsen av prinsipper.

3) Eiendomsrett betyr at eieren kan disponere fullt og helt det han eier slik han selv ønsker. Mao: man kan ikke i et system med full aksept for eiendomsrett ta fra de rike og gi til de fattige. Vi vet at overføringer også er ødeleggende for de fattige på lang sikt, men dette ser ut til å være et for komplisert poeng å forstå for folk flest. Derfor vil eiendomsrett bli akseptert når folk flest synes det er moralsk riktig at folk får beholde det de eier. Dette kan først bli gjennomført når folk flest betrakter rasjonell egoisme som moralsk. I dag er folk flest altruister, og de har ingen betenkeligheter med å ta fra de rike, og dette vil de fortsette å støtte så lenge de er altruister.

Men de fattige blir selvsagt ikke mer velstående av å motta overføringer. Overføringer har kun en effekt: mottakerne passiviseres, og deres arbeidsevne blir redusert. Altså: full eiendomsrett er det eneste grunnlag for velstand, stabilitet og harmoni, og dette igjen er resultat av

52

fornuft og rasjonell egoisme. Med andre ord: frihet forutsetter fornuft og egoisme, dvs. frihet forutsetter en filosofi som forfekter disse ideene. Det er riktig som jeg sa innledningsvis: privat eiendomsrett er grunnlaget for velstand, men aksept for privat eiendomsrett er ikke noe primært, den bygger på mer grunnleggende forutsetninger. Og disse er fornuft og rasjonell egoisme.

Til slutt: Et viktig Objektivistisk poeng er at det som styrer folk er deres moral. Vi har sett mengdevis av eksempler på at privat eiendomsrett fører til velstand, og at mangel på eiendomsrett fører til fattigdom – allikevel går de fleste imot eiendomsrett selv om de ønsker velstand. Det er disse som i eksempelet med bygningen sier at strømregningen skal være felles, folk må spare: Dette gjelder over hele Vesten i dag mht. skole, helsevesen, uhjelp, osv. uansett hvor mange eksempler som viser at ordninger basert på privat eiendomsrett fungerer, og at ordninger som er basert på fellesskapsløsninger ikke virker. Uansett hvor mange slike eksempler man kan vise folk, så vil dette alene ikke forandre deres oppfatning. Grunnen er at de er altruister: de mener at fellesskapsløsninger er riktige og da er det disse ordningene de mener vi må ha.

Konklusjon

Eiendomsrettens historie viser klinkende klart at det som styrer folk er deres moral: alle har selvsagt sett at ordninger med alt felles ikke fungerer. Vi så det i eksempelet med bygningen og strømregningen: alle vet at i slike tilfeller vil det sløses med strømmen. Robert Owen oppdaget raskt at det fellesskapssamfunn han etablerte ikke fungerte. Og i Sovjetunionen visste man tidlig at fellesskapsordninger ikke virket – raskt etter revolusjonen innførte Lenin NEP-perioden, en slags liberalistisk periode hvor folk i stor grad kunne beholde det de tjente. Derfor kom de selvsagt raskt på den ideen at det man må gjøre er å skape det nye mennesket. Man må lære opp folk til å bli «fellesskapsorientert»: Owen prøvde dette, og grunnen til at man måtte ha sosialismens periode med diktatur var at man så i løpet av denne perioden skulle forandre mennesket slik at det kunne bli verdig det klasseløse, kommunistiske samfunn, som er et anarkistisk samfunn uten eiendomsrett, og dermed visstnok uten konflikter.

Altså: sosialister har en moralteori som innebærer at alt skal være felles. Så må de forandre mennesket for at det skal å passe til denne moralen. Er dette den korrekte måten å danne teorier, inkludert moralteorier, på? Hvordan er det man bør forholde seg når man skaffer seg kunnskap? Jo, man bør observere virkeligheten, og så trekke slutninger på basis av det man observerer. Dette er den riktige metoden. Men det tilhengerne av fellesskapsløsninger gjør er å ha moralen først, og så vil de forandre virkeligheten/mennesket for å få moralen til å fungere!

Når liberalister som motargument mot fellesskapsløsninger sier at de ikke virker, og at de fører til fattigdom, nød, elendighet, massemord, så sier fellesskapstilhengerne at det er fordi folk ikke har tilpasset seg, det er deres egen feil. De som har dette fellesskapssynet har ingen interesse for virkeligheten og det som skjer der. De er kun interessert i å gjennomføre sin moral, en moral som i virkeligheten er ødeleggende. Og alle mennesker er slik; de styres av moral. Skal vi få oppslutning om og derved kunne gjennomføre frihet – respekt for eiendomsretten – må folks moral forandres, dagens kollektivistiske og selvoppofrende moralsyn må skiftes ut med det moralsyn som er i samsvar med menneskets natur: et individualistisk, rasjonelt og egoistisk moralsyn. For å få gjeninnført eiendomsretten må man altså forandre filosofiske grunnideer, vi må få aksept for fornuft og egoisme, og kun Objektivismen er en hel filosofi som inneholder alle disse ideene.

Globaliseringsfellen

Bokomtale publisert på Internett 1999

Forfatternes hovedformål med denne boken – *Globaliseringsfellen,* Gyldendal 1998, skrevet av de to Der Spiegel-journalistene Hans-Peter Martin og Harald Schumann – er å argumentere for en styrking av EUs overnasjonale myndighet. For å korrigere endel tendenser forfatterne mener er sterkt negative, bør medlemslandene gi fra seg langt større makt til EUs overnasjonale organer. Boken avsluttes med en liste på ti konkrete forslag med akkurat dette formål. Noen av titlene på disse forslagene lyder slik: «En europeisk valutaunion», «Utvidelse av EUs lovgivning til skatteområdet», «En europeisk økologisk skattereform», «Innføringen av en europeisk luksusskatt».

Denne omtalen vil ikke behandle EU-problematikken, men isteden ta opp de problemene boken bruker som begrunnelse for sine ønsker om en sterkere overnasjonal styring av den internasjonale samhandelen. De problemene boken tar opp er blant annet utviklingen mot det forfatterne beskriver som et «20-80-samfunn», valuta-spekulasjoner, store bedrifters skatteunndragelser, menneskesmugling og narkotikahandel. Forfatterne påstår at alle disse problemene er forårsaket av øket frihandel, og for å rette på dem må frihandelen reduseres: alle former for handel mellom ulike land må underlegges sterk overnasjonal kontroll.

Negative utviklingstrekk

Boken påstår at den voksende frihandel vil for de vestlige landene føre til et «20-80-samfunn», dvs. at produksjonen er blitt så effektiv at det kun er bruk for ca 20 % av befolkningen for å produsere det alle trenger, og at de resterende ca 80 % vil bli forbrukere av det som i boken kalles «tittytainment», dvs. at disse 80% blir passive mottagere av trygd og at de bruker sine dager til å se på tanketomme såpeoperaer, talk-shows og spørrekonkurranser på TV.

Dette blir resultatet fordi den ifølge forfatterne økede frihandel vil føre til at bedrifter flytter sin produksjon til land med lavere lønninger. Slik flytting av produksjonen til fattigere land er nå gjort mulig fordi det ikke lenger er restriksjoner på kapitalbevegelser mellom ulike land. I de rike landene vil det altså ikke lenger være etterspørsel etter middels eller lavt utdannet arbeidskraft. For å beholde denne type arbeidsplasser i de vestlige land bør ifølge forfatterne muligheten til slike kapitalbevegelser forbys.

Boken sier også at de liberale reglene mht kapitaloverføringene har tatt makt fra de folkevalgte politikerne og overført denne til valutaspekulanter som ikke er underlagt noen form for demokratisk kontroll. Spekulantene får også skylden for at verdien av ulike lands valutaer ikke har stabile verdier, og spekulantene får også skylden for valutakriser, som f.eks. den i Mexico i 1995. Forfatterne nevner også andre resultater av den økende frihandelen: den hører sammen med øket menneskesmugling, øket narkotikasmugling, og selvsagt kommer forfatterne også med påstanden om at vi nærmer oss en miljøkatastrofe. I det følgende vil jeg ta opp disse punktene enkeltvis.

20-80

For å begrunne sin påstand om at vi beveger oss mot et 20-80-samfunn lister boken i et kapittel med tittelen «Den store snauhogsten» opp en rekke bransjer hvor antallet ansatte har gått ned de siste årene: banker, telekommunikasjon, flyselskaper og forsikring. Det er ingen grunn til å tvile på bokens påstander om at antallet ansatte er blitt redusert i en rekke bransjer, men boken omtaler overhodet ikke at antallet ansatte også er gått opp i en rekke andre bransjer; f.eks. databransjen. Dessuten, alle burde vite at i de siste 100 årene har det i arbeidsmarkedet skjedd en forskyvning fra vareproduksjon og over til tjenesteytende næringer. Det eksemplet som oftest brukes for å illustrere denne utviklingen er at for 100 år siden var det nødvendig med ca 90 % av befolkningen for å produsere nok mat, nå klarer ca 5 % å produsere nok mat (dette er catall som gjelder dagens i-land).

Selv om vareproduksjon kan skje hvor som helst og varene så kan fraktes dit det er etterspørsel etter dem, må tjenesteytende næring skje i nærheten av kundene. Det spiller altså ingen rolle hvor en skjorte er sydd eller hvor en klokke er satt sammen, men en kelner/drosjesjåfør/ lærer/lege/journalist/guide må være der hvor kunden er. Jeg skrev at alle burde vite dette, men det er intet som tyder på at denne bokens forfattere er klar over dette. I motsetning til bokens påstand er det ingen grunn til å frykte at vi går mot et samfunn hvor det kun er bruk for ca

56

20 % av befolkningen i arbeidslivet. Det er riktig at det blir bruk for færre og færre i vareproduksjon, men dette betyr at det blir rom for stadig flere i tjenesteytende næringer. Det er altså intet saklig grunnlag for forfatternes ønsker om å innføre restriksjoner på bedrifters muligheter til å flytte vareproduksjon til land hvor lønningene er lavere. Dette poenget kan også bekreftes empirisk: I USA er det få restriksjoner på bedrifters mulighet til å flytte arbeidsplasser utenlands, og USA har også svært lav arbeidsløshet.

Ved å flytte vareproduksjon til land med lavere lønninger vil produktene bli billigere, og dette er positivt for de som kjøper varene. Dessuten vil etterspørselen etter arbeidskraft i lavlønnslandet øke, dermed vil lønningene der øke. Dette fører altså til at levestandarden vil øke i de fattige landene.

Men siden all produksjon blir mer og mer effektiv, er det da mulig at man etterhvert vil få et samfunn hvor det ikke er arbeid til alle? Nei, siden det ikke er noen grense for menneskers ønsker og behov, vil det heller ikke være noen grense for etterspørselen etter arbeidskraft. Dersom samfunnet er organisert på en effektivt måte, vil det være arbeid til alle som ønsker å arbeide.

Valutaspekulasjoner

Boken inneholder endel sterkt kunnskapsløse betraktninger om valutaspekulasjoner: profesjonelle spekulanter får skylden for kriser i ulike land, spesielt omtalt er som nevnt krisen i Mexico i 1995. Spekulantene fremstilles som gamblere som ene og alene for å tjene sin egen fornøyelse og profitt kaster land ut i store økonomiske kriser og således forårsaker arbeidsløshet og fattigdom blant store befolknings-grupper. Men boken forteller intet om det som virkelig er årsakene til valutakriser. La meg derfor kort gjøre det her: Tenk deg en banksjef som leder en bank som har i sin beholdning f.eks. 1 mrd svenske kroner (SEK). Så finner han ut at den svenske regjeringen begynner å føre en politikk som vil redusere verdien av den svenske kronen.

Reduksjon i pengeverdi skjer i hovedsak på følgende måte: det er f.eks. snart valg i Sverige, og regjeringen vil få det til å se ut som om den fører en politikk som har positive effekter. For å få det til å se slik ut må staten bruke penger. Regjeringen kan ta inn penger ved å øke skattene, men å øke skattene er upopulært. Derfor kan regjeringen gjøre noe som forenklet kan beskrives som å trykke opp penger, dvs. øke pengemengden (evt. kredittmengden). Øket pengemengde betyr selvsagt at hver pengeenhet vil bli mindre verdt*. Det er dette – en reduksjon av pengeverdien forårsaket av regjeringen/sentralbanken/ pengeutstederen – som er inflasjon. Et symptom på inflasjon er en generell prisstigning.

Banksjefen har altså ansvaret for sin innskyteres penger. Bør han sitte rolig å se på at verdien av innskuddene sakte, men sikkert, blir mindre? Nei, han bør kvitte seg med SEK og bytte til en annen valuta, en som ikke synker i verdi. Banksjefen forsøker nå å selge SEK. Andre som også sitter på store mengder SEK vil nå bli oppmerksomme på dette salget og de vil også forsøke å selge SEK – dette betyr at SEK synker i verdi; når tilbudet øker vil prisen gå ned. Grunnen til at banksjefene/spekulantene får skylden for valutakriser at få er oppmerksomme på den politikken som forårsaker at pengeverdien synker, men det er lett å få øye på at alle selger SEK. Men det skulle nå være lett å se at de som har skylden for problemene er regjeringene i det landet som havner i krisen, ikke spekulantene. I virkeligheten er det slik at spekulantene holder regjeringene i sjakk og hindrer dem i å foreta alt for uansvarlige beslutninger.

Men det som mest effektivt ville hindre politikeres mulighet til å manipulere pengeverdien for på kort sikt å oppnå støtte blant velgere er en gullstandard, dvs. en pengestandard som er slik at pengenes verdi er definert i forhold til en viss mengde gull. Et slikt pengesystem er det umulig for politikerne å tukle med. Gullstandarden ble forlatt tidlig i det tyvende århundre fordi, som det ofte heter, «den ga politikere for små manøvreringsmuligheter». I den perioden hvor gullstandarden dominerte hadde verden flere hundre år med en stabil pengeverdi. Kort tid etter at den ble forlatt fikk vi de harde 30-årene, og det kom flere perioder med kriser etter dette.

Det er egentlig heller ikke nødvendig for politikerne eksplisitt å innføre noen gullstandard for å løse alle valutaproblemer. Det er tilstrekkelig at politikerne fjerner de lover som legger avgifter på salg av gullmynter, tillater personer og institusjoner å eie så mye gull de vil,

---

* Dersom aktiviteten i økonomien øker like mye som pengemengden vil pengeverdien holde seg stabil.

og tillater gull som betalingsmiddel (idag kan man ikke nekte å ta imot kontanter som betaling selv om en kontrakt er inngått i gull: f.eks. er det på dollarsedler trykt følgende: «This note is legal tender for all debts, public and private»). Dersom disse tiltakene blir gjennomført vil markedet selv på meget kort tid ha tilpasset seg og vi vil ha et stabilt pengesystem fullstendig uten inflasjon og annen politikertukling. Å ha et stabilt pengesystem er svært viktig for langsiktige prognoser innen all økonomisk virksomhet.

Krisen i Mexico var dog noe annerledes. Som de fleste land utenfor Europa/USA hadde Mexico frem til ca 1980 en meget ustabil økonomisk politikk: sterk inflasjon, korrupsjon, store statsbedrifter, store låneopptak i utlandet som landet ikke kunne betjene, osv. I 1982 la landet om kursen til en langt mer ansvarlig linje: etterhvert ble statsbedrifter privatisert, offentlige utgifter ble redusert, Mexico ble med i det nordamerikanske frihandelsområdet NAFTA, osv., og det så ut til at alt gikk bedre. Til tross for dette ble landet rammet av en krise i 1995. Årsakene til denne var i hovedsak at det brøt ut en liten borgerkrig i 1994 (en gruppe indianere erklærte krig mot regjeringen), landets mest fremtredende politiker etter presidenten ble drept i et attentat i mars 1994, og det viste seg at den mexikanske pesoen var sterkt overvurdert og at regjeringen av prestisjegrunner ikke hadde truffet nødvendige tiltak. Investorer skyr med all rett ustabile områder, og de trakk seg ut av Mexico. Dette er i korte trekk årsaken til krisen i Mexico i 1995. Ingen av disse fakta er nevnt i boken.

Bokens forfattere ser positivt på den sterke statsstyringen av økonomiene i endel Sørøst-Asiatiske land, og mener at slik styring sikrer stabilitet og hindrer kriser. Det skulle her være tilstrekkelig å nevne at boken ble skrevet før disse landene ble rammet av en kraftig økonomisk krise i 1997. Denne krisen var så kraftig at IMF (det internasjonale pengefondet) anså det som nødvendig å gå inn med meget betydelige midler for å «redde» økonomiene i flere land i området (bl.a. Thailand, Indonesia og Sør-Korea). La meg også nevne at liberalister ikke støtter slike redningsaksjoner. IMF og deres medsammensvorne hevder at slike redningsaksjoners formål er å hindre reduksjoner i levestandarden for folk flest, men praktisk talt den eneste effekten av slike aksjoner er at de største spekulantene ikke taper penger. Igjen, det er kun én ordning som kan føre til at slike kriser unngåes: gullstandard.

Menneskesmugling

Et annet poeng som boken tar opp er menneskesmugling: mennesker fra fattige land betaler store beløp til tvilsomme personer for å bli fraktet til rike land, men ofte blir de lurt, de blir bare sendt tilbake igjen når de blir oppdaget. Men årsaken til at mennesker ønsker å bli smuglet inn i rike land er selvsagt at vanlig innvandring er forbudt. Å fremstille dette som et utslag av øket liberalisering, som forfatterne gjør, er å sette tingene fullstendig på hodet: liberalisering betyr selvsagt fri folkeforflytning over landegrenser – og hadde man virkelig hatt globalisering ville det ikke vært noe behov for menneskesmugling.

Men dersom man har full frihet for individer til å bosette seg der hvor de ønsker – vil ikke dette bety at de rike land blir oversvømmet av personer fra fattige land? Hvis de kom for å arbeide ville dette bare være positivt – jo flere som arbeider i et land, jo større blir velstanden. Men hvis de kom for å snylte på trygdesystemer vil det selvsagt være negativt. Men problemet da er ikke innvandringen, problemet er trygdesystemene: dersom trygdesystemene ikke var slik at alle som er i landet med lovlig permanent opphold automatisk har juridisk rett til å få mat, klær, hus, skolegang, ferier, osv. ville innvandringen ikke være noe problem. Problemet er heller ikke her liberalismen, problemene skyldes velferdsstaten, dvs. mangelen på liberalisme.

Narkotika

Hva så med narkotikahandel? Problemene som taes opp i boken kan lett fjernes dersom all bruk/salg av narkotika til voksne mennesker hadde vært tillatt. Det er altså igjen ikke liberalismen som er årsaken til problemene, problemene er forårsaket av mangel på liberalisme. At det idag dessverre er mange, spesielt blant de unge, som benytter rusgifter som narkotika er tragisk, men dette er forårsaket av at samfunnet er dominert av irrasjonelle grunnideer. Kort fortalt betyr dette at med et irrasjonelt utgangspunkt kan man ikke forstå virkeligheten og man kan heller ikke forstå mennesker, verden blir derfor et uforståelig og skremmende sted, og mange gir lett etter for fristelsen til å flykte fra den. Men la meg gjenta mitt hovedpoeng: de aller fleste problemene i

60

forbindelse med narkotika er forårsaket av forbudet mot narkotika – og en dekriminalisering vil fjerne de aller fleste problemene.

Skatt

Ifølge forfatterne er det forferdelig at store bedrifter dels direkte snyter på skatten, og dels at de kan spille ulike myndigheter ut mot hverandre: «vi legger vår nye fabrikk der hvor vi får størst skattereduksjoner og størst subsidier». Dette har ført til at mange store bedrifter i de siste årene har betalt mindre i skatt enn de har gjort tidligere.

Mitt syn er at tvungen skatt er både umoralsk og unødvendig. Høye skatter er nødvendig for å opprettholde en velferdsstat, dvs. et system hvor politikere for å få stemmer lover at staten skal gi bort gratis velferd – men det skulle ikke være vanskelig å forstå at et slikt system ikke kan fungere særlig lenge; en velferdsstat er uforenlig med et velferdssamfunn. At politikere, som deler ut andres penger for å oppnå posisjon, prestisje og oppmerksomhet, er forarget over at individer og bedrifter kan redusere sin tyngende skattebyrde, er forståelig. Men det liberalistiske syn er at pengene tilhører den som tjener dem, og at skatt ikke er annet enn tyveri. Å høre politikere klage over at bedrifter reduserer sin skattebyrde er som å høre innbruddstyver klage over at potensielle ofre har installert alarmer eller har gjemt bort sine verdisaker. Stater har selvsagt legitime oppgaver (beskytte individers rettigheter, dvs. drive politi, rettsvesen og forsvar), men disse oppgavene bør være frivillig finansiert.

Reelle problemer?

Som man ser er de konkrete problemene forfatterne beskriver forårsaket av mangel på frihandel/liberalisme, og de kan kun løses ved å gjennomføre full liberalisme, dvs. full laissez-faire-kapitalisme. Men de omtaler ett sett «problemer» som muligens er forårsaket av frihet. De skriver at «dereguleringen av flytrafikken i USA ... førte til lavere priser, men samtidig til oppsigelsesbølger og kaotiske og ustabile flyselskaper» og dette førte igjen til skilsmisser, problembarn og stress (s. 197). Videre på samme side: «Varetilbudet ... forandrer seg så fort at tenåringenes konsumvarer er fremmed selv for trettiåringene ... Millioner av arbeidstagere må orientere seg på nytt flere ganger i løpet av sitt yrkesliv. Den som streber oppover, må vise fleksibilitet og ofte flytte til en annen by».

Bokens forfattere ønsker altså stabilitet, de er sterkt imot raske forandringer. Dette er altså forfatternes egentlige standpunkt. Det bekreftes av forfatterne selv på side 244: «Overgangen til industriens tidsalder var en av de frykteligste periodene i europeisk historie. Da de gamle føydalherrene slo seg sammen med kapitalistene og med rå statlig vold fjernet den gamle verdensordenen – håndverkernes laugsregler og landbefolkningens sedvanerett til et fattig, men trygt liv – forårsaket de ikke bare enorme menneskelige lidelser». Historie-fremstillingen her er helt feil, men la meg bare fremheve det som er forfatternes poeng: de ser på middelalderens stabilitet – den gamle verdensordningen med et fattig og trygt liv – som et ideal!

Et fritt samfunn er et dynamisk samfunn i stadig forandring. Og siden all handling er frivillig, er all forandring derved også forbedringer. (Siden rasjonalitet er en forutsetning for frihet, forutsetter jeg her en sterkt utbredt rasjonalitet.) Bokens forfattere ønsker et statisk samfunn, men et statisk samfunn er umulig – et samfunn vil enten være i vekst/fremskritt, eller det vil være i forfall. Forfatternes forslag om å innføre sterkere restriksjoner på individers handlefrihet vil uunngåelig føre til samfunn i forfall. (Individer kan dog i et dynamisk samfunn velge et arbeid som gir dem få utfordringer, så hvis de ønsker fred og ro så kan de lett få til det.)

Den som er interessert i akkurat denne problemstillingen kan finne mer om enkelte menneskers ønsker om et statisk samfunn i artikkelen «The Divine Right of Stagnation» i Ayn Rands bok *The Virtue of Selfishness*.

Andre poenger i boken
Bokens forfattere har en ofte underlig og uventet, men praktisk talt alltid kunnskapsløs og direkte feilaktig måte å fremstille fenomener på. F.eks. bruker de uttrykket «markedets diktatur» (s. 21). Dette er en språkbruk som kunne være hentet fra Orwells *1984*: viktige ord gis en betydning som er stikk i strid med ordenes reelle betydning. Markedet betyr frihandel, dvs. frivillig handel. Jeg kjøper en Coca-Cola fordi jeg selv ønsker det, men jeg betaler skatt fordi jeg er tvunget til det – hvis ikke blir jeg kastet i fengsel. Handel er frivillig, skatt er tvang. Å sette

62

likhetstegn mellom frivillige og tvungne handlinger er grotesk. Men selvsagt kan det i et fritt samfunn, som i alle andre samfunn, oppstå et konformitetspress («jeg må lese *Sataniske vers* fordi alle som hører til den intellektuelle elite har lest den»), men det er grotesk å sette likhetstegn mellom dette og diktatur («det er forbudt å lese *Sataniske vers*, gjør du det blir du henrettet»). Forfatterne setter opp en motsetning mellom politikere og bedriftsledere/kapitalister/bankfolk: de sier at dersom den siste gruppen har stor makt, underlegger vi oss «makter som ingen velgere har stemt på». Dette er forsåvidt riktig. Men vi gir makt til bedriftsledere fordi de tilfredsstiller våre ønsker og behov: vi bruker hver dag våre egne penger på å kjøpe varer/tjenester, og vi velger de varene som vi synes er best. Vi gir altså makt til lederne i de bedriftene som best tilfredsstiller oss på en kontinuerlig måte. Skulle våre ønsker forandre seg, vil vi slutte å kjøpe de samme varene. Store (og små) bedrifter vil da kunne gå overende, og disses ledere vil miste all makt. Derimot, det eneste vi (eller 60-70 % av oss) har gjort for å gi politikerne makt er å legge en stemmeseddel i en urne hvert fjerde år. Hvorfor skulle så politikere fortjene langt større makt over oss enn de lederne vi velger ved våre kjøp praktisk talt hver eneste dag?

Boken beskriver også forholdene for ansatte på enkelte fabrikker i Østen: «..arbeiderne som verdenskonsernet holder som livegne. For 350 mark i måneden sliter de seks til sju dager i uken, og [arbeiderne] bor i et personalhjem eid av bedriften som låses om natten som et fengsel .... for å hindre at de flykter er arbeidernes pass inndratt» (s. 159). Enhver frimarkedstilhenger tar selvsagt på det sterkeste avstand fra slike forhold. Men slike forhold er faktisk et resultat av det som bokens forfattere ønsker: et sterkt samarbeid mellom industri og stat, dvs. mellom bedriftsledere og politikere. Det er også i samsvar med forfatternes ønske om å etablere stabile, nærmest føydale forhold (se sitatet fra side 244 i boken gjengitt ovenfor). Markedstilhengerne ønsker frihet, og de forhold som beskrives her har intet med frihet å gjøre, disse forhold er ren føydalisme.

Det finnes dog en virkelig skremmende tendens blant de som bokens forfattere beskriver som markedstilhengere: de som sier at de ønsker fri konkurranse, men som plutselig «mener at markedet er ødelagt, og at det trengs statlig hjelp og tilskudd så snart en virkelig konkurranse innfinner seg» (s. 205). «Konsernlederne er de første som

63

roper på statlig intervensjon når det begynner å bli for hett» (s. 228). Den som ønsker frihandel er sterkt imot alle offentlige inngrep i økonomien. Det er dessverre riktig slik som boken beskriver at det fremdeles er nærmere regelen enn unntaket at folk i næringslivet sier at de er tilhengere av det frie marked, men så, når de første problemer dukker opp, da ber de staten om hjelp. Disse som ber staten om hjelp er selvsagt ikke markedstilhengere, og det er uredelig av bokens forfattere å fremstille dem som slike. Men hovedproblemet her er ikke at mange ber staten om hjelp, problemet er at staten har hjelp å gi – igjen er det ikke liberalismen, men mangelen på liberalisme, som er problemet.

Slik hjelp til bedrifter i vanskeligheter er i hovedsak intet annet enn en forlengelse av levetiden for bedrifter som markedet har sagt takk og farvel til. Dette er på alle måter en sløsing med ressurser – det som i realiteten skjer når en bedrift går over ende er at forbrukerne ikke lenger vil bruke sine egne penger på å kjøpe bedriftens produkter. Det er lett å forstå bedriftslederne som da går til staten og ønsker støtte: de har ledet en bedrift så dårlig at kundene ikke lenger vil kjøpe det den produserer. Men lederen han ansvaret for sine ansatte og sin egen posisjon, og derfor leter han overalt etter hjelp for å redde bedriften. Problemet er altså ikke at bedriften ber om penger fra politikeren, problemet er at politikerne har penger å gi bort. Det burde være slik at politikerne ikke har penger å gi bort til slike formål – og det vil ikke politikerne i et kapitalistisk samfunn ha.

Det bokens forfattere gjør er at de ser et problem, og så mener de at politikerne må ordne opp: politikerne må vedta lover og regler og innføre tiltak som løser problemene. Og dersom markedet ikke dekker de behov forfatterne ønsker å se dekket, da må staten trå til. Men det er jo kommet et enormt antall slike tiltak fra politikerne i alle vestlige land spesielt i årene etter 1945, og praktisk talt samtlige tiltak er enorme fiaskoer som har skapt langt, langt flere problemer enn de var ment å løse. Dette viktige poenget er overhodet ikke nevnt i boken. Budskapet i en bok som omhandler samfunnsøkonomi, og som kommer med en lang rekke praktisk-politiske forslag, og som overhodet ikke nevner dette, fortjener ikke å bli tatt på alvor.

Ett poeng til fra boken. I sin beskrivelse av personer og institusjoner går det ikke bare klart frem hvor forfatternes sympatier ligger, men de beskriver også sine motstandere på en ufin måte. F.eks.

64

omtales den sosialdemokratiske svenske regjeringen som «den lenge forbilledlige regjeringen i Stockholm» (s. 35), den franske presidenten Francois Mitterand beskrives som en «strålende statsmann» (s. 35), og USAs visepresident Al Gore omtales som «kunnskapsrik» (om miljøspørsmål, dette er direkte galt) og også som «den flotte amerikanske visepresidenten» (s. 205). Lester Brown, lederen for Worldwatch Institute beskrives som «en av de mest kjente økologiske formanerne» og hans institutt er «verdens mest siterte» (s. 47). At Browns spådommer om oljepriser, utvikling i matvareproduksjon osv. i alle år har vært totalt feilaktige, finner bokens forfattere det ikke verd å nevne. Personer som forfatterne ikke har sympati med beskrives på en helt annen måte. Forbundskansler Helmut Kohl omtales som «den tyske politikkens elefant» (s. 219), åpenbart en allusjon til uttrykket «elefant i glassbutikk» (Kohl er en stor og tung mann, og han har ikke utmerket seg ved å ha god fingerspitzgefühl.) Verst er allikevel omtalen av Donald Perlman, en lobbyist som forsøkte å hindre politikere på konferansen i Berlin i 1995 å vedta en klimaavtale basert på et helt uholdbart grunnlag. Perlman beskrives som en mann med «kantete hode, hengende kinn på en spinkel kropp, han har altfor korte bukser...» (s. 230).

Selvsagt har bokens forfattere akseptert miljøbevegelsens påstander om at menneskelig aktivitet vil føre til global oppvarming. Det virker som om miljøbevegelsen har lært av Göbbels: dersom man ønsker at folk skal tro på en løgn, da er det bare å gjenta den ofte nok. Sannheten er at det ikke finnes vitenskapelige bevis for at menneskelig aktivitet fører til en forsterket drivhuseffekt. Det er heller ikke sant som bokens forfattere påstår at de fleste forskere tror at en slik virkning er sannsynlig.

Globalisering

Tilbake til bokens hovedtema: Hva er globalisering resultatet av? Hvis vi tenker oss en utvikling hvor man til å begynne med innen familien produserte alt man trenger (familien selv bygger hus, baker brød, dyrker grønnsaker, syr klær, lager sko, osv.) vil man ved arbeidsdeling og handel med andre kunne øke produktiviteten og derved bedre levestandarden. Med den spesialisering som arbeidsdelingen fører til vil man bli dyktigere og således kunne produsere mer. En forutsetning for slik arbeidsdeling er at man kan handle fritt med andre mennesker. Til å begynne med handler man med personer i samme landsby, så handler man i større og større områder. Dette fører til sterkere og sterkere spesialisering, mer og mer effektiv produksjon, og dette fører til en bedre og bedre levestandard. Men hvorfor i all verden skal slik handel begrenses til visse, egentlig tilfeldig avgrensede geografiske områder? Hvorfor kan ikke denne arbeidsdelingen fortsette til den omfatter hele verden? Dersom en slik fortsettelse av arbeidsdeling fører til at den omfatter hele verden, det er da man har globalisering.

Bør man unngå globalisering for å slippe store fraktavstander og derav medfølgende transportkostnader og forurensning? Transport-kostnader er en del av prisen på en vare, og hvis disse blir for store, vil varen heller bli produsert lokalt. Og mht forurensning, så blir denne kontinuerlig redusert med ny teknologi, og å hindre reellt skadelig forurensning er en av statens legitime oppgaver. Lange fraktavstander kan således ikke gi noen argumenter mot verdensomspennende frihandel.

Mange ønsker å begrense slik handel slik at den kun foregår innenfor ens eget land? Hvorfor? Den eneste grunn jeg kan tenke meg for at noen har dette standpunktet er at de vil beskytte udugelighet: dersom vi ønsker å kjøpe en skjorte sydd i Thailand heller enn en som er sydd på Toten, da må det være fordi vi synes at den som er sydd i Thailand totalt sett er et bedre kjøp. Den som vil hindre oss i å kjøpe en skjorte fra Thailand og tvinge oss til å kjøpe den fra Toten må ønske å beskytte de mindre dyktige produsenter på Toten mot konkurranse fra mer dyktige produsenter andre steder. (Man vil kanskje høre som begrunnelse at lønningene i Thailand er for lave og at de som syr skjortene blir utnyttet, men dersom man ikke kjøper ting fra Thailand vil lønningene der bli enda lavere. Dette argumentet kan ikke taes på alvor.)

Men vil arbeidsplassene på Toten forsvinne til Thailand? I så fall må de på Toten være kreative og finne på noe nytt å gjøre. Dette argumentet – om at arbeidsplassene forsvinner til Thailand – er helt identisk følgende argument: Hvis faren i en familie baker brød selv, så kan de ikke begynne å kjøpe brød hos bakeren, fordi da vil faren miste arbeidsoppgaver. Dette er selvsagt uholdbart. I et fritt marked vil arbeidsdelingen føre til at alle i støre grad kan konsentrere seg om de produktive aktiviteter de foretrekker, og da vil produktiviteten øke, noe som er nyttig for alle.

Pendelen svinger

Det er dessverre fremdeles slik at pendelen svinger frem og tilbake – etter en utvikling mot mer frihandel på 80-tallet, er utviklingen nå på vei tilbake mot mer proteksjonisme. Det finnes dessverre politikere i mange land som forfekter denne primitive linjen: Le Pen i Frankrike, Pat Buchanan i USA, Lundteigen i Norge, og denne bokens forfattere står på samme proteksjonistiske linje. Riktignok ønsker de ikke en nasjonal, de ønsker en europeisk proteksjonisme.

Dette er ille. Frihandel medfører virkelig internasjonalt samarbeid og derved fred og økende velstand. Proteksjonisme medfører internasjonale konflikter og redusert levestandard for alle. Det er dessverre fare for at vi nå er i ferd med å gå inn i en periode med mer proteksjonisme. De reaksjonene denne boken har fått i etablerte miljøer er et sterkt faresignal. Men alvorligst er at motstanden mot frihandel er basert på argumenter som er fullstendig feilaktige. Og dette mener jeg at jeg (i forhold til den plassen jeg har hatt til rådighet) har vist i denne omtalen.

ATTAC: Gammel politikk under nytt navn

Publisert i AERA nr 2/2001

Sosialismen er død som en bred politisk bevegelse, men de grunnideer som sosialismen bygger på lever dessverre fremdeles i beste velgående. Derfor vil det fortsatt dukke opp bevegelser som vil forsøke å gjennomføre en politikk basert på disse ideene. ATTAC er en slik bevegelse.

Ideen bak ATTAC (Association for the Taxation of Transactions for the Aid of Citizens) kom fra et forslag i en lederartikkel i Le Monde Diplomatique, et forslag som gikk ut på å innføre en såkalt Tobin-skatt, en avgift på valutatransaksjoner. ATTAC ble startet i Frankrike i 1998, og har foreløpig spredt seg til ca 20 land. I mars [2000] arrangeres de første møtene som tar sikte på å etablere ATTAC i Norge. Norsk initiativtaker er Morgenbladets redaksjon. (Opplysningene som gis her om ATTAC er i hovedsak hentet fra en artikkel i Morgenbladet 16. februar 2001).

Hva står ATTAC for?

Frihandel vil ifølge ATTAC redusere betydningen av de valg (dvs. valg av politikere til parlamenter, etc.) folk verden over gjør, og demokratiske institusjoner som skal forsvare allmenne interesser vil derved miste makt. ATTAC hevder at frihandel setter en «snevert spekulativ logikk» i høysetet, en logikk som ene og alene er et uttrykk for interessene til transnasjonale selskaper og finansmarkeder. Øket frihandel vil, påstår ATTAC, svekke borgernes evne til å råde over egen fremtid.

ATTAC hevder at de sosiale følgene av øket frihandel vil være negative for folk flest: deregulering fører til forverrede arbeidsforhold, markedsrenter fører til reduksjoner i sosialbudsjettene og avvikling av ordninger som fungerer som et sosialt sikkerhetsnett. Videre hevdes at øket frihandel fører til at nasjonale bedrifter knuses, og det som ATTACs tilhengere beskriver som «brutale» tiltak om privatisering gjennomføres for at investorene skal få det de gjør krav på. ATTAC ønsker derfor at en utvikling i retning av større frihandel bør forhindres, og det bør vedtas nye regulerings- og kontrolltiltak både på nasjonalt og

69

internasjonalt nivå. For å få til dette ønsker ATTAC en bred mobilisering av folk flest.

Viktig i ATTACs målsetning er altså innføringen av Tobin-skatten, oppkalt etter den som først fremsatte dette forslaget, den amerikanske Nobelprisvinner i økonomi, James Tobin. Dette er en avgift på «de spekulative transaksjonene på valutamarkedene». Selv om denne skulle settes så lavt som 0,1 %, vil den ifølge ATTAC gi inntekter på ca. 100 mrd dollar per år. ATTAC hevder at dette beløpet, som i hovedsak vil bli innkrevet i de industrialiserte landene der de store finanssentrene ligger, kan gå til tiltak i «kampen mot forskjeller», deriblant kampen for like vilkår for kvinner og menn, tiltak for bedre utdanning og folkehelse i de fattige landene, og tiltak for matvaretrygghet og en bærekraftig utvikling.

ATTAC ønsker altså å stanse internasjonal valutaspekulasjon, å skattelegge kapitalinntekter, å straffe skatteparadiser, å bekjempe privatiseringen av pensjonsfond, å støtte kravet om sletting av den offentlige gjelden i land med svak økonomi. Videre ønsker de en bruk av ressurser til beste for befolkningene, og en bærekraftig utvikling.

De reelle alternativer

Det er i hovedsak to måter å skaffe seg penger på: man kan tjene dem – ved å produsere noe og selge det som blir produsert, eller man kan stjele dem – ved å ta noe som eies av andre i strid med eierens ønske og uten hans tillatelse. (Man kan også skaffe seg penger ved å motta gaver eller arv, eller ved å vinne i lotterier, men vi ser her bort fra disse fordi i en samfunnsøkonomi er disse ubetydelige.) Det er altså kun to alternativer for å skaffe seg velstand: man kan produsere den, eller man kan stjele den.

I et fritt samfunn med en rasjonell kultur, dvs. et kapitalistisk samfunn hvor individers rettigheter respekteres, er det ingen restriksjoner på enkeltmenneskers produksjon og handel, og dette vil derfor utløse kreativitet og skaperevne, kapital vil akkumuleres, og velstanden for alle vil stige. Dette vil også gjelde mennesker som av forskjellige grunner ikke er istand til å arbeide så mye. Frihet vil nemlig føre til stadig økende arbeidsdeling, og det vil bli bruk for de mest uvanlige talenter. Tendenser til denne utviklingen – at stor frihet betyr velstand for alle – så vi i de land som hadde stor frihet. For å nevne kun

70

ett eksempel: denne utviklingen var tydelig i Hong Kong inntil Storbritannia lot kommunist-Kina overta. Hong Kong var et område fullstendig uten naturressurser, men den store grad av frihet tiltrakk seg arbeidsomme mennesker fra områdene omkring, og det var dette som var «hemmeligheten» bak velstanden.

Men hva med alternativet til kapitalismen? Vil et system hvor staten tar fra de som har mye og gir til de som har lite, dvs. systematisk tyveri fra statens side, føre til velstand for de brede masser? Nei, det vil det ikke, et slikt system vil føre til fattigdom for alle. Dette så vi tydelig i de sosialistiske diktaturene i Øst-Europa, og idag kan vi se det i de gjenværende sosialistdiktaturer som Cuba og Nord-Korea. Systematisk plyndring av de som produserer velstand med det påskudd å gi til de som ikke produserer, vil kun føre til at produsentene etter hvert gir opp. Og det er selvsagt produksjon, og kun produksjon, som kan gi stabil velstand i et samfunn. Dette betyr at den strategien for å hjelpe befolkningen i de fattige landene som ATTAC ønsker, ikke vil ha noen nyttig effekt. Varig og stabil velstand forutsetter at produksjon og handel kan skje uten innblanding fra utenforstående, dvs. uten innblanding fra staten (mao. produksjon og handel må kunne skje uten reguleringer som konsesjons- og løyveordninger, uten beskatning, uten tollbarrierer, osv.). Heller ikke bør det forekomme innblanding fra kriminelle, og derfor må staten hindre kriminelle i å krenke individers rettigheter. Dette betyr at staten må ha et apparat som arresterer, dømmer og straffer kriminelle.

Forutsetninger for frihet og velstand

For å oppnå dette må kulturen være dominert av rasjonelle ideer, dvs. folk flest må ha den oppfatning at det å skape seg et godt liv er moralsk høyverdig, at man bør respektere andre menneskers rett til å styre sine liv slik de selv ønsker, og at det er moralsk forkastelig å initiere bruk av tvang overfor andre mennesker – kort sagt individualisme, rasjonalitet, og politisk frihet. Landene i Vesten har til en viss grad dette filosofiske grunnlaget, og det er dette som er grunnen til at disse landene er velstående. (Dessverre finnes også de motsatte verdiene i disse landene, og derfor har partier og organisasjoner som forfekter disse motsatte verdiene betydelig oppslutning.) I de fleste land utenfor Vesten er det helt andre grunnholdninger og verdier som dominerer: irrasjonalitet og mystisisme i form av primitive religioner, kollektivisme i form av stor vekt på nasjonalisme eller stammetilhørighet, og politisk ufrihet i form av primitive høvdingdiktaturer, føydalvelde, eller sosialistiske diktaturer. Og disse grunnholdninger vil nødvendigvis føre til den fattigdom, strid, nød og elendighet vi stadig kan se i TV-reportasjer fra disse landene. Oppskriften på velstand er altså enkel: de irrasjonelle ideene og grunnholdningene må skiftes ut med rasjonelle ideer. Dette er eneste vei til velstand.

Å tro som ATTAC gjør, at man kan gjøre innbyggerne i de fattige landene velstående ved å gi dem penger, er basert på en fullstendig feilaktig og primitiv oppfatning av hva som er årsaken til fattigdom – og av hva som er årsaken til velstand.

Historien flommer over av eksempler på at den metode som ATTAC forslår ikke virker. Ett eksempel er president Johnsons «war on poverty» som ble iverksatt midt på 60-tallet, og som førte til at den til da positive utviklingen med stadige reduksjoner i antall fattige stanset helt opp – siden da har andelen fattig holdt seg omtrent konstant. Idag er svært mange fattige i USA låst inne i «the poverty trap», de er fattige og kommer seg ikke ut av denne tragiske situasjonen, en situasjon som altså er forårsaket av at myndighetene betaler folk for å være fattige. Et annet eksempel på at overføringer av penger ikke hjelper er de enorme beløp som vestlige land har betalt i u-hjelp til et stort antall fattige land de siste tiår. Disse enorme overføringene har ikke ført til forbedring av levekår som på noe vis står i forhold til de kolossale beløpene som er brukt.

Hvor blir hjelpen av?

Men alle pengene som er blitt brukt til u-hjelp, hvor er de blitt av? Kort oppsummert kan man si at u-hjelp er å ta penger fra de fattige i de rike land og gi dem til de rike i de fattige land. Dette betyr at i de rike land er det folk flest som betaler mesteparten av skattene som finansierer u-hjelpen (de rike klarer til en viss grad å sno seg unna beskatningen), og på mottager-siden havner pengene i stor grad i hendene på byråkrater og korrupte politikere, og selvsagt går store beløp til de ansatte i organisasjonene som arbeider med å fordele penger til de som «trenger» dem; vi ser stadig avsløringer av at penger samlet inn til hjelp i meget stor grad går til administrasjon. I den grad slike midler går til de som virkelig trenger dem, vil de i stor grad passivisere mottagerne, og dette er selvsagt meget skadelig.

Dette innebærer at de 100 mrd dollar per år som ATTAC ønsker å kreve inn i stor grad vil havne i administrasjon og byråkrati, og i korrupte politikeres sveitsiske bankkonti.

Nytten av valutaspekulasjoner

ATTAC ønsker å forhindre valutaspekulasjoner. Dette skyldes nok at de ikke vet hva valutaspekulasjoner er og hvilken funksjon de tjener. Det er ikke korrekt at valutaspekulasjoner skaper kriser – sannheten er den motsatte: muligheten til fritt å veksle valuta gjør det vanskeligere for politikere å lage kriser, og hvis politikere har klart å skape en krise, så vil fri valutahandel redusere og begrense krisen.

La meg kort forklare hvordan: Tenk deg en banksjef som har i sin beholdning f.eks.1 mrd svenske kroner (SEK). Så finner han ut at den svenske regjeringen begynner å føre en pengepolitikk som vil redusere verdien av den svenske kronen (en slik politikk vil på kort sikt kunne gi et inntrykk av den svenske økonomien er god, og dette kan være nyttig for regjeringen rett foran et valg).

Banksjefen har altså ansvaret for sine innskyteres penger, og han bør derfor kvitte seg med SEK og bytte til en annen valuta, en som som ikke vil synke i verdi, og han forsøker nå å selge SEK. Andre som også sitter på store mengder SEK vil nå bli oppmerksomme på dette salget og de vil også forsøke å selge SEK – dette betyr at SEK synker i verdi; når tilbudet øker vil prisen gå ned. Grunnen til at banksjefene/ spekulantene får skylden for valutakriser er at få er oppmerksomme på den politikken som forårsaker at pengeverdien synker, men det er lett å få øye på at alle selger SEK. Det skulle nå være lett å se at de som har skylden for problemene er regjeringene i det landet som havner i krisen, ikke spekulantene. I virkeligheten er det slik at spekulantene holder regjeringene i sjakk og hindrer dem i å fatte alt for uansvarlige beslutninger.

Men det som mest effektivt ville hindre politikeres mulighet til å manipulere pengeverdien for på kort sikt å oppnå støtte blant velgere er en gullstandard, dvs. en pengestandard som er slik at pengenes verdi er definert til forhold til en viss mengde gull. Et slikt pengesystem er det umulig for politikerne å tukle med. Gullstandarden ble forlatt tidlig i forrige århundre fordi den ga politikere «for små manøvrerings-muligheter». I den perioden hvor gullstandarden dominerte, og hvor politikerne heldigvis hadde små manøvreringsmuligheter, hadde verden flere hundre år med en stabil pengeverdi. Kort tid etter at gullstandarden ble forlatt fikk vi «de harde 30-årene», og det kom flere perioder med kriser etter dette.

Det er egentlig heller ikke nødvendig for politikerne eksplisitt å innføre noen gullstandard for å løse alle valutaproblemer. Det er tilstrekkelig at politikerne fjerner de lover som legger avgifter på salg av gullmynter, tillater personer og institusjoner å eie så mye gull de vil, og tillater gull som betalingsmiddel (idag kan man ikke nekte å ta imot kontanter – statlig trykte pengesedler – som betaling selv om en kontrakt er inngått i gull: f.eks. er det på dollarsedler trykt følgende: «This note is legal tender for all debts, public and private»). Dersom disse tiltakene blir gjennomført vil markedet selv på meget kort tid ha tilpasset seg og vi vil ha et stabilt pengesystem fullstendig uten inflasjon og annen tukling fra politikere/sentralbanken. Å ha et stabilt pengesystem er svært viktig for langsiktig planlegging innen all økonomisk virksomhet. ATTACs forslag vil gjøre dette lettere for regjeringer å ødelegge sitt lands økonomi for å oppnå kortsiktig politisk gevinst. Og når dette skjer vil selvsagt ATTAC og deres meningsfeller gi frihandelen og kapitalismen skylden.

Demokrati = mer makt til politikerne
Når ATTAC går inn for at de demokratiske institusjonene og suverene statene som skal forsvare allmenne interesser skal beholde makt, betyr dette at de ønsker mer politikerstyring, og at mindre makt skal overlates til markedskreftene. Men hva er markedskreftene? Det virker som om ATTACs tilhengere ikke er klar over at markedskreftene ikke er annet enn summen av individers valg slik de kommer til uttrykk i tilbud og etterspørsel etter varer og tjenester. Dersom markedskreftenes makt skal reduseres, må politikere legge hindringer i veien for individers frie valg – en reduksjon av markedskreftenes betydning kan kun skje ved at individer med tvang hindres i å foreta valg de mener er positive for dem selv.

Alternativet til markedskreftene er kun politikerstyring. Men hvor kommer denne tilliten til politikerne fra? De viser seg gang på

74

gang at politikere er svært inkompetente mht. til å løse problemer på en helhetlig måte. Det er ikke nødvendig å nedlegge et stort arbeid for å finne ut dette: her er noen få eksempler fra de siste dagers avisoverskrifter: «Molboland ville gjort det bedre» (Aftenposten om de nye og langt høyere skattesatser for førtidspensjoner), «Kontantstøtten bør omlegges » (ledertittel i Dagbladet), «Momsreformen skaper papirmølle; 60 000 bedrifter rammes» (Aftenposten), osv. ad infinitum.

Det er riktig som ATTAC hevder at i de senere år har politikere i mange land foretatt nedskjæringer på budsjettene og privatiseringer av blant annet pensjonsfond. Grunnen til dette er at politikere i ansvarlige posisjoner til en viss grad må være realistiske, og siden de ikke kan øke skattene så mye som ville ha vært nødvendig for å opprettholde disse offentlige tjenestene, må enkelte områder privatiseres og enkelte utgifter må reduseres. Å opprettholde disse på det tidligere nivå er helt urealistisk. Årsaken er at dersom skattene blir for høye, vil folk slutte å jobbe, og/eller de kan flykte til skatteparadisene. Det er da logisk at ATTAC også vil straffe skatteparadisene, men skatt er tyveri, og å eliminere skatteparadisene er å arbeide for at de man vil stjele fra ikke skal kunne klare å rømme. Klarer man å eliminere skatteparadisene, vil skattenivået i alle land øke, og produksjonen vil synke, med voksende nød og elendighet for alle som resultat.

Også u-landsgjelden er et resultat av at politikere har fattet vedtak som er til skade for folk flest. Disse lånene er selvsagt ikke gitt av private banker etter en forsvarlig kredittvurdering av lånesøkeren, disse lånene er gitt av politikere i i-land (f.eks. ved garantier til private banker) til politikere i u-land. Og selvsagt har politikerne i u-landene ikke klart å bruke disse pengene til fornuftige investeringer slik det var meningen, pengene er sløst bort på u-landspolitikeres prestisje-prosjekter. De som må betale for disse meningsløse vedtakene er som alltid skattebetalerne: skattebetalerne i u-land (hvis disse landene må betale gjelden), eller skattebetalerne i i-land (hvis gjelden slettes).

ATTACs bruk av slike eksempler som begrunnelse for å øke politikeres makt og ta makt vekk fra private finansinstitusjoner må være et resultat av en betydelig evne til å ville gjennomføre sine ønsker i strid med hva alle fakta og all erfaring tilsier.

Det er riktig at valget står mellom demokrati og det frie marked, men det er også korrekt at det frie marked – og kun det frie marked –

representer frihet. Demokratisk kontroll, som ATTAC ønsker, innebærer i praksis at ca 70 % av befolkningen hvert fjerde år leverer en stemmeseddel som representerer et valg mellom opptil et halvt dusin nærmest identiske alternativer. Frie markeder derimot er et uttrykk for det store antall valg mellom mange alternativer hvert eneste individ foretar hver eneste dag (mht. hva han kjøper, hvordan han investerer, hvor og med hva han velger å arbeide, etc.). Folk flest er skuffet over at politikere systematisk bryter sine valgløfter, og den utbredte politikerforakten er meget velbegrunnet. Og korrupsjonen og kameraderiet blant politikere er meget stor. ATTAC velger allikevel å gå inn for øket makt til politikerne på bekostning av de valg individer foretar hver eneste dag. Hvorfor?

Hvorfor for ATTAC oppslutning?
Den fundamentale årsaken til at ATTAC vil prøve gamle, velprøvede metoder som alltid har gitt negative resultater, og ikke lar seg påvirke av den store mengde erfaring som viser at denne type tiltak ikke vil gi de ønskede effekter, er selvsagt av grunnleggende filosofisk karakter. Det som fundamentalt sett styrer alle mennesker er deres grunnleggende moralske oppfatninger, og den grunnleggende moralteorien som dominerer overalt idag er altruisme: overbevisningen om at man har plikt til å gi avkall på egne verdier til fordel for andre mennesker. Det er dessverre slik at det er stor fattigdom og nød i store deler av verden, og det altruister flest da tenker er at de som er rike må avstå fra endel av det de eier og at dette må gis til de som har lite. Dette er grunnen til at de aller fleste politiske partier går inn for økede skatter og større overføringer til ulike svake grupper. (Kanskje gir politikere løfter om skattereduksjoner i valgkamper, men i praksis økes de aller fleste politikere skattene når de får makt til det). Grunnen til at mange mennesker i valg stemmer på slike partier er et resultat av at den dessverre alt for store utbredelse av irrasjonelle ideer som kollektivisme og altruisme.

Men denne ideologien er på sikt ødeleggende både for de som gir (eller «gir») og de som mottar – de som mottar vil bli passivisert og vil stadig trenge mer, og de som gir må gi mer og mer fordi de fattige som mottar vil ikke bli mindre fattige av å motta «gaver» (som egentlig er tyvegods). Dette vil resultere i fattigdom for alle, noe vi tydelig så i

76

de sosialistiske landene. Løsningen er et økonomisk system hvor arbeid lønner seg, og skal dette være en stabil tilstand over lang tid, må de som produserer ha full moralsk og juridisk rett til å beholde og/eller selge det de produserer som de selv måtte ønske. Videre må staten beskytte slik virksomhet.

Rettigheter: virkelige og kunstige
Publisert i Dialog nr 3/1998

Vi blir stadig oppfordret av diverse statlige opplysningskampanjer til å gjøre oss kjent med våre rettigheter. Meningen er at vi skal sette oss inn i hvilke rettmessige krav vi har overfor «samfunnet» for å oppnå diverse goder vi har «krav på». I lover og forordninger er det fastslått en rekke «rettigheter», så som rett til utdannelse, rett til arbeid, rett til lønn under sykdom, rett til ulike former for trygdeutbetalinger, rett til bolig, osv. I og med at dette er «rettigheter», innebærer disse forordningene at man har juridisk rett til å få dem. (Slike rettigheter omtales ofte som positive rettigheter, men jeg vil benytte det mer passende uttrykket «kunstige rettigheter».) Også FNs menneskerettighetserklæring er av samme type som disse rettighetene; den sier at mennesker har «rett» til arbeid, «rett» til en tilstrekkelig høy levestandard, og «rett» til undervisning, etc.

Hvordan oppstår slike kunstige rettigheter? De oppstår ved at de vedtaes av et lands politiske myndigheter. Landets nasjonalforsamling vedtar f.eks. at man skal ha rett til behandling på sykehus dersom man blir syk, og at man har rett til «gratis» skolegang. Det er på denne måten ordet rettigheter vanligvis oppfattes i dag, men det har ikke alltid vært slik. Som oftest er det den engelske filosofen John Locke (1632-1704) som får æren for å ha oppdaget rettighetsteorien, og dette er langt på vei korrekt, men han var en foreløpig kulminasjon på en utvikling som gikk via tenkere som Hugo Grotius (1583-1645) og Samuel Pufendorf (1632-1694). Locke hevdet – bakgrunnen var en diskusjon om hvorvidt en befolkning har rett til å gjøre opprør mot en undertrykkende monark – at hvert individ har visse rettigheter, og at disse ikke bør krenkes av noen, ikke engang av kongen/staten. Statens eneste legitime oppgave, ifølge denne teorien, er å beskytte individers rettigheter. (Slike rettigheter kalles ofte negative rettigheter eller lockeanske rettigheter, men jeg vil der det er nødvendig benytte det mer passende uttrykket «virkelige rettigheter».)

Hvilke rettigheter var det opprinnelig snakk om? Dette ble delvis formulert av den sterkt John Locke-influerte Thomas Jefferson i den amerikanske uavhengighetserklæringen i 1776: «Alle mennesker er skapt like. De er ... utstyrt med visse ukrenkelige rettigheter, blant disse er retten til liv, frihet, eiendom, og retten til å søke etter lykken» (retten til eiendom var ikke med i den endelige formuleringen i uavhengighetserklæringen). Siden rettighetene ble begrunnet i menneskets natur som rasjonelt vesen, kalles denne tradisjonen fra Locke for «naturrettstradisjonen». Den fulle filosofiske begrunnelsen for hvorfor mennesket har slike rettigheter kom dog først med Ayn Rand (1905-1982): Mennesket er gitt liv, men opprettholdelse av livet er ikke gitt, det må den enkelte selv sørge for ved produktivt arbeid. Siden mennesket har evnen til rasjonell tenkning, har det evnen til å tenke og arbeide på lang sikt. Men skal det kunne klare dette, må det være sikret mot uønsket innblanding fra andre – og rettigheter er det sosiale prinsippet som beskytter det enkelte menneske mot slik uønsket innblanding fra andre. (Den fullstendige fremstillingen av denne teorien finner man hos Ayn Rand.)

Retten til liv er således ikke retten til å bli forsørget av andre, men er retten til å foreta de handlinger man anser nødvendige for å leve sitt liv slik man selv finner riktig, så lenge man ikke krenker andres rettigheter. Målet er å leve et lykkelig liv, og man har rett til å gjøre så godt man kan for å oppnå lykken uten å bli hindret av andre mennesker.

Det er videre ikke mulig å arbeide uten å kunne disponere materielle ting – et landområde, gjenstander, redskaper, og derfor har mennesket rett til eiendom. Denne rettigheten innebærer at man kan erverve seg landområder, hus, og de vanlige varer og tjenester man måtte ønske seg, ved frivillig handel med andre mennesker. Det man har oppnådd på slik måte kan man benytte som man selv ønsker (så lenge man ikke krenker andres rettigheter).

Ifølge den lockeanske teorien handler rettigheter kun om å beskytte den enkeltes mulighet til å leve sitt liv slik han selv ønsker. Et samfunn organisert slik at individers rettigheter respekteres er et fritt samfunn, eller et kapitalistisk samfunn: i et slikt samfunn er som nevnt statens eneste oppgave å beskytte individers virkelige rettigheter. Statens oppgaver er således kun politi, rettsvesen og militært forsvar. Alle andre goder man ønsker må man skaffe fra andre ved frivillig handel: dersom man ønsker å lære noe må man selv (evt. ens foreldre) betale den som tilbyr undervisningen, den som ønsker legebehandling må selv betale det behandlingen koster (som regel via frivillige forsikringsordninger), osv.

Det er vanlig å hevde i dag at teorien om positive rettigheter er en utvikling av den opprinnelige rettighetsteorien. Men er det slik? Teorien om at man har positive rettigheter sier at man har rett til verdier som arbeid, skolegang, legebehandling, osv. Men alle disse tingene må jo fremskaffes av noen. Har man en positiv rett til visse goder, må andre mennesker pålegges å fremskaffe disse godene! Dersom politikerne f.eks. innfører rett til legebehandling ved sykdom, blir legens lønn for det arbeidet han utfører, ikke betalt av pasienten, men av staten.

Det er dessverre meget vanlig å overse det faktum at staten i utgangspunktet ikke har penger. Alle de penger staten deler ut er tatt fra innbyggerne ved tvang. Med andre ord: det politikerne gjør når de innfører positive rettigheter, er å tvinge noen til å arbeide gratis til fordel for andre. Jo, skatt er tvang. Riktignok er skatter vedtatt av et flertall på demokratisk vis, men den som ikke betaler sin skatt blir bøtelagt, og dersom han ikke betaler bøtene, blir han kastet i fengsel. Med andre ord: positive rettigheter betyr at noen mennesker pålegges å arbeide gratis for å tilfredsstille andres ønsker (om arbeid, utdannelse, legebehandling, osv.). Men dette kan ikke bety annet enn at for å få gjennomført positive rettigheter, må man krenke de virkelige rettighetene. Derfor er det direkte galt å si at teorien om positive rettig-heter er en utvikling av den opprinnelig rettighetsteorien. Det korrekte er å si at den er et brudd med den opprinnelige rettighetsteorien. Det er derfor det er korrekt å omtale de såkalte positive rettigheter som kunstige rettigheter.

Hvordan vil et samfunn bli dersom politikere fritt kan innføre kunstige rettigheter, dvs. fritt kan krenke individers virkelige rettigheter? I et slikt samfunn vil politikerne, for å oppnå stemmer ved valg, stadig love å innføre nye rettighetsordninger, ordninger som reelt sett ikke er annet enn utdeling av penger til politikernes foretrukne pressgrupper. Hvordan kan noen tro at et samfunn som har slike kunstige rettigheter kan fungere i det lange løp? Hvordan kan noen tro at et samfunn hvor arbeidsføre, voksne mennesker nærmest har rett til, ikke bare å søke etter lykken, men å oppnå lykken på andres bekostning, hvordan kan noen tro at et slikt samfunn kan være stabilt og harmonisk? Et samfunn med kunstige rettigheter vil være et samfunn hvor folk i stadig større grad organiserer seg og krever mer på andres bekostning. Dette er et samfunn hvor pressgrupper «kriger» mot hverandre, hvor stadig større beløp går gjennom det offentlige, hvor skattenivået stadig stiger, hvor byråkratiet stadig vokser og etter hvert lammer all produktiv og verdiskapende virksomhet. Et slikt system, dagens system, er et system hvor noen tvinges til å fø på andre, og hvor politikerne stadig må utvide slike ordninger for å få stemmer, et slik system vil nødvendigvis ende i kaos og lovløshet (slik vi dessverre ser stadig flere tegn på omkring oss i dag).

Et lovverks egentlige formål er kun å presisere de virkelige rettighetene i lovtekster som domstolene så kan benytte i praktiske saker. Men når politikerne stadig vedtar lover, eller mer passende: ulover, for å tilfredsstille sine pressgrupper, må det ende med forferdelse. Frostatinglovens passus om at «Med lov skal landet bygges, ikke med ulov ødes» er helt korrekt. Det eneste siviliserte samfunnssystem er et system hvor alle mellommenneskelige forhold er frivillige. I et slikt system kan enhver leve slik han selv ønsker så lenge han ikke krenker andres virkelige rettigheter, og i et slikt system har ingen rett til å leve på andres bekostning. Dette er et fritt samfunn. Den som ønsker å arbeide for frihet bør kjenne og forfekte teorien om individers virkelige rettigheter. Skal man oppnå et stabilt harmonisk og velstående samfunn må individers virkelige rettigheter respekteres. Samuel Pufendorf sa det slik: «"Mitt og ditt" er det som hindrer krig», dvs. respekt for virkelige rettigheter er det eneste som kan føre til fred og harmoni.

Aktiv dødshjelp

Publisert i Aftenposten 13. januar 1999

Tore Stubberud gir i sin kronikk i Aftenposten 10. januar en feilaktig fremstilling av det viktigste punktet i debatten om aktiv dødshjelp. Det tilhengerne av aktiv dødshjelp mener er følgende: dersom en person på grunn av sterke lidelser og intet håp om helbredelse selv ønsker å ta sitt eget liv, og ikke er i stand til å utføre dette selv, så bør en person som frivillig hjelper til med dette, ikke straffes.

Dette standpunktet følger opplagt fra det klassiske liberale prinsipp om at det er den enkelte selv som har rett til å disponere sitt liv slik han selv ønsker (dog slik at andres rettigheter ikke krenkes). Dette innebærer selvsagt retten til å avslutte sitt liv dersom man ønsker det. Stubberud spør retorisk om hva som er et verdig liv, og om hvem som skal avgjøre dette. Svaret er opplagt for enhver individualist: Det er opp til den enkelte person selv å avgjøre om hans eget liv er verdig eller ikke. Det er helt feil når Stubberud fremstiller aktiv-dødshjelp-tilhengernes standpunkt som om dette etter hvert vil bli en «samfunnsjobb», og like feil er det at det vil bli behov for en «dødsnevnd» som skal avgjøre hvem som skal avlives og hvilke leger/pleiere som skal kommanderes til å delta i slike handlinger. Men det blir selvsagt behov for en rettsinstans som skal avgjøre om personens ønske om å få hjelp til å begå selvmord er reelt.

Dersom man står fast på prinsippet om at det er den enkelte selv som må avgjøre dette, er det heller ingen risiko for det som «slippery slope»-argumentet advarer mot: at staten etter hvert avgjør hvem som skal avlives og hvem som skal kommanderes til å utføre avlivningen. Stubberud siterer her Freiburgs biskop: «Når staten ... påberoper seg retten til å ta livet av ... livsudyktige...». Det er ikke staten som får rett til dette, det er det enkelte individ som selv skal ha rett til å bestemme over sitt eget liv – og sin egen død.

Den som går imot å legalisere aktiv dødshjelp går inn for at folk bare skal finne seg i sterke lidelser i lang tid, kanskje i flere år, uten håp om helbredelse. Dette er et grovt umenneskelig standpunkt.

Årsakene til kriminalitet

Publisert i VG 16. januar 2001

Kriminaliteten har dessverre øket kraftig de siste årene; det går ikke en dag uten at avisene forteller om overfall, ran eller drap. Det er også et meget faretruende utviklingstrekk at slike handlinger i økende grad begås av stadig yngre personer. Hvordan kan vi få en slutt på dette og derved redusert sjansene for at vanlige mennesker blir utsatt for innbrudd, overfall og det som verre er? Dette spørsmålet har faktisk et svar: man må satse på forebyggende arbeid. Men med «forebyggende arbeid» menes her noe annet enn det som vanligvis legges i dette uttrykket. Alle anstendige mennesker ønsker selvsagt å få redusert kriminaliteten mest mulig og støtter tiltak som er ment å redusere kriminaliteten, men de tiltak som hittil har blitt satt i verk har ikke gitt merkbare resultater – snarere tvert imot! Grunnen til dette er at for å sette inn tiltak som virkelig hjelper, må man forstå hva den virkelige årsaken til kriminalitet er. Og det er her det svikter hos de fleste – både hos politikere, akademikere og folk flest.

Altfor mange i dag er av den oppfatning at det er den enkelte kriminelles omgivelser som er den reelle årsaken til de kriminelle handlingene, og at det derfor er omgivelsene som må forandres for at kriminaliteten skal gå ned. Vi kan f.eks. stadig se at kommentatorer bruker uttrykk som at «fattigdom forårsaker kriminalitet», vi ser stadig den vanlige forklaringen om at (for her å bruke klisjeen) «kriminalitet er resultatet av en vond barndom», og vi ser ofte at enkelte ønsker at det offentlige skal benytte mer ressurser på fritidsklubber etc., for å hindre unge i å komme i dårlig selskap og derved bli kriminelle.

Men den virkelige årsaken til kriminalitet ligger ikke i omgivelsene. Kriminalitet har en eneste årsak: forbrytelser begås av individer som ikke har respekt for andre menneskers person, liv og eiendom. Det er dette – mangelen på respekt for andres liv og eiendom – som er den virkelige årsaken til kriminalitet. Og dette er igjen et resultat av endel faktorer, i hovedsak den kriminelles manglende vilje til å tenke igjennom konsekvensene av sine egne handlinger. Derfor må kriminalitet forebygges på en måte som inneholder følgende elementer:

Fra meget tidlig i livet må barn lære å forstå at de må respektere andres eiendomsrett, de må lære at de ikke har rett til uten videre å handle på basis av sine meninger og sine følelser, og de må lære å være tålmodige og langsiktige og å vurdere konsekvensene av sine handlinger. De må også lære at de aldri må bruke vold når de er uenige med eller er sinte på andre. Ansvaret for å gi barn slik opplæring ligger hos deres nærmeste familie, først og fremst hos barnets foreldre. Enkelte av de barn som ikke aksepterer slike normer tidlig i livet, kan, når de er kommet i tenårene, ha utviklet seg slik at de ikke kan karakteriseres på annen måte enn som ville og usiviliserte. Og da er det som regel for sent å forebygge – på dette tidspunktet vil forebyggende arbeid i form av f.eks. fritidsklubber ikke i merkbar grad kunne forhindre at de blir kriminelle. Dessuten er slikt forebyggende arbeid svært kostnadskrevende, og det gir som nevnt få merkbare resultater. (Det er heller ikke moralsk riktig at staten tar penger fra folk for å lære opp potensielle forbrytere til ikke å ta penger fra folk.) Selvsagt har heller ikke aktiviteter som fakkeltog eller aviskampanjer av typen Dagbladets «Stopp volden!» noen som helst virkning når det gjelder å redusere kriminaliteten. Slike tiltak gir kanskje deltagerne og initiativtakerne god samvittighet fordi de «gjør noe» med et alvorlig problem (og muligens øker «Stopp volden!»-kampanjen Dagbladets opplagstall), men reelle effekter, så som redusert kriminalitet, har slike aksjoner overhodet ikke.

Det er ikke «samfunnets» ansvar å gi barn den opplæring de trenger tidlig i livet. Forsøker man å overlate slikt ansvar til samfunnet, slik man i alt for stor grad har forsøkt de siste årene (i form av f.eks. barnehaver og fritidsklubber), blir realiteten at ingen har ansvaret, og dette bærer, som vi dessverre lett kan se omkring oss, helt galt avsted.

Strenge straffer
Hva gjør man så med kriminelle som er i alderen 13-14 og oppover? All erfaring viser at det er praktisk talt umulig å reformere vanekriminelle, det eneste som kan hindre dem i å begå nye kriminelle handlinger, er frykten for å komme i fengsel. Den kriminelle løpebane som 13-14-åringene er i ferd med å legge ut på må derfor stoppes umiddelbart. For å få dette til må man, i tillegg til å ha en høy oppklaringsprosent og raske reaksjoner fra politi/rettsapparatet, ha virkelig avskrekkende fengselsstraffer: en person som har begått kriminelle handlinger som

86

hærverk, innbrudd, overfall eller ran bør settes i fengsel i f.eks. fem år (for enda grovere forbrytelser, som f.eks. voldtekt, bør straffene være enda strengere). Dersom forbryteren så, etter å sluppet ut etter å ha sonet disse fem årene, begår en ny kriminell handling, bør han settes i fengsel i 20 år. Blir denne politikken gjennomført, vil disse straffene virke så avskrekkende at praktisk talt all kriminalitet vil forsvinne i løpet av noen uker. Ikke alle kriminelle lar seg avskrekke av strenge straffer, men med slike straffer blir de i hvert fall isolert fra sine potensielle ofre i to lange perioder. Et slikt straffenivå vil også være uttrykk for en dyd som dessverre i alt for liten grad praktiseres i dag: rettferdighet. Dagens straffenivå, som gjør at stortyver straffes med 120 timers samfunnstjeneste, at man for å ha drept et menneske kan få en straff på 8 måneders fengsel, og at mordere ofte slipper ut etter 6-7 år i fengsel, er ikke bare latterlig mildt og grotesk urettferdig, det er også en grov fornærmelse mot alle som har vært utsatt for kriminelle handlinger.

Er det umenneskelig å sette folk i fengsel så lenge? Man må huske hva slags mennesker det er snakk som. Det er mennesker som med vitende og vilje skader andre mennesker – de stjeler og ødelegger andres eiendeler, og de påfører sine ofre psykiske skader som det kan ta flere år å helbrede. Og dette gjør de med vitende og vilje, om igjen og om igjen. Overfor virkelighetsfjerne sosialarbeidere, journalister, kriminologer og dommere bruker disse menneskene alle tenkelige og utspekulerte midler for å unndra seg konsekvensene av sine handlinger, inkludert å ty til tårene mens de dyrt og hellig lover aldri igjen å gjøre noe galt dersom de får mild behandling. Og etter at de har lurt til seg en mild straff, ler de rått. Faktum er at vaneforbrytere er onde mennesker som liker å skade og å ødelegge for andre – er det noe sted slike hører hjemme, så er det i fengsel, isolert fra folk flest.

Det som virkelig er umenneskelig er å la disse onde menneskene gå løse slik at de kan fortsette å terrorisere fredelige mennesker. Hvem er ansvarlig for dagens høye kriminalitet? Først og fremst selvsagt forbryterne selv; men også de som har unnlatt å lære opp sine barn til å respektere andres person og eiendom; og deretter de som forfekter tilgivelse, og som lar seg lure til å la forbrytere gå fri mot tomme løfter om forbedringer. Forbrytere blir ikke snille av å bli tilgitt, de blir bare verre – en tilgivelse er et signal om at deres onde handlinger ikke medfører negative konsekvenser for dem selv. Handlinger har alltid konsekvenser, og dagens la-de-kriminelle-gå-løse-politikk («den mistenkte er en gammel kjenning av politiet») lar ofrene alene bære de kriminelle handlingenes sterkt negative konsekvenser, mens gjerningsmennene nærmest belønnes for sin virksomhet. Så lenge denne politikken fortsetter, vil kriminaliteten bare øke.

Ulykker og kriminalitet: hva må gjøres?
Publisert noe forkortet i VG 26. juni 2000

I kommentaren «Da Norge mistet dyden» i VG 30. mai 2000 tar Astrid Handeland for seg de tragiske ulykkene og drapene som har rystet Norge det siste året. I artikkelen gjengis sitater fra biskop Gunnar Stålsett, sosialantropolog Marianne Gullestad og professor Per Fugelli, og disse sitatene er så mangelfulle mht. klokskap og innsikt at man nesten må spørre seg om de siterte er korrekt gjengitt. Stålsett: «[hendelsene viser] at vi ikke alltid har kontroll med det som skjer». Gullestad: det er feil at «vi kan planlegge oss ut av all lidelse». Fugelli: «den totale farefrihet finnes ikke».

Nei, det som sies i disse sitatene er så opplagt, så opplagt at hvis dette er det viktigste biskoper, professorer og sosialantropologer har å si, så er de totalt verdiløse og uinteressante.

Det vi må forsøke er selvsagt å redusere farer og risiki mest mulig. Ingen tror at vi kan redusere sannsynligheten for å bli rammet av kriminalitet og ulykker til null, men vi kan allikevel kraftig redusere sannsynligheten for å bli utsatt for slike tragiske hendelser. Hvordan? Kriminelle bør settes i fengsel og holdes der. Svært ofte finner vi at mordere som er sluppet ut etter noen få år i fengsel dreper igjen. Hadde de ikke sluppet ut, ville vi hatt færre drap. Vi får også ofte høre at en liten gruppe kriminelle står bak en meget stor prosent av alle innbrudd/ overfall. Hadde disse sittet i fengsel, ville et stort antall innbrudd/ overfall ikke funnet sted. (Er det inhumant å holde forbrytere i fengsel? Nei, det som er inhumant er å la dem gå løse.)

Mht. ulykker, så er det slik at man alltid lærer: Fergeulykken i vinter førte til at man høstet ny kunnskap om redningsvester og livbåter, og man anvender nå bedre typer vester og livbåter. Togulykken på Åsta førte til en gjennomgang av NSBs signalsystem, og det er nå forhåpentligvis mer pålitelig enn tidligere. Men også i forbindelse med ulykker er det fortsatt en viktig mangel: sjelden eller aldri skjer det at noen holdes ansvarlig. Hvem var ansvarlig for at rederiet HSD, som eide båten som forliste 26. november 1999, hadde installert redningsflåter som var totalt ubrukelige? Antall ulykker vil bli redusert dersom bestemte personer holdes personlig ansvarlig for redningsutstyr, signalanlegg, etc., og hvis de ansvarlige straffes dersom de forsømmer sine oppgaver.

Det vi må gjøre er altså å redusere sannsynligheten for å bli rammet av kriminelle handlinger og ulykker, og et viktig element i dette er å holde personer ansvarlige for sine handlinger. Det vi bør gjøre er altså å praktisere rettferdighet, ikke tilgivelse.

Opprør mot virkeligheten
Publisert på Internett 2003

Kommunister har, til tross for at deres ideologi har rammet hundrevis av millioner av mennesker med massemord, sultkatastrofer og undertrykkelse i store deler av forrige århundre, aldri hatt problemer med å slippe til i media. Sist ute er AKPs leder Jorun Gulbrandsen som i et portrettintervju i Dagbladets lørdagsmagasin (7. september 2003) blant annet gir uttrykk for sine kunnskaper innen økonomi: «Hvor fort kan vi gjøre ting gratis. Jeg tror vi kan gjøre poteter ... og melk gratis. Det kan staten
subsidiere».

Det burde være ABC at dersom prisen på en vare synker, så vil etterspørselen øke. For at tilbud og etterspørsel skal balansere, noe som innebærer en effektiv utnyttelse av ressursene, må prisene bli fastsatt som et uttrykk for summen av alle involvertes tilbud og etterspørsel. Dersom staten griper inn og bestemmer en pris som er lavere eller høyere enn markedsprisen, får man nødvendigvis store problemer: enten får man overproduksjon, eller så får man større etterspørsel enn den mengden som produseres og man må ha rasjoneringsordninger. All erfaring viser dette. Kun markedsøkonomi sikrer en effektiv utnyttelse av ressursene og kan derved gi velstand. Alle former for inngrep i individers frivillige produksjon og handel er umoralske, og de vil føre til mindre effektiv utnyttelse av ressursene, noe som betyr at velstanden blir lavere. Jo mer staten blander seg inn i økonomien, jo lavere blir velstanden.

Folk på venstresiden forstår overhode ikke poenget med markedsøkonomien, de tror at staten kan dirigere og bestemme, og at man derved oppnår gode resultater. All erfaring viser at dette ikke skjer. Alle dirigerte økonomier skaper fattigdom, kun frie økonomier skaper velstand. Folk på venstresiden er ikke i stand til å forstå dette.

Hesiod sa at «Tåper lærer kun av erfaring». Man kan spekulere om hvordan han hadde beskrevet de som ikke engang er i stand til å lære av erfaring. Gulbrandsen omtales som «Opprøreren». Dette er korrekt, det hun gjør opprør mot er virkeligheten.

Røyking, erstatninger og helse
Publisert i AERA nr 5/1999

«Tidemann har skylda» kunne vi lese på Dagbladets førsteside 17. oktober 1999. Dette er et av mange avisoppslag vi har sett den siste tiden i anledning det store antall søksmål som tobakksprodusentene nå blir utsatt for, både fra røykere og fra statlige myndigheter. Grunnen til søksmålene er at saksøkerne krever erstatning fordi tobakken har påført røykere helseskader; siden disse helseskadene har påført helsevesenet store utgifter i sine forsøk på å helbrede røykerne, mener staten at tobakkselskapene bør dekke noen av disse utgiftene – det er jo deres produkter som har forårsaket sykdommene.

Denne konkrete saken reiser et viktig prinsipielt spørsmål: hvem er virkelig ansvarlig for de skadene som er påført røykerne – er det tobakksselskapene, som søksmålene forutsetter, eller er det røykerne selv?

Røyking er skadelig

Det er selvsagt ingen tvil om at røyking er skadelig, men også her gjelder Paracelsus´ lov: «Hvorvidt noe giftig kommer an på mengden». Like selvsagt er det at det er individuelle forskjeller: enkelte kan røyke mye i 50 år uten å ta noen skade av det, og det finnes også ikke-røykere som får lungekreft. Som hovedregel kan man si at jo mer man røyker, jo større er sannsynligheten for at man får noen av de sykdommer som vanligvis forbindes med røyking: lungekreft, emfysem, etc.

Det er altså ingen som benekter at tobakkselskapene produserer og selger en skadelig vare. Men betyr dette at selskapene er moralsk eller juridisk eller økonomisk ansvarlige for de skader som røykingen forårsaker? Etter mitt syn, nei. Den som er ansvarlig for røykerens skader er røykeren selv. Han har selv valgt å begynne å røyke, og dette til tross for at han er kjent med store mengder informasjon som sier at røyking er skadelig.

Her er vi inne på det første viktige poenget i dette sakskomplekset: dersom en selger selger en vare som er skadelig for brukeren – er det ikke da selgeren som er ansvarlig for de skader som varen forårsaker? La oss for å illustrere dette poenget se på et velkjent eksempel. Kjøper man en bruktbil fra et bruktbilfirma, er selgeren selvsagt forpliktet til å opplyse kjøperen om skader og feil ved bilen, f.eks. om bremsene er dårlige. Dersom selgeren gjør kjøperen oppmerksom på at bremsene er dårlige, er han selvsagt ikke ansvarlig.

Men hva hvis han ikke sier ifra at bremsene er dårlige? Da er det to muligheter: enten er selgeren kjent med at bremsene er dårlige, og han fortier dette, eller så er han ikke kjent med at bremsene er dårlige. Hvis selgeren er klar over at bilen har dårlige bremser, og selger den uten å gjøre kjøperen oppmerksom på dette, er selgeren skyld i svindel, og han er da ansvarlig for de skader som måtte oppstå som følge av de dårlige bremsene. Ikke bare er han ansvarlig, dette er også en kriminell handling, og selgeren bør straffes.

Men hva hvis selgeren ikke er klar over at bilen har dårlige bremser? For å kunne avgjøre hvorvidt bremsene er dårlige eller ikke må man være fagmann – dette er ikke noe en tilfeldig kunde uten videre kan finne ut. (Vi antar at svakheten er slik at den ikke kan konstateres ved å ta bilen på en enkel prøvetur.) I så fall er det selgeren som fagmann som bør være såpass kjent med varen han selger at han på forhånd må finne ut om bilen har en slik svakhet. Er selgeren ikke klar over at bremsene er dårlige, så er dette noe han burde ha funnet ut før bilen ble solgt. Dersom selger ikke gjør kjøperen oppmerksom på at bremsene er dårlige, må han erstatte kjøperen for eventuelle skader som måtte oppstå på grunn av de dårlige bremsene, og han kan også straffes. Dette gjelder altså både dersom han vet at bremsene er dårlige og holder dette skjult, og dersom han ikke vet det – han burde ha funnet dette ut.

Men dette prinsippet innebærer ikke automatisk at en selger blir erstatningsansvarlig når en vare forårsaker skader. Selgeren er f.eks. ikke på noe vis ansvarlig dersom en restaurantkunde brenner seg på varm kaffe, eller dersom en person skader seg når han forsøker å stanse kjedet på en motorsag med hånden. Disse utrolige eksemplene er ikke oppdiktede: McDonald's i USA ble nylig dømt til å betale et stort beløp i erstatning til en av sine kunder etter at denne hadde brent seg på kaffe kjøpt hos McDonald's, og en amerikansk motorsagprodusent ble for noen år siden dømt til å betale erstatning til en kjøper som fikk ødelagt en hånd etter at han hadde forsøkt å stanse kjedet på motorsagen med hånden. Domstolens begrunnelse for å tildele erstatning i det siste

94

tilfellet var at det ikke stod noe i motorsagens bruksanvisning om at det var farlig å stanse kjedet med hånden!

Mitt syn er at disse to nevnte dommene er urettferdige – selgerne i de to eksemplene er reelt sett ikke erstatningsansvarlige. Disse eksemplene er også helt annerledes enn eksemplet med bilselgeren: kunnskapen om bilens bremser er noe kun selgeren besitter, mens kunnskapen i de to andre tilfellene (at man brenner seg på varm kaffe, at man ikke kan stanse kjedet på en motorsag med hånden), er kunnskap som er – eller bør være – alminnelig kjent. *En selger kan ikke holdes erstatningspliktig dersom han unnlater å gi opplysninger om varen han selger, selv om den er farlig, dersom disse opplysningene er alminnelig kjent.*

Hva har så dette med tobakkens skadelige virkninger å gjøre? At tobakk er skadelig, er noe som er, og som lenge har vært, alminnelig kjent. Siden dette er noe som er alminnelig kjent, kan man ikke hevde at tobakkselskapene er erstatningspliktige selv om de ikke selv eksplisitt har opplyst at røyking er skadelig. Jeg husker selv folk på 1950-tallet si at man ikke burde begynne å røyke fordi det er skadelig. Men også før dette var det enkelte som hevdet det samme. Nylig ble det i Aftenposten gjengitt en plakat med teksten «Vekk med sigarettene. Tobakk er skadelig for barn og ungdom». Ingen er vel uenige i denne påstanden i dag, men det interessante er at plakaten var fra 1910! Det har altså vært kjent siden 1910 at røyking er skadelig. Nå kan man selvsagt innvende at de som skrev teksten på plakaten ikke hadde vitenskapelig belegg for sine standpunkter, og at påstanden kanskje var like holdbar som en påstand om at «Jesus lever». Men når man ser teksten på plakaten i sammenheng med hvordan de fleste opplever sin første sigarett – kvalme, hoste, oppkast, osv., og når man er kjent med slike ting som røykhoste – så kan man ikke si at noen i løpet av de siste eksempelvis 50 år ikke har vært kjent med opplysninger om at røyking er skadelig.

Med andre ord: den som i løpet av de siste ca 50 år har begynt å røyke har vært klar over at røyking er skadelig. Ingen som har begynt å røyke de siste 50 kan med noen troverdighet påstå at «jeg trodde det var praktisk talt helt ufarlig å røyke». Dessverre er det også slik at mange unge mennesker begynner å røyke fordi de tror at de da vil bli betraktet som voksne, å røyke er jo noe kun voksne gjør; å bli sett med en sigarett er derfor noe som klassifiserer en som voksen. Dessuten er unge

95

mennesker meget lettpåvirkelige, så dersom et idol (rockesanger, filmstjerne) røyker, vil endel uselvstendige mennesker begynne å røyke bare på grunn av dette. En annen grunn er at mange unge mennesker er «opprørere», dvs. at de på endel områder gjør det motsatte av det de blir oppfordret til. Det skulle ikke forundre meg om de siste tiårs utallige statlige opplysningskampanjer og advarsler om røyking har ført til at flere har begynt å røyke.

Røykeren i det nevnte oppslaget i Dagbladet 17. oktober sier at han ikke visste at røyking var farlig – hadde han visst dette ville han ikke ha begynt å røyke, sier han. Men kan man si at dette gjelder alle eller de fleste? Nei, absolutt ikke! I dag er det tilgjengelig enorme mengder informasjon som fastslår at røyking er skadelig, og allikevel er det store mengder ungdommer som begynner å røyke. Det er altså ikke slik at dersom det er allment kjent at røyking er skadelig, så vil få eller ingen begynne å røyke. Det virker som om disse opplysningene har liten eller ingen effekt på de som velger å begynne å røyke.

Jeg må her tilføye at røyking også har en positiv effekt på røykere; en sigarett virker avslappende og nedstressende, og denne effekten kommer allerede noen få sekunder etter at man har inhalert røyken. Og igjen, ikke alle som røyker blir syke av røyking. Det er også mange røykere som sier at røykepausen er koselig, den er et hyggelig avbrekk i en kanskje stressende hverdag, og slike pauser har en klar positiv effekt. Den som velger å røyke skaffer seg et effektivt avslappingsmiddel, og i bytte for dette aksepterer han den økede risikoen for å pådra seg endel sykdommer. Dette er et akseptabelt valg, og andre må selvsagt akseptere slike valg fullt ut.

Tobakkselskapenes forskning

Men har ikke tobakkselskapene finansiert forskning (eller «forskning») som sier at røyking ikke er skadelig? I så fall må vel tobakkselskapene være erstatningspliktige? Jeg må tilstå at selv om jeg er brukbart orientert i de spørsmål som opptrer i samfunnsdebatten, så har jeg aldri noensinne sett slike artikler skrevet av folk som er finansiert av tobakkprodusentene. Det eneste jeg har sett som er i nærheten av dette er omtaler av disse forskerne hvor de er blitt beskyldt for å ha latt seg kjøpe av tobakkselskapene, og at de forfalsker sine resultater. Videre har jeg sett at disse forskningsresultatene er blitt latterliggjort, og at de

96

forskere som har påtatt seg slike oppdrag har mistet sitt gode navn og rykte.

Det er altså vanskelig å tro at kjennskapet til disse forskningsresultatene er særlig utbredt. Og derfor er det meget lite sannsynlig at slik informasjon er med i vurderingen hos de som begynner å røyke. De som hevder at tobakkselskapene er erstatningspliktige, og som bruker denne forskningen som et argument for sitt syn, tenker seg vel omtrent følgende scenario når en person vurdere å begynne å røyke: han ønsker å begynne å røyke, men vil overveie en slik beslutning nøye før han eventuelt begynner. Som grunnlagsmateriale for beslutningen leter han frem endel opplysninger, og det han finner er kun opplysninger og forskningsresultater fra tobakkselskapene som visstnok sier at røyking ikke er skadelig. Han begynner så å røyke, blir etter hvert syk, føler at tobakkselskapene har lurt ham, saksøker, og mener at han har krav på en erstatning. (Dette eksemplet er av samme type som bilselgeren som ikke opplyser at bremsene er dårlige.)

Et slikt scenario er dog meget urealistisk. Dette er altså en person som ikke er kjent med den enorme mengden informasjon som sier at røyking er skadelig, og, uten å bli kjent med dette, er han utrolig nok i stand til å lete frem opplysningene fra tobakkselskapene – som jeg som nevnt aldri har klart å finne noe sted – som sier at røyking ikke er skadelig! Og disse opplysningene godtar han selv om alle vet at produsenter har en tendens til å overdrive de positive egenskaper ved sine egne varer: Ingen tror virkelig at Colgate gir deg en ring av selvtillit, ingen tror virkelig at 9 av 10 filmstjerner vasker seg med Lux, og ingen tror virkelig at Ajax gjør rent som en hvit tornado. Men ifølge de som mener at tobakkselskapene er erstatningspliktige har den som har begynt å røyke virkelig trodd på tobakkselskapenes opplysninger om at røyking er ufarlig.

Et annet poeng: Har virkelig tobakkselskapene i de siste 50 år sagt at røyking er ufarlig? Hvis de hadde sagt at ikke alle blir syke av røyking, at røyking i små mengder ikke er så veldig farlig, at røyking er mindre farlig enn enkelte andre aktiviteter som folk gjerne bedriver, og at det i noen tilfeller kan være farligere å slutte å røyke enn å fortsette, fordi å slutte kan være forbundet med store mengder stress (som kan være farlig), hvis de hadde sagt dette, så ville det ha vært i full overensstemmelse med sannheten.

Dessverre for tobakkindustrien har dens talsmenn uttalt seg annerledes. Tidlig på 50-tallet dannet tobakkindustrien i USA The Tobacco Industry Research Committee, og gjennom denne uttalte de at det ikke forelå «conclusive evidence» som tydet på at det var en forbindelse mellom røyking og lungekreft. (Det er dog mulig at det da, tidlig på 1950-tallet, ikke forelå slike bevis, men slike foreligger selvsagt i dag.) TIRC uttalte også at «We believe the products we make are not injurious to health». Så sent som i 1998 uttalte en talsmann for The Tobacco Institute under ed at «We don´t believe it's ever been established that smoking is the cause of disease».

At tobakkindustriens talsmenn kunne komme med slike uttalelser er selvsagt skadelig for dem på den måten at det svekket deres sak i fremtidige rettstvister, men utsagnene må også sees på bakgrunn av at anti-røykerne i meget stor grad overdrev sine påstander om hvor farlig røyking er. Men selv om industriens talsmenn kom med slike utsagn, så betyr ikke dette at de som velger å begynne å røyke ikke selv har ansvaret for de skader de påfører seg.

Avhengighet

Er det ikke slik at den som begynner å røyke blir avhengig, og ved å begynne å røyke legger han til seg en vane som er umulig å legge bort, og som i tillegg er både kostbar og ødeleggende for helsen? Hva er så avhengighet? Man er avhengig av noe dersom man ikke kan klare seg det foruten. Altså er mennesker avhengige av luft, vann og mat. Man har en ustoppelig trang etter å få i seg disse tingene, og uten disse tingene dør man. Er en røyker avhengig av tobakk? Jeg vil si Nei – dersom en røyker er avhengig av tobakk, vil ingen røykere noen gang klare å slutte å røyke. Men dette skjer hele tiden. Det skjer stadig at folk som har røkt i lang tid slutter å røyke. Så det er klart at man ikke blir avhengig av røyking. Det er selvsagt korrekt at noen har større vanskeligere for å slutte å røyke enn andre: noen kan slutte å røyke uten å savne det i det hele tatt, mens andre som slutter å røyke har store problemer med å la være å begynne å røyke igjen.

Det er ingen uenighet om at enkelte røykere har et sterkt ønske om å fortsette å røyke, og derfor har vanskeligheter med å slutte, men

98

det er helt galt å beskrive fristelsen til å tenne en ny sigarett som avhengighet. Det å ha et sterkt ønske om noe er ikke det samme som å være avhengig – det er således helt galt å omtale sterke ønsker om å handle klær, surfe på Internett, spille på enarmede banditter eller å bruke narkotika som om man er avhengig av shopping, Internett, spill eller narkotika.

Den som beskriver slike sterke ønsker som avhengighet har et syn på mennesket som om det nærmest er en viljeløs kasteball for utenforliggende krefter det ikke har kontroll over, mens det korrekte synet er at det er mennesket selv som styrer sine handlinger. Hvert enkelt menneske skaper selv sin personlighet og det velger selv sine grunnverdier, og de handlinger det foretar er i overensstemmelse med de grunnverdier det har valgt. Det enkelte menneske velger dermed selv hvordan det vil leve.

Påstås det her at man ikke blir avhengig av narkotika? Ja, man blir ikke avhengig av narkotika. Det finnes også mye empiri som bekrefter dette. Ett eksempel: Praktisk talt alle de amerikanske soldatene som deltok i krigen i Vietnam brukte narkotika mens de var der. Når de kom tilbake til USA etter at krigen var over, sluttet de aller fleste å bruke narkotika. Hvor vanskelig er det å slutte å bruke narkotika? Dette er selvsagt vanskelig å måle, men enkelte fagfolk har hevdet at det å slutte med et tungt narkotikum kan sammenlignes med «å gå igjennom en tung influensa» (se f.eks. Fekjær: *Alkohol og narkotika: Myter og virkelighet*, Gyldendal 1987, hvor denne formuleringen er hentet fra).

Det finnes selvsagt personer som bruker narkotika og som har store vanskeligheter med å slutte, men dette er en konsekvens av den personligheten de har. De har ved egne valg laget en personlighet som er slik at de ikke fungerer på en måte de finner tilfredsstillende i virkelighetens verden, og de foretrekker derfor å forsøke å flykte bort. Løsningen på dette problemet er dels samfunnsmessig, og dels individuelt: den samfunnsmessige løsningen består i at dersom samfunnet i langt større grad enn i dag blir dominert av rasjonelle ideer, vil langt færre ha ønsker om å flykte vekk. Den individuelle løsningen er at den enkeltes grunnideer bør bestå av rasjonelle prinsipper – en rasjonell person vil klare seg godt nesten uansett hvor irrasjonelt samfunnet er.

Det ovenstående er selvsagt ikke ment som en benektelse av det faktum at enkelte som har begynt å bruke narkotika vil ha store vanskeligheter med å slutte.

Helsevesenets utgifter

En av årsakene til søksmålene er at helsevesenet ønsker å få tilbakebetalt noen av de utgiftene de har hatt i sine forsøk på å helbrede syke røykere. Men det kan hende at røyking ikke påfører helsevesenet utgifter i det hele tatt: Det er riktig at røykere er oftere syke enn ikke-røykere, men det er like sant at røykere lever kortere enn ikke-røykere. Dette innebærer at helsevesenet sparer store beløp fordi de slipper å behandle gamle røykere. Videre sparer staten en del på sine pensjonsutgifter. Med andre ord: det er kanskje slik at staten ikke har ekstrautgifter, men tvert imot sparer store beløp på at folk røyker.

Problemet er passiv røyking

Mange ikke-røykere plages av andres røyking. I dag har vi i Norge en lov som visstnok skal sørge for at ikke-røykere kan puste i ren luft ved at forsamlingslokaler og restauranter er pålagt å ha røykfrie soner. Enkelte snakker i dag til og med om å innføre røykeforbud i alle offentlige lokaler, og kanskje til og med i private hjem! Men den loven vi nå har er en lov som i stor grad ignoreres, og loven har praktisk talt kun ført til økende politikerforakt. Blir den utvidet til også å omfatte private hjem, vil politikersirkuset bli nærmest totalt.

Også her er det et av de klassiske liberalistiske prinsippene som er løsningen: privat eiendomsrett. Dersom eieren av en eiendom har full rett til å bestemme hva som skal skje på hans eiendom, så er det opp til eieren av et lokale selv å bestemme hvorvidt det kan røykes der eller ikke. Dette vil føre til at et lokale er røykfritt dersom eieren ønsker det, eller at røyking er tillatt dersom eieren ønsker det. Eieren kan også selv dele et lokale inn i soner hvor røyking er tillatt eller ikke. Ikke-røykere kan således selv velge hvor de vil oppholde seg.

Det er selvsagt helt umoralsk av ikke-røykere å kreve at eieren av et lokale skal pålegge andre som oppholder seg der å la være å røyke. Det er også umoralsk å benytte statens makt til å tvinge andre mennesker til å oppføre seg på en måte som man selv foretrekker. Frihet er retten til å gjøre som man selv ønsker så lenge man ikke krenker andres rettigheter. Dette innebærer at en røyker kan røyke dersom det aksepteres av eieren av eiendommen dette skjer på.

Dette er første skritt – flere kommer

I flere tiår har det synet bredt seg at individer ikke er ansvarlige for sine handlinger, og lovverket har i større og større grad blitt fylt opp med bestemmelser som har tatt konsekvensen av dette: det er f.eks. blitt meget vanskelig for bedrifter å si opp udugelige eller lite samarbeidsvillige ansatte, kriminelle går i større og større grad fri, de som er produktive blir i stadig større grad pålagt å subsidiere de som er udugelige, osv.

Søksmålene mot tobakkselskapene er etter mitt syn kun første angrep i en ny fase av denne krigen mot industri og produktiv virksomhet. Nå skal individer ikke engang holdes ansvarlige for skader de selv påfører seg – de som nå skal holdes ansvarlige er de som har produsert varene som er blitt brukt! Denne tendensen til å skylde på andre og til å holde andre ansvarlige er blitt meget utbredt i lovverket i USA, og de lovbestemmelser som har blitt innført og som gjør tobakkselskapene ansvarlige for røykernes selvpåførte plager er en av del av denne holdningen.

Vi ser allerede antydninger av hvordan dette vil fortsette: enkelte byer i USA har saksøkt våpenprodusenter fordi disse har produsert våpen som er blitt brukt i kriminelle handlinger. Hva blir det neste? Vil staten saksøke og motta store erstatningsbeløp fra Toyota og Ford fordi slike biler er involvert i trafikkulykker? Vil staten saksøke og motta store erstatningsbeløp fra melkebønder fordi stort forbruk av melk fører til hjerteinfarkt? Vil staten saksøke brennevinsprodusenter fordi kriminelle handlinger ofte begås av berusede personer? Det kan bli spennende å følge med fremover.

Hva er grunnen til at slike saker i det hele tatt kan bli reist? Grunnen er selvsagt det utbredte syn at mennesker ikke selv fullt ut skal holdes moralsk (eller juridisk eller økonomisk) ansvarlig for sine egne handlinger, og at dersom det går en galt så har andre plikt til å hjelpe. Og denne holdningen har et navn: altruisme. De som er skadet av røyking (eller er blitt syke av fet mat) betraktes ikke selv som ansvarlige for de skadene de har påført seg, og siden de fabrikkene som har produsert tobakk (eller fet mat) tilsynelatende er rike, må disse rike pålegges å hjelpe (gjerne med tvang) de som har påført seg skader. Dette betyr at slike saker i fremtiden vil fortsette å dukke opp så lenge altruismen står sterkt. Dersom den nåværende utviklingen fortsetter vil den føre til større og større byrder på all produktiv virksomhet. Og dette vil selvfølgelig medføre at dagens forfall, både på individnivå og på samfunnsnivå, vil fortsette. Og siden et samfunn med en høy materiell levestandard forutsetter frihet og ansvar, vil resultatet av den nåværende utviklingen henimot ufornuft og selvoppofrelse bli økende forfall og elendighet for alle. Hva er løsningen? Hva må til for at vi skal kunne komme over på en utvikling henimot et samfunn med harmoni og velstand? En slik utvikling forutsetter allmenn aksept for rasjonelle grunnideer, dvs. en filosofi som bygger på fornuft, rasjonell egoisme og frihet, og som dermed også hevder at hver enkelt har ansvar for egne handlinger. Den eneste løsningen er altså å få rasjonelle ideer utbredt i befolkningen.

Narkotika og frihet
Foredrag holdt på FpUs Stavangerkonferanse 10. april 1994

For en 7-8 år siden skrev en fremtredende advokat en artikkel i Aftenposten hvor han gikk inn for dekriminalisering av narkotika*. Denne artikkelen førte til et rabalder uten like. Et meget stort antall svarinnlegg hevdet at advokaten nærmest måtte være gått fra forstanden: Dekriminalisering av narkotika var helt uakseptabelt. Men, for et par måneder siden lot samme avis trykke et annet innlegg av en kjent person; vedkommende hevdet at liberalisering av narkotika-lovgivningen nå var en idé hvis tid var kommet. Dette innlegget førte ikke til noen motreaksjoner overhodet.

Etter mitt syn er dette et tegn på at det går fremover. Forbudet mot narkotika har – som alle offentlige begrensninger i enkeltindividers frihet – ført til kolossale problemer på en rekke områder. Ved en dekriminalisering av bruk, kjøp og salg av narkotika, vil et stort antall problemer bli kraftig redusert.

Frihet

Samfunn bør være organisert slik at enkeltmennesker har rett til å styre sine liv slik de selv finner riktig. Et fritt samfunn er et samfunn hvor staten respekterer enkeltmenneskets rett til å styre sitt eget liv – dvs. et fritt samfunn er et samfunn hvor staten respekterer og har som eneste oppgave å beskytte individers (Lockeanske) rettigheter.

Et menneske har rett til sitt eget liv, og denne retten impliserer full privat eiendomsrett: all form for arbeid innebærer bruk av fysiske gjenstander, og skal et menneske kunne styre sitt liv, må det ha full rett til å kunne disponere gjenstander som er nødvendige for dets arbeid. I et fritt samfunn er det altså ingen ordninger hvor staten gir eiendomsbesittere «tillatelser» i form av konsesjoner til å benytte sin eiendom slik de ønsker. Staten kan f.eks. ikke ekspropriere privat

---

* Jeg benytter uttrykket dekriminalisering, fordi det vanlige uttrykket legalisering impliserer feilaktig at staten har rett til å legalisere, gi tillatelse til, noe som helst. Uttrykket dekriminalisering innebærer at noe som staten har definert som kriminelt ikke er kriminelt.

eiendom, og staten kan heller ikke bestemme over hva slags aktiviteter som skal foregå på eiendommen.

Staten kan heller ikke blande seg inn i handel mellom mennesker – hverken ved å dirigere priser eller produksjonsmengder. Staten kan ikke gi særfordeler til foretrukne fagforeninger slik at disse kan presse lønnsnivået høyere enn markedsnivået og derved forårsake arbeidsløshet. Staten kan ikke som nå gi medlemmer av foretrukne grupper enerett på produksjon av visse varer/tjenester (postverket, vinmonopolet, banker, helsevesenet, skoleverket), staten kan ikke kreve at de som handler skal betale skatter eller avgifter, osv. Dette er med andre ord et markedsøkonomisk eller kapitalistisk system. Den eneste begrensning som hvert menneske må rette seg etter er at andre individers rettigheter ikke må krenkes.

Staten skal dog finnes. Staten har én legitim oppgave: å beskytte individers rettigheter. Staten er derfor tillagt visse konkrete oppgaver – politi, rettsvesen, og militærvesen – og disse må finansieres frivillig. Staten skal forhindre at visse handlinger blir begått, dvs. handlinger hvor individers rettigheter krenkes, og dersom individer begår slike handlinger, skal de straffes. Staten skal altså ikke drive helsevesen, sykeforsikringer, skolevesen, pensjonsordninger.

I praksis er det alltid slik at dersom staten driver slike ordninger, vil de bli ødelagt. Det finnes nok av eksempler som viser dette: Statlige pensjonsordninger – Folketrygden – er et primitivt pyramidespill; vårt helsevesen er dyrt og ineffektivt; skoleverket fungerer som en sosialistisk indoktrineringsanstalt hvor ungdom blir fôret med gale ideer, gale holdninger, gale verdier, en falsk versjon av historien, og – kanskje den aller største forbrytelsen – ungdommen lærer ikke å tenke.

I motsetning til dette finnes det altså ett eneste rasjonelt alternativ: et fritt samfunn hvor voksne har full rett til å styre sine liv slik de selv finner riktig. Frihet betyr altså at enkeltmennesker har rett til å foreta valg om hvordan de ønsker å leve sine liv. Dette impliserer at hvert menneske også har fullt ansvar for de valg det foretar.

Disse ideene om et fritt samfunn stammer fra opplysningstiden. Teorien om individers rettigheter ble opprinnelig formulert av den engelske filosofen John Locke (1632-1704). Disse prinsippene lå til grunn for den tidlige kapitalisme, og var sterkt fremtredende blant de amerikanske grunnlovsfedrene, spesielt hos Thomas Jefferson, som slik formulerte en passus i den amerikanske uavhengighetserklæringen: «vi anser følgende sannheter for å være selvinnlysende: Alle mennesker er skapt like, de er av sin Skaper utstyrt med visse ukrenkelige rettigheter, blant disse er retten til liv, frihet, og retten til å søke etter lykken. For å sikre disse rettighetene er statsmakten opprettet...».

Denne rettighetsteorien er basert på menneskets natur som et rasjonelt vesen, et vesen som er i stand til å forstå verden, til å tenke selvstendig, til å foreta valg for å søke lykken, og til å ta ansvar for sine valg. Denne tradisjonen kalles således naturrettstradisjonen. Men frihet innebærer selvsagt at andre mennesker kan velge på leve på en måte som en selv ikke synes om. Frihet er retten til å gjøre hva man selv ønsker, selv om andre ville valgt annerledes. Den som er for frihet, må godta at andre mennesker gjør ting de selv ikke ville ha gjort – så lenge andres rettigheter ikke krenkes.

Inngrep generelt

Men de fleste intellektuelle etter Locke delte ikke opplysningstidens ideer. De hevdet at mennesket er et følelsesmessig vesen, et vesen som ikke er i stand til å forstå virkeligheten, og derfor ikke er i stand til å foreta velbegrunnede valg og til å ta ansvar for dem. De hevdet også at å tillate enkeltmennesker å søke etter sin egen lykke på denne jorden ikke bare er en primitiv moral, det er rett ut sagt er umoralsk, fordi det er egoistisk. Disse anti-egoistiske tenkerne – Rousseau, Kant, Hegel, Marx – utarbeidet filosofiske teorier som etter hvert fikk stor innflydelse i alle vestlige land.

Disse ideene medførte at enkeltmennesket ikke lenger ble betraktet som et suverent vesen i stand til å styre sitt eget liv, men som et produkt av krefter i samfunnet. Det ble derfor ansett som viktig å forme menneskers omgivelser slik at de kunne bli riktig kondisjonert. Det ble således lagt en stadig økende vekt på statens oppgave til å styre enkeltmenneskers liv og omgivelser. Et opplagt element i denne utviklingen var at det enkelte individs ansvar for sitt eget liv stadig ble redusert.

Tidlig i det tyvende århundre begynte derfor i de fleste land i Vesten en stadig reduksjon i enkeltmenneskers frihet, og de fikk en stadig voksende offentlig sektor. Her følger noen eksempler på reduksjonen av enkeltmenneskets ansvar for sitt eget liv: Lot man være å skaffe seg sykeforsikring eller pensjonsforsikring, skulle «samfunnet» ordne dette. Var man fattig, ble det ikke betraktet som ens egen skyld, men samfunnets skyld. Ble man rik, var dette heller ikke ens egen fortjeneste, men et resultat av «utbytting» av arbeiderne eller tilfeldigheter så som arv, det var ikke ens egen fortjeneste. Var man forbryter, var den nye holdningen at forbryteren selv ikke var ansvarlig for sine handlinger, men det var igjen samfunnet som hadde ansvaret. Forbrytere skulle derfor ikke straffes, men «behandles». Dette er den moralske begrunnelse for enhver form for «utjamning», som innebærer at staten kan ta fra de rike gjennom omfattende beskatning, og overføre til de fattige.

Inngrep om narkotika
Et eksempel på reduksjonen i enkeltindividets ansvar for eget liv er periodene med forbud mot brennevin i mange vestlige land: i Norge 1916-1927, i Finland 1919-1932, i Island 1915-1935, i USA 1920-1933. Altså: det var allment godtatt at enkeltmennesker ikke er såpass ansvarlige at de kan tillates å kjøpe alkoholholdige drikkevarer! Omtrent i samme periode som forbudene mot alkohol ble innført, begynte politikerne å innføre forbud mot narkotika.

Forbudene mot narkotika er dog ikke like lette å tidfeste. I USA ble mange forskjellige narkotiske stoffer som nå er forbudt, solgt fritt helt frem til 1900. I 1901 kom det første forslag i en delstat (Colorado) om at man måtte ha resept, dvs. tillatelse fra en lege, for å kunne kjøpe morfin, kokain, malt, vin og sprit. I 1903 ble kokain fjernet fra leskedrikken Coca Cola. I 1909 ble det forbudt å importere opium til USA. I 1912 holdes den første opium-konferansen i Haag. Deltagerne, for en stor del leger, går inn for reduksjoner på tilgjengeligheten av opium. I 1914 blir whisky og brandy fjernet fra USAs offisielle liste over narkotiske stoffer. I 1921 er sigaretter ulovlig i 14 av USAs delstater. The Federal Bureau of Narcotics ble opprettet i 1930; de ansatte var som regel de tidligere ansatte i de offentlige organer som arbeidet med å sørge for at brennevinsforbudet ble overholdt. Hasj ble forbudt i USA på 30-tallet.

I Norge ble det innført forbud mot innførsel og utførsel av opium m.v. i 1913. Denne loven omfattet opium, kokain, morfin og heroin. Etter en utvidelse av denne loven i 1928 omfattet den også produksjon, omsetning og besittelse til annet enn lovlig medisinsk bruk. Cannabisstoffene ble inkludert i forskriftene til loven i 1930. Senere kom det flere lover, og disse skjerpet strafferammene for bruk, besittelse og salg. Etter den første loven ble man ilagt bøter ved lovbrudd, senere ble man ilagt fengselsstraffer i inntil 6 mnd. De siste justeringer innebærer maksimumsstraffer på inntil 21 år for bruk, besittelse og salg av narkotika.

Narkotika var altså tillatt opp til ganske nylig. Ble det brukt? To eksempler: i England i 1875 var gjennomsnittsforbruket av morfin ca 10 mg per uke per person: og den ble i all hovedsak brukt som smertestillende medisin. Altså en mellomstor dose per uke, og dette er gjennomsnittstall hentet fra Hans Olav Fekjær: *Alkohol og narkotika*, Gyldendal 1987, s. 19. De som talte opp stemmer etter valget i Oslo i 1949 fikk utdelt amfetamin for at de skulle holde seg våkne (Fekjær, s. 97). Altså; stoffene var i utbredt bruk uten de negative konsekvenser som i dag forbindes med narkotikabruk.

Årsaken til at disse bestemmelsene om forbud mot narkotika ble innført var altså en holdning om at enkeltmennesker egentlig ikke er i stand til å styre sine egne liv, og spesielt at det enkelte menneske selv ikke kan få bestemme om det ønsker å bruke rusgifter som alkohol eller narkotika.

Frihetsmotstanderne hadde i en lang periode stor suksess også på andre områder, og fikk stort gjennomslag for sine ideer i de land som ble sosialistiske, og nesten like stort gjennomslag i alle land som ble velferdsstater. Det er nå blitt klart for enhver at disse samfunnsmodellene ikke fungerer i praksis: sosialisme i praksis var et langtrukkent selvmord, og Vestens velferdsstater er nå – som vi alle vet – på vei mot sammenbrudd. Derfor innser nå flere enn før at man må over til en samfunnsmodell hvor individene har større frihet og større ansvar for sine eget liv.

På noen områder ble altså de alltid negative resultatene av reduksjon i individers frihet opplagte etter kort tid, og noe større grad av frihet gjeninnført – brennevinsforbudene ble som nevnt opphevet etter en kort tid med store problemer, f.eks. stor vekst i kriminalitet og korrupsjon. I våre dager får ideene om frihet og ansvar større og større oppslutning. Et eksempel som viser dette er den verbale – om ikke reelle – oppslutning om tiltak som privatisering av offentlige oppgaver og reduksjoner av skatter og offentlige utgifter.

Et av de skritt som må taes på veien mot et fritt samfunn er dekriminalisering av narkotika. Heller ikke forbudet mot narkotika har totalt sett positive effekter, de negative overstiger langt de positive, hvis de overhodet finnes. Derfor er det nå en voksende erkjennelse for at narkotika må dekriminaliseres.

Hva består forbud mot narkotika av?

Forbudet mot narkotika betyr at staten har forbudt at enkeltmennesker inntar visse stoffer. Likeledes forbys at disse stoffene blir solgt eller oppbevart. Brukere av narkotika kan settes i fengsel eller «behandles», personer som oppbevarer eller selger de forbudte stoffene blir satt i fengsel.

Antagelig er meningen med forbudet at det ikke skal være mulig å få tak i narkotika, men som under perioden med forbud mot brennevin, er det ikke noe problem å få tak i de forbudte stoffene. Resultatet av forbudet er bare at prisen blir langt høyere enn den ellers ville ha vært. Man kan altså med stor rett si at et statlig forbud mot et stoff (eller en handling) ikke er annet enn en priskontroll, en priskontroll som innebærer at prisen settes høyt over markedsverdi. Forbud er altså et inngrep i det frie marked, og har som alle slike inngrep et stort antall negative effekter. La meg her gå inn på noen av dem:

1) Forbudet medfører at personer settes i fengsel ikke for å ha krenket andre individers rettigheter ved f.eks. å stjele, men rett og slett fordi de gjør noe som de selv opplever som behagelig, og som ikke krenker andres rettigheter overhodet. Dette er dypt urettferdig. En som ønsker å oppnå en tilstand som han opplever som behagelig, behandles på samme måte som f.eks. en tyv. Dette fører selvsagt til en redusert respekt for lov og rett generelt. Det hevdes at bruk av narkotika er et «victimless crime», dvs. at handlingen ikke har noe offer, slik som et tyveri har. Det som er korrekt er at bruk av narkotika er en handling som ikke krenker andres rettigheter, slik f.eks. et tyveri eller et overfall gjør. Derfor skal staten straffe tyver og overfallsmenn – statens eneste legitime oppgave er å beskytte individers rettigheter – men staten skal la folk som selger eller benytter narkotika være i fred.

2) Forbudet gjør at de varene brukeren ønsker blir svært dyrere enn de ellers ville ha vært. Både bruker og selger er under et forbud klassifisert som kriminelle, og det medfører risiko for å bli kastet i fengsel. Dette betyr at selgere ønsker større fortjeneste for sitt arbeid med å fremskaffe varer det er etterspørsel etter. Forbudet fører også til redusert tilgang på narkotiske stoffer, og også dette øker prisen.

3) Brukere og selgere er under et forbud betraktet som kriminelle. Dette betyr at anstendige mennesker ikke involverer seg i denne geskjeften, og at dette markedet oversvømmes av kriminelle, altså personer som reelt sett er kriminelle; tyver, overfallsmenn, etc. dvs. personer som praktiserer rettighetskrenkende aktiviteter. Dette gjør det kriminelle miljø større. Forbudet mot narkotika medfører altså at antallet kriminelle øker. Sammen med en øket pris på grunn av forbudet, vil mange som ønsker å bruke narkotika begå virkelig kriminelle, dvs. rettighetskrenkende, handlinger: innbrudd og overfall, for å finansiere sitt forbruk. Dersom narkotika hadde vært lovlig, ville de som ønsket å bruke narkotika brukt det uten å gjøre andre fortred. Under et forbud løper vi alle en økende risiko for å bli overfalt og å bli besøkt av innbruddstyver. Ved en dekriminalisering vil denne risikoen bli nærmest lik null.

4) Forbudet fører til at det er mye penger å tjene på å oppfinne nye narkotiske stoffer. Oppfinnsomme kjemikere kan bli styrtrike på å oppfinne nye rusgifter – «designer drugs» – som er billige å produsere, og som kanskje også er farligere enn de vanlige naturprodukter. Disse forskerne kunne gjort mer nytte for seg på andre områder.

5) Under et forbud vil myndighetene anse alt som har med narkotika å gjøre som et stort problem, og bruke store ressurser for å bekjempe narkotikaen. Myndighetene vil oppfordre til angiveri, de vil benytte telefonavlytting, de vil foreta husundersøkelser, de vil sørge for at grensekontroller kan bli meget nærgående, osv. Alt dette er meget betydelige inngrep i enkeltmenneskets frihet.

6) Forbudet er meget vanskelig å gjennomføre: alle vestlige land har nå forbud mot narkotika (det finnes dog noen få formelle/reelle unntak for såkalte lette stoffer). Allikevel er det i alle de vestlige land et stort antall mennesker som jevnlig benytter narkotika – i Norge omtrent 25 000 – 50 000. Dette betyr at stadig større ressurser benyttes på å bekjempe narkotikaen. Politiet krever flere tjenestemenn, mer moderne

utstyr osv., kort sagt: mer penger – som taes fra den produktive del av befolkningen.

Kampen mot narkotikaen vil altså stadig kreve større og større ressurser.

Anta at mengden beslag øker; dvs. at politiet beslaglegger større og større mengder hvert år. Da vil politiet kunne hevde at narkotikabransjen har intensivert sin produksjon og omsetning, og for å møte dette, må politiet ha større ressurser.

La oss også anta den annen muligheten: at beslagene går ned, dvs. at politiet beslaglegger mindre og mindre mengder hvert år. Da vil politiet kunne hevde at smuglerne nå er blitt dyktigere, og at politiet trenger større bevilgninger for å kunne møte denne forsterkede trusselen. Altså: uansett hva som skjer vil de kreve større bevilgninger. Og det er helt utenkelig at narkotikapolitiet vil si følgende: «nå har vi jobbet så godt i så mange år at narkotikatrusselen nærmest er forsvunnet. Fra neste budsjettår bør derfor bevilgningene til bekjempelse av narkotika kunne reduseres med 90 %».

7) I og med at det også er store penger i omløp i narkotikahandelen, vil dette også fremme korrupsjon. En politibetjent eller en toller vil lett kunne bli fristet til å se en annen vei hvis han blir belønnet med noen titusen kroner. Og har man først brutt en lov, er det lettere å bryte den neste. Det har også forekommet at politifolk har solgt beslaglagte stoffer til brukere. Forbudet mot narkotika vil også på dette området fremme alminnelig kriminalitet, altså rettighetskrenkende handlinger.

Statistikk

Et forbud vil som nevnt føre til sterkt økede priser på narkotika. Dette vil gjøre narkotikahandel til en attraktiv bransje for personer på de lavere trinn på den sosiale rangstige. Narkotikabransjen kan jo raskt gi store fortjenestemuligheter. Men forbudet har ikke bare gjort prisene og fortjenestemulighetene, men også farene, svært store. Derfor blir det ofte kriger mellom rivaliserende gjenger, og i USA er det beregnet at forbudet mot narkotika forårsaker mer enn 8 250 dødsfall per år (kilde: Ideer om frihet, 5&6-1989). I dette tallet er inkludert personer som bruker urent stoff: de høye prisene gjør det fristende for selgerne å blande ut narkotikaen med andre stoffer. Slike blandinger kan være

110

dødelige. Tallet inkluderer også folk som blir drept av personer som begår innbrudd eller overfall for å finansiere sitt forbruk av narkotika.

Siden produksjon og salg av narkotika er ulovlig, har dette ført til at produksjon og salg drives av omfattende og meget velorganiserte grupper. Disse gruppene gjør hva de kan for å beskytte sine enorme økonomiske interesser, ikke bare har de kjøpt opp et stort antall politikere, politifolk, militære og embedsmenn, men i løpet av årene fra 1985 til 1991 drepte de i Colombia, en av verdens fremste narkotikaprodusenter, 220 dommere, 50 journalister, flere avisredaktører, flere statsadvokater og fire presidentkandidater. I 1986 la regjeringen i Colombia i samarbeid med den amerikanske regjering frem en plan for å bekjempe narkotikamafiaen, og dette førte til at justisministeren, Monica de Greiff, ble utsatt for drapstrusler og måtte søke tilflukt i USA. 12 000 mennesker ble arrestert i forbindelse med aksjonen, og da truet narkotikaligaene med å drepe 10 dommere for hvert ligamedlem som ble dømt til fengselsstraff eller utlevert til USA. 500 dommere trakk seg da fra sine stillinger, og 48 av 54 høyesterettsdommere søkte avskjed (*Hvem Hva Hvor 1990*, s. 98).

Kampen mot narkotikaen har også sivile ofre, og regner man også med disse uunngåelige ofre i kriger mellom ulike gangstergrupper og mellom gangstere og politi, er antall drepte i Colombia i årene 1985-1991 omlag 15 000 (Arbeiderbladet, 11. juli 1992). Forbudet mot narkotika fører altså til et stort antall dødsfall på tilfeldige personer, personer som ikke har noe som helst med narkotikaen å gjøre. Forbudet fører i stor grad til at samfunnets elite desimeres: de som blir drept er de som våger å tale bandittene imot, og de som benytter sin stilling til å bekjempe organisert kriminalitet. Dersom narkotika hadde vært lovlig, ville alle disse problemene vært unngått.

Totalt regner man med at omsetning av illegal narkotika står for ca 10 % av verdenshandelen. Omsetningen er da på ca 4000 milliarder kr per år. Dette medfører omfattende «hvitvasking» av disse enorme beløpene, og et stort antall «legitime» forretningsvirksomheter er involvert.

Alle disse problemene, som er forårsaket av forbudet mot narkotika, vil forsvinne dersom narkotika blir dekriminalisert.

Dekriminalisering av narkotika er i fullt samsvar med de prinsipper for organiseringen av et fritt samfunn som jeg skisserte

111

tidligere. Eiendomsretten impliserer at man kan dyrke hva man ønsker på sin eiendom uten at myndigheten har noe med å gi tillatelser: man kan dyrke korn eller mais eller kaffe eller tobakk eller opium. Man kan handle med hvem man vil, uten at det angår andre enn kjøper og selger: derfor kan man selge det man har dyrket. Man kan innta hva man ønsker: man kan gjøre usunne ting som å røke tobakk, spise fet mat, drikke kaffe eller bruke de rusgifter man selv ønsker: narkotika eller alkohol.

Frihet generelt

Men denne problemstillingen – opphevelse av forbudet mot narkotika – er kun en liten del av en større helhet: alle samfunnsproblemer er forårsaket av enkeltes ønsker om å styre andre menneskers liv. Problemene i forbindelse med skolevesen, helsevesen, folketrygd, underskuddsbudsjetter, bankkriser, arbeidsløshet, økende kriminalitet osv. er alle forårsaket av folks motstand mot frihet. Det er ikke slik at politikere trer ned over hodene på folk en politikk de er imot. Folk flest slutter i hovedsak opp om den politikken som føres. Folk er selvsagt ikke for de langsiktige konsekvensene av den sosialdemokratiske politikken som alle partier i alle vestlige land i dag fører, men siden de i et sosialistisk skolesystem ikke lærer å tenke, vil få gjennomskue sammenhengen mellom aksepterte grunnholdninger og de langsiktige konsekvenser av den praktiske politikken.

Altså: den politikk som er ført i alle vestlige land i vårt århundre er i overensstemmelse med befolkningens ønsker: et folk får den politikk og de politikere de ønsker og fortjener. Grunnholdningene hos folk flest er i fullt samsvar med den politikk som føres. Alle politikeres skalting og valting med enkeltmenneskers liv er resultat av den holdning som sier at mennesker ikke har rett til å styre sine egne liv. Så lenge den holdningen er allment akseptert, vil vi ha disse enorme problemene (arbeidsløshet, budsjettunderskudd, sosialt forfall...). Problemene vil først forsvinne når storparten av befolkningen godtar at enkeltmennesker har rett til frihet: dvs. rett til selvbestemmelse. Først da vil politikken bli i overensstemmelse med disse prinsippene.

De som er imot dekriminalisering er imot frihet, og derfor reelt sett imot å løse de problemer som politikeres innblanding i enkeltmenneskers liv fører til. La meg minne om at frihet er udelelig:

112

frihet er retten til selvbestemmelse for individer. Er man for frihet, må man godta at andre mennesker bruker sin frihet til å gjøre ting man selv ikke ville ha gjort, og man må også godta at andre mennesker begår handlinger som kan være skadelige for dem selv.

Jeg er altså ikke for fri narkotika fordi det er smart å bruke narkotika. Tvert imot, det er ikke smart å bruke narkotika eller nikotin eller alkohol eller å spise mye fet mat. Men jeg er tilhenger av frihet. Å hindre folk i å bruke disse stoffene er en krenkelse av deres frihet.

Fri narkotika

La oss til slutt foreta et tankeeksperiment. Hva vil skje med bruk av narkotika i et fritt samfunn? I et slikt samfunn vil alle voksne kunne kjøpe de rusgifter de vil. Tobakk, alkohol, narkotika vil kunne bli solgt nær sagt overalt. La meg igjen innskyte at å bruke disse stoffene er meget uklokt, og mengden av disse stoffer som brukes (dvs. foreløpig er kun tobakk og alkohol ikke forbudt) går ned når velstandsnivået og utdannelsesnivået blir bedre. Røyking er skadelig, og bruken går ned i de vestlige land. Bruk av alkohol er i hovedsak skadelig, og bruken er nå i ferd med å gå ned. Med fritt salg av narkotika – opium, hasj, kokain osv. – vil noen bruke stoffene en gang i blant. De fleste vil aldri bruke dem eller kanskje forsøke dem en gang – de er ikke lenger forbudte, og en god del av spenningen vil derfor også forsvinne. Og noen ganske få vil kanskje benytte dem så mye at de ikke kan føre et normalt liv. Men alle andre problemer vil forsvinne: all kriminalitet i forbindelse med narkotika vil bli borte, og det betyr også at kriminaliteten generelt vil gå kraftig ned. Politiet vil bli langt billigere å drive, da de enorme utgiftene som går med til å passe på at forbudet blir overholdt, vil forsvinne, nærgående grensekontroller vil opphøre, osv. Aggressivt salg av narkotika til svært unge mennesker vil opphøre. All korrupsjon i forbindelse med narkotika vil bli borte, organisert kriminalitet vil bli nærmest utradert, osv.

Avslutning

La meg som avslutning si at kampen mot narkotika ved forbud ikke kan vinnes. Kampen mot narkotika må føres ved opplysning og informasjon om hvor skadelig bruk av narkotika er. Og bruken av narkotika vil bli redusert samtidig med at velstandsnivået og utdannelsesnivået øker. Flere og flere innser nå at dekriminalisering er løsningen – eksemplene fra Aftenposten viser dette klart. Men kampen for legalisering av narkotika er en del av kampen for frihet. Og det er kampen for frihet som er den viktige kampen. Kun frihet vil gi et samfunn med fred, frihet og velstand.

En av tidenes fremste økonomer, en av de fremste forsvarere av kapitalismens som økonomisk system, Ludwig von Mises, uttalte følgende om narkotika i sitt hovedverk *Human Action* (1949):

> «Opium og kokain er selvsagt farlige, vanedannende stoffer.
> [Jeg er uenig med Mises i dette.] Men med en gang man har
> godtatt prinsippet om at det er myndighetenes plikt å beskytte
> individer mot deres egen dårskap, kan man ikke protestere når
> det reises krav om ytterligere inngrep i individers frihet.
> Man kan gi gode argumenter for å forby alkohol og nikotin.
> Men hvorfor begrense myndighetenes velvillige inngrep til kun
> beskyttelse av kroppen? Er ikke den skade som en person kan
> påføre sitt sinn og sin sjel større enn noe kroppslig onde?
> Hvorfor ikke forhindre ham fra å lese dårlige bøker og å se
> dårlige skuespill, fra å se dårlige malerier og skulpturer og fra å
> lytte til dårlig musikk? Skaden som blir forvoldt av dårlige
> ideologier er helt klart mer ødeleggende både for individet og
> for samfunnet enn de som forårsakes av narkotiske stoffer»
> (*Human Action*, Contemporary Books, Chicago 1963, s 728).

Mises har rett i dette. Forbud mot noe vi føre til flere forbud, og dette er på lang sikt ødeleggende.

Ludwig von Mises – en biografisk skisse
Publisert i AERA nr 4/1994

«Det har vist seg, selvfølgelig, at Mises hadde rett» innrømmet den fremtredende sosialistiske økonomen Robert Heilbronner i 1990 (The New Yorker, 10. september 1990).

Hvem var denne Mises, og hva hadde han rett i? Det er tragisk at dette spørsmålet må stilles. Alle burde vite hvem Mises er, og hva han stod for. Hadde folk flest gjort det, ville verden sett annerledes ut.

Ludwig von Mises (1881-1973) var det tyvendes århundres fremste forkjemper for det frie marked som økonomisk system. Hans arbeider innen økonomi inneholder store deler av det teoretiske grunnlag for kapitalismen. I sine bøker og artikler la han frem nyskapende økonomiske teorier som beskriver hvordan det frie marked, et marked fullstendig uten offentlige inngrep, fremmer fred, harmoni og alminnelig velstand. Han fastslo også at kapitalismen er det eneste økonomiske system som er i stand til dette.

Mises stod altså for den rene kapitalismen, og dette stod han for med en imponerende fasthet gjennom hele sitt liv. Mens andre og mer kjente økonomer som f.eks. Milton Friedman og Friedrich von Hayek, som anses for å være ekstreme liberalister, godtok offentlige inngrep i økonomien, stod Mises gjennom flere tiår som den eneste forkjemper for den rene lære: alle offentlige inngrep i økonomien er skadelige, og ingen offentlige inngrep i økonomien kan aksepteres.

Tiden i Wien

Mises begynte sine studier ved Universitetet i Wien ved begynnelsen av det tyvende århundre. I sine første år som student var han venstreorientert og hadde sympati for sosialismen, og han støttet derfor det syn at det offentlige måtte foreta inngrep i økonomien. Men i 1903 leste han Carl Mengers *Principles of Economics** (utgitt 1871). Ved lesningen av denne boken oppdaget Mises den østerrikske skole innen økonomisk teori. Denne skolen var blitt grunnlagt av Eugen von Böhm Bawerk (1851-1914) og Carl Menger (1840-1921), og her fant han teorier som

---

* Jeg vil her i hovedsak gjengi alle boktitler på engelsk, selv om mange av de bøker som omtales først ble utgitt på tysk.

bekreftet noe han hadde fått mistanke om i sin studietid, nemlig at all fremgang i levestandard forårsakes av markedskreftene alene, og at offentlige tiltak i form av restriksjoner på næringslivet bare har skadelige effekter.

I 1906 tok Mises doktorgraden, men til tross for hans store evner fikk han ikke noen akademisk stilling. Han tjente til livets opphold som lærer, blant annet på Wiens Handelsakademi for Piker, og som økonom for Sentralforbundet for Husreform. I arbeidet for Sentralforbundet fant han ut at årsaken til de elendige boforholdene som rammet mange av Wiens innbyggere var høye skattesatser på boligselskaper.

Mises' viktigste stilling i Wien, en stilling han hadde fra 1909 til han forlot Wien i 1934, var som økonom i Wiens Handelskammer. Handelskammeret var en tenke-tank som ofte ble rådspurt av regjeringen, og fra omtrent 1920 og frem til han forlot Østerrike, var Mises en av den østerrikske regjerings fremste økonomiske rådgivere.

Siden Mises aldri fikk noen akademisk stilling i Østerrike, måtte han foreta sitt teoretiske arbeid på fritiden. Riktignok ble han etter utgivelsen av *The Theory of Money and Credit* utnevnt til Privatdozent ved Wiens Universitet, men dette innebar kun at han fikk anledning til å gi forelesninger på universitetet, ikke at han ble betalt for disse. Allikevel begynte han å gi et ukentlig seminar, og dette fortsatte han med helt til han flyttet til Sveits i 1934.

The Theory of Money and Credit

I 1912 utkom hans imponerende *Theorie des Geldes und der Umlaufsmittel* (revidert utgave 1924, denne utgitt på engelsk som *The Theory of Money and Credit*, 1934). Den inneholdt et vell av betydningsfulle innsikter, og her vil jeg bare berøre en meget liten del av disse. Et av de viktigste poenger er at Mises integrerer de tidligere adskilte grenene innen økonomisk videnskap, makroøkonomi og mikroøkonomi. Dette skillet, som var en del av klassisk økonomi, opphevet Mises ved å ta utgangspunkt i en analyse av individers valg.

Mises forklarte også at penger oppstod som et resultat av enkeltindividers valg i en økonomi bygget på arbeidsdeling. Penger må i utgangspunktet være en vare som er etterspurt som en vare. Edelmetallene gull og sølv er slike varer. Myndighetene kan altså ikke uten videre bestemme at noe – f.eks. papir med trykksverte – skal være

116

penger. Dvs. hvis myndighetene forsøker dette, så er det allikevel ikke sikkert at folk vil akseptere de trykte pengene som et anvendelig og betrodd byttemiddel. Mises gjendrev videre Irwing Fischers bredt aksepterte påstand om at en økning i pengemengden fører til en økning i «prisnivået» uten å forandre relative priser. En slik økning i mengden av papirpenger uten en tilsvarende økning i mengden av edle metaller er definert som inflasjon. (Inflasjon er altså ikke det samme som prisstigning, inflasjon – ordet betyr å blåse opp – er en økning i mengden papirpenger eller statsgaranterte kreditter uten dekning i en tilsvarende økning i mengden edle metaller*.) Generelt vil en øket pengemengde føre til en prisene øker, men det er ikke riktig som Fischer hevdet at prisene stiger jevnt i hele økonomien. Mises hevder at de som mottar de nye pengene først, oppnår en fordel, fordi de mottar pengene før prisene på andre varer har steget. Det er nettopp derfor myndighetene benytter seg av inflasjon: noen favoriserte grupper oppnår fordeler.

Dessuten, selv om en økning i den produserte varemengde øker den alminnelige velstand, vil en økning i pengemengden ikke føre til øket velstand. En økning i pengemengde vil bare ha ett eneste sluttresultat: Siden penger kun benyttes som byttemiddel, vil en økning av pengemengden ene og alene føre til en reduksjon av pengeverdien. Dette vanskeliggjør langsiktig økonomisk planlegging, og dette har svært negative effekter for næringslivet. Økning i pengemengden fører også til en reduksjon av verdien på all oppspart kapital. All inflasjon har derfor på lang sikt sterkt skadelige effekter.

Mises gikk også inn for at all bankvirksomhet skulle være uten offentlig innblanding. Dette er den eneste måte å oppnå en stabil pengeverdi, fordi et bankvesen uten offentlig innblanding vil resultere i en fullstendig uutvannet gullstandard.

Men *The Theory of Money and Credit* inneholdt mer: blant annet Mises' originale teori om konjunktursvingninger. (Denne teorien ble fremstilt i fullført form i annenutgaven.) Ved å bygge videre på

---

* Senere er jeg kommet til at denne fremstillingen ikke er korrekt. Nå vil jeg si at man kan ha en økning i pengemengde i forhold til gull uten at det blir inflasjon. Hvis for eksempel aktiviteten i økonomien øker med 10 % og pengemengden øker med 10 % i forhold til mengden gull, vil man ikke ha inflasjon, dvs. man vil ikke ha noen reduksjon i pengenes kjøpekraft.

arbeider av blant andre Knut Wicksell og Böhm-Bawerk, hevdet Mises at «vekstperioden» i en økonomi forårsakes av at sentralbanken øker pengemengden og/eller holder rentenivået kunstig lavt. Dette fører til feilinvesteringer, i og med at næringslivet da mottar feil informasjon om folks tidspreferanser. Markedsrenten er et uttrykk for hvor mye som spares, og dette er igjen et signal til investorer om folks tidspreferanser – ønsker de å bruke mye penger nå eller sparer de nå for å bruke sine penger en stund inn i fremtiden? Dette er et viktig signal til investorer om hvor langsiktige de bør være. Når myndighetene dirigerer rentenivået, forstyrres denne viktige mekanismen, og resultatet blir feilinvesteringer og overproduksjon.

Jo lenger renten holdes kunstig lav (dvs. lavere enn markedsnivået), jo større vil mengden feilinvesteringer bli, og jo større vil det økonomiske sammenbruddet bli når myndighetene ikke lenger kan holde renten på et kunstig lavt nivå. Sagt på en annen måte: det vil ikke være noen kraftige konjunktursvingninger dersom ikke staten skaper dem. Med utgangspunkt i denne teorien om konjunktursvingninger forutså Mises den økonomiske krisen som kom på 1930-tallet. Mises var også den eneste økonomen som forutså krisen, en krise som kom som et sjokk på alle andre økonomer siden disse baserte seg på helt andre teorier om årsakene til konjunktursvingninger. Mange økonomer på 1920-tallet var faktisk overbevist om at staten kunne skape en evigvarende periode med sterk vekst ved å holde rentenivået kunstig lavt. På 1980-tallet fikk vi dessverre enda flere empiriske bekreftelser på Mises' konjunkturteori. Sentralbanksjef Hermod Skånland skriver at årsaken til den økonomiske krisen i Norge – og spesielt bankkrisen – var kravet om «...fastholdelsen av et politisk bestemt nivå for pengemarkedsrenten ... » (Hermod Skånland i Penger og Kreditt, 4/90, s. 201).

The Theory of Money and Credit fikk langt fra den mottakelse den fortjente. Selv ikke Böhm-Bawerk aksepterte dens teser. Den engelskspråklige verden var nærmest lukket for Mises' teorier, akademikere i England eller USA var sjelden i stand til å lese andre språk enn engelsk, og den engelske oversettelsen av *The Theory of Money and Credit* ble ikke utgitt før i 1934. Riktignok ble den lest av etterkrigstidens mest innflydelsesrike økonom, John Maynard Keynes, som anmeldte boken for The Economic Journal. Keynes hevdet at selv

118

om forfatteren var meget kunnskapsrik, var boken ikke original eller konstruktiv (?). At Keynes kunne få seg til å si noe slikt kan forklares med at han, som han senere innrømmet, ikke var særlig vel bevandret i det tyske språk: «på tysk kan jeg bare forstå det jeg kjenner til fra tidligere – nye ideer blir skjult for meg i språklige vanskeligheter» (Keynes: *A Treatise on Money*, 1930, s. 199n).

Socialism

Et av Mises' viktigste arbeider tidlig på 20-tallet var artikkelen «Die Wirtschaftsrechnung im Sozialistischen Gemeinwesen» («Economic Calculation in the Socialist Commonwealth»), trykt i tidsskriftet Archiw für Sozialwizzenschaften, Vol. 47 (1920). Mises behandler her mulighetene for økonomisk kalkulasjon i et sosialistisk samfunn.

I et kapitalistisk system fastsettes alle priser av aktørene i markedet på en slik måte at tilbud og etterspørsel balanserer. (Dvs. det er dette aktørene forsøker. Det som virkelig skjer er at prisene hele tiden fluktuerer omkring dette balansenivået.) På denne måten kan hver enkelt aktør vurdere ulike alternativer opp mot hverandre, og treffe velbegrunnede valg mellom dem.

I en økonomi fatter aktørene hele tiden beslutninger av følgende type: Skal bedriften anskaffe egne kjøretøyer eller leie et transportfirma, skal den investere i nye maskiner eller bruke de gamle et år til, skal den ansette flere medarbeidere eller si nei til nye oppdrag, vil et bestemt prosjekt gå med profitt eller tap, dvs. vil det skapes verdier eller vil det forbruke verdier, osv. Slike beslutninger fattes kontinuerlig i hver eneste virksomhet. En forutsetning for et velbegrunnet valg er at prisene er reelle, dvs. at de gjenspeiler reelle kostnader ved de ulike alternativene. Mises påstår at i et samfunn hvor priser ikke dannes på samme måte som i et fritt marked, dvs. slik at de balanserer tilbud og etterspørsel, men hvor et sentral myndighet dikterer hva prisene skal være, vil det ikke være noen sammenheng mellom reelle kostnader og priser. Derfor vil aktørene ikke ha noen reell basis for sine beslutninger – og derfor vil en sosialistisk økonomi, dvs. en økonomi hvor staten dikterer prisene, etter kort tid være et eneste kaos med overproduksjon av noen varer/tjenester og mangler på andre varer/tjenester. Denne artikkelen vakte stor oppsikt, og førte til at flere økonomer som tidligere hadde vært positivt innstilt til sosialismen, vendte den ryggen. Også fremtredende sosialister innrømmet artikkelens betydning, og forsøkte å finne et svar på Mises' utfordring. Oskar Lange, senere finansminister i Polen, skrev følgende om artikkelens betydning:

> «Sosialister har stor grunn til å være professor Mises, den store advocatus diaboli for deres sak, takknemlig. For det var hans kraftfulle utfordring som tvang sosialistene til å innse viktigheten av et adekvat system for økonomisk kalkulasjon som veiledning for allokering av ressurser i en sosialistisk økonomi. Videre, det var hovedsakelig takket være professor Mises' utfordring at mange sosialister ble oppmerksom på at problemet eksisterte.... Både som en anerkjennelse for den store tjeneste han har gjort, og som et minnesmerke over viktigheten av økonomisk kalkulasjon, bør en statue av professor Mises bli plassert på et fremtredende sted i Sosialiseringsdepartementet eller i Planleggingsdirektoratet i den sosialistiske stat.» (Lange i artikkelen «On the Economic Theory of Socialism», i tidsskriftet Review of Economic Studies, oktober 1935 og februar 1937.)

I samme artikkel forsøkte også Lange å besvare Mises' angrep: Lange hevdet at løsningen var å la lederne i statsbedriftene investere, planlegge, og ellers på alle måter operere som om de var ledere for private bedrifter. Den eneste forskjellen skulle være at lederne ikke tok noen risiko med sine egne penger eller sine egne stillinger. Denne løsningen fortjener ikke å bli tatt alvorlig: Mises' argument – fremsatt allerede i 1920 – var ugjendrivelig. Og med den utvikling som skjedde i de sosialistiske land frem til sammenbruddet omkring 1990, kan man gjøre annet enn å si at et enn å si at Mises hadde rett*. Det var dette

---

* Sovjetunionen måtte bryte sammen, men hvordan kunne kommuniststyret vare så lenge? Det er mange grunner til dette: de kunne til en viss grad basere seg på prisdannelsen i de relativt frie markeder i de vestlige land, de respekterte ikke opphavsrett og patentbeskyttelser på vestlige produkter, de bedrev en utstrakt industrispionasje mot bedrifter i vestlige land, og de mottok direkte økonomisk hjelp. Dessuten mente alle ledere og intellektuelle i Vesten at kommunismen var moralsk overlegen det relativt frie system i Vesten. Den første vestlige leder som sa at kommunismen var et ondt og umoralsk system var president Ronald Reagan (i juni 1982).

Heilbronner innrømmet i det sitat som er gjengitt i denne artikkelens åpning.

Mises fortsatte sin argumentasjon mot sosialismen i den nærmest encyclopediske *Die Gemeinwirthschaft* (1922, på engelsk som *Socialism: An Economic and Sociological Analysis,* 1936). Mises dissekerer her alle argumenter for sosialismens alle varianter, han avslører feil i sosialistiske teoretikeres argumentasjon i emner som økonomi, filosofi, historie, psykologi og sosiologi, og han påviser hvilke ødeleggende konsekvenser sosialistiske ideer vil få dersom de blir gjennomført. I tillegg gir Mises et forsvar for laissez-faire kapitalismen.

Mises som regjeringsrådgiver og lærer

Etter tjeneste som offiser i den første verdenskrig vendte Mises tilbake til sin stilling ved Wiens Handelskammer. Han gjorde alt han kunne for å forhindre at Østerrike fulgte den politikken som stadig flere regjeringer ønsket å føre i tiden etter første verdenskrig: budsjetter med underskudd, lave renter og høy inflasjon. Men han lykkedes ikke; den østerrikske kronen ble først stabilisert i 1922, da 14 400 papirkroner hadde samme verdi som en gullkrone. Men de skadelige virkningene av inflasjonen fortsatte, kapitalverdier ble forringet, de offentlige utgiftene steg, og bankkrisen kom i 1931. Mises skriver om denne perioden: «I 16 år kjempet jeg i kammeret, og jeg oppnådde intet annet enn en utsettelse av katastrofen. Til tross for store personlige offer, var jeg hele tiden klar over at jeg ikke ville vinne frem. Men jeg angrer ikke at jeg forsøkte det umulige. Jeg kunne ikke handle annerledes. Jeg kjempet fordi jeg ikke kunne annet» (Mises: *Notes and Recollections*, s. 91-92).

I denne perioden virket Mises også som lærer. Siden de fleste universitetsansatte var sosialister, ble det lagt store hindringer i veien for hans muligheter til å undervise ved Wiens universitet. Han valgte derfor å undervise en gruppe interesserte studenter i et eget seminar. Fra 1920 til 1934 holdt han annenhver fredag kveld en samling hvor spørsmål med stor eller liten tilknytning til økonomi ble diskutert. Til tross for at seminaret ikke ga noen formelle kvalifikasjoner, var det så utbytterikt for studentene at de møtte frem, gang etter gang, år etter år. Blant Mises´ elever på dette seminaret var Friedrich von Hayek (den unge Hayek arbeidet i Handelskammeret, og det var her Mises og

Hayek ble kjent med hverandre), Fritz Machlup (som også studerte under Mises på universitetet, og som tok sin doktorgrad med Mises som veileder), Gottfrid von Haberler, Oskar Morgenstern, Lionel Robbins og Hugh Gaitskell. Selv om Mises var en kompromissløs forkjemper for den rene laissez-faire-kapitalisme, var flere av hans elever av en annen oppfatning, f.eks. sosialisten Gaitskell. En annen som hadde utbytte av seminaret var Paul Rosenstein-Rodan, som skrev følgende: «Jeg var en entusiastisk beundrer av Mises' pengeteori, og jeg var skeptisk til hans ekstreme liberalisme. Det var et bevis på hvor fleksibel og tolerant (i motsetning til den vanlige oppfatning) Mises var at vi beholdt et godt forhold til tross for at jeg var "lyserød" ...» (Margit von Mises: *My Life with Ludwig von Mises*, s. 208).

Mises betraktet Hayek som spesielt begavet, og forsøkte å skaffe ham en stilling; i 1927 opprettet han Oesterrireiches Institut für Konjunkturforschung, og Hayek fikk stillingen som direktør. En annen av seminardeltagerne var Lionel Robbins, som var leder for økonomiavdelingen ved London School of Economics (LSE). Han var blitt tilhenger av laissez-faire etter å ha lest *Socialism* og etter å ha deltatt på Mises' seminar. Robbins sørget for at Hayek ble invitert til å gi en serie forelesninger ved LSE i 1931, og siden disse vakte stor oppsikt, ble Hayek tilbudt et professorat ved LSE. Hayek flyttet derfor til London, og Morgenstern overtok Hayeks stilling ved Oesterrireiches Institut für Konjunkturforschung.

Via Hayek fikk den moderne østerrikske teori på første halvdel av 30-tallet stor utbredelse i England. LSE's tidsskrift, Economica, inneholdt en rekke artikler med et østerriksk utgangspunkt. Dette medførte blant annet at gullstandarden fikk en rekke nye tilhengere, og at flere av de mest begavede studentene ble tilhengere av Mises' konjunkturteori. Robbins skrev en viktig bok om depresjonen basert på denne teorien, *The Great Depression* (1934), og han sørget for at Mises' *Socialism* og *The Theory of Money and Credit*, og Hayeks bøker om konjunkturteori, ble oversatt og utgitt på engelsk. (Det var Hayeks arbeider innen konjunkturteori som innbrakte ham Nobelprisen i økonomi i 1974, året etter at Mises døde.)

Men så skjer det tragiske: John Maynard Keynes' *The General Theory of Employment, Interest and Money* blir utgitt i 1936. Denne Bibel for alle som ønsker å manipulere økonomien ved å la politikere trikse med rentenivå, pengemengde, lønnsnivå, offentlige prosjekter osv., tar både politikere og økonomer med storm. «Alle» blir keynesianere, og Mises' teorier blir nærmest glemt. Også mange av Mises' tidligere elever blir revet med, og gir støtte til den keynesianske forestilling om at økonomien vil kunne ha godt av politikeres styring.

Keynestilhengeren (og den senere Nobelprisvinneren i økonomi) Paul Samuelson har uttalt følgende om denne boken:

> «Boken er dårlig skrevet, den er dårlig organisert, enhver legmann som, imponert av forfatterens posisjon, kjøper den, vil føle at han er blitt lurt for sine 5 shilling. Boken passer ikke for bruk i klasserom. Den er arrogant, humørsyk, polemisk, og ikke særlig generøs i å henvise til ideenes opphavsmenn. Den er stappet med komplikasjoner og forviklinger … Kort sagt: den er skrevet av et geni» (*The Development of Economic Thought*, New York 1952, s. 767).

Vi vil tro at Samuelsons karakteristikk av boken treffer, og at hans karakteristikk av bokens forfatter er en total skivebom.

Mises drar i landflyktighet
Mises var klar over trusselen som den voksende nazismen representerte, og takket derfor ja til et tilbud om en stilling ved universitetet i Geneve i 1934. Frem til 1940 hadde han her sitt livs eneste lønnede akademiske stilling. Mises likte ikke å forlate sitt elskede Wien, men han trivdes i Geneve, hvor han var omgitt av personer han respekterte. Han hadde få undervisningsplikter, og fikk derfor tid til å fullføre sitt storverk om økonomisk teori, *Nationalökonomie* (1940). Til tross for at alle andre økonomer nå var blitt keynesianere (enkelte dog i mildere form enn andre), sto Mises fortsatt på den rene laissez-faire-kapitalisme.

Da krigen brøt ut, var det ikke lenger mulig for Mises å fortsette å arbeide i Sveits, siden utlendinger ble presset til å forlate landet. Mises, som så mange andre, valgte å reise til USA, som ble ansett som det eneste trygge oppholdssted for politiske opposisjonelle fra Europa. Mises, som nå var nærmere 60 år gammel, snakket tysk og fransk, men ikke engelsk, han hadde ingen stilling som ventet på ham, han var ikke talsmann for de siste moteretninger innen sitt fag, men ble oppfattet som en overlevning fra forrige århundre. Hans livs hovedverk, *Nationalökonomie,* var blitt utgitt i krigstid, på tysk. I det nasjonal-sosialistiske Tyskland var det ingen interesse for en teori om den rene kapitalismen, og i de land som kjempet mot Tyskland var alle økonomer blitt keynesianere, så der var det heller ikke noe marked for Mises' teorier. Fremtidsutsiktene var ikke lyse.

Mises og hans hustru Margit, som han hadde giftet seg med i 1938, ankom New York i august 1940. Uten arbeid og inntekt, og med bare oppsparte midler å leve på, skrev nå Mises den selvbiografiske skissen *Notes and Recollections* (som ikke ble utgitt før i 1978). Boken er tydelig pessimistisk – utviklingen på alle områder var gått imot det Mises mente var riktig. «Jeg håpet at mine skrifter skulle bære praktiske frukter og vise vei for praktisk politikk. ... Jeg satte meg fore å bli en reformator, men jeg ble kun en historiker som beskrev forfallet» *(Notes and Recollections,* s. 115). Men Mises minnes Virgils dictum: «Tu ne cede malis sed contra audentior» («Gi aldri etter for det onde, men vær modig og stå imot»), og velger å fortsette kampen for frihet i den nye verden.

De første bøker på engelsk

Heldigvis fikk Mises snart via en gammel venn et stipend fra Rockefeller Foundation, og dette satte ham i stand til å skrive bøkene *Omnipotent Government: The Rise of the Total State and Total War* (1944) og *Bureaucracy* (også 1944). Den første av disse er en gjendrivelse av datidens utbredte oppfatning om at nazismen var en form for kapitalisme. Mises hevder at økonomisk nasjonalisme og tendenser i retning av «sjølberging» er uunngåelige resultater av offentlig innblanding i økonomien, og at dette igjen fører til en voksende fiendtlighet mellom de enkelte land. Fred og frihet er umulig i land hvor det offentlige begunstiger enkelte grupper på bekostning av andre; og fred og frihet er umulig mellom land dersom det er handelsbarrierer mellom dem. Krig er derfor det uunngåelige resultat av stadig økende offentlig innblanding i økonomien. Kapitalisme betyr en fri økonomi uten offentlige inngrep, mens både sosialisme og nasjonalsosialisme medfører omfattende offentlige inngrep i alle deler av økonomien. Den andre boken, *Bureaucray,* har et langt mer begrenset tema: her sammenlignes beslutningsprosesser i offentlige og private virksomheter. Begge bøkene ble utgitt av Yale University Press, etter anbefaling fra New York Times-journalisten Henry Hazlitt. Hazlitt hadde møtt Mises kort tid etter Mises' ankomst til USA, og var blitt både venn og disippel. Hazlitt sørget også for at Mises fikk skrive artikler i New York Times.

Mises' ideer ble etter hvert kjent i USA, og han kom i kontakt med grupper som fortsatt var tilhengere av frihet og kapitalisme, og Mises fikk derfor forskjellige stipender som satte ham i stand til å skrive på full tid. Mises fikk også en deltidsstilling ved New York University i 1945, og denne hadde han til 1949. Senere fikk han anledning til å fortsette sitt seminar – som han frem til 1934 hadde gitt i Wien – ved NYU. Han begynte i 1949, og fortsatte til han trakk seg tilbake i 1969, 87 år gammel.

De andre økonomiprofessorene ved NYU forsøkte å gjøre det vanskelig for Mises, de omtalte ham som reaksjonær, en neandertaler, og hevdet at hans teorier var en religion. De studentene som tok hans kurs ble ofte forsøkt frosset ut. Margit von Mises forteller følgende historie i sin *My Life with Ludwig von Mises:* en av studentene ved NYU ønsket å ta Mises' kurs som en del av sin økonomiutdannelse. Hans veileder fortalte at han gjerne kunne ta seminaret, men at det ikke ville telle som en del av hans offisielle program. «Mises' teorier er religion og ikke økonomi», sa veilederen. Åtte år senere innså den samme veilederen de problemene som alle de offentlige inngrepene i økonomien hadde ført til: «Jeg har alltid vært venstreorientert, og jeg har vært tilhenger av alle disse nye offentlige prosjektene, men nå har jeg sett at de har sviktet og blitt fiaskoer alle sammen. Kanskje Mises hadde rett allikevel» (*My Life...*, s. 141).

Til tross for de fiendtlige holdninger fra alle andre akademikere, ble seminaret en stor suksess – lokalet var ofte overfylt, og et stort antall personer som senere gjorde seg bemerket som talsmenn for det frie marked, deltok i kortere eller lenger perioder. Blant dem var Israel Kirzner, Louis Spadaro, Hans Sennholz, George Reisman, Sylvester Petro, Bettina Bien Greaves, Percey L. Greaves, Henry Hazlitt og Ayn Rand. Men det sier mye om hvordan akademia betraktet Mises at i løpet av de tyve årene var det kun fire studenter som tok doktorgraden med Mises som veileder. (Disse fire var Kirzner, Sennholz, Spadaro og Reisman.)

Mises fikk aldri noen fulltids akademisk stilling i USA. Han fortsatte som deltidsansatt, mens tidligere elever som ikke lenger støttet det frie marked, fikk betydelige stillinger: Gottfrid Haberler ble professor ved Harvard, Friedrich von Hayek ved Universitetet i Chicago, Fritz Machlup fikk stillinger ved Johns Hopkins og Princeton, og Oskar Morgenstern også ved Princeton. I tillegg hadde alle disse kommet med sine mest betydelige arbeider mens de var tilhengere av det frie marked, men etter at de hadde skiftet standpunkt, hadde de ikke lenger kommet med viktige bidrag. Til tross for dette ga Mises aldri uttrykk for noen form for bitterhet.

Mises forstod hvor få som støttet hans syn og hvor isolert han var. Det klareste uttrykk for dette kom på stiftelsesmøtet for Mont Pelerin Society i 1947 (Mont Pelerin Society var et forum for liberalistiske økonomer). Under en diskusjon med folk som Friedrich von Hayek, George Stigler, Milton Friedman og Lionel Robbins utbrøt han: «Dere er en gjeng sosialister alle sammen», og styrtet ut av rommet (Friedman i Liberty, Juli 1991, s. 18).

Human Action

Mises hadde god tid til å skrive, og han besluttet derfor å utgi en revidert utgave av *Nationalökonomie*. Denne reviderte utgaven ble utgitt i 1949 under tittelen *Human Action*. Dette monumentale verk inneholder en oppsummering og oppdatering av all Mises' økonomiske tenkning. Den er et systematisk, logisk, og gjennomført forsvar for individers frihet og dermed laissez-faire-kapitalisme, og den er et ugjendrivelig angrep på alle former for offentlige inngrep i økonomien. Fra aksiomatiske prinsipper om menneskers handling (praxeologi, se nærmere omtale nedenfor) utleder Mises logiske konklusjoner om hvordan det økonomiske system bør organiseres hvis formålet er et samfunn med økende velstand. Dessuten forfiner Mises her egne og andres innsikter på områder som tidspreferanse, konjunkturteori, pengeteori, profittnivå, statens rolle, og han kritiserer andre økonomers overdrevne bruk av matematikk.

Dessverre begynner Mises *Human Action* med en mer enn 140 siders redegjørelse for sitt filosofiske grunnlag. Dette er en ren kantiansk deduktiv modell, og den er virkelighetsfjern, komplisert, uforståelig og – uholdbar. I stor grad er det denne innledningen som var

126

årsak til at boken ble mer eller mindre brutalt slaktet av endel anmeldere.

Bemerkelsesverdig nok bygger heller ikke Mises på dette filosofiske grunnlaget i resten av boken. Det som virkelig er sosialøkonomi i boken bygger på en korrekt filosofisk metode som består i observasjon av det som skjer, og induktive slutninger fra det som er observert. Enhver leser kan derfor trygt hoppe over de første kapitler og begynne med del to.

Boken ble en stor suksess, og den solgte i antall som var meget overraskende for alle. Dessverre ble dens annenutgave belemret med et mistenkelig stort antall trykkfeil, men nå finnes både førsteutgaven og en oppdatert fjerdeutgave tilgjengelige. Boken er uten tvil den aller viktigste enkeltbok innen faget sosialøkonomi*.

Theory and History

Også etter at dette monumentale verket var i havn fortsatte Mises å skrive. Han skrev artikler for en mengde forskjellige tidsskrifter: blant dem The Freeman, Plain Talk og det norske Farmand (Farmands redaktør, Trygve Hoff, var sterkt påvirket av Mises. Hans doktoravhandling hadde tittelen *Økonomisk kalkulasjon i sosialistiske samfunn*). Mises´ siste betydelige bok var *Theory and History: An Interpretation of Social and Economic Evolution* (1957). Boken er en kritikk av det marxistiske historiesyn, og den kontrasterer Marx' historiesyn og den dialektiske materialisme med økonomi som en videnskap bygget på fornuft og logikk.

Senere verker

Flere av Mises' verker som opprinnelig ble skrevet på tysk ble etter hvert oversatt til engelsk. Hans fremstilling av den klassiske liberalisme i *Liberalismus* (1927) kom ut i 1962 som *The Free and Prosperous Commonwealth* (er senere utgitt med tittelen *Liberalism*), *Kritik der Interventionismus* (1929) ble utgitt i 1977 som *A Critique of Interventionism*, *Grundprobleme der Nationalökonomie* (1933) ble utgitt i 1960 som *Epistemological Problems of Economics*. Hans

---

* Nå vil jeg si at Jean-Baptiste Says bok *A Treatise on Political Economy* er den viktigste enkeltbok innen sosialøkonomi.

selvbiografiske skisse *Notes and Recollections* ble utgitt i 1978, med et etterord av Hans Sennholz. Etter Mises' død er flere samlinger med hans artikler utgitt.

Interessen for markedsøkonomien og derved dens udiskutabelt fremste forsvarer, Ludwig von Mises, begynte å øke på 50- og 60-tallet. Et meget viktig element i denne gjenfødelsen av frihetlige ideer var ifølge Hans Sennholz Ayn Rand, som i sine bestselgende romaner «introduserte verden til en kombinasjon av Misesiansk økonomi og sin egen filosofi, Objektivismen» (Sennholz i etterordet til *Notes and Recollections*, s. 172). Rand fikk en stor skare av tilhengere blant de unge, og hun anbefalte dem å lese Mises´ verker. Dessuten ble det klarere etter hvert at sosialismen ikke kunne fungere i praksis, noe Mises hadde hevdet allerede i 1920, og også velferdsstaten viste seg ikke å være det perfekte samfunnssystem som nesten alle hadde trodd. Letingen etter en økonomisk teori som kunne beskrive et samfunnssystem som har frihet, fred, harmoni og materiell velstand er nå godt i gang, og det beste man i dag kan finne på dette området er Mises' verker.

En vurdering

Som avslutning vil jeg meget kort kommentere noen få punkter i Mises' teoretiske grunnlag. I følge Mises er praxeologi «the general theory of human action» (*Human Action*, s. 3). Mennesket handler, og det handler for å oppnå noe det betrakter som et gode – enhver handling er altså meningsfylt (for den som handler). Dette betrakter Mises som et apriori utgangspunkt (dvs. et utgangspunkt forut for og uavhengig av erfaring) for økonomisk teori, og det fag som studerer implikasjonene av dette utgangspunktet kaller altså Mises praxeologi. Etter min mening er termen praxeologi unødvendig, og jeg bestrider at et utgangspunkt kan være apriori. Så vidt jeg kjenner til er det ingen av Mises' elever som benytter termen praxeologi. Det fag som studerer og vurderer menneskets handlinger er etikk; det er helt unødvendig å bruke et nytt ord – praxeologi – om dette.

Mises er subjektivist. Som økonom mener han med dette at det ikke finnes noen verdier uavhengig av personers vurderinger. (Som kjent var dette – at verdier er uavhengige av individers vurderinger – en forestilling innen klassisk økonomi før Walras og Jevons). Dette er det i

128

dag ingen uenighet om blant økonomer, men jeg vil påstå at det er mer hensiktsmessig å hevde at verdier er personlige. Det er uheldig å benytte subjektiv her, siden subjektiv i filosofien betyr «uten relasjon til virkeligheten». Men Mises er også etisk subjektivist, dvs. han mener at det ikke finnes objektive etiske normer, og dette er uholdbart.

Mises hevder at økonomi som videnskap kun er en deskriptiv videnskap, en videnskap som beskriver konsekvensene av menneskers handlinger. En implikasjon av dette synet er at han som økonom ikke foretar verdivurderinger. Han hevder at han kun beskriver resultater av en fri økonomi versus resultatene av en økonomi hvor det offentlige foretar inngrep. Han hevder at en fri økonomi fører til øket velstand for alle, og at inngrep alltid fører til en reduksjon av levestandarden for alle (selv om enkelte grupper oppnår fordeler på kort sikt).

Mises slutter av dette at inngrep i økonomien er i strid med ønskene også til de som går inn for offentlige inngrep. Mises hevder f.eks. at økonomisk videnskap forteller at priskontroll nødvendigvis vil føre til et redusert tilbud, og derfor til en redusert levestandard for alle. Alle vil derfor, ifølge Mises, være imot priskontroll når de har innsett hva økonomisk videnskap kan fortelle. En økonom kan som økonom ifølge Mises ikke være tilhenger av laissez-faire – økonomens oppgave er kun å beskrive hva inngrep i økonomien vil føre til, men enhver borger bør ifølge Mises være tilhenger av laissez-faire, fordi dette er det eneste system som på lang sikt sikrer fred, frihet, harmoni og voksende materiell velstand.

Men Mises tar her feil. Mises tar for gitt at alle ønsker en bedret levestandard for alle, han mener at også de som er tilhengere av utjamning, prisreguleringer, naturens rettsvern, og en bærekraftig utvikling (for å ta fire aktuelle eksempler) ønsker bedre levesandard for alle. Etter min mening er de som forfekter disse synspunktene tilhengere av en redusert levestandard. Når disse lærer hva økonomisk videnskap har å fortelle, vil de bli enda sterkere tilhengere av alle former for reduksjoner av enkeltmenneskers frihet. Selv om Mises´ filosofiske syn etter mitt syn er galt, er hans konklusjoner om hvordan et fritt system bør organiseres – med to unntak – sammenfallende med mitt eget syn. Mises skriver: «Staten er absolutt ikke et onde, men den mest nødvendige og nyttige institusjon, siden uten den vil ingen varige samarbeidsformer eller sivilisasjon kunne bli utviklet og bevart»

(Mises: *The Ultimate Foundation of Economic Science*, s. 98) ...
«Opprettholdelse av statsapparatet med rettssystem, politi, fengsler og
militære styrker innebærer betydelige utgifter. Å pålegge innbyggerne
skatter for disse formål er fullt ut forenlig med den frihet den enkelte
individ har i et fritt økonomisk system» (*Human Action*, s. 282).

Jeg er enig med Mises at staten er et nødvendig gode, så lenge
den holder seg til sine legitime oppgaver, dvs. å beskytte individers
rettigheter. Men man kan ikke finansiere disse oppgavene ved tvang,
slik Mises går inn for. Man kan ikke finansiere beskyttelsen av
individers rettigheter ved å krenke individers rettigheter. Finansieringen
av statens oppgaver i et fritt samfunn må derfor være frivillig! Dette er
det ene punktet hvor jeg er uenig med Mises. Det andre punktet er at
han visstnok var tilhenger av verneplikt. En konsekvent frihetstilhenger
kan selvsagt ikke støtte verneplikt.

Konklusjon
Som en avslutning vil jeg slutte meg til George Reismans vurdering av
Mises:

> «Mises viste at i et kapitalistisk samfunn vil de privat eide
> produksjonsmidler tjene markedet. De som oppnår fordeler av
> privateide industribedrifter er de som kjøper det som blir
> produsert. Og, i kombinasjon med profitt- og tapsmotivet og den
> frie konkurranse som det medfører, vil eksistensen av privat
> eiendomsrett sikre et alltid voksende tilbud av varer og tjenester
> for alle. (...) Mises' bøker fortjener å bli lest i alle høyskoler og
> universiteter – ikke bare av økonomistudenter, men også av de
> som studerer filosofi, historie, statsvidenskap, sosiologi, jus,
> bedriftsøkonomi, journalistikk, pedagogikk, og humanitære fag.
> Mises selv bør umiddelbart bli tildelt en posthum Nobelpris – ja,
> flere enn én. Han fortjener å motta ethvert tegn på anerkjennelse
> som vårt samfunn kan utdele. For, like mye som noen annen i
> historien, arbeidet han for å bevare det siviliserte samfunn. Hvis
> han blir lest i tilstrekkelig grad, kan hans innsats hjelpe til med å
> redde sivilisasjonen» (Reisman i The Intellectual Activist,
> 15/8-1981).

Kapitalisme og bankkriser
Publisert i Dagbladet 1. november 2000

Dagbladets kommentator Halvor Elvik gir i sin side-2-artikkel 19. oktober om kapitalismen, bankkriser og krakket i 1929, endel opplysninger som ikke er korrekte. Han skriver at krisen i 30-årene, som la grunnlaget for «den aktive stat», «sprang ut av et sammenbrudd i det frie marked». Videre impliserer han at bankkrisen i Norge på 80-tallet skyldtes Willochregjeringens opphevelse av «reglene som holdt bankene i tømme».

Faktum er at krisen på 30-tallet og krisen på slutten av 80-tallet i stor grad har identiske årsaker, men årsaken er ikke, som Elvik påstår, et «sammenbrudd i det frie marked». Krakket i amerikansk økonomi i 1929 kom etter mange år med inngrep i økonomien fra ulike regjeringer: fra 1921 til 1929 gjennomførte staten en kunstig økning i kredittmengden på mer enn 60 %*, staten subsidierte flere eksportindustrier, og staten innførte tollbarrierer som Fordney-MacCumber (1922) og senere Hawley-Smoot (1930). Før valgene i 1928 var det også et stort antall politikere som, for å vinne stemmer, lovet å innføre tollbeskyttelse for en rekke bransjer. Hvis USA innførte toll, var det naturlig å forvente at også de land USA handlet med ville innføre toll, og dette ville skape problemer for USAs eksportindustri. Planer om å innføre omfattende tollbeskyttelse ble omtalt i pressen høsten 1929, og det var da naturlig nok mange aksjeeiere som ønsket å selge sine aksjer. Det var alt dette som førte til børskrakket som rammet USA 29. oktober 1929. Det er altså ikke korrekt når Elvik sier at krisen var et resultat av et fritt marked.

Det er riktig at bankkrisen i Norge ble utløst av en for stor villighet fra bankenes side til å låne ut penger, men en forutsetning for all næringsvirksomhet i velferdsstatens blandingsøkonomi er en implisitt garanti fra staten om at de vil redde enhver stor bedrift, inkludert banker, dersom den går over ende. Og dette førte til bankenes uansvarlighet – bankenes ledere visste at dersom det gikk galt, så ville

---

* Mitt syn nå er at en slik økning ikke er problematisk dersom den tilsvarer økningen i aktiviteten i økonomien. Det vil si hvis aktiviteten i økonomien øker med 60 % vil en økning i pengemengden på 60 % ikke medføre informasjon.

staten redde dem. Men denne holdningen er jo et resultat av blandingsøkonomi, ikke et resultat av kapitalismen, dvs. det frie marked – i et kapitalistisk system vil staten ikke redde bedrifter som går over ende. Dette fører selvsagt til at i et kapitalistisk system unngår man den utbredte uansvarlighet som man finner i blandingsøkonomien.

Elvik gjør som så mange skribenter har gjort før ham: når politikeres inngrep i det frie marked får sterkt negative resultater (som de alltid gjør), så gir de det frie marked, dvs. kapitalismen, skylden! Men selv om det altså er tradisjon for Elviks feilaktige historieskriving, betyr ikke det at den er mer akseptabel.

Willoch og kapitalismen

Denne artikkelen er en noe utvidet versjon av et innlegg som ble sendt til Aftenposten 30. desember 1997.

I sin kronikk i Aftenposten 27. desember («Skygger over kapitalismens fremtid») avslører Kåre Willoch nok en gang det som mange har forstått for lenge siden: det er ikke store forskjellen på konservative og sosialister. Med utgangspunkt i George Soros' beryktede artikkel i Atlantic Monthly («The Capitalist Threat») og Lester Thurows bok *The Future of Capitalism,* fremsetter han den velkjente påstanden om at kriser og elendighet skyldes for mye frihet og for lite politikerstyring. Som foranledning for nå å fremsette disse påstandene benytter Willoch den ferske finanskrisen i Asia, om hvilken han blant annet skriver at «krisen der har sammenheng med utilstrekkelig offentlig tilsyn...».

Det er en utbredt oppfatning at mange land i Sørøst-Asia var kapitalistiske bastioner med stor grad av økonomisk frihet. Dette er feil. Disse landene (Singapore, Taiwan, Japan, m.fl.) har i de siste tiår vært kommandoøkonomier med sterk offentlig styring av viktige deler av økonomien: valutakontroll, rentekontroll, lønns- og priskontroll, kontroll av pengemengde, etableringskontroll, styring av investeringer, osv.

Slik politiker-innblanding fører definisjonsmessig til skjevheter i økonomien. Politikerne foretar andre prioriteringer enn de innbyggerne selv ville ha foretatt, og de skjevheter som da oppstår fører etter noen tid alltid til sammenbrudd. Et ferskt og nært eksempel: den norske bankkrisen på 80-tallet ble i hovedsak forårsaket av at politikerne hadde pålagt bankene å holde et lavere rentenivå enn det som det frie marked selv ville ha kommet frem til. Det var altså ikke, som det ofte påståes, kreftenes frie spill som forårsaket bankkrisen, den var forårsaket av politikeres innblanding. (For en mer utførlig fremstilling, se f.eks. Hermod Skånlands artikkel i Penger og Kreditt 4/90, hvor han blant annet sier at bankkrisen var forårsaket av «et politisk bestemt nivå for pengemarkedsrenten».) Dessuten, var ikke bankenes styrer supplert med politikeroppnevnte medlemmer? Krisen skjedde altså til tross for at vi hadde et omfattende «offentlig tilsyn», et tilsyn som ifølge Willoch kan forhindre finanskriser.

En fri økonomi er intet annet enn et system hvor mennesker skaper verdier og frivillig bytter disse med hverandre. Politikeres inngrep i slik frivillig handel tvinger folk til å foreta mindre nyttige handlinger enn de ellers ville ha foretatt. Slike inngrep fører som nevnt alltid til skjevheter, og når disse skjevhetene viser seg, er politikerne så frekke at de gir frihandelen skylden! Enkelte av Willochs formuleringer er slik at han bekrefter dette. Han skriver at f.eks. at man bør «ikke akseptere at de rikeste slipper så meget billigere fra beskatningen enn de mindre rike». Willoch forsøker her å klandre «de rike» for at de betaler lite i skatt. Men hvem har laget de skattereglene som gjør dette mulig? Det er jo politikerne selv. Politikere klandrer altså skatteytere for at de følger regler politikerne selv har laget!

Willoch viser sin sanne styringskåte og frihetsfiendtlige natur flere steder i kronikken. F.eks. spør han: «bør verdenssamfunnet finne seg i at stater suger til seg kapital ... ved å gjøre seg selv til skatteparadiser?». Noen land ønsker åpenbart ikke å flå sine innbyggere i den grad som Willoch og hans meningsfeller ønsker. Og det Willoch gjør er intet annet enn å fremsette trusler mot disse landene. Willoch er selvsagt for smart til å si hvilke konkrete midler han vil at «verdenssamfunnet», dvs. etablerte maktpolitikere fra de fleste land, skal benytte for å få lavskattelandene til å marsjere i takt med høyskattelandene.

Willoch påpeker at storbedrifter kan flytte produksjonen til land med lavere lønnskostnader, men han lar være å nevne den positive konsekvens at varene som produseres da blir billigere. Hans poeng er at dette fører til at dårlig utdannet arbeidskraft taper i konkurransen på arbeidsmarkedet og at dette igjen fører til arbeidsløshet. Igjen er det politikerne som er skyld i problemene: Politikerne har i så stor grad gjennomregulert arbeidsmarkedet at det i realiteten er forbudt for disse nå arbeidsløse å tilby sin arbeidskraft for lavere lønn, og derved øke etterspørselen etter de tjenester de kan tilby.

Så tilbake til utgangspunktet: finanskriser og valutakriser skyldes ene og alene at politikere (gjennom sentralbanker) kan manipulere pengeverdien. Grunnen til at de gjør dette er at de vil finansiere valgløfter uten å øke skattene i tilstrekkelig grad, og dette

134

gjør de ved å trykke opp penger (som kan gi inflasjon); eller på annen måte forsøke å forhindre at negative konsekvenser av egen politikk blir synlig (ved for eksempel devalueringer). Alt dette kan forhindres dersom man bytter ut dagens penger (papirlapper hvis verdi er det som politikere vedtar) med det som vil bli penger i et fritt marked: gull. Når pengeverdien er forankret i en gullstandard vil politikeres skalting og valting med folks verdier umuliggjøres, og finanskriser og valutakriser vil høre fortiden til.

La meg også si noen få ord om Soros og Thurow. Mange tror at dersom en person er briljant på ett område, så er han briljant også på andre områder. Dette er feil. Soros er antagelig en briljant finansspekulant, men dette betyr ikke at han er en god økonom. Den som leser hans artikkel vil finne at den er stappet med uholdbare epistemologiske poenger, foreldede økonomiske prinsipper og et vell av direkte selvmotsigelser. Thurows klisjefylte bok forfekter synspunkter som ble forlatt av seriøse økonomer for flere tiår siden – en innsiktsfull anmelder påstod at boken gir oppskriften på den samme politikken som president Nixon førte (og Nixons resultater var elendige).

Verre for oss er det at fremtredende Høyrefolk, som man skulle tro skulle arbeide for en viss grad av individuell frihet, står for en politikk som innebærer enda mer makt til politikere og byråkrater og en reduksjon av individers frihet. De ytterligere reduksjoner i friheten som Willoch ønsker – støttet av Per Kristian Foss i Aftenposten dagen etter – er intet annet enn resultat av en sosialistisk grunnholdning. Og når en person som SVs finanspolitiske talsmann sier at man er blitt klokere, som han sier om Willoch i Aftenposten dagen etter, da bør enhver forstå at det virkelig er fare på ferde.

Mitt syn er at alle mellommenneskelige forhold bør være frivillige. Jo mer tvang, dvs. politikerstyring, det er i et samfunn, desto verre går det. Den stadige reduksjon i individers frihet (og derved individuelt ansvar) fører til en generell økende ansvarsløshet, synkende moral, økende korrupsjon, stigende inkompetanse og et generelt forfall. Offentlige overføringer er intet annet enn at staten tar fra de produktive og gir til de mindre produktive, som igjen er å straffe de dyktige og belønne de mindre dyktige. Resultatet ser vi i dagens avisoverskrifter: det er krise i helsevesenet, i skolen, i offentlige bedrifter (NSB, Gardemobanen, Sporveien, Posten), det offentlige treffer stadig beslutninger på sviktende grunnlag og kostnadene blir alltid langt større enn beregnet (og ingen stilles til ansvar, hverken politisk, moralsk, juridisk eller økonomisk) og veltes over på skattebetalerne, og man må ha store problemer med virkelighetskontakten dersom man, som Willoch, i dag virkelig ønsker mindre individuell frihet og mer politikerstyring. Selv om hans utgangspunkt var finanskrisen i Asia, så er det dette – ønsket om mindre individuell frihet og mer makt til politikerne – som er hans reelle budskap.

Krig og kriminalitet

Publisert i AERA nr 2/2003

Det som skjedde 11. september var forferdelig: Organisasjonen AlQaida drepte 3000 mennesker ved at 19 fanatiske muslimer kapret fire passasjerfly og styrtet dem inn i store bygninger på vestkysten av USA. Men var dette en krigshandling eller var det en kriminell handling? Det er svært viktig å finne svaret på dette spørsmålet, for svaret avgjør hvordan man skal reagere på denne aksjonen.

Og det korrekte svaret på dette spørsmålet avhenger av en korrekt begrepsteori.

Et av de viktigste aspekter ved en korrekt begrepsteori er at det som observeres må klassifiseres slik at ting som virkelig hører sammen, dvs. ting som essensielt sett er like, må klassifiseres sammen, mens ting som ikke hører sammen, dvs. som essensielt sett er forskjellige, ikke må klassifiseres sammen. Begår man feil her, vil tenkningen miste kontakt med virkeligheten, og man vil da ikke ha et godt grunnlag som basis for sine valg. De valg man da foretar kan bli helt feilaktige, dvs. de kan gi andre resultater enn man ønsker. Nå har det vel ingen store konsekvenser for folk flest om man klassifiserer en hval som fisk, men hvis man klassifiserer fluesopp som mat, kan det gå en ille.

De fleste klassifiserer i dag hendelser av den typen som skjedde i USA 11. september 2001 på en helt feilaktig måte. F.eks. skriver en norsk offiser under overskriften «Støtter Bondevik henrettelser» i Dagbladet 10. desember 2002 om en hendelse i Jemen 3. november, da seks personer ble drept av amerikanske soldater i et rakettangrep. Fem av disse seks var ifølge amerikansk etterretning høytstående ledere i AlQaida. Offiseren skriver: «Under terrorkrigen [sic, han mener krigen mot terror] aksepterer vi stilltiende at vår fremste allierte [USA] gjennomfører utenomrettslige henrettelser av sivile, uten fnugg av bevisføring ... jeg vil peke på henrettelsen i Jemen 3. november, utført av USAs militære styrker».

USAs militære styrker drepte altså fem personer som de hadde god grunn til å tro var høytstående medlemmer av AlQaida. Siden disse oppholdt seg i nærheten av en sivilperson (de satt i samme bil), ble også han drept. Den norske offiserens ordvalg viser tydelig at han betrakter disse fem ikke som fiendtlige soldater, men som mistenkte i en kriminalsak. Ordene han bruker – utenomrettslig, henrettelser, bevisføring – hører hjemme i kriminalsaker, ikke i krigshandlinger. I kriminalsaker skal legale prosedyrer selvsagt følges til punkt og prikke, mens i en krig må man drepe flest mulig fiendtlige soldater på kortest mulig tid, og dette bør fortsette inntil befolkningens vilje til å fortsette krigen har opphørt. Man skal selvsagt forsøke å unngå å ramme sivile, men hvis disse rammes, er det angriperens ansvar.

Er dette – det som USA dessverre kaller krigen mot terrorisme – en krig, eller er det et rettsoppgjør etter en kriminalsak? Rett etter hendelsene 11. september 2001 var det flere kommentatorer som hevdet at dette var en kriminalsak: de ønsket at de skyldige skulle finnes og straffes. Men det var også noen som mente at dette var en krigshandling, og at USA måtte svare med å eliminere fienden.

Hvordan man svarer på et slikt angrep avhenger altså av hvordan det blir klassifisert. Er det en kriminell handling, må man finne de skyldige og straffe dem. Er det en krigshandling, må man nedkjempe det land/den stat som står bak. Her ser man tydelig at reaksjonen på angrepet vil bli bestemt av den begrepsteori man baserer seg på, dvs. alt etter hvordan aksjonene 11. september blir klassifisert.

La oss først klargjøre hva som er en kriminell handling, og hva som er en krigshandling.

Kriminalitet

En typisk kriminell handling – innbrudd, ran, overfall – består i at en person, eller en liten gruppe personer, skaffer seg penger/verdigjenstander på en rettighetskrenkende måte. Også hvis noen kvitter seg med en annen person ved å ta livet av vedkommende, så er dette en kriminell handling.

La oss da gi følgende definisjon: en kriminell handling er en rettighetskrenkende handling foretatt av en person eller en liten gruppe personer, og hvor utøverne søker å oppnå fordeler for seg selv. (Selvsagt kan man ikke oppnå virkelige fordeler for seg selv ved å krenke andres rettigheter.)

Fordelen for en selv behøver ikke nødvendigvis være slik at man ønsker å oppnå penger eller å bli kvitt en person man misliker. Det vil også være kriminelt f.eks. å slippe ut pelsdyr fra en farm. Her er

138

kriminaliteten ikke økonomisk, men ideologisk, begrunnet. En ideologi er (eller gir seg ut for å være) et helhetlig, integrert sett med ideer om et større område, f.eks. om et samfunns organisering. Pelsdyrutslipperne ønsker at det skal være forbudt å holde dyr i fangenskap, og dette er et ideologisk standpunkt. Det finnes også andre former for ideologisk begrunnet kriminalitet, f.eks. hærverk som tagging og ruteknusing. Hærverk er ikke annet enn utslag av ren nihilisme. (Tagging er å spraymale dekorasjoner på tilfeldige husvegger, som regel i strid med huseierens ønske.)

Det mest vanlige i dag er å definere en person som kriminell dersom han bryter loven, men her bruker jeg kriminalitet som synonymt med rettighetskrenkelse.

Krig

Hva er da krig? La oss ta utgangspunkt i leksikondefinisjonen: krig er en væpnet konflikt mellom to land.

Men er denne definisjonen holdbar? Frigjøringskriger er i utgangspunktet ikke mellom to land, men mellom et land og en annen part som forsøker å etablere en ny og uavhengig stat/land. Ett eksempel på en slik er USAs frigjøringskrig mot England etter 1776. Hva med borgerkriger? Slike er ikke mellom to land, men mellom landet og en gruppe som gjør opprør – som f.eks. den amerikanske borgerkrig 1861-65 mellom USA og utbryterne i sør som forsøkte å danne en ny konføderasjon.

Definisjonen av krig som en væpnet konflikt mellom to land ser ikke ut til å være holdbar, så la oss foreløpig si at krig er en væpnet konflikt mellom to store grupper. Men heller ikke dette er nok: de gruppene som er i direkte strid må representere eller handle på vegne av en større befolkning – soldatene er i strid, men de slåss aldri kun på vegne av seg selv, de slåss på vegne av en befolkning, og da som regel på vegne av befolkningen i et land.

Et annet moment er at konflikten må være ideologisk begrunnet. Ofte sies det at krig er krig om land, men dette er ikke helt korrekt. Det som beskrives som en krig om land er ikke direkte en krig kun om land, det er egentlig en krig om hvilken ideologi statsmakten i området skal være bygget på.

AlQaidas innvending mot USA er primært at USA har baser i Saudi-Arabia, og sekundært at USA støtter Israel – mange arabere ser på etableringen av Israel som en okkupasjon av arabisk land, og mener at dette er en fornærmelse mot Allah. AlQaida – og PLO – mener at det er uakseptabelt at ikke-muslimer befinner seg på hellig arabisk land, og derfor vil de fjerne amerikanske soldater fra Saudi-Arabia, og de vil eliminere staten Israel og kaste jødene på sjøen. Som vi ser er utgangspunktet for en strid om land ideologisk.

(Dog kan man si at tidligere i historien, i perioder og i områder hvor ideologier var langt mindre velutviklet enn de er i dag, fantes det kriger som kun var kriger om land.)

De som er i direkte strid – soldatene – kjemper ikke direkte for sine personlige interesser, de kjemper på vegne av sine gruppe/sitt land, dvs. de kjemper for den ideologien som det egne landet/den egne gruppen representerer, og mot den ideologien som fienden representerer.

Altså: De stridende bruker vold for å få gjennomført/realisert en bestemt ideologi, en ideologi som er i samsvar med den ideologi, dvs. det moralsyn og den filosofi, som dominerer i den gruppen de slåss på vegne av. En rekke eksempler bekrefter dette: USAs frigjøringskrig var en kamp for frihet mot kolonimakten Englands eneveldige kongestyre, borgerkrigen i USA var reelt sett om hvorvidt slaveri skulle aksepteres eller ikke, de alliertes krig mot Hitler-Tyskland var motivert av frihet og motstand mot nazismen, USAs krig i Vietnam var en krig mot kommunist-imperialismen og for den vestlige samfunnsmodellen, de kristne korstogene hadde som formål å underlegge seg/frigjøre det såkalt hellige land fra det som ble betraktet som arabisk okkupasjon.

Er krig væpnet konflikt mellom land?
Er det da riktig å si at krig er væpnet konflikt mellom grupper, og er det da feil å si at krig er en væpnet konflikt mellom land?

En gruppe av den typen vi snakker om her er stor, den kan ikke være bare en 10-12 personer. En slik stor gruppe må alltid oppholde seg i et land som er styrt av en regjering, og siden den har betydelig størrelse, må den være kjent av og tolerert av regjeringen i landet. Og regjeringen handler på vegne av hele befolkningen.

Derfor kan vi si at *krig er en i stor skala ideologisk begrunnet væpnet konflikt mellom to befolkninger, og hvor de med våpen stridende parter på begge sider handler på vegne av og med støtte fra befolkningen, og hvor de stridende støttes – direkte eller indirekte – av regjeringen i det landet hvor de oppholder seg eller opererer fra.* (Denne definisjonen omfatter også borgerkriger, for da finnes det to regjeringer som gjør krav på å styre det samme landområde.)

Ideologi må med i denne definisjonen, fordi det er kun ideologier som kan medføre støtte fra den større befolkningen. Siden de stridende gruppene er store og selvsagt må operere fra et landområde, må de ha støtte fra regjeringen i det land hvis landområde de benytter. På bakgrunn av dette vil vi derfor foreløpig kunne hevde at leksikondefinisjonen av krig ikke er ukorrekt, selv om de stridende ikke nødvendigvis mottar åpent og direkte støtte fra regjeringen i landet.

Hvis de omtalte egenskaper i forbindelse med en væpnet konflikt ikke er tilstede – hvis det f.eks. forekommer skyting etc. fra små, ikke-ideologiske grupper – da er det kriminell aktivitet vi snakker om, og ikke krigshandlinger. Også hvis støtten fra befolkningen mangler, så er det kriminell aktivitet det er snakk om. Aktiviteter av den typen som venstreorienterte bander som BaderMeinhof-gruppen eller Røde Arme-Brigader sto bak var ideologisk begrunnet, men dette var små grupper uten støtte i noen befolkning. Disses aktiviteter må derfor klassifiseres som rent kriminelle.

Angrepet på USA

Hvordan må vi da klassifisere angrepet på USA 11. september 2001? Det var ideologisk begrunnet. Det krevde enorme ressurser, både økonomiske og menneskelige, og dette krevde en planlegging som må ha tatt flere år. De som utførte handlingen gjorde ikke dette for egen personlig vinning; de mistet sine liv i angrepet og ofret seg for den saken de trodde på. (Man kan si at de trodde at de ville oppnå å komme til himmelriket etter døden, men dette er en fullstendig irrasjonell overbevisning.) Betydelige andeler av befolkningene i en rekke land uttrykte også glede over aksjonen, og ga dermed støtte til den.

Det skulle da være klinkende klart at dette var en krigshandling, og ikke kan betraktes som en kriminell handling.

Det rette svar fra USAs side på dette er da ikke å si at «vi skal finne og straffe de skyldige», det rette svar er å finne ut hvilke stater som står bak, og så med full styrke gå til krig mot dem, dvs. ødelegge militære, politiske og strategiske mål i disse landene. Flest mulig av fiendens soldater bør da drepes så raskt som mulig. USAs aksjon i Jemen 3. november, hvor fem høytstående offiserer i AlQaida ble drept, var derfor en helt legitim handling. Det er beklagelig at en sivil mistet livet, men ansvaret for dette må legges på AlQaida.

Målet i en krig er å eliminere fienden, og dette innebærer å uskadeliggjøre enhver trussel. Hvis man anser det nødvendig eller nyttig, kan man også innsette et vestlig orientert styre i det tidligere fiendtlig landet, slik Vesten gjorde i Japan og i Tyskland i 1945.

Nå er det korrekt at USA til en viss grad gjorde dette etter angrepet 11. september, de gikk til angrep på Afghanistan og Irak. Grunnen til angrepet på Afghanistan var at ledelsen i AlQaida oppholdt seg der, og at regjeringen i landet eksplisitt støttet AlQaida. Hoveddelen av krigen i Afghanistan var over på et par uker, men opprensknings-aksjonene, som er meget tidkrevende både pga. geografi og befolkningens lojalitet til islam (og frykt for de som håndhever islams regler), vil fortsette i lang tid. AlQaida ble etter USAs angrep kraftig svekket, regjeringen i Afghanistan ble avsatt og et noe mer vestlig orientert styre ble satt inn. Afghanistan er dog meget uregjerlig, så denne nye regjeringen har foreløpig liten kontroll over landet.

Den ideologi som sto bak angrepet på USA var selvsagt fundamentalistisk islam, og denne står sterkt i endel land, f.eks. Saudi-Arabia og Iran, og disse har USA hittil ikke foretatt seg noe med.

Angrepet på USA var altså egentlig en krigshandling, og den ideologien som stod bak var fundamentalistisk islam. USA bør derfor svare med å gå til krig mot de land som støtter fienden, dvs. de land som støtter fundamentalistisk islam.

La meg her tilføye noen ord om prinsippet om intervensjon. Enhver seriøs liberalist vi si at ethvert fritt land har rett til å intervenere i og avsette regjeringen i ethvert mindre fritt land, hvis dette vil øke friheten i dette landet. USA har derfor rett til å avsette regjeringen i f.eks. Iran. Irans regjering er diktatorisk, den krenker sine innbyggeres rettigheter, og er derfor ikke legitim. Men frie land har selvsagt ingen forpliktelse til å avsette slike regimer – USA har ingen plikt til å invadere Iran hvis Iran ikke er en trussel mot USA.

Men hvis et land går til krig mot Vesten eller USA, da er regjeringen i vestlige land forpliktet til å gå til krig for å skifte ut styret i landet. Så, hvis vestlige land blir angrepet av grupper som støttes ideologisk, militært og økonomisk av f.eks. Iran, da er regjeringene i de vestlige land forpliktet til å gå til krig mot Iran. Regjeringenes eneste legitime oppgave er å beskytte sine innbyggere mot rettighetskrenkende handlinger, og dette inkluderer å avsette regjeringene i land som utgjør reelle trusler.

Enkelte kritiserer USA fordi de avsetter diktatorer i Afghanistan og Irak, men ikke gjør noe med diktatorer i f.eks. Turkmenistan. Grunnen til dette er selvsagt at Afghanistan og Irak har angrepet USA (eller at regjeringene i landene har støttet grupper som har utført omfattende angrep på USA), mens Turkmenistan ikke har angrepet USA og heller ikke er en trussel mot USA. De som hevder at dersom USA skal avsette diktatorer, så må de avsette diktatorer overalt, krever selvsagt at USA skal ha en altruistisk utenrikspolitikk. USA, som alle andre land, bør selvsagt føre en egoistisk politikk: de bør kun avsette diktatorer som utgjør en trussel for USA.

Vil USA tjene på å ha diktatorer som er USAs allierte i andre land? Nei, frihet er i alles reelle egeninteresse, så USAs allierte bør være friest mulig. Men det har forekommet at USA har støttet diktatorer, og dette er legitimt og akseptabelt hvis alternativet er et verre diktatur. Og det gode alternativet til diktatur er ikke demokrati, det gode alternativet er (større grad av) frihet.

Angrep på Israel
Også på et annet geografisk område blir krigshandlinger dessverre betraktet som kriminelle handlinger, selvsagt til stor skade for den gruppen som blir angrepet. Vi tenker på angrepene på Israel fra palestinere.

Palestinske selvmordsbombere går inn i folkemengder i Israel og sprenger seg selv og titalls israelere i luften. Dette er helt klart krigshandlinger, og de er spesielt nedrige fordi de eksplisitt er rettet mot sivile (som også angrepet på USA 11. september var). Israel burde ha svart med å gå til krig mot angriperen, som ikke er et land eller en stat, men den gruppen som ofte kalles det palestinske folk. Dette folket har en politisk ledelse (Arafat & co), og disse må da holdes ansvarlige for angrepene.

Det Israel burde gjøre er å okkupere hele området hvor det palestinske folk befinner seg, etablere full kontroll over befolkningen, avvæpne den ved å beslaglegge alle våpen og alt sprengstoff, og selvsagt ta all makt og prestisje fra de politiske og militære ledere, slik de allierte gjorde med Tyskland og Japan i 1945.

Det Israel isteden gjør mot den fiendtlige gruppen er å inngå fredsavtaler, og ikke bare én, men dusinvis av dem. Dette er en helt feilaktig politikk: å inngå fredsavtaler er noe man først skal gjøre når motstanderen er nedkjempet! (Fredsavtalene som Israel inngår med palestinerne blir selvsagt ikke overholdt av den palestinske siden.)

Naturligvis finnes det palestinere som ikke støtter angrepene som Israel utsettes for. Disse palestinerne foretrekker å leve i den vestlige samfunnsmodell som Israel representerer, fremfor å leve i et arabisk diktatur av islamistisk eller kommunistisk eller fascistisk modell. Alt tyder dog på at disse utgjør et mindretall av palestinerne. Meningsmålinger viser at ca 80 % av palestinerne støtter angrepene på Israel. Dette gjør det også umulig for palestinske ledere å stanse aksjonene mot Israel.

Israels svar på selvmordsaksjonene mot deres sivile er hverken-eller. Ikke blir disse aksjonene av Israel betraktet som kriminelle handlinger, og heller ikke blir de betraktet som krigshandlinger utført på vegne av det palestinske folk, Israel betrakter disse aksjonene nærmest som mikroskopiske krigshandlinger. Israel svarer på selvmordsangrep ved å sprenge i luften husene til familiene til selvmordsbomberne, noe som ikke uventet har ført til protester – det sies at Israel da straffer ikke gjerningsmannen, men hans familie. Disse protestene tar da utgangspunkt i at dette er kriminelle handlinger og ikke krigshandlinger. Det er legitimt i en krig å bombe byer på fiendtlig territorium, og det Israel gjør når de sprenger hus er å bombe fiendtlige byer i en meget liten skala. Men dette er en helt feilaktig måte å føre krig på. En krig bør føres så effektivt som overhode mulig. Slår man tilbake mindre kraftig enn man er i stand til, vil krigen vare lenger, og alles lidelser bli større. Israels aksjoner vil derfor ikke klare å stoppe angrepene som befolkningen i Israel utsettes for.

144

Angrepene på USA, angrepene på Israel, aksjonen på Bali, aksjonene mot Frankrike, aksjoner mot Russland fra tsjetjenere – alle disse er angrep mot Vesten utført av fundamentalistiske muslimer på vegne av islam. Vesten bør svare som om dette er en krig. Dessverre er det intet som tyder på at Vesten er i stand til å svare. Vesten har nok av materielle ressurser: Vesten har stor økonomisk styrke, Vesten har velutrustede armeer, men det som mangler er den moralske overbevisning om at Vesten er moralsk høyverdig og har rett til å forsvare seg.

Grunnen til dette er selvsagt de filosofiske ideer som dominerer i Vesten – en irrasjonell begrepsteori, tillit til tro som erkjennelses-metode, respekt for religioner, selvoppofrelse som etisk ideal, ingen respekt for individers rett til selv å styre sine liv uten tvangsinnblanding fra andre – disse dominerende ideene er i strid med det Vesten egentlig står for, og denne selvmotsigelsen gjør Vesten svak, og dermed er muligheten for nederlag stor. Og taper Vesten, vil hele verden kunne bli som Afghanistan i dag – et anarki med stadige trefninger mellom røverbander, hvor store deler av befolkningen lever i fjellhuler, og hvor kvinnene nærmest er slaver.

Hvis vi skal klare å unngå dette, må Vesten akseptere rasjonelle filosofiske ideer, og disse vil føre til at Vesten både vil og kan slå tilbake angrepene fra fundamentalistisk islam.

Sosialisme, fascisme og nazisme – tre alen av samme stykke
Publisert i Morgenbladet 24. februar 1993

Ofte fremstilles det politiske spektrum med sosialister/kommunister i den ene enden av skalaen, og med fascister/nazister i den andre enden. Denne inndelingen er feil, fordi disse ideologiene – nazisme og sosialisme – praktisk talt er identiske.

Etisk grunnlag
En politisk ideologi gir en oppskrift på hvordan samfunn bør organiseres, og er derfor nødvendigvis et uttrykk for visse etiske verdier. Innen etikken, som er den gren av filosofien som sier hva som er rett og galt, hva som er godt og ondt, finnes det i hovedsak to forskjellige grunnleggende holdninger. Den ene etiske grunnholdningen betrakter hvert enkelt menneske først og fremst som en del av en større helhet, og hevder at det som er moralsk riktig for det enkelte menneske er først og fremst å være en del av helheten og om nødvendig ofre seg for helheten. Den andre etiske grunnholdningen tar utgangspunkt i det enkelte individuelle menneske, og hevder at det som er moralsk riktig er at hvert enkelt menneske primært bruker sine evner for å skape et godt liv for seg selv. Den førstnevnte grunnholdningen er altruisme, den andre er egoisme.

Altruisme medføre kollektivisme
Altruisme er det etiske syn som sier at det som er moralsk er å tjene andre mennesker, egoisme er det syn at det som er moralsk er å tjene seg selv. Blant altruistene er det ingen uenighet om at det som er moralsk riktig for det enkelte menneske er å ofre seg for helheten eller gruppen, men det er uenighet om hvilken helhet eller gruppe er det snakk om. Noen hevder at det er Gud, andre at det er Staten, noen at det er arbeiderklassen, noen at det er nasjonen, noen at det er ens egen rase, noen hevder endog at det er økosystemet. Det er lett å se at den politiske implikasjonen av denne etiske grunnholdningen er kollektivisme: det enkelte individ er underordnet et kollektiv, et

«fellesskap», og i praktisk politikk går hensynet til dette «fellesskapet» alltid foran hensynet til det enkelte individ.

Den andre etiske grunnholdningen medfører et politisk individualistisk system, dvs. et system hvor det enkelte menneske har rett til og frihet til å handle etter egen overbevisning. Den eneste begrensning som hvert enkelt individ må rette seg etter er at andres rettigheter skal respekteres. (Her menes rettigheter slik de ble definert i tradisjonen etter John Locke.) Dette politiske systemet kalles kapitalisme.

Både sosialismen og nazismen bygger altså på de samme altruistiske ideer. Forskjellen er at et «fellesskap» er byttet ut med et annet: sosialistenes foretrukne fellesskap er arbeiderklassen, mens nazistenes fortrukne fellesskap er rasen/nasjonen. Både sosialisme og fascisme er altså politiske implikasjoner av det samme etiske grunnsynet. Kapitalismen bygger på det motsatte etiske grunnsynet.

Dominerende fellestrekk
Det finnes et utall likhetstrekk mellom den sosialistiske ideologi og den nazistiske ideologi. Begge er eksplisitt altruistiske: Sosialistene sier «fra enhver etter evne, til enhver etter behov» og «del godene!», Hitler hevdet at «den selvoppofrende viljen til å gi sitt personlige arbeid, og hvis nødvendig sitt liv, for andre, er mest utviklet hos medlemmene av den ariske rase». Både sosialismen og nazismen er eksplisitt kollektiv-istiske: hovedvekten legges på enten arbeiderklassen eller på rasen/ nasjonen. Begge ideologier er ikke-rasjonelle – begge bekjemper det syn at det enkelte menneske skal ha frihet til å kunne handle på grunnlag av sin egen rasjonelle overbevisning. Begge er meget fiendtlig innstilt til egoisme, og i praksis fører dette til at samfunn organiseres med tvang som et vesentlig innslag. De som går inn for å «dele godene» har absolutt ingen motforestillinger mot å bruke fysisk tvang overfor de individer som ikke frivillig ønsker å dele sine goder med andre. Statlig initiering av tvang overfor enkeltmennesker er et naturlig resultat av den holdning at «fellesskapet» er viktigere enn individet, og at det moralsk høyverdige er å ofre seg for fellesskapet: Det enkelte individ må tvinges til å være (det som oppfattes som) moralsk.

Både sosialismen og nazismen slutter altså opp om slagordet «fellesnytten foran egennytten», begge er derfor imot individuell frihet,

148

begge er imot privat eiendomsrett; begge er sterkt anti-kapitalistiske; begge går inn for sterk politisk styring av enkeltmennesker og hyller politiske diktatorer (Hitler, Mussolini, Mao, Lenin, Stalin, Castro, Kim Il Sung), begge oppfordrer til kamp mot andre grupper enn den man selv velger å tilhøre: sosialistene oppfordrer til klassekamp, nazistene oppfordrer til rasekamp. (Avisen med det makabre navnet Klassekampen er ansett som et seriøst organ. Dette viser i hvor stor grad nordmenn er indoktrinert til å tro at alt som har med sosialistisk kollektivisme å gjøre er noe positivt. Man kan tenke seg reaksjonene dersom nynazistene i dag hadde begynt å utgi en avis med det helt tilsvarende navnet Rasekampen.)

Et nødvendig resultat av en kollektivistisk grunnholdning er at den gruppen man selv velger å tilhøre fremstilles som foretrukken (som «Guds utvalgte folk», som «herrefolket», eller fremheves i slagord som «Norge for nordmenn») eller som om den skal ha all politisk makt («proletariatets diktatur»). Andre grupper gis skylden for mange av de problemer som finnes: noen gir jødene skylden, noen gir kapitalistene skylden, noen gir utlendingene/innvandrerne skylden.

Vi må huske på at nazistene betraktet seg som sosialister. Ordet nazisme er en forkortelse for nasjonalsosialisme. Herman Görings politiske testament har blitt oppsummert slik: «Vi er de eneste sanne sosialister som har levet i verden», og en offisiell proklamasjon fra Nazi-styret i Tyskland lød slik: «The socialist conception of the Third Reich demands of each individual the unconditional subordinaton of his individiual being to the socialist expression of his people...».

Et annet viktig fellestrekk mellom nazister og sosialister er at nazistene benekter eller bagatelliserer Nazi-Tysklands utryddelse av kanskje så mange som elleve millioner mennesker, mens sosialister enten bagatelliserer eller benekter både utryddelsene under Stalin og Pol Pot, og også benekter den politiske undertrykkelse som fantes i alle sosialistiske land. Fremtredende sosialisters benektelse av historiske fakta har selvsagt vært med på å legitimere nynazistenes tilsvarende holdning.

Identisk politikk
Dessuten er det slik at dersom man også undersøker den praktiske politikk som nazister/fascister står for, vil man finne at den er identisk

med den politikk som sosialister står for: I 1933 var Tyskland rammet av sosial nød, stor arbeidsløshet, stor inflasjon, kulturelt forfall, sterke fagforeninger, parlamentarisk kjekl (ved valget i 1932 kunne tyskerne velge mellom 37 partier), en regjering hvor et stort antall av de 112 statsrådene var korrupte, og stadige stridigheter mellom de 25 delvis selvstendige delstatene.

I løpet av kort tid etter maktovertagelsen sørget Hitler for at både den lovgivende og utøvende politiske makt ble samlet i hans hender. Overtagelsen hadde bred oppslutning; Fullmaktsloven av 1933 ble vedtatt i Riksdagen med 441 mot 94 stemmer. Raskt sørget Hitler for at alle andre partier enn hans eget mistet all innflydelse, slik at han uten hindringer kunne sette i verk sin politikk. Denne inneholdt viktige elementer som vil ha full oppslutning blant sosialister i dag: Hitler satte i gang store offentlig finansierte byggeprosjekter (f.eks. Autobahn), han fikk satt i gang produksjon av en billig bil som skulle kunne kjøpes av folk flest (Volkswagen), han sørget for at det ble bygget billige arbeiderboliger (ca. 1,5 millioner på fire år).

Videre ble det innført omfattende sosiallovgivning: arbeidsuken ble begrenset til 40 timer, arbeidere skulle ha rett til 18 dagers betalt ferie hvert år, og unge familier fikk etableringslån fra Staten som ble redusert med 25% for hvert barn paret fikk. Ved å utstede statsobligasjoner fikk staten enorme inntekter (12 milliarder Mark på fire år) som ble gitt som billige lån til næringslivet, og snart var det økonomiske liv tilsynelatende på fote igjen: arbeidsløsheten forsvant og levestandarden steg. Denne politikken fikk så raske resultater at arbeidsløsheten bare i løpet av 1933 ble redusert med mer enn 2,6 millioner. Det er ikke underlig at personer med en altruistisk/sosialistisk grunninnstilling ser med tilfredshet på en slik politikk. F.eks. hyllet den britiske sosialisten Lloyd George Hitlers politikk i en serie avisartikler i 1936. Lloyd George hevdet også at Hitler var Europas kanskje mest betydningsfulle statsmann noensinne.

Selvsagt kan ikke en slik politikk som ble ført i Tyskland gi positive resultater i det lange løp, og vi vet alle hva som ble resultatet for Tysklands del. Men for den som ikke er i stand til – eller er villig til – å tenke langsiktig, vil en slik politikk kunne være fristende. Likeledes har den politikk som er ført i både Vest- og Øst-Europa etter 1945 – kamp for «sosial utjamning» med enorm beskatning av enhver produktiv virksomhet og kolossale overføringer til alle de grupper som er så sterke at de har klart å få seg definert som svake – hatt allmenn oppslutning, men også denne politikken vil uunngåelig føre til enorme problemer på lang sikt.

Det er imidlertid ett moment som i dagens politiske klima hindrer nazismen i å få stor oppslutning: den organiserte utryddelsen av «uønskede» mennesker. At sosialistiske regimer har utryddet mangfoldige millioner mennesker, langt flere enn nazistene klarte å utrydde, har dog ikke forhindret at sosialismen fortsatt er en allment respektert ideologi.

Bare egoisme medfører frihet

Kan vi ha et realistisk håp om å slippe sosialismens og nazismens ødeleggende politikk i fremtiden? Bare hvis de dominerende etiske holdningene i samfunnet skiftes ut: altruismen som etisk ideal må forkastes og erstattes med en egoistisk grunnholdning. En slik grunnholdning vil henge nøye sammen med fornuft, individualisme og politisk frihet, og en slik grunnholdning er nødvendig for å akseptere det faktum at hvert enkelt menneske har ukrenkelige rettigheter (i Lockeansk forstand), og har rett til å leve sitt liv slik det selv ønsker så lenge man ikke krenker andres rettigheter. Den politiske implikasjon av dette er at statens eneste legitime oppgave er å beskytte mennesker mot krenkelser av disse naturgitte rettigheter. Dette politiske systemet er laissez-faire kapitalisme.

Miljøbevegelsen

Foredrag holdt i Grorud Rotary-klubb 9. desember 1992

Den første store jernbanelinjen ble åpnet i 1830. Jernbanen ble møtt med «stor mistro og uvilje. Folk mente det måtte være livsfarlig å reise med tog. De mente vognene ville hoppe av sporet, og at ingen ville tåle den store farten...» (Kristian Moen: *Verdenshistorien 1815-197,* Aschehoug 1970, s. 87). En videnskapsmann krevet at jernbanen måtte forbys fordi dersom hastigheten ble større enn 24 km/t, ville alt surstoff bli suget ut av kupeene og passasjerene ville dø av surstoffmangel.

Det engelske parlamentet vedtok i 1865 The Red Flag Act. Den sa blant annet at foran ethvert maskindrevet kjøretøy skal det gå en person med et rødt flagg for å advare folk. (Loven ble opphevet i 1896.) De første vevstoler ble ofte utsatt for sabotasje av vevere som trodde at vevstolene ville erstatte arbeidsplassene deres. Elektrisiteten ble også møtt med stor motstand: Sterke krefter forsøkte å hindre de politiske beslutninger som førte til at byer erstattet gassbelysningen med elektrisk lys. En viktig pådriver her var selvsagt gass-selskapene, som regnet med at elektrisiteten, dersom den ble tillatt, ville konkurrere dem ut.

Kanskje nå noen av dere lurer på om jeg holder feil foredrag – jeg er jo invitert til å snakke om miljøvern/miljøbevegelsen. Men det er faktisk nettopp det jeg gjør. De eksemplene jeg nevnte er fra miljøbevegelsens forgjengere. Eller for å si det på en annen måte: De holdninger som dagens miljøbevegelse står for er de samme som kom til uttrykk i de nevnte eksempler: motstand mot teknologi, motstand mot utvikling og bruk av naturen, motstand mot fremskritt, motstand mot effektivisering av produksjon, fullstendig urealistiske vurderinger av faremomenter, osv. I det følgende skal jeg begrunne dette nærmere. La meg her påpeke at miljøbevegelsen støttes av et stort antall mennesker som ikke deler disse holdningene, og som støtter miljøbevegelsen fordi de tror den i hovedsak arbeider med å bekjempe forurensning. Jeg vil komme tilbake til dette poenget.

Miljøbevegelsen har i de siste år fått en kolossal innflydelse i de vestlige land. F.eks. ble det hevdet under valgkampen foran siste stortingsvalg (1991) at «vi har ti år på å legge om slik at vi kan redde verden». De fleste politikere anså altså problemene som så store at dersom ikke en fundamental forandring av vestens samfunns-organisering fant sted, ville det ende med en miljøkatastrofe: fortsatt vekst ville «sprenge økosystemets tåleevne» (Steinar Lem, Aftenposten 4. november 1992). Miljøbevegelsen har etter hvert fått stor politisk innflydelse, og politikere i alle vestlige land har i stor grad vedtatt tiltak som er i overensstemmelse med miljøbevegelsens påstander.

Hvilke argumenter har miljøbevegelsen brukt? Viktigst er påstanden om drivhuseffekten – ved forbrenning av olje vil atmosfæren bli tilført drivhusgasser, og føre til et langt varmere klima på jorden. Dette vil, påståes det, føre til at havflaten vil stige med flomkatastrofer som resultat. Miljøbevegelsen har i årevis sagt at dette er det langt viktigste miljøproblemet. Andre argumenter har vært påstander om at utslipp av KFK fører til hull i ozonlaget som beskytter mot ultrafiolett stråling fra verdensrommet og at vi derfor får mer hudkreft, at ressursene tar slutt og at vi derfor må begynne å resirkulere f.eks. papir og glass, at energien tar slutt og at vi derfor må begrense kjøring med privatbil mest mulig, osv. Alle disse påstandene er uholdbare. La meg nå gå nærmere igjennom disse konkrete sakene.

Drivhuseffekten
Ved fortsatt økning av CO_2-utslipp vil klimaet på jorden forandres, påståes det: temperaturøkningen vil føre til at havflaten stiger ca 80 meter (Paul Ehrlich), og at alle kystbyer vil bli oversvømmet (Carl Sagan). Andre talsmenn for miljøbevegelsen kommer med mer moderate spådommer – at havet vil stige kun ca 1–2 meter i løpet av 50–100 år dersom utslippene av CO_2 ikke reduseres. Påstandene har ført til internasjonale avtaler om å redusere utslipp av CO_2, som er ansett som den viktigste drivhusgassen, og politikere har med stor glede lagt miljøavgifter på olje.

Skal man se nærmere på bevisematerialet som ligger til grunn for disse påstandene, vil man finne at det er ikke-eksisterende. Og miljøbevegelsen innrømmer selv at det ikke finnes; de benytter det såkalte «føre var»- prinsippet.

Faktum er at utslippene av CO_2 og andre drivhusgasser ikke har noen betydelig innvirkning på klimaet: klimaet varierer naturlig – og har alltid variert. Det var varmere under vikingtiden enn det er nå, i

154

perioden 1400 til 1700 hadde vi den såkalte lille istiden, hvor det var noe kaldere, og etter dette har vi hatt en svak økning i gjennomsnittstemperaturen frem til 1945. Etter 1945 har temperaturen gått noe ned, mens på 80-tallet har den gått noe opp. Klimaforandringene skyldes hovedsakelig variasjon i mengden energi solen sender ut, og variasjoner i jordens gjennomsnittsavstand til solen. Det er funnet meget stor korrelasjon mellom aktiviteten på solen og jordens gjennomsnittstemperatur. Dessuten sendes ut enorme mengder varmeenergi til atmosfæren ved vulkanutbrudd. Den viktigste drivhusgassen er forøvrig vanndamp, som har en drivhuseffekt som er ca 4–5 ganger større enn effekten av alle de andre drivhusgassene til sammen. Derfor: Klimaforandringer er et naturlig fenomen, og mennesker kan gjøre svært lite fra eller til. Dessuten: menneskelig aktivitet står for under 4 % av den mengde CO_2 som sendes ut i atmosfæren, resten kommer fra naturlige prosesser som forråtnelse av døde planter og dyr. Det er riktignok slik at andelen av CO_2 i atmosfæren har øket: for ca 1000 år siden var andelen 270 ppm, nå er den ca 350 ppm. Men dette fører også til en ting som er positive: planter «spiser» CO_2. Jo mer CO_2 det er i atmosfæren, jo bedre vil de vokse. En viss økning av CO_2-innholdet fører således til et mer produktivt landbruk.

Ozonlaget

Ozonlaget dannes ved at ultrafiolett stråling fra solen treffer de øvre lag av atmosfæren. Denne strålingen varierer i intensitet, og det er dette som er hovedårsaken til variasjonen i ozonlagets tykkelse. Derfor er også variasjon av ozonlagets tykkelse er et helt naturlig fenomen. Til og med «hullet» over Antarktis er et naturlig fenomen. Miljøbevegelsen påstår at utslipp av KFK-gasser fører til uttynning av ozonlaget, men også ved vulkanutbrudd sendes klorforbindelser ut i atmosfæren, og disse kan ødelegge ozonlaget på samme måte som menneskeskapte KFK-gasser påståes å kunne. Det ferske hullet i ozonlaget over Antarktis skyldes hovedsakelig at vulkanen Mount Erebus, som ligger 10 km fra McMurdo-basen, slipper ut 1000 tonn klorforbindelser hver dag. Denne vulkanen ble plutselig aktiv igjen i 1972 etter at den hadde vært uvirksom i lang tid. Det finnes dessuten fagmiljøer som hevder at menneskeskapte KFK-gasser ikke påvirker ozonlaget i det hele tatt, selv om man ikke hører om disse i media.

Verdenssamfunnet har vedtatt å fase ut bruken av KFK, og erstatte dem med andre stoffer. Den viktigste pådriver for å få i stand disse internasjonale avtalene – ved siden av miljøbevegelsen – er de kjemiske firmaer som produserer stoffene som skal erstatte KFK.

Befolkningseksplosjon

Miljøbevegelsen påstår at en fortsatt befolkningsvekst vil føre til at jordens befolkning blir så stor at vi vil få omfattende sultkatastrofer. På 60-tallet ble det fra miljøprofetene hevdet at sultkatastrofene ville komme på 70-tallet. Etter å ha tatt så grundig feil er de nå mer forsiktige med å tidfeste sine dommedagsspådommer, men de påstår fremdeles at befolkningsvekst er et stort problem, og at befolkningsveksten må reduseres.

Miljøbevegelsen støtter klart de tiltak som Kina har innført, og som setter forbud mot at familier får mer enn ett barn. Siden de fleste par ønsker seg guttebarn, har dette ført til at et stort antall nyfødte piker er blitt drept. Aftenpostens miljøekspert Ole Mathismoen har omtalt dette som «hard kost. Men det har gitt resultater: Kinas befolkningsvekst er betydelig redusert». Dette er altså en kommentar til en politikk som går ut på tvangsaborter og barnedrap.

Også på dette området er miljøbevegelsens påstander stikk i strid med sannheten: I overskuelig fremtid er befolkningsvekst noe positivt: Den viktigste ressurs som finnes er menneskets skaperevne. Jo flere mennesker som arbeider, jo mer verdier blir skapt, og jo høyere blir velstanden. Dessuten: ved en større befolkning, vil det bli flere ressurspersoner og flere genier, flere oppfinnere, flere vid"enskapsmenn, større arbeidsdeling, større produktivitet – alt dette vil føre til flere positive resultater. Befolkningsvekst vil derfor i lang tid fremover være noe positivt. Dessuten: ved økende velstand går befolkningsveksten ned. Dersom man virkelig ønsker å redusere befolkningsveksten bør man arbeide for øket materiell velstand. Miljøbevegelsen arbeider for det motsatte.

Atomkraft

Atomkraft er en av miljøbevegelsens viktigste angrepsmål. Dette til tross for at atomkraft den sikreste og reneste form for energiproduksjon.

Atomkraft er en uuttømmelig kilde som produserer nok energi, og uten forurensning. Andre måter å produsere energi på forurenser, f.eks. forbrenning av kull eller olje, eller de fører til store naturinngrep (vannkraft). Det finnes to reelle problemer i forbindelse med atomkraft: stråling og deponering av radioaktivt avfall.

Radioaktiv stråling er et naturlig fenomen – vi er stadig utsatt for stråling fra verdensrommet og fra andre naturlige kilder. Denne strålingen varierer betydelig med f.eks. jordsmonnets beskaffenhet, og med høyde over havet. Jo høyere man er over havflaten, jo mer stråling blir man utsatt for. Grunnen til dette er at luften beskytter mot den naturlige bakgrunnsstrålingen fra verdensrommet. Jo mer luft det er over en, jo mer beskyttelse får man. Strålingen som et menneske i USA gjennomsnittlig mottar fra atomkraftverk er under 2 promille av det som i gjennomsnitt mottaes fra naturlige kilder. Faren ved stråling fra kjernekraftverk i ett år er den samme som den ekstra strålingen man mottar ved en flytur over Atlanteren, eller ved øket kreftrisiko fra å røyke én sigarett.

Mange stoffer omkring oss er radioaktive, og dette er helt naturlig. Også matvarer er radioaktive. De er satt grenser for hvor radioaktive de kan være for å være «trygge», men disse grensen er ofte satt ikke av medisinske grunner, men av handelspolitiske grunner: grensene er satt unødvendig lavt for å kunne forby import og derved beskytte egne matvareprodusenter mot konkurranse.

Kjernekraft er sikrere enn kull, vannkraft, olje og solkraft. Hvert kjernekraftverk sparer derfor 20–100 menneskeliv hvert år. Kjernekraft medfører radioaktivt avfall, som må taes hånd om på en forsvarlig måte. Disse kan lagres i stabile gruveganger langt fra folk, og sjansen for at noe galt skal skje er bokstavelig talt ikke-eksisterende.

Privatbilisme
Ved siden av atomkraft er privatbilen miljøbevegelsens fremste angrepsmål. Og det er sant at bilen forurenser. Men det er ikke slik som miljøbevegelsen gir inntrykk av, nemlig at den eneste måte å bekjempe dette på er ved å redusere bilbruk. Det er slik at nye biler forurenser langt mindre enn gamle biler – en tommelfingerregel sier at en 10 år gammel bil forurenser dobbelt så mye som en ny bil. For å redusere forurensningen kan man derfor gjøre det lettere for folk å skifte ut sine

gamle biler med nye biler. Dette kunne man gjort ved å redusere de enorme avgifter som staten forsyner seg med når man kjøper en ny bil. Men det man egentlig gjør er det motsatte. Med miljøbevegelsens støtte legger norske myndigheter stadig nye belastninger på bilistene – og vi har en av de eldste bilparker i Europa: vi er på linje med Hellas og Tyrkia. Og gamle biler ikke bare forurenser mer, de er også mer trafikkfarlige enn nyere biler. Den gamle bilparken fører derfor også til et større antall ulykker. Dessuten, innen visse grenser er det slik at øket hastighet fører til mindre forurensning: økes farten fra ca 50 km/t til ca 80 km/t, vil forurensningen ifølge SFT reduseres med ca 30 %. Derfor kunne man redusere forurensningen ved å bygge ut veier slik at man fikk redusert køkjøringen. Det må ikke underslås at bilen også er en enorm positiv verdi for mennesket, en verdi som flest mulig bør kunne ta del i.

Ressursforbruk

Et annet viktig argument fra miljøbevegelsen er påstandene om at vi bruker opp jordens ressurser. Derfor må vi resirkulere, påståes det, og ordninger for resirkulering av glass og papir er innført. En slik ordning viser at opphavsmennene er fullstendig uvitende om økonomiske årsakssammenhenger – faktum er at disse resirkuleringsordningene er en kolossal sløsing med ressurser.

Det finnes noe som heter prismekanismen – prisen på en vare forteller noe om hvor knapp den er. Ting som finnes i store mengder har lave priser, ting som det finnes lite av har høye priser. Prisen forteller oss derfor hvordan vi bør prioritere. F.eks. har gull og sølv høye priser, og derfor blir disse stoffene tatt godt vare på og resirkulert av de som benytter dem, f.eks. tannleger. Denne resirkuleringen skjer uten noe lovmessig påbud overhodet. På grunn av den høye prisen lønner det seg å ta vare på disse stoffene isteden for å kaste dem og kjøpe nytt når man har behov for det. Men varer som har lav pris lønner det seg ikke å ta vare på, da lønner det seg å produsere nytt siden disse har en lavere pris. Dersom en ressurs blir mindre tilgjengelig vil prisen stige, og på et bestemt punkt vil det lønne seg å resirkulere. Kommer myndighetene med et påbud om resirkulering før dette skjer, er det intet annet enn sløsing med ressurser. To konkrete eksempler: for noen år siden ble det satt i gang papirinnsamlinger: folk skulle samle på gamle aviser o.l., og hver måned levere det til organisasjoner som samler inn slikt. Men det viste seg raskt at å resirkulere papiret var langt mer ressurskrevende enn å produsere nytt. Resirkulering av papir er altså ressurssløsende. Et annet eksempel: resirkulering av glass. Vi har alle sett disse grønne igloene som er plassert et utall steder i Oslo: i disse skal folk levere glass slik at det kan bli resirkulert isteden for at det kastes sammen med annet avfall. Men det folk flest ikke vet er at det innsamlede glass blir deponert på Grønmo sammen med annet avfall. Dette har naive stortingsrepresentanter tatt opp med miljøvernministeren i Stortingets spørretime flere ganger, og de har fått som svar at det koster for mye å resirkulere glass – det er mindre ressurskrevende å produsere nytt. Dette er bekreftet i Arbeiderbladet 5. september 1992. En journalist stiller følgende spørsmål: «Hva er vitsen ved å kildesortere når både glass og papir likevel havner på Grønmo?» Og lederen av teknisk avdeling i forbrukerrådet bekrefter påstanden som lå i spørsmålet. Dessuten: Et annet poeng i denne forbindelse er at resirkulering koster tid. Folk bruker tid på å kildesortere – er ikke denne tiden en ressurs som man bør spare på? Miljøbevegelsen mener åpenbart ikke det.

Sur nedbør
Sur nedbør er en annen av miljøbevegelsens kampsaker. Enkelte fabrikker sender ut svovel i luften, og denne svovelen føres langt avsted og faller ned som nedbør i sjøer og forårsaker fiskedød, sies det. Imidlertid er bildet ikke så enkelt. I USA satte EPA i gang en omfattende undersøkelse av sur nedbør i 1980. Etter 10 år og en kostnad på 600 millioner dollar hadde man funnet ut at utslipp fra fabrikker ikke var årsaken til at sjøene var sure. Surheten kom av at man i en periode hadde brent rester etter hugst, og asken hadde rent ned i vannene og gjort dem mindre sure i en midlertidig periode. Nå hadde denne praksisen sluttet, og sjøene fikk derved tilbake sin naturlige surhetsgrad. Altså: sjøene var naturlige langt surere enn de var i den periode man brant opp restene etter tømmerhugst. Resultatet av denne undersøkelsen ble fortiet av miljøbevegelsen, av media og av politikere, og det ble vedtatt tiltak mot sur nedbør som om undersøkelsen ikke hadde blitt foretatt. Resultatene av denne undersøkelsen bekreftes også andre steder: I de siste år har svovelutslippene fra industrien blitt kraftig redusert, men surhetsgraden i sjøene er ikke gått ned. (Teknisk Ukeblad

44/91: «Forsuringen øker tross reduserte utslipp».) Dersom surhet er et problem, bør man velge de mest kostnadseffektive måter å bekjempe den på. Ofte er dette å kalke de angjeldende sjøene.

På 60-tallet var miljøbevegelsens store kampsak insektmidler. Den moderne miljøbevegelsen begynte med Rachel Carsons bok *Silent Spring*, som kom i 1962. Denne inneholdt kolossalt overdrevne påstander om farene ved bruk av insektmidler, og førte til at DDT ble forbudt i store deler av verden. Og dette til tross for at den hadde enorme positive effekter – den utryddet malariaen – og at man selv etter omhyggelige undersøkelser ikke fant noen skadelige effekter på mennesker. På grunn av dette forbudet, et forbud som ble vedtatt uten fnugg av saklig grunnlag, dreper nå malariaen ca 5 millioner mennesker per år. Malariaen var nærmest utryddet på 60-tallet. (Det har blitt hevdet at malariamyggen ble immun mot DDT, og dette kan i så fall være et element som har påvirket økningen av forekomsten av malaria. Men forbudet mot DDT ble vedtatt fullstendig uten saklig grunnlag, og dette kan ha ført til at iveren blant forskere etter å finne alternativer til DDT ble redusert.)

Konkurranse
Miljøbevegelsen er motstandere av effektivisering av produksjon. I tidligere tider kjempet deres forløpere mot vevstolen. I dag står miljøbevegelsen ofte sammen med bedriftseiere og fagforeninger i kampen mot konkurranse fra andre produsenter. Ett nærliggende eksempel: Det norske påbudet (som egentlig er store «miljøavgifter» på engangsemballasje) om at øl og mineralvann skal selges på flasker som kan returneres, og ikke på engangsemballasje som aluminiumsbokser, er intet annet enn en beskyttelse av norske bryggerier mot utenlandsk konkurranse. Det er lite praktisk for Heineken å få sendt tomflasker tilbake til Nederland fra Norge etter at innholdet er drukket av tørste nordmenn. Miljøårsaker benyttes som påskudd, mens det reelt sett er et rent proteksjonistisk tiltak. Egentlig er flasker langt mindre praktisk enn bokser: Tenk på at flasker kan knuses og bli til glasskår. Tenk også på at bokser tar mindre plass enn flasker – en lastebil kan laste opp ca dobbelt så stort kvantum dersom emballasjen er boks og ikke flasker. Påbudet om bruk av flasker fører altså til øket bilkjøring og mer forurensning. Og hva med belastningsskader for de butikkansatte som

160

løfter kasser med flasker – en kasse med bokser vil veie langt mindre. Miljøbevegelsens bestrebelser fører også her til langt større problemer enn de er hevdet å løse. Flasker av plast kan dog bidra til å redusere dette problemet.

Forurensning

Så til det eneste reelle miljøproblemet: forurensning. Ved produksjon av varer, og tjenester som f.eks. transport, dannes det en del uønskede biprodukter. I en del tilfeller taes slike biprodukter ikke hånd om; de slippes ut i luft, i vann, eller de følger med i produktet. Disse biproduktene kan være skadelige.

Den beste måten å sørge for at slik forurensning holdes på et nivå hvor de gjør minimal skade, er et system med privat eiendomsrett. Dette innebærer at privatpersoner eier de fabrikkene som skaper forurensning, og at privatpersoner eier de områdene som blir rammet av forurensning. La meg først påpeke at der hvor forurensningsproblemene er enorme, det er i de tidligere sosialistiske landene, hvor det ikke fantes eiendomsrett i noen form. Årsaken til at problemene finnes der hvor det ikke finnes eiendomsrett er at eiendomsrett og ansvar hører sammen: ingen eiendomsrett medfører intet ansvar, og forurensing skjer. Der hvor man har eiendomsrett, der finners også ansvar: Dersom en fabrikk forurenser mer enn tillatt, så setter man eieren eller den ansvarlige i fengsel.

Forurensning skal altså bekjempes ved at eierne holdes ansvarlig for de skader som forurensning eventuelt fører med seg. Slik jeg ser det er dette den eneste måten å sørge for at forurensnings-problemet forsvinner. Så vidt jeg vet er det ingen i miljøbevegelsen som går inn for en slik løsning. Og dette bekrefter ennå en gang at kamp mot forurensning ikke er det som miljøbevegelsen i hovedsak er opptatt av.

Konklusjon

La meg avslutningsvis summere opp enkelte vesentlige trekk ved miljøbevegelsen. La meg igjen presisere at miljøbevegelsen støttes av mange mennesker som ikke deler disse holdningene. Miljøbevegelsen er imot teknologi: den bekjemper bilen, KFK, CO_2-utslipp, moderne produksjonsmetoder. Klarest i dag kommer dette til uttrykk i kampen mot bioteknologi og atomkraft. Atomkraft har jeg allerede omtalt, og

161

bioteknologi vil kunne gjøre matvareproduksjon langt mer effektiv, og er et enormt fremskritt. Miljøbevegelsen er imot menneskets utnyttelse av naturen. Den går imot så og si alle utbyggingsprosjekter fordi de «ødelegger» naturen. Siden mennesket må utnytte naturen for å leve er dette intet annet enn en menneskefiendtlig holdning. Det finnes utallige sitater fra miljøbevegelsens ideologer som bekrefter dette: David M. Garber: «Menneskelig lykke er ikke så viktig som en vital og sunn planet». Charles S. Wurster: «menneskene er årsaken til alle problemene; det er for mange av oss; vi må kvitte oss med noen av dem...». Og i sin bok *Verdens miljøstatus* (Scanbok 1992), som har forord av «verdens miljøvernminister» Gro Harlem Brundtland, forsvarer Aftenpostens Ole Mathismoen som nevnt de tiltak som Kina har innført for å forhindre en reelt sett ikke-eksisterende problemet befolkningseksplosjon. Disse tiltakene har som nevnt medført barnedrap og tvangsaborter i stor stil. Miljøbevegelsen er altså menneskefiendtlig.

Miljøbevegelsen er irrasjonell. Den baserer seg på ikke-vitenskapelige metoder, og den foretar ikke saklige og vitenskapelige vurderinger av fakta før de kommer med sine anbefalinger. Eksemplene jeg har gitt bekrefter dette. Også det såkalte «føre-var»-prinsippet er i strid med all fornuft. Ifølge fornuften må man ha en saklig begrunnelse før man handler – «føre-var»-prinsippet sier at man skal handle uten saklig begrunnelse. Ønsket om et rent miljø, som ingen er imot, benyttes av miljøbevegelsen som påskudd for andre hensyn. Ved å sette det positive ordet «miljø» foran det negative ordet «avgift», slik at man får ordet «miljøavgift», godtar folk lettere de byrder som politikere lever av å legge på folk. Også den politiske venstreside har fortsatt de samme politiske standpunkter som tidligere, men benytter nå miljøargumenter etter at deres økonomiske argumentasjon er brutt sammen. Selvsagt benyttes også miljøargumenter av andre krefter: forskere som roper «katastrofen står for døren!» får lettere bevilgninger, de firmaer som produserer erstatningsstoffer for KFK kjemper for det syn at KFK ødelegger ozonlaget og må forbys, fagforeninger som vil beskytte sine arbeidsplasser kjemper imot mer effektive produksjons-former med miljøargumenter som påskudd, osv.

Er miljøbevegelsen så farlig da? Vil den ikke bare føre til en noe dempet takt i naturinngrep og økonomisk vekst? Denne oppfatningen er

162

helt feil. Miljøbevegelsens bestrebelser har kolossale negative effekter: kampen mot insektmidlene har som nevnt ført en gjenoppblomstring av malariaen som nå dreper ca 5 millioner mennesker hvert år (på 60-tallet var malariaen nærmest utryddet), kostnadene ved å begrense utslipp av C02 er en enorm sløsing med ressurser som kunne ha blitt anvendt til noe nyttig, miljøbevegelsens absurde påstander om at vi utrydder 150 dyre- og plantearter per dag har stanset en rekke utbyggingsprosjekter med øket arbeidsløshet og redusert levestandard som resultat, miljøavgifter på olje har i enkelte tilfeller ført til øket bruk av kull som ved forbrenning forurenser langt mer enn olje, krav om at biler skal bruke mindre energi har ført til dårligere trafikksikkerhet, kamp mot «sløsing» av emballasje har ført til dårligere matvarehygiene, trusselen om befolkningseksplosjon har i Kina ført til tvangsaborter og barnedrap, osv. Miljøbevegelsen kjemper imot velstand, teknologi, økonomisk fremskritt. Vi kan være glade for at miljøbevegelsens forløpere ikke fikk stanset utviklingen av elektrisiteten og jernbanen og bilen og vevstolen. Vi bør gjøre vårt beste for at dagens miljøbevegelse ikke får fortsette sin menneskefiendtlige virksomhet.

Miljøbevegelsens spådommer
Publisert i Humanist nr 3/1992

Humanist nr. 2/1992 inneholder en interessant artikkel om kristenhetens utallige spådommer om dommedag. Implikasjonen av artikkelen er øyensynlig at en bevegelse som gang på gang fremmer slike feilaktige spådommer må være dannet på basis av uholdbare prinsipper.

Umiddelbart etter denne artikkelen følger artikkelen «Festen er over», som gir uttrykk for det syn at Vestens livsstil ikke bare er i ferd med å ødelegge Jorden, men at vi er kommet langt forbi grensen for fortsatt vekst! Hvis ikke Vesten legger om, vil det ifølge artikkelforfatteren og hans mange meningsfeller inntreffe en miljøkatastrofe.

Feilslåtte spådommer
Slik jeg ser det, er miljøbevegelsens spådommer om at Vestens livsstil ødelegger Jorden vår tids svar på kristenhetens dommedagsspådommer. I en videnskapelig orientert tidsalder vil den til alle tider utbredte dommedagsfrykt gi seg et videnskapelig utslag, på samme måte som denne frykten i religiøst orienterte perioder får religiøse utslag.

En analyse av miljøbevegelsens utallige spådommer om «dommedag» under den meget passende tittel «Hva skjer når dommedag uteblir?» vil kunne utsette miljøbevegelsen for en kritisk oppmerksomhet som vil være nyttig og oppklarende. Jeg vil derfor oppfordre Humanist til å bruke noen av sine ressurser til å utarbeide en slik analyse, en analyse som vil kunne bringe endel motforestillinger til vår tids utbredte dommedagsfrykt. For å hjelpe redaksjonen i gang, skal jeg i det følgende gi noen eksempler på miljøbevegelsens mange tidligere feilslåtte dommedagsspådommer.

Den moderne miljøbevegelse startet med boken *Silent Spring* (1962). Her hevder Rachel Carson at mennesket kan ødelegge alt liv på Jorden ved å bruke insektmidler. Mot slutten av boken hevder hun indirekte at bruken av teknologi vil kunne ødelegge menneskeheten i løpet av ca. 20 år. Tidlig på 70-tallet hevdet Roma-klubben i *Limits to Growth* at et ukontrollert forfall ville begynne ca. år 2000: Naturressurser ville bli brukt opp, industri- og matvareproduksjonen ville synke kraftig, dødeligheten som følge av forurensning ville øke sterkt osv. Forskerne i Roma-klubben krevet en øyeblikkelig stans i den økonomiske vekst som den eneste måten å løse problemene på. (Profetiene viste seg raskt ikke å være holdbare, og de ble etterhvert trukket tilbake.) Sannheten er at mengden av tilgjengelige ressurser øker, at forurensningsnivået blir lavere og at matvareproduksjonen øker.

Lester Brown, en av drivkreftene bak World Watch Institute, som av mange anses å være seriøst, har opp gjennom de siste 15 år kommet med et stort antall spådommer om stigende matvarepriser, reduserte avlinger, økende energipriser og spesielt om økende oljepriser: «Oljeprisen vil nødvendigvis akselerere samtidig som produksjonen går ned, slik den nødvendigvis må gjøre.» I de 10 årene som er gått siden Brown hevdet dette, er oljeprisen gått ned. Alle Browns tidligere spådommer har slått feil, og allikevel tas hans og World Watch Institute's nye spådommer på alvor. (Mange flere av hans feilaktige spådommer er ramset opp i en artikkel i Wall Street Journal, 26. juni 1989.)

En annen av pionerene i miljøbevegelsen er mannen bak boken *The Population Bomb* (1968), professor Paul Ehrlich. Han har de siste 25 år kommet med spådommer som disse: På 1970-tallet vil hundrevis av millioner mennesker sulte ihjel, i 1999 vil USAs befolkning være på 22,6 millioner – en reduksjon på 90 %, havene vil være døde i 1979, England vil ikke eksistere i år 2000, havflaten vil på grunn av drivhuseffekten stige mer enn 80 meter, osv.

NAPAP-undersøkelsen
NAPAP-prosjektet, den mest omfattende undersøkelse av effektene av «sur nedbør», som ifølge president Carter (i 1980) var et av de to viktigste miljøproblemene. Denne undersøkelsen tilbakeviste påstandene (fra bl.a. Environmental Protection Agency) om at industriutslipp hadde forsuret innsjøene (dvs. økt surhetsgraden) med en faktor på 100 i løpet av de siste 40 år. I 1981 hevdet National Academy of Sciences at antallet sure sjøer i de mest utsatte områdene i USA ville bli fordoblet innen 1990. Heller ikke denne spådommen viste seg å holde stikk. Det bør også nevnes at mange miljøforkjempere forsøkte å fortie resultatene av NAPAP-undersøkelsen.

La oss også ta med følgende eksempel på tendensen til kolossalt å overdrive negative tendenser: I 1986 spådde Helsedirektoratet at i

1990 ville 30 000-100 000 nordmenn være HIV-positive. Pr. 30. juni 1990 var antallet HIV-positive 916 (Dagbladet 17. juli 1990). Det finnes mange andre eksempler på uholdbare dommedagsprofetier fra miljøbevegelsen; hvem husker ikke påstander om energikrise, påstander om befolkningseksplosjon, osv. Når miljøbevegelsen blir konfrontert med slike feilslåtte spådommer, blir det som regel benektet at spådommene virkelig var spådommer – det hevdes at det kun var «worst-case»-scenarier. På samme måte som de kristne dommedags-profetene har representantene for miljøbevegelsen fått god trening i å dikte opp bortforklaringer på hvorfor miljøkrisene ikke inntreffer slik de har spådd.

Hva så med de spådommene miljøbevegelsen nå kommer med og som man derfor ennå ikke ved erfaring kan vise er feilaktige? Miljø-bevegelsens viktigste argument for tiden er påstanden om at menneskelig aktivitet (utslipp av drivhusgasser som CO_2 ved f.eks. bilkjøring og annen forbrenning av fossile brennstoffer) fører til klimaforandringer. Faktum er at opp gjennom Jordens historie har klimaet skiftet en rekke ganger, og det er flere årsaker til dette. Den viktigste årsaken er at energien Jorden mottar fra solen ikke er konstant, den varierer med aktiviteten på solen og med Jordens middelavstand til solen; denne middelavstanden varierer syklisk i perioder på noen tusen år. Den effekten utslipp av drivhusgasser har på klimaet er bokstavelig talt forsvinnende liten. (Det bør også nevnes at miljøbevegelsen nå hevder at menneskelig aktivitet fører til at temperaturen stiger; for ikke mange år siden fikk vi høre at dersom Vesten ikke var villig til å ta skjeen i en annen hånd, ville det føre til en ny istid!)

Ozon-laget

Det argumentet miljøbevegelsen idag legger stor vekt på er at utslipp av KFK-gasser (som f.eks. benyttes i kjøleanlegg) fører til uttynning av ozon-laget, som beskytter oss mot ultrafioett stråling. Med den kunnskap vi nå har, er det ingen seriøse forskere som kan si om dette er en reell effekt eller ikke. Det er observert variasjoner i ozonlagets tykkelse, men man vet ennå ikke nok til å si om dette er naturlige svingninger eller ikke og om hvilken effekt naturlige hendelser som vulkanutbrudd og værforhold har i forhold til utslipp av KFK o.l. Vi har således intet grunnlag for å hevde at utslipp av KFK svekker ozon-laget, men vi har heller ikke kunnskap til å si at disse utslippene ikke svekker ozon-laget. Vi vet ikke nok – mer forskning må til.

Hva så med påstanden om at siden det kan hende at utslipp av KFK vil føre til uttynning av ozon-laget og siden det kan være en mulighet for at utslipp av CO_2 vil føre til klima-forandringer – er det ikke da best å redusere utslipp «for være på den sikre siden»? Miljøbevegelsen benytter seg i stor grad av dette «føre var»-argumentet, som er en innrømmelse av at saklige argumenter for påstandene egentlig ikke finnes. Enhver leser av Humanist vil gjenkjenne «føre var»-argumentet. Det er det samme argumentet som benyttes av enkelte kristne for at man bør tro på Gud: Det kan ikke bevises at Gud ikke finnes, og derfor bør man – for å være på den sikre siden (dvs. unngå å komme til helvetet) – tro på ham. Dette argumentet er en logisk feilslutning som har navnet *argumentam ad ignorantiam* – og slutningen er like uholdbar når den brukes av Miljøbevegelsen som når den brukes av kristne.

Dommedagsfrykt

Som nevnt innledningsvis har det eksistert dommedagsfrykt til alle tider. Som oftest har den vært religiøst begrunnet, men også tidligere har man vært opptatt av det som nå går inn under miljøbevegelsens doméne: I England på 1920-tallet fryktet enkelte overbefolkning; bøker som *Standing Room Only* kom ut. På 30-tallet fryktet man avfolkning, og boken *England Without People* ble utgitt. Og allerede omkring år 300 uttaler filosofen Cyprianus: « ... verden er blitt gammel og har ikke sin tidligere livskraft, den er i forfall ... solen varmer ikke så godt lenger, metallene er snart oppbrukt ... alt som har en begynnelse må forgå ...».

Det er beklagelig at personer med bestemte politiske oppfatninger kynisk støtter opp om og utnytter den utbredte dommedagsfrykt for å vinne støtte for sine politiske synspunkter, synspunkter som etter de siste års politiske utvikling (dvs. sosialismens sammenbrudd) ikke kan begrunnes på samme måte som tidligere. Miljøbevegelsen benytter seg av tilsynelatende videnskapelige, men egentlig uholdbare argumenter om at Vestens livsstil med visse innslag av frihet og markedsøkonomi fører til en ødeleggelse av hele vårt livsgrunnlag. Miljøbevegelsens påstander kan få som resultat enten et styresett som de aller fleste vil ta avstand fra, eller – hvis folk flest gjennomskuer både miljøbevegelsens uholdbare argumenter og dens egentlige motiver og derved ikke slutter opp om miljøbevegelsens politiske ønsker – at folk velger ikke å ta hensyn til miljøet i det hele tatt, og dette vil være beklagelig, siden det finnes reelle miljøproblemer. Forurensning er et reelt problem, men miljøbevegelsen legger liten vekt på denne problemstillingen.

Helt andre konklusjoner

Som nevnt er dette innlegget kun ment som en oppfordring til Humanist om å foreta en kritisk gjennomgang av miljøbevegelsen. Skulle det være for mye forlangt, bør redaksjonen i det minste sørge for å anmelde bøker og artikler som har et saklig syn på problematikken, f.eks. Julian Simons *Population Matters,* Edith Efrons *The Apocalyptics*, Lee Rays *Trashing the Planet,* Maurice og Smithsons *The Doomsday Myth*, George Reismans «The Toxicity of Environmentalism» eller Jay Lehr m.fl.: *Rational Readings On Environmental Concerns.* [I 2004 er langt flere bøker tilgjengelig, f.eks. Bjørn Lomborg: *The Skeptical Environmentalist*, Julian Simon: *The State of Humanity*, Ronald Bailey: *The True State of the Planet*.] Alle disse verkene er skrevet av personer som er eksperter innen sine fagområder, og derfor har de helt andre konklusjoner enn de som danner grunnlaget for miljøbevegelsens dommedagsspådommer.

Miljøbevegelsen har gang på gang spådd dommedag i form av en miljøkatastrofe – uten at noen av de mange spådommene har slått til. Miljøbevegelsen gir seg ut for å være videnskapelig, men egentlig er den fullstendig ikke-rasjonell – bevegelsen innrømmer selv at den ikke har saklige begrunnelser for sine påstander. På dette grunnlag alene, og ikke bare på grunn av dens mange feilslåtte dommedagsprofetier, bør den klassifiseres som en bevegelse hvis grunnlag står nærmere religion enn videnskap. Humanist har i det siste rettet søkelyset mot og derved bekjempet moderne ikke-rasjonelle bevegelser som nynazisme, «new age» og parapsykologi, og oppfordres herved til å utsette miljøbevegelsen for en tilsvarende kritisk oppmerksomhet.

Rasjonelt om miljøspørsmål

Bokomtale publisert i Teknisk Ukeblad nr 7/1993

Mange vil undre seg over at i en tid hvor det brukes enorme ressurser på forskning og undervisning, finnes det meget utbredte holdninger som er stikk i strid med en videnskapelig tenkemåte. Enkelte slike ikkevidenskapelige holdninger har kun negative konsekvenser for de som tror på dem (astrologi, new age, m.fl.), mens enkelte andre er så dominerende at de kan ødelegge Vestens sivilisasjon. Den ikkevidenskapelige bevegelse som idag er den største trusel mot den vestlige sivilisasjon er miljøbevegelsen.

Miljøbevegelsen hevder at Vestens sivilisasjon med vekt på fornuft, videnskap, teknologi og visse innslag av markedsøkonomi fører til at jorden blir ødelagt. «Vi har 10 år igjen på å legge om slik av vi kan redde verden» hevdet miljøbevegelsen for fire år siden. Dagens konkrete påstander går ut på at menneskelig aktivitet forårsaker klimaforandringer, hull i ozonlaget, at ressursene blir oppbrukt, at vi får en befolkningseksplosjon, osv. Tidligere har imidlertid miljøbevegelsen kommet med spådommer som har vist seg å være feilaktige, eller som nå er forlatt. Blant disse er påstander om at menneskelig aktivitet ville føre til en ny istid, at oljen ville ta slutt innen 1985, og at menneskeheten ville begynne å dø ut på 1980-tallet, hovedsakelig på grunn av bruk av insektmidler, o.l.

Idag står miljøbevegelsen så sterkt at den har en avgjørende innflydelse på den politikk som føres i alle vestlige land. Dette skjer til tross for at det ikke finnes noe videnskapelig grunnlag for en eneste av miljøbevegelsens påstander (bortsett fra de som har med forurensning å gjøre). Hvordan kan dette skje? En av grunnene kan være at seriøse forskere hittil i alt for liten grad har gått ut for å korrigere de meningsløse påstander som fremsettes av miljøbevegelsen. Boken *Rational Readings on Environmental Concerns* (Van Nostrand 1992) som nettopp inneholder seriøse forskeres gjendrivelser av miljøbevegelsens påstander, fyller derfor et stort behov.

Redaktør for boken er en av verdens fremste hydrogeologer, Dr. Jay Lehr, som har vært leder for The Association of Ground Water

Scientists and Engineers i over 25 år. Til denne mer enn 800 sider tykke boken har Lehr valgt ut 80 artikler skrevet av 50 av verdens fremste videnskapsmenn, og de behandler alle påstander som er fremsatt av miljøbevegelsen. Her er artikler om sur nedbør, kjemikalier brukt i landbruket, asbest, bioteknologi, DDT, stråling, drivhuseffekt, ozonlaget, befolkningsvekst, resirkulering, biodiversitet, utryddelse av arter, våtmarksområder, risikovurdering, osv. På alle disse områdene fastslår verdens fremste eksperter at miljøbevegelsens påstander er uholdbare.

I en av Lehrs egne artikler finner vi følgende formulering, som kan stå som et motto for boken: «Nå er tiden kommet da videnskapsmenn som kan sine fag må ta ordet og protestere mot den strøm av feilinformasjon som kommer fra skinnhellige aktivister og lobbyister som vil ha oss til å tro at teknologi ødelegger vår helse og vår velvære». Så siterer han Dr. Philip Handler, tidligere president i The National Academy of Science, som har hevdet at «dersom videnskapsmenn ikke avslører sjarlatenene, vil publikum ikke vite forskjellen – og både videnskapen og nasjonen vil lide» (s. 388).

Drivhuseffekten
For et par år siden var påstandene om at menneskelig aktivitet fører til klimaforandringer miljøbevegelsens viktigste kampsak. «Verdenshavene kan stige flere titalls meter», ble det hevdet. Miljøbevegelsen klarte å få stor oppslutning om disse påstandene, og politikere over hele verden la med stor glede miljøavgifter på fossilt brensel og påla industrien krav om å slippe ut mindre drivhusgasser. Miljøbevegelsens påstander er nå tilbakevist, blant annet har norske fagfolk skrevet en rekke kronikker om emnet i Aftenposten. En av bokens bidragsytere, Dr. Hugh Ellsaesser, innleder sin artikkel om drivhuseffekten på følgende måte:

> «For å sikre at leseren ikke misforstår mitt budskap, så sier jeg
> det rett ut. Etter å ha studert atmosfæren og hvordan den
> oppfører seg i 48 år, og etter å ha brukt 30 av disse på å forsøke
> å modellere den på datamaskiner og 15 år på studier av
> drivhuseffekten, er jeg av den faste overbevisning at den globale
> oppvarming er sterkt overdrevet, og at dens effekter er blitt

172

forvrengt, hovedsakelig med den samme motivasjon som drev skredderne som sydde keiserens nye klær» (s. 404).

DDT

Artiklene kan deles inn i fire grupper. Den ene gruppen består av akademiske artikler, delvis hentet direkte fra fag-tidsskrifter, og disse tar for seg problematikken på en videnskapelig måte. Blant disse er en artikkel av Dr. Gordon Edwards, professor i biologi ved San Jose State University, om DDTs effekter på fuglebestander. Kampen mot insektmidlet DDT, som nærmest utryddet malariamyggen og derved malariaen, var den moderne miljøbevegelsens første store fanesak. Selv om DDT er ufarlig for mennesker, hevdet miljøbevegelsen at den forårsaket kraftig nedgang i endel fuglebestander, og den klarte å få gjennomført forbud mot DDT i de fleste land. Edwards hevder at nedgangen i fuglebestanden ikke kan tilbakeføres til DDT eller andre insektmidler, men at reduksjonen i fuglebestanden – i den grad den var reell – hovedsakelig var forårsaket av ivrige miljøvernere som for å undersøke bestanden av enkelte arter forstyrret dem så mye under klekkingen at antall unger som levet opp ble kraftig redusert (s. 202). På grunn av forbudet mot DDT og lignende insektmidler har antallet malariatilfeller øket kraftig (12 tilfeller på Ceylon i 1963, 500 000 i 1977), og mellom 2,5 og 5 millioner mennesker dør nå av malaria hvert år. Dette er bare ett eksempel på hva som blir resultatet når miljøbevegelsen får gjennomført sine ønsker.

Kreft

En annen kategori artikler gir en populær fremstilling av et saksområde. I denne kategorien er en artikkel av Bruce Ames, en av verdens fremste biokjemikere, som omhandler i hvilken grad plantevernmidler, som beskytter nytteplanter mot sopp, insekter o.l., er kreftfremkallende. Professor Ames, som har vært leder for biokjemiavdelingen ved Berkeley-universitetet i California, forteller at det også finnes naturlige kreftfremkallende stoffer, at de er like farlige som de som finnes i plantevernmidler, og at mennesket spiser ca 10 000 ganger så mye naturlige kreftfremkallende stoffer som ikke-naturlige kreftfrem-kallende stoffer (s. 153). Miljøbevegelsens kamp mot kreftfremkallende stoffer i plantevernmidler er derfor ifølge professor Ames helt meningsløs.

I en tredje kategori artikler forteller videnskapsmenn om sine egen opplevelser med pressen og med miljøorganisasjonene. I alle disse artiklene fortelles at all erfaring tyder på at hverken pressen eller miljøbevegelsen er interessert i fakta, men kun i sensasjoner eller løsrevne opplysninger som støtter opp om miljøbevegelsens påstander. Et typisk eksempel er at New York Times brukte flere førstesideoppslag på påstander om at mange arbeidere ved en base for atomubåter fikk leukemi på grunn av strålingen, mens den videnskapelige undersøkelsen som konstaterte at dette ikke var tilfelle, ble avspist med ni linjer på side 37. Det finnes utallige slike eksempler, og dette kan være en av årsakene til at seriøse forskere er lite villige til å omgåes pressefolk og miljøvernere, og at de heller velger å konsentrere all sin oppmerksomhet om sin egen forskning. Dette er forståelig, men det kan føre til at miljøbevegelsens sjarlataner blir stående uimotsagt og at de derfor får en kolossal innflydelse på den politikk som føres.

En annen artikkel i denne kategorien er «Regulatory Harassment of U.S. Agriculture» av Dr. Robert Devlin, professor i plantefysiologi ved universitet i Massachusetts. Her hevder han blant annet at Rachel Carsons bok *Silent Spring* (1962), som med sine angrep på plante-vernmidlene startet den moderne miljøbevegelsen, er en «roman» som er blitt «den moderne miljøbevegelsens Bibel» (s. 80). Til tross for at Carsons bok er full av ubegrunnede påstander, halvsannheter og utelatelse av viktig materiale, er den blitt pensum i skoleverket i USA.

Fornuftens stilling

En fjerde kategori artikler tar for seg årsakene til at miljøbevegelsen har fått så stort gjennomslag til tross for at det ikke finnes noe saklig grunnlag for dens påstander. Viktigst av disse er Dr. Richard Sanfords artikkel med den talende tittel «Environmentalism and the Assault on Reason», som påstår at filosofer fra og med Immanuel Kant i mindre og mindre grad har lagt vekt på fornuft og logikk. Kants påstander om at «fornuften er begrenset» og at sansene ikke gir informasjon om virkeligheten «slik den egentlig er», dannet startpunktet for teorier om at sannhet ikke er overensstemmelse med virkeligheten, men koherens med andre forestillinger, og at fornuften bare kan anvendes til å

174

kontrollere om idéer er meningsfulle, konsistente, verifiserbare eller falsifiserbare, ikke om de er korrekte. Sanford påstår at slike holdninger f.eks. har ført til at «økosofen» Arne Næss kan begynne en bok med kapitteltittelen «Intuisjon som utgangspunkt».

Bokens siste artikkel, «The Toxicity of Environmentalism» av George Reisman, professor i økonomi ved Pepperdine University i Los Angeles, fortsetter Sanfords analyse. Han påstår at etter Kant har fornuftens stilling blitt svekket innen akademisk filosofi, og derfor florerer idag ikke-rasjonelle ideologier som Marxisme, kulturell relativisme, determinisme, logisk positivisme, eksistensialisme, behaviorisme, Freudianisme og Keynesianisme, ol. i akademiske miljøer. Siden disse dominerende ideologiene er anti-rasjonelle, blir studenter ikke lært opp til å tenke rasjonelt. Dette er en av hovedårsakene til at miljøbevegelsen kan få et slikt gjennomslag, og at selv velutdannede mennesker ikke er istand til prinsipielt å gjendrive miljøbevegelsens påstander. (Det såkalte «føre var»-prinsippet, som miljøbevegelsen baserer store deler av sin argumentasjon på, er et eksplisitt irrasjonelt prinsipp.) Professor Reisman hevder at det beste rensemiddel mot disse dominerende giftige ideologier er ideene til Ayn Rand og Ludwig von Mises, som er «de fremste forkjemperne for fornuft og kapitalisme i det tyvende århundre» (s. 840).

Alle bidragsyterne som behandler spørsmålet hevder at videnskapelig forskning, teknologi og kapitalisme er nødvendige forutsetninger for at det skal være mulig for mennesker å leve godt på jorden. Flere av de artiklene som tar for seg videnskapelig metode og kulturens holdning til videnskap og fremskritt ser forøvrig ut til å være sterkt påvirket av Ayn Rand, og dette er ikke uventet siden Ayn Rand er den fremste filosofiske forsvarer av fornuft, videnskap, teknologi, frihet og kapitalisme.

Et standardverk
Denne boken er et standardverk om videnskapens syn på de saksområder miljøbevegelsen hittil har tatt opp. Den bør derfor leses og benyttes som referanseverk av alle som er opptatt av samfunnspørsmål generelt og miljøspørsmål spesielt. Den bør være obligatorisk lesning for alle som påvirker den politikken som føres. Dersom beslutnings-tagere fortsetter å ignorere de fakta som presenteres i denne boken, og

isteden fortsetter å basere seg på miljøbevegelsens uholdbare påstander, vil det ende med en katastrofe. Kan noen enkelt bok forhindre dette, er det denne.

Drivhuseffekten: helt motsatt!

Publisert i Dagsavisen 9. mars 2004

Sammenhengen mellom drivhuseffekten/global oppvarming og drivhusgasser er helt motsatt av hva miljøbevegelsen har påstått de siste 15 år, sier en artikkel i Aftenposten 29. februar 2004. Det er ikke slik at opphopning av drivhusgasser fører til klimaendinger, klimaendringer fører til opphopning av drivhusgasser. (Dette er neppe det endelige forskningsresultatet, men det viser at problemstillingen er mer komplisert enn den vanligvis blir fremstilt.)

For å motvirke den globale oppvarmingen har politikerne med stor iver pålagt oss miljøavgifter – dette for å forandre vår oppførsel (mindre bilkjøring, lavere forbruk) for dermed å redusere våre utslipp av drivhusgasser slik at den globale oppvarmingen skal bli mindre enn den ellers ville ha blitt. Kan vi nå håpe at disse avgiftene blir fjernet? Neppe. Men hva er egentlig sannheten bak miljøbevegelsens påstander? De har påstått at menneskelig aktivitet i form av brenning av fossile brenn-stoffer (olje, kull) fører til en økning av visse gasser i atmosfæren, og at dette fører til klimaforandringer som vil ha negative konsekvenser. Sannheten er som følger:

*Klimaet har skiftet i alle tider – klimaet har aldri vært stabilt.

*I de siste 100 år var det en merkbar økning i gjennomsnittlig temperatur (av størrelsesorden én grad) frem til ca 1950. Deretter har økningen vært svært liten, selv om det er i perioden etter 1950 at utslippene av drivhusgasser har vært størst. Det er intet som tyder på at denne økningen i gjennomsnittstemperatur er unormal.

*Det er funnet sterk korrelasjon mellom solaktivitet (som sender ut energi) og jordens gjennomsnittstemperatur.

*Skal vi tro pressen, så er de fleste fagfolk innen dette området av den overbevisning at forbrenning av fossile brennstoffer må reduseres slik at store klimaendringer kan unngåes. Det finnes dog

et stort antall vindenskapsmenn som hevder at menneskelig
aktivitet har liten eller ingen innvirkning på klimaet.

*Miljøbevegelsen tar for gitt at klimaendringer kun vil ha negative
effekter. Det er ingen grunn til å tro at de har rett i dette.

*Miljøbevegelsen ser bort fra de sikre og sterkt negative følgene
som en kraftig reduksjon av forbrenning av olje og kull vil
medføre for industrien og dermed for velstanden i verden.

*Miljøbevegelsen går sterkt imot atomkraft som gir ren og sikker
energi, og som ikke medfører utslipp av drivhusgasser.

*Miljøbevegelsen ønsker politiske tiltak for å hindre klimaendringer,
og ignorerer en kolossal mengde kunnskap som viser at politiske tiltak
ikke kan løse noen oppgaver på en rimelig måte: politikere/det offentlig
kan hverken drive skoler, sykehus, trygdeordninger, togselskaper eller
noe annet på en måte som gir en rimelig kvalitet over tid.

Man bør derfor gå sterkt imot alle politiske tiltak som gir seg ut for å ha
som formål å hindre klimaendringer.

Den konservative venstresiden
Publisert i Dagbladet 15. juni 2000

I en god artikkel om drivhuseffekten i Dagbladet 6. juni 2000 snakker Erling Fossen blant annet om «den konservative høyresiden». Men det har slått meg at det like ofte er venstresiden som representerer konservative holdninger.

Noen eksempler: De foretrekker ofte gammel teknologi fremfor ny: de var imot bygging av ny hovedflyplass og sa «bruk heller tog». De er motstandere av privatbilismen og sier «reis heller kollektivt». De er imot kjøpesentre, og oppfordrer folk til å bruke kjøpmannen på hjørnet.

De vil opprettholde tidligere tiders bosettingsmønstre (med distriktsstøtte) selv om næringsgrunnlaget er forandret. De vil ofte hindre riving av gamle bygninger (med ordninger som Riksantikvaren), og de legger hindringer i veien for bygging av nytt (med systemer som offentlig regulering av eiendommer). De har via et villniss av byråkratiske regler gjort det vanskelig å etablere nye virksomheter, og prøver ofte å forhindre nedleggelse av gamle virksomheter.

Man kan også nevne motstand mot innføring av fjernsyn, motstand mot innføring av fargefjernsyn, motstand mot kabel-TV og satelitt-TV. Og motstand mot nærradio og kommersiell radio. Og når det gjelder drivhuseffekten ønsker de til og med at været skal være som det har vært før!

Selvsagt er det mange andre konkrete argumenter som hører med i de nevnte temaene, men man kan allikevel danne seg et bilde om at det er et sterkt ønske på den politiske venstreside om å bevare det som er. Det finnes altså dessverre konservative elementer over hele det tradisjonelle politiske spekteret.

Energikrisen i California

Publisert i Aftenposten 30. januar 2001

Privatiseringen og dereguleringen av energiindustrien er årsaken til krisen i energiforsyningen i California, påståes det i en artikkel i lørdagens (20. januar 2001) utgave av Aftenposten. Men artikkelen nevner også fakta som viser at denne påstanden er feil.

Behovet for elektrisk energi har gått kraftig opp de siste årene, en av grunnene er den store økningen i antall hjemme-PCer. California har dessuten også opplevet en kraftig økning i folketallet. For å tilfredsstille behovet for mer energi må der bygges nye kraftverk, og for å få penger til dette må kraftverkene sette opp sine priser (en økonomisk lov sier at når etterspørselen går opp, så går også prisen opp – dette vil gi produsentene midler til å produsere mer, og det også vil begrense økningen). Dvs. det er dette som skjer i et fritt marked. Men hvis det offentlige regulerer økonomien, så blir det skjevheter i systemet, og sammenbruddet i strømforsyningen er et resultat av disse offentlige reguleringene.

Sitat fra Aftenposten: det har «ikke blitt bygget noe nytt kraftverk [i California] på over ti år. Enkelte har vært forsøkt bygget, men er blitt stanset av nabo-aksjoner og protestkampanjer». (Det er miljøbevegelsen som står bak disse hindringene mot å bygge ut nye kraftverk.) Videre i artikkelen finner man følgende: produsent-selskapene «blir nektet av delstatsmyndighetene å øke prisen til forbrukerne».

Krisen er forårsaket av at nye kraftverk ikke er bygget etter at delstaten har rettet seg etter protester fra miljøbevegelsen, og av at myndighetene har nektet produsentene å sette opp prisene som følge av økende etterspørsel. Igjen ser vi at statlig innblanding i individers frivillige handel og produksjon fører til kaos, og at det frie marked, som er uten slik offentlig innblanding, får skylden for problemene. Verden vil bedras, og bedragerne finnes overalt.

Islam – den ellevte landeplage

En noe utvidet versjon av et foredrag holdt i FSO 2. oktober 2003

Islam er med sine mer enn én milliard tilhengere en av de tre store verdensreligioner. Den er også den religionen som er i sterkest vekst, og pga. de siste tiårs folkeforflytninger finnes det nå mer enn elleve millioner muslimer i Vest-Europa. Ikke bare har disse begynt å sette sitt preg på bybildene i de store europeiske byene med moskeer og egne boområder, ikke bare er det mange av Vestens egne innbyggere som konverterer til islam, det er også slik at en rekke terrororganisasjoner utfører sine grusomme handlinger med islam som begrunnelse.

Hva er det så islam egentlig står for? Er den som tilhengerne sier en fredens religion, eller er den en menneskefiendtlig ideologi som kun vil føre til nød og elendighet? I dette foredraget vil jeg forsøke å belyse disse spørsmålene.

Det er mange ulike varianter innen islam – sunni, shia, Ahmaddiyya, Wahabbi, (og det er også undergrupper innenfor disse). Jeg skal i stor grad holde meg til essensen i islam. Jeg kommer altså til å innta et fugleperspektiv, jeg kommer ikke til å legge vekt på et vell av detaljer. Dette er i motsetning til de fremstillinger man vanligvis kommer over; disse er som regel nedlasset i mindre relevante detaljer.

Historie

Islam ble skapt av Muhammed, som levde på den arabiske halvøy fra ca 570 til 630. Han var åpenbart en intelligent, karismatisk mann som var en stor folketaler, administrator og etter hvert hærfører.

På hans tid var de fleste nomader, men det fantes også noen byer hvor mange levde av produksjon og handel. I byene levde mange et utsvevende liv med stor vekt på velstand, fest og moro, og det gamle pålegget om at man skulle dele sitt med de fattige, fikk mindre og mindre oppslutning. Flerguderi var vanlig, men ingen tok gudene på alvor.

Muhammed, som tilhørte en fattig gren av en fremstående handelsfamilie, likte ikke det utsvevende livet som ble ført omkring ham, spesielt ikke etter at hans to sønner døde i ung alder. Han begynte å tilbringe tid alene ute i ørkenen, og etter hvert begynte han å motta åpenbaringer. Han fikk kjennskap til jødedommen etter kontakt med noen av dens tilhengere – det viktigste elementet i denne er at det finnes kun én gud og at man må tjene denne guden og ta den/ham på alvor. Muhammed fortsatte å motta åpenbaringer, og begynte å forkynne. Han fikk enkelte tilhengere i sin hjemby Mekka, men møtte etter hvert motstand og flyktet i 622 til Medina.

Hovedgrunnen til motstanden var at Mekka var et mål for mange pilegrimer. Byboerne fryktet at dersom det kom til en ny religion som avviste alle de gamle gudene, ville dette kraftig redusere antall pilegrimer, noe som ville være uheldig for handelen i byen. I Medina fikk han enda flere tilhengere og etter hvert stor makt, og han dro for å erobre Mekka. I slaget slo Muhammeds styrker en hær som var tre ganger så stor som hans, og dette ble tolket som et tydelig tegn fra Gud/ Allah. Andre hevder at årsaken til seieren var at Muhammed hadde lært sine tilhengere disiplin, og å kjempe hardt fordi de ville få en skikkelig belønning dersom de ble drept i strid.

Fra Mekka bygget Muhammed opp ett stort arabisk rike – tidligere var det mange småriker – og han var den ubestridte leder.

Muhammed var en ekstremt effektiv leder som visste å spille på alle strenger som kunne gi ham kortsiktig gevinst. I *Encyclopedia of Religion and Ethics* er hans lederevner beskrevet slik:

«Muhammad´s ability to gauge the capacities of others was abnormal: hence in the choice of subordinates he seems to have made no mistakes. In the second place, he was thouroughly familiar with the foibles of the Arabs, and utilized them to the utmost advantage. The stories of his successes, as told by Ibn Ishaq, indicate a complete abscence of moral scruple; but they also show a combination of patience, courage and caution; ability to seize opportunities, and distrust of loyalty when not backed by interest, which fully explain the certainty with which results were won» (fra *Encyclopedia of Religion and Ethics*, sitert i Arthur Jeffrey: «The Quest of the Historical Muhammad», gjengitt i Warraq 2000, s. 347).

Det er altså helt klart at Muhammed var en maktpolitiker som ikke tok moralske hensyn. Nå vil det være galt å dømme en mann som levde for 1400 år siden etter vår tids langt mer opplyste moralnormer, men det er allikevel klart at han ofte handlet grovt umoralsk.

Islamkjenneren Ernst Renan beskriver dette slik:

«As to the features of the life of Muhammed which, to our eyes, would be unpardonable blots on his morality, it would be unjust to criticize them too harshly. It is obvious that his acts did not make the same impression on his contemporaries and Muslim historians as on us. Nonetheless, one cannot deny that on several occasions he consciously did harm knowing perfectly well that he was obeying his own will and not an inspiration from God. He allowed brigandage [highway robbery, plunder], he ordered assassinations, he lied and he permitted lying as a stratagem of war. One could cite a host of circumstances where he compromised morality for political ends.» (Ernst Renan: «Muhammad and the Origins of Islam», sitert fra Warraq 2000, s. 142.)

Muhammeds hustru døde da han var omtrent 50, og da giftet han seg om igjen flere ganger, og han hadde etter hvert omtrent ti hustruer. En av dem var kun ni år gammel da han giftet seg med henne. (Bryllupet sto da bruden var seks år gammel, men ekteskapet ble fullbyrdet da hun var ni.)

Muhammed mottok altså åpenbaringer. Hvordan artet de seg?

«Når profeten mottok inspirasjonen, virket den meget hardt på ham. Hans ansikt ble blodrødt, og svetten perlet frem på pannen. Av og til slo en usynlig makt ham til jorden, som om han hadde vært beruset og iblant skrek han som en kamelfole» (Grimberg 7, s. 162).

Dette høres ut som et epilepsi-anfall.

Åpenbaringer er alltid i samsvar med mottagerens ønsker. Slik var det også med Muhammeds åpenbaringer. La meg nevne et par eksempler. Han ble interessert i sin adoptivsønns hustru, men det var ikke god tone å sjekke opp sine svigerdøtre, så han lot det være. Men så fikk han en åpenbaring fra Allah som sa at han godt kunne gifte seg med henne. Muhammeds adoptivsønn hadde da allerede skilt seg fra henne, han hadde merket hvor det bar hen (Grimberg 7, s. 180).

Et annet eksempel: Under en trefning hadde Muhammed beordret at en oase skulle brennes. Det å brenne ned oaser var noe man aldri gjorde, det var ansett som totalt uakseptabelt fordi det medførte at de som oppholdt seg omkring den mistet livsgrunnlaget. Etter å blitt kritisert av noen av sine tilhengere mottok Muhammed en åpenbaring, gjengitt i Koranen:

«Det dere har hugget ned av palmetrær ... dette var med Guds tillatelse, og for å gjøre synderne til skamme» (Koranen, kapittel 59, vers 5).

Mye kan tyde på at åpenbaringer er en kombinasjon av epilepsi og legitimering av ønsketenkning.

Etter Muhammeds død bølget riket frem og tilbake, men omkring år 1000 var det på alle vis stort og betydelig. Grunnen til dette var at rasjonelle ideer fra Aristoteles sterkt hadde preget arabisk kultur også før Muhammed, og dette fortsatte også i noen hundreår etter at Muhammed døde. Den arabiske kulturen var meget avansert innen f.eks. matematikk (de tall vi bruker kom opprinnelig fra araberne, de kalles den dag i dag arabiske tall, og de er langt mer hensiktsmessige enn f.eks. romertallene).

Denne perioden omtales ofte som «islams gullalder», men årsaken til «gullalderen» var altså at islam sto relativt svakt.

Al-Ghazali

Men så kom det en filosof, al-Ghazali (1058-1111), som fikk stor innflydelse. Al-Ghazali er betraktet som den største muslim etter Muhammed, og han valgte eksplisitt å gå imot Aristoteles og hans ideer (s. 264 i Warraq 2000).

Aristoteles forfektet en virkelighetsorientert rasjonell filosofi som innebærer selvstendig tenkning og selvrealisering som etisk ideal. Al-Ghazali gjorde slutt på det nære forholdet mellom gresk filosofi og islam. Han så ned på Sokrates, Platon og Aristoteles, og krevde faktisk dødsstraff for disses tilhengere.

Al-Ghazali hevdet at Koranen skal forståes bokstavelig og uten forbehold; han var eksplisitt motstander av fornuften. Etter ham begynte islams tilhengere i større grad å ta Koranen bokstavelig. Dette kravet hadde også vært fremmet tidligere, men nå, når en skarpskodd filosof kom på banen på den ikke-rasjonelle siden, da var løpet kjørt. Hans effekt var altså den motsatte av den Thomas Aquinas hadde på kristenheten: med Aquinas, som valgte fornuften istedenfor troen, gikk kristendommen i oppløsning, men med al-Ghazali, som forkastet fornuften og valgte troen, bli islam fullstendig dominerende i kulturen. Renan beskriver dette slik:

> «It is really only in the twelfth century that Islam triumphed over the undisciplined elements seething within its bosom, with the accession of the Asharite theology and the violent extermination of philosophy [fornuften ble altså utryddet til fordel for tro]. Since this epoch, not a single doubt has emerged nor has any protest been raised, Faith is the work of time, the cement of religious edifices hardens with ageing» (Ernst Renan: «Muhammad and the Origins of Islam», sitert fra Warraq 2000, s. 148.)

Så vidt jeg kan se var det slik: inntil al-Ghazali var det tross islam visse rasjonelle innslag i arabisk kultur, men etter al-Ghazali ble denne delen svakere og svakere.

Arabisk kultur hadde en glansperiode frem til ca 1200, og etter dette satte et forfall inn og de arabiske områder ble fattige. Men hvorfor skjedde denne forandringen? Årsaken til «slams gullalder» var altså at islam ikke var enerådende, også Aristoteles´ ideer sto relativt sterkt. Aristoteliske ideer, med vekt på individualisme, rasjonalitet, selvrealisering, frihet og videnskap, fører alltid med seg en blomstrende kultur og materiell velstand.

Al-Ghazali hevdet som nevnt at Koranen skal forstås bokstavelig og at mennesket ikke må benytte fornuften, men basere seg på troen alene. Al-Ghazali var altså en typisk religiøs filosof, og han forfektet derfor det motsatte av det Aristoteles står for: al-Ghazali

187

forfektet kollektivisme, tro, irrasjonalitet, dogmatisme, selvoppofrelse og tvang. Slike ideer fører alltid til diktatur, undertrykkelse, fattigdom og elendighet.

Etter Al-Ghazali

Etter at fornuften var kastet på dør, forfalt altså hele den muslimske verden; den ble statisk og lite skjedde, selv om de forsøkte å erobre hele det sydlige Europa (mer om dette senere). Fremskritt forutsetter fornuft, og de som ikke baserer seg på fornuft, de forfaller og/eller stagnerer.

Noe bevegelse kom i de arabiske samfunn da vestlige oljeletere på 1900-tallet fant olje i de områder hvor arabere holdt til. Disse oljeinstallasjonene ble ekspropriert, dvs. stjålet, etter annen verdenskrig, og dette gjorde elitefamiliene i de arabiske land styrtrike.

De arabiske områder var kolonisert av vestlige land som England og Frankrike, men områdene fikk noe selvstendighet etter første verdenskrig. Styrene i disse landene ble da etter hvert preget av de ideer som var på moten i Vesten. Arabiske ledere samarbeidet f.eks. nært med Nazi-Tyskland på 30-tallet. Etter hvert ble sosialismen den førende ideologi, med ledere som f.eks. Nasser i Egypt fra 1952 da kong Farouk ble avsatt i et kupp, og Boumedienne etter et kupp i Algerie fra 1965. Disse sosialistene var allierte med Sovjetunionen. Men fascismen overlevde også. Baath-partiet er et rent fascistisk parti. Saddam Hussein i Irak tilhørte Baath, og det gjorde også flere diktatorer i Syria.

Alle arabiske land var sterkt imot FNs opprettelse av Israel i 1948, og de gikk samlet til militært angrep på Israel etter at staten var opprettet. Israel hadde ingen problemer med å slå angrepene tilbake, men har allikevel nærmest vært i en kontinuerlig krigstilstand med sine arabiske naboland siden da. I 1967 gikk flere arabiske land igjen til angrep på Israel, og etter mindre enn én uke hadde Israel seiret – igjen. Det arabiske nederlaget i krigen mot Israel i 1967 styrket faktisk islam – araberne hadde til en viss grad gått bort fra islam og var også blitt svake. Mange arabere trodde at kanskje lå det en løsning i igjen å vende tilbake til islam.

Ny vekst i islam kom i og med Khomeinys maktovertagelse i Iran fra ca 1980. Khomeiny avløste diktatoren Reza Palavi, sjahen av Persia, som førte en undertrykkende, rettighetskrenkende, anti-religiøs politikk. Sjahen hadde i mange år mottatt støtte fra USA, men han mistet denne da Jimmy Carter var president. Khomeiny var ayatholla (en høy rettslærd innen shia-islam, en slags islamsk prest), og innførte raskt en islamsk republikk i Iran, dvs. en ordning som innebærer at styret skal være i samsvar med sharia, islamsk lov. Egypt foretok en grunnlovsendring i 1980, og denne erklærte sharia som basis for landets lovgivning, men regimet følger ikke dette opp. Nye familielover i Algerie i 1984 ble lagt nær opptil sharia. Yemen gjeninnførte polygamiet, som islam aksepterer siden det ble praktisert av Muhammed, i 1992. I Jordan holdt man frie valg i 1989, og et islamistisk parti (islamister er ekstreme, voldelige muslimer) fikk mer enn en tredjedel av plassene i parlamentet. Islamister fikk over 50 % av stemmene i valg i Algerie i 1991, og regimet stanset heldigvis siste valgrunde.

Koranen

Koranen inneholder Muhammeds åpenbaringer. Ifølge islam er den ført i pennen av Muhammed (dvs. diktert – Muhammed var analfabet) og hans assosierte (redigeringsarbeidet var avsluttet omkring 656 – da ble også alle varianter brent), men forfatteren er … Gud. Noen få ting er dog innskutt av mennesker, f.eks. bønnen som åpner Koranen. Koranen er ikke som Bibelen påstås å være: skrevet av mennesker inspirert av Gud, noe som gjør at Bibelen er åpen for fortolkninger, men Koranen er ifølge muslimene skrevet av Gud selv. Derfor er den ikke åpen for fortolkninger (dette gjelder dersom teksten er klar, dersom den er uklar må den selvfølgelig tolkes). Det er et svært viktig punkt, for hvis man begynner å tolke Koranen, f.eks. ved å betrakte dens innhold som skrevet ca år 600 og som noe som derfor må oppdateres til vår tid, så fornekter man essensen i islam.

Dessuten, Bibelen er til dels poetisk, og deler av den er god litteratur. Koranen derimot er ekstremt kjedelig å lese, og er vel best å sammenligne med en sterk sovemedisin. Innholdet er oppkok av gamle primitive ideer – en kommentator sa at det eneste som er nytt i Koranen er opplysningen om at Muhammed er Guds profet.

Koranen er ifølge islam en kopi av en bok som finnes i himmelen, noe som også står i Koranen (85,21-22). Koranen er altså evig og uskapt (Hjärpe, s. 15). Før al-Ghazali var det allikevel noe

189

diskusjon om dette, men etter ham er dette det eneste islamske syn, dvs. mener man noe annet er man ikke muslim. Koranen er skrevet på arabisk, det språk Gud snakker, og arabiske muslimer ser ned på mennesker som ikke forstår Guds språk. Kristne skryter av at Bibelen er oversatt til tusenvis av språk, mens muslimene ønsker egentlig ikke at Koranen skal oversettes. Hvis man vil lese Guds ord, får man jammen ta seg bryet med å lære seg hans språk. (Denne holdningen står svakere i dag enn den gjorde i tidligere tider.)

Koranen er organisert på en noe underlig måte. Muhammed mottok åpenbaringer hele livet, men disse er i Koranen ikke gjengitt i kronologisk rekkefølge, isteden er åpenbaringene ordnet mer eller mindre tematisk, og så er de i Koranen plassert i en rekkefølge som innebærer at de lengste kapitler kommer først, og så blir kapitlene kortere og kortere etter hvert. Denne organiseringen innebærer at man ved å lese Koranen oppdager et stort antall selvmotsigelser som dukker opp hulter til bulter uten noen sammenheng. Dersom åpenbaringene som Koranens består av hadde blitt plassert i kronologisk rekkefølge, ville man ha oppdaget at selvmotsigelsene viser en utvikling i Muhammeds lære: det er forskjell på hva Allah sier til Muhammed når Muhammed er i opposisjon, og hva han sier når Muhammed er enehersker. (Vi kommer tilbake til dette punktet nedenfor.)

Muslimer hevder at Toraen og Bibelen er forvrengte fremstillinger av Guds budskap, jøder og kristne har ifølge islam forvrengt Guds budskap, men Koranen er ikke forvrengt (Hjärpe, s. 18), Koranen er jo skrevet av Gud selv. Koranen er derfor også ufeilbarlig, den kan ikke være feil.

Islam er altså den religiøse tradisjons kulminasjon. Tidligere religioner, dvs. jødedom og kristendom, er delvis feilaktige, men islam er religion slik den skal være. Koranen har altså en ufravikelig autoritet. Så ikke med Muhammeds egne ord. Disse er samlet i Hadither, og de har ikke samme autoritet som Koranen.

En kommentator, professor ved Sorbonne, sier det slik:

«Koranens åpenbaring inneholder alt som mennesket bør vite
om sin egen skjebne, sin neste, historien, verden og Gud.
Muhammed har gjennom sitt ord og sine handlinger forklart
åpenbaringens eksakte betydning, hans liv er dermed et

190

fullkomment forbilde som ethvert rettroende menneske bør etterligne» (Arkoun, s. 22).

Koranen er meget sammensatt: Den består av en tett vev av tekster hvor meditative og poetiske lovprisninger av Gud avløses av juridiske belæringer, etiske betraktninger, rituelle forskrifter og korte fortellinger. Teksten er blitt basis for juristers regelverk, for teologers forkynnelse, for mystikeres spekulasjoner, for dikteres ordvalg. Koranen består av leveregler for den enkelte, og regler for hvordan samfunn bør organiseres. Den inneholder beskrivelser av hva som skal skje med både de troende og de vantro før og etter døden. Her er leveregler for alle tenkelige og utenkelige situasjoner: regler for arveoppgjør, handel, vennskap, ekteskap og skilsmisse, rettssaker, rituelle påbud, skikk og bruk, osv.

Det er altså et viktig skille mellom kristendom og islam at kristendommen innebærer at det er et skille mellom troens domene og det jordiske livet. Jesus sa «Gi Gud det som Guds er, gi Cesar det som Cesars er». Noe slikt skille finnes ikke i islam. Koranen er en oppskrift for religiøs tro, for livet i denne verden før døden, og for hvordan samfunn skal organiseres.

> «....it has long been recognized, in theory at least, that Islam is something more than a religion in the sense in which the word is usually understood – Islamic law, the fundamental institution of Islam, attempts to regulate such things as social life, political theory, economic activity, and penal law, as well as matters of ritual and cultic behavior. In a wider sense, Islam refers to a culture and civilisation, as well as to a religion» (G. R. Hawting: «John Wansborough, Islam and Monotheism», i Warraq 2000, s. 518).

Alle muslimer bør lære Koranen utenat. Barn læres opp til å pugge Koranen på arabisk, og dette selv om de ikke forstår arabisk. Dette er selvfølgelig skadelig for muslimers tenkeevne. Når en muslim kommer i en valgsituasjon har han en eneste ting å gjøre: han må finne ut hva islam sier om denne situasjonen, og så må han handle i samsvar med dette – islam har alltid et svar. En libanesisk forfatter sier det slik: «No problem can occur or event take place for which there is not an explanation in Islamic Law» (Pipes, s. xv). En muslimsk intellektuell på 1100-tallet (Abd al-Qadir) sa følgende om hvordan man bør lede sitt liv: «Overgi dere i Guds hender, overgi deg som ballen i ballspillet, som det døde legemet hos likvaskeren, som fosteret i mors liv» (Vogt, s. 161).

Essensen i islam er altså følgende: Koranen er Guds ord, man må lære Koranen utenat og uten unntak følge den. Man må ikke tenke selv, man må i valgsituasjoner følge Allah bud, dvs. man må finne frem til det Koran-ord, eller det Hadith-ord, eller det som prestene har sagt, om den situasjon man er i, og så må man handle slik det er pålagt der. Koranen, sammen med Hadith, inneholder oppskrifter for alle situasjoner som kan oppstå. Islam består altså av oppskrifter, regler – dvs. islam har ingen etikk, fordi en etikk gir overordnede prinsipper som man selv må vurdere og anvende.

G. H. Bousquet, en fransk kommentator, sa det slik: «There is no ethics in islam». Ibn Warraq utdyper dette slik: «The Muslim is simply commanded to obey the will of Allah, "good" and "bad" are defined as what the Koran, and later Islamic law considers permissible or forbidden» (Warraq 1995, s. 126).

> «Islamic law tries to legislate every single aspect of an individual's life. The individual is not at liberty to think or decide for himself, he has but to accept God's rulings as infallibly interpreted by the doctors of law» (Warraq 1995, s. 181).

> Islam «...gäller inte i första hand övegripande principer eller etiska grundregler, utan just de bestämda konkreta förskrifterna i konkreta situationer ... Man kan knappast tala om nogon overgripande moralteori i islam, eller någon teoretisk etikk innom religionsbegreppets ram» (Hjärpe, s. 10).

Teologen Jan Opsal sier det slik:

> «Islam er lydighetens vei ... Den konkrete konsekvens av denne underkastelse i muslimers liv er lydighet ... Denne lydigheten

192

gjelder på alle livets områder ... Utgangspunktet er at hele verden er skapt av Allah og derfor rettelig tilhører ham ... hans vilje må gjelde på alle livets områder ... det er ikke mulig å skille mellom en "religiøs" og en "verdslig" del av tilværelsen. Et slikt skille vil være uforenlig med troen på Allah ...» (s. 27 i Opsals bok om islam. Boken har den passende tittelen *Lydighetens vei.*)

Koranen er en bok som inneholder leveregler – konkrete forskrifter i konkrete situasjoner, som Hjärpe sa det. Dette er en bok som gir oppskrifter på alle valgsituasjoner som kan forekomme. Man altså skal ikke tenke ved å analysere fakta, man skal kun handle slik som beskrevet i Koranen. Det er i islam ingen rettigheter annet enn å adlyde Gud. Det er strenge straffer for de som ikke adlyder.

> Fra Koranen, 2, 1-6: «Dette er Skriften, – tvil har ingen plass. Den gir ledelse for de gudfryktige ... De vantro, dem er det likegyldig om du advarer eller ikke. De vil ikke tro. Gud har forseglet deres hjerter og deres øyne er dekket. For dem er en svær straff i vente.»

> 17,11: «Vi har gjort klar en smertelig straff for dem som ikke tror på det kommende liv».

> 4,59: «De som fornekter Vårt ord vil vi la møte Ilden. Hver gang deres hud er avbrent, vil Vi bytte den og gi dem en ny, så de kan få føle straffen».

Koranen sier altså klart og tydelig at de som ikke følger Koranen skal straffes hardt. Likevel finnes det vers i Koranen som innebærer respekt for annerledes troende. Et sted heter det at det finnes ikke tvang i religionen – men man kan da spørre seg om det kun er islam som regnes som religion.

Forhold til virkeligheten
Man kan si det slik: for en muslim er det forbudt å tenke. Å tenke er å søke etter sannhet. Å tenke er derfor med utgangspunkt i observasjon av

fakta systematisk og logisk på ethvert område og i enhver sammenheng å søke etter sannheten. Islam sier at man ikke skal tenke (å tenke er å tenke rasjonelt, ikke-rasjonell tenkning er en selvmotsigelse), islam sier kun at man skal adlyde – man skal alltid adlyde Koranen eller Hadith eller lovene. Opsahl: «I tråd med dette har islam alltid lagt mer vekt på den praktiske lydigheten i forhold til Allahs vilje enn den intellektuelle forståelse av troen» (Opsal, s. 27). Dette medfører at muslimer har en svært dårlig virkelighetskontakt. Selvsagt, de mest intelligente klarer til en viss grad å tenke, men muslimer flest er helt fortapt, de aner ikke hvordan de skal forholde seg til virkeligheten. Dette preger alle som er formet av muslimsk/arabisk kultur.

I dag er det et eksempel som alle kjenner til: Bagdad Bob, Saddam Husseins informasjonsminister Mohammed Saeed al-Sahaf, som senere fikk tilnavnet Komiske Ali. Han benektet at amerikanske soldater hadde erobret mesteparten av Bagdad våren 2003 selv om dette var opplagt for alle.

Et annet eksempel: I juni 1967 angrep en allianse av arabiske land Israel, og i løpet av en uke hadde Israel nedkjempet alliansen. Her er hovedpoengene i et kommuniké sendt ute av den militære leder i Kairo til offiseren som ledet de arabiske tropper i Jordan tidlig i krigen. NB: Dette var etter at Israel – uten tap – hadde ødelagt hele den egyptiske flystyrken:

1) Israelske fly har begynt å bombe egyptiske flyplasser, og ca 75% av de israelske flyene er skutt ned.
2) Motangrep fra det egyptiske flyvåpen er i gang over Israel. I Sinai har egyptiske soldater tatt initiativet.
3) Du beordres til å åpne en ny front mot Israel fra Jordan.

Dette er ikke propaganda beregnet for å holde sivilbefolkningens mot og moral oppe, dette er informasjon og beordringer sendt fra en offiser til en annen (Patai, s. 102). Punktene 1 og 2 er helt usanne, og 3 er basert på feilaktige opplysninger. Hvordan kan man føre en krig når kommandørene ikke får fakta å forholde seg til? Det måtte gå galt. Tilsvarende beretninger finnes også fra USA og de alliertes krig mot Irak våren 2003.

Et ferskt eksempel på slik løgnaktighet: Åsne Seierstad skrev etter grundige intervjuer en bok om en bokhandler og hans familie i Kabul. Da bokhandleren fikk vite hva hun hadde skrevet, benektet han at han hadde hatt samtaler med Seierstad, og han benektet det som var blitt sagt i samtaler etter at boken var kommet ut: «Bokhandleren lyver ... Seierstad er sjokkert over hans referater fra samtaler de har hatt ... det er fremmed for vår [Vestlige] kultur å gi notorisk uriktige referater ... Seierstad: "Jeg begynner å lure på hvilken verden han lever i"» (fra en kronikk i Dagbladet 25. september 2003).

La meg gjenta dette poenget: å tenke er logisk å systematisere og trekke slutninger på basis av det man har observert. Flesteparten av de som er fanget inn av islam mangler i stor grad denne evnen. Dette medfører at muslimer ikke kan forholde seg til virkeligheten, og dette er ødeleggende for dem selv og for de samfunn de får makten i.

Folk som er preget av islam ser derfor ned på denne verden, de betrakter den som mindreverdig. Dette har en rekke implikasjoner: Løgn – som er avvik fra virkeligheten – blir akseptabelt hvis man (tror at man selv eller islam) kan tjene på det. Langsiktig planlegging blir umulig. Å gjøre noe praktisk i denne verden som f.eks. å utføre fysisk arbeid blir betraktet som mindreverdig. Videre får man en tendens til å legge store planer, og å snakke om dem i det vide og det brede, samtidig som man gjør lite eller intet for i praksis å gjennomføre disse planene.

Resultatet blir som Pakistans president nylig sa det:

> «...vi [muslimer] utgjør den fattigste, den mest tilbakeliggende, den minst sunne, den mest ressursfattige og den svakeste delen av det menneskelige samfunn. Samtidig er vi den delen av menneskeheten med størst andel analfabetisme» (Aftenposten 14. februar 2002).

Sjelden eller aldri oppnår muslimer suksess på rasjonelle områder: ingen oppfinnelser, ingen VM-gull, svært få Nobelpriser innen videnskap, kun to: Ahmed Zewail (kjemi 1999) og Ferid Mourad (medisin 1998). Muslimer har mottatt prisen i litteratur, men dette er i dag dessverre et sterkt irrasjonelt område. I 2003 ga Nobelkomiteen fredsprisen til en muslim som arbeidet for å forbedre forholdene for muslimske kvinner. Det ble påstått at hun ikke brydde seg om forholdene for ikke-muslimske kvinner. At en muslim ble tildelt fredsprisen er ikke så merkelig; den blir praktisk talt aldri tildelt de som reelt sett arbeider for fred. Riktignok var Egypts president Anwar Sadat en verdig prisvinner, men han ble drept i et attentat pga. sitt fredsarbeid. Drapsmennene var ekstreme muslimer, islamister.

Islamsk konkret innhold

Det eneste viktige for en muslim er å følge islams leveregler. Disse levereglene finnes på alle områder, men alt griper inn i hverandre: syn på ikke-muslimer, syn på kvinner, rettsregler, regler om arverett. Når jeg nå kommer til noen av disse reglene blir det noen krysskoblinger. De mest grunnleggende levereglene er de fem såkalte søyler:

*Man må offentlig uttale trosbekjennelsen: «Det finnes ingen Gud uten Allah og Muhammed er hans profet».
*Man må be fem ganger om dagen.
*Man må gi almisser.
*Man må faste i ramadan
*Man må (hvis man har råd og ikke er syk) reise til Mekka minst én gang.

Fire av søylene innebærer kun meningsløs formalisme, og dette viser at islam er en meget primitiv religion. «I islamsk lov defineres en muslim i forhold til de rituelle pliktene.» (Vogt, s 45). Så enhver som følger disse pliktene er muslim. Kun én av dem – å gi almisser – sier noe om hvordan man skal leve, og det som sies er meget knapt; her er intet om å elske sin neste, eller å respektere hans eiendom, intet om å være ærlig, produktiv, rasjonell, ha integritet, osv. Men slike elementer finner man et og annet sted i islam. En Hadtith sier f.eks. at «En som ikke viser respekt overfor de eldre eller som ikke viser barmhjertighet overfor de små er ikke en av oss». Men menes her at man skal vise respekt og barmhjertighet kun overfor andre muslimer?

Som nevnt inneholder islam leveregler, oppskrifter, for alle tenkelige situasjoner. Muslimer kan ikke forestille seg at det går an å leve uten slike regler, og derfor mener de at alle må ha en religion – å være ateist er for muslimer helt utenkelig.

196

Shia og Sunni

Muslimer er i hovedsak enten shia eller sunni. Omtrent 15% er shia, og her finnes et geistlig hierarki med mullaher og ayathollaer som har autoritet til med en relativt bindende virkning å tolke kildene og definere hva islam er. Innen sunni, som omfatter ca 85% av alle muslimer, finnes det ikke noen overordnede teologiske autoriteter (Hellestveit, s. 28). Utgangspunktet for splittelsen i disse to gruppene var uenighet om arvefølgen etter Muhammeds død.

En tredje gruppe er Ahmadiyya-muslimene. Disse hevder at det er kommet en profet etter Muhammed, og de regnes derfor ikke som muslimer av andre muslimer. De er betraktet som kjettere, og er forfulgt i de fleste muslimske land.

Forhold mellom muslimer og ikke-muslimer

Det finnes alle typer regler i islam, noen gjelder for individer og noen gjelder for hvordan samfunn bør organiseres. Jeg vil omtale disse samlet.

I islamske samfunn er ikke-muslimer reelt og formelt klassifisert som mindreverdige. De har ikke samme rettigheter som muslimer, de må f.eks. betale mer i skatt, de har store begrensninger mht. å eie eiendom, de kan ikke ha offentlige stillinger, de kan ikke ha muslimer som ansatte, de kan ikke i en rettssak vitne mot muslimer i samme grad som en muslim kan. Hvis det viser seg at offeret for en forbrytelse begått av en muslim er ikke-muslim, blir straffen halvert.

En mannlig muslim kan gifte seg med en ikke-muslimsk kvinne, men en muslimsk kvinne kan ikke gifte seg med en ikke-muslimsk mann. Kvinnen er underlagt mannen, og en muslim kan ikke være underlagt en ikke-muslim. Hvis en ikke-muslimsk mann vil gifte seg med en muslimsk kvinne, må han først konvertere (noe f.eks. Olav Thune, som er leder av den taktiske etterforskningsgruppen til Kripos, har gjort for å kunne gifte seg med en muslimsk kvinne han forelsket seg i). I visse perioder ble alle kristne kirker og klostre ødelagt i områder hvor muslimer styrte. Det er helt klart at de misliker at det finnes kirker og klostre, og de tolererer ikke slike ting som ringing med kirkeklokker. Men i perioder er kristne og jøder blitt tolerert.

Et viktig punkt er at islam har dødsstraff for frafall. Dette pålegget kommer dog fra Hadith, og ikke fra Koranen. Den som konverterer, eller blir ateist, kan og bør drepes. Koranen sier om dette:

> «Men de som faller fra og dør som vantro, deres innsats er verdiløs i denne verden og i den kommende. De er Ildens folk, og der skal de være og bli» (Koranen, 2,214, sitert fra Vogt, s. 147).

Vogt sier dog også at

> «Samtlige lovskoler slår fast at frafall fra islam kan straffes med døden ... Dødsstraff for apostasi er innført i noen av de nye islamske republikkene – Iran og Sudan – ... men er forøvrig ikke en del av straffelovgivningen i muslimske land i dag ... Det settes også likhetstegn mellom apostasi og blasfemi ... Ibn Abi Zayd al-Qay-rawani [en stor jurist] skriver "Spotteren skal henrettes umiddelbart, anger aksepteres ikke"» (Vogt, s. 148-49).

Kvinnesyn

Islam har et meget negativt kvinnesyn; flere steder i Koranen er de vurdert omtrent på samme nivå som slaver. Hierarkiet er som følger: Først kommer mannen, så kommer hermafroditten, som har egen status, og så kommer kvinnen og slaven. Typisk er følgende fra Koranen: «Menn er kvinners formyndere ... rettskafne kvinner skal være lydige» (4,38). Islams nedlatende syn på kvinner kommer til uttrykk i Koranvers som dette: «Deres kvinner er en åker for dere, så gå til deres åker slik dere ønsker...» (2,223). Fra Hadith: «En kvinne kan ikke tilfredsstille Gud før hun har gjort det hun skylder sin mann» (Warraq 1995, s. 298). Hadith: «Hvis en kvinne dør mens hun er gift med en mann som er fornøyd, så kommer hun til paradis» (Warraq 1995, s. 298).

Ali, den fjerde kalif (fellesarabisk leder etter Muhammed) og Muhammeds fetter og svigersønn, uttalte at «Kvinnen er ond, men et nødvendig onde». Han sa også at «Et folk vil aldri oppnå suksess hvis det betror sine affærer til kvinner» (Warraq 1995, s. 299).

En fransk kvinne ble nylig voldtatt i den arabiske staten Dubai. Hun rapporterte hendelsen til politiet. Deres respons? Å arrestere henne for brudd på sharia. Å bli voldtatt er nemlig å ha sex utenfor ekteskap, og dette er en stor synd for kvinner. Hvordan reagerer feminister i Vesten på slike hendelser? De reagerer ikke i det hele tatt.

Rettsvesen

Videre, i rettssaker er kvinners vitneprov av mindre verdi. Hvis det skal kunne tilbakevise vitnemål fra menn, må det komme fra dobbelt så mange kvinner som menn. Så hvis en mann voldtar en kvinne og det ikke er noen vitner, så kan han ikke dømmes. I praksis er det ingen straff for å krenke kvinner i muslimske land. (Mer om dette nedenfor.)

Om arv: 4,12: Kvinners andel ved arv er halvparten av en manns andel (90 deles i 60 og 30).

Om skilsmisse: 2,232: «Når dere skiller dere fra kvinner ....» Skilsmisse er altså helt opp til mannen. Han kan bare tre ganger si at han skiller seg, så er han skilt. Men 2,242 sier også noe om dette: «Fraskilte hustruer skal ha underhold på vanlig måte», men det sies at denne forpliktelsen er tidsbegrenset (Vogt, s. 143). Kvinner har ingen tilsvarende rett til enkel skilsmisse.

Om klesdrakt for kvinner: 24,31: kvinner skal «ikke vise sin pryd» for andre enn sine menn og sine familiemedlemmer. Men hva innebærer dette? Koranen tier – noen tolker dette til å bety burka, noen slør, noen mener at kvinnenes hår skal dekkes til, mens noen åpner for vanlige klær.

I noen tilfeller må altså tolkning av Koranen til, men dette skjer kun når teksten er uklar.

Koranen godtar slaveri (2,173; 2,220; 30,27), og det var offisielt akseptert inntil ca 1970-1980. I praksis forekommer det i muslimske land fortsatt. Og apropos slaveri, en mann kan under islam ha inntil fire koner.

Det blir feil å si at dette var vanlig på 600-tallet og at det gjaldt da, men ikke nå. Man kan faktisk si at kvinnene på 600-tallet fikk det bedre enn før med disse bestemmelsene, men å følge disse bestemmelsene i dag er barbarisk.

Man må huske at Koranen ifølge muslimer er Guds eget ord, og at den ikke skal fortolkes. Fortolker man Koranen fornekter man Gud.

Det som Koranen foreskriver skal også gjelde i dag. Den som hevder noe annet er ikke muslim.

Videre, muslimer kan ikke spise svinekjøtt, de kan ikke spille om penger, bruk av rusmidler er forbudt, homofili er også forbudt (se 7,79 og 26,165). Islam har også forbud mot renter: «De som lever av renteutbytting skal stå frem lik en som Satan har slått med sin berøring» (2,276).

Ang. renter: På 80-tallet vokste islam i styrke, og sharia ble i større og større grad fulgt i flere land. En juridisk erklæring fra en muslimsk autoritet i Algerie i 1990 inneholdt følgende spørsmål/svar:

> «I en årrekke har jeg satt penger i banken og mottatt renter, jeg er tidligere blitt rådet til å ta i mot rentene for å gi disse videre til veldedige organisasjoner. Dette synes jeg var å foretrekke fremfor å avstå fra renter og la banken beholde [dem]. Har jeg gjort rett? Jeg ønsker et så detaljert svar som mulig. Svar: All ære tilkommer Gud alene, fred være med profetens segl. Vær klar over, ærede spørger, at det enkle faktum at du har satt penger i banken har gjort deg til en overtreder av loven. Selv om du selv ikke har mottatt rente, går du ikke fri for ansvar. Å bruke en bank som [gir rente], innebærer i praksis at man er medskyldig i bankens utbytting ... Dette betyr urett, synd, ondskap ... [Renteinntektene bør gis tilbake til sine opprinnelige eiere]» (Vogt, s. 235-6).

Hijab

Som vi har sett ovenfor inneholder ikke Koranen noe påbud om at kvinner skal benytte hijab, et skaut som dekker kvinners hår når de oppholder seg utenfor hjemmet. I dag er det allikevel vanlig i islamske land at kvinner påbys å benytte hijab; å benytte hijab skal være et uttrykk for sømmelighet. (Hijabens fysiske utforming varierer dog noe fra land til land.) Muslimske menn blir visstnok opphisset av kvinners hår, og for å hindre at kvinnene skal betraktes som løsaktige, blir de pålagt å skjule sitt hår. I Vesten benytter endel islamske kvinner hijab for å markere støtte til islam. Mange muslimer krever av sine døtre at de skal benytte hijab fra de er syv-åtte år gamle. Årsaken kan være en markering av støtte til islam, eller for å forhindre at disse syv-åtte år gamle jentene skal bli betraktet som løsaktige. (Muslimske jenter kan som nevnt giftes bort fra de er ni år gamle.)

Syn på ikke-muslimer, Muhammed som ideal
Muslimer respekterer til en viss grad i noen sammenhenger kristne og jøder, men ingen andre, andre har for muslimer omtrent samme status som dyr og kan f.eks. avlives uten moralske betenkeligheter.

Men kommer det en kamp mellom muslimer og andre må man ifølge 9,3-4-5:

> « ...stille de vantro i utsikt en smertelig straff! Dog unntatt de av avgudsdyrkerne som dere har gjort avtale med, og som ikke har forbrutt seg på noen måte, eller ytet andre hjelp mot dere. Overhold avtalen overfor dem til fristen er ute ... Men, når de fredlyste måneder er til ende, så drep avgudsdyrkerne hvor dere finner dem – pågrip dem, beleir dem, legg bakhold for dem overalt!»

> 8,40: «Kjemp mot dem til det ikke lenger finnes forfølgelse, og all religion tilegnes Gud».

Muslimer skal ikke røre de som omvender seg, men alle som ikke omvender seg er altså fritt vilt.

Ordet islam betyr underkastelse, en muslim er en som underkaster seg Gud. Og med muslimers utgangspunkt er dette riktig. Man bør fullt og helt underkaste seg Gud – hvis Gud finnes. Andre religioner er ikke like konsekvente som islam her, og derfor er islam ikke bare en bedre religion, den er en konsekvent religion. Islam er en fullstendig konsekvent religion. Men dette synet – at islams grunnholdning er riktig – bygger på én forutsetning: at Gud finnes. Men siden det ikke finnes guder, faller hele teorien sammen. Altså: det er forståelig at religiøse blir muslimer, dersom man har som utgangspunkt at Gud finnes. Men dette utgangspunktet er selvsagt ulogisk.

Muslimer må ikke bare følge Koranen, Hadith og lovene, de må også betrakte Muhammed som det perfekte menneske, og må vurdere alt han gjorde som riktig. Basim Gholzan er redaktør for nettsiden islam.no og tidligere imam, og uttaler ifølge Fri tanke nr 4/03 dette:

«Når det forlanges at muslimer tar avstand fra profeten Muhammed, slik det har blitt krevd i sammenheng med profetens henrettelse av jøder i Medina, blir det vanskelig. *For tar jeg avstand fra profeten er jeg ikke lenger muslim.* Forlanger man noe slikt vil alle grupperinger i islam – fra de mest ekstreme til de mest liberale – samles mot den ytre fienden...» (uthevet her).

Gholzan snakket om «profetens henrettelse av jøder i Medina [i 627]». Hva var det som skjedde? I et tilfelle hadde muslimer under ledelse av Muhammed utkjempet flere slag mot jødiske stammer. I noen tilfeller lot Muhammed de overlevende slippe fri etter at de hadde tapt slaget, men med Quarish-stammen skjedde følgende: Etter at jødene hadde vært beleiret i 24 dager overga de seg, og ba om å få lov til å forlate byen og å få lov til å ta med seg kun noen få personlige eiendeler. Først sa Muhammed Ja til dette, men så ombestemte han seg. Han bestemte at isteden skulle alle menn drepes, og kvinner og barn skulle fordeles som konkubiner og slaver for soldatene. (Å være konkubine innebærer at kvinnen skal være tilgjengelig for stadige voldtekter.) Pengene ble også fordelt – Muhammed selv tok en femtedel av byttet. Mennene, innpå 1000 fullstendig forsvarsløse personer, ble drept ved at de fikk strupen skåret over med sverd. Muhammed selv valgte seg en ung kvinne som konkubine, men først viste han henne de massakrerte likene av hennes slektninger.

Siden Muhammed i all sitt virke er et ideal for muslimer, ser vi i dag at muslimer praktiserer samme type handlinger som Muhammed gjorde her. Og intellektuelle muslimer kan ikke ta avstand fra dette.

Alle muslimer må se opp til, forsvare og forsøke å praktisere det samme som Muhammed gjorde: Siden han giftet seg med en pike på ni år, må dette være riktig, og dette er en akseptert ekteskapsalder for piker i muslimske land; siden han brukte løgn og bedrag for å spre islam må dette være riktig; siden han massakrerte jøder må dette være riktig, osv.

Jihad, hellig krig
Jihad er det arabiske ord for hellig krig. Dette betyr dels å kjempe med seg selv, å ta opp kampen mot sine egne dårlige egenskaper, men det

betyr også krig for å spre islam (evt. forsvare islam). Det endelige mål er å erobre hele verden og underlegge alle den sanne tro. Islam alene har sannheten, det er intet håp om frelse utenfor islam. Muslimer er forpliktet til å legge under seg stadig flere landområder, enten ved å omvende folk til islam eller ved å eliminere de som ikke vil omvende seg. Khomeini sa det slik:

> «... Islam pålegger alle voksne menn, så sant de ikke er funksjonshemmet eller forhindret, å gjøre seg klar til å erobre [andre] land slik at islams lov skal bli adlydt i hvert eneste land i verden» (etterord, Warraq 2003).

Den som dør i kamp for islam er sikret en plass i himmelen. Og der venter belønning av en type som primitive menn vil sette pris på: Koranen sier at «de gudfryktige har i vente seierens sted, haver og vingårder, høybarmede, jevngamle jomfruer... » (78,31...). Fra Hadith (2,562): «Den minste belønningen for Himmelens folk er 80 000 tjenere og 72 hustruer ...». (Den engelske teksten lyder slik: «The least [reward] for the people of Heaven is 80,000 servants and 72 wives, over which stands a dome of pearls, aquamarine and ruby.»)

Man kan dog også finne belegg for noe som tilsynelatende innebærer ikke-aggresjon overfor ikke-muslimer: «Kjemp for Guds sak mot de som bekjemper dere, men gjør dere ikke skyldig i aggresjon» (2,186). Men muslimer i dag ser på Vesten som aggressivt overfor muslimer, f.eks. i og med at folk fra Vesten har funnet olje og etablert virksomheter på «arabiske» områder.

Grunnen til at slike selvmotsigelser finnes i Koranen er som antydet overfor at da Muhammed var i opposisjon preket han fredelig sameksistens, men da han hadde oppnådd makt, var han ikke nådig mot sine fiender.

Forhold til Vesten og USA
Muslimer hater Vesten og spesielt USA. Hvorfor? Muslimer gjør det de mener er det rette – de følger Guds ord. Allikevel går det dem dårlig. Vesten forakter guds ord, og allikevel går det den godt: troende muslimer er fattige, de vantro i Vesten er rike.

Siden muslimer tenker religiøst, må forklaringen være ... Satan. Vestens fremste representant er USA. USA er Satan. Og Satan må bekjempes. Satan kan vende folk bort fra Gud, Satan kan få folk til å miste sin gudstro for isteden å forsøke å nyte dette livet. Og å nyte livet på en rasjonell måte kommer som et resultat av Vestens rasjonelle ideer. Khomeiny sa det slik:

> «Vi frykter ikke økonomiske sanksjoner eller militære angrep
> fra Vesten. Det vi frykter er Vestens universiteter» (Pipes, s. 42).

Khomeiny hadde rett i sak, men han sa det feil. Det islamister bør frykte er Vestens verdier: individualisme, rasjonalitet, rasjonell egoisme, politisk frihet og markedsøkonomi – disse ideene medfører velstand og harmoni i det jordiske livet (som er det eneste vi har). Men i dag står Vestens universiteter ikke for dette, tvert imot. Vestens universiteter er i dag derfor islamisters og ethvert annet barbaris nærmeste allierte.

Et annet sitat viser nøyaktig det samme poeng som Khomeiny påpekte:

> «It is not the American war machine that should be of the utmost
> concern to Muslims. What threatens the future of Islam, in fact
> its very survival, is American democracy».

Dette er budskapet i en ny bok, nettopp publisert av AlQaida. Tittelen er *The Future of Iraq and The Arabian Peninsula After The Fall of Baghdad*, og forfatteren er Yussuf al-Ayyeri, en av Osama bin Laden's nærmeste medarbeidere siden tidlig på 90-tallet. Boken er publisert av The Centre for Islamic Research and Studies, etablert av bin Laden i 1995. Al-Ayyeri påstår at historien er en «evig krig mellom tro og vantro».

Den eneste form for rett tro er islam, som er kulminasjonen av all religiøs tenkning. Derfor har muslimer kun ett mål: å omvende alle mennesker til å bli muslimer, og å utrydde alle spor av andre religioner, filosofier og ideologier.

Videre sier boken: Vantro har i Vesten fått de fleste til å glemme Gud, til å tro at mennesket selv styrer sin skjebne, og å tilbe verden. Det fremste symbolet på dyrkingen av verden og av mangel på gudstro er

USA, den store Satan. Satan får mennesker til å elske denne verden, glemme den neste verden, og å glemme Jihad. Som en muslim sa det: «Amerikanere ønsker å nyte livet. Vi ønsker å dø for Allah». Alle muslimer må, ifølge Al-Ayyeri, kjempe mot Satan, dvs. mot USA og Vesten.

Kan islam moderniseres?

Kristendommen var annerledes under middelalderen enn den er nå. Kristendommen ble modernisert etter opplysningstiden, og er nå annerledes enn den var for 1000 år siden. Enkelte hevder at islam er så ille i dag fordi den ikke har gått igjennom denne moderniserings-prosessen. Men kan islam moderniseres og bli til en noenlunde sivilisert religion? Slik jeg ser det, er dette umulig. Som nevnt er Bibelen skrevet av mennesker, mens Koranen er (ifølge muslimer) skrevet av Gud. En modernisering av kristendommen innebærer en omfortolkning av menneskers ord, og det skulle være mulig, og var mulig. Men en tilsvarende omfortolkning av Koranen skulle innbære at man ikke tar Guds egne ord på alvor. Og dette er nok umulig.

Ja, det vil nok finnes de som vil hevde at de er muslimer og som er tilhengere av en sivilisert utgave av islam. Men disse vil være like mye muslimer som de er kristne de som hverken tror på Jesu oppstandelse eller Guds eksistens, men som sier de er kristne. (Jo, slike finnes, men det er ikke mange av dem.)

Vestens vanlig syn på islam

Vestens første befatning med islam var i forbindelse med korstogene. Korstogene var ifølge Caplex

> «en betegnelse på de kristne erobrings- og plyndringstoktene mot Palestina i middelalderen. Hensikten var å befri kristendommens hellige steder fra muslimene. Det første k. 1096-99 kom i stand på initiativ fra pave Urban 2. Jerusalem ble erobret og det ble opprettet fire korsfarerriker etter føydalt mønster. Det andre k. 1147- 49 på initiativ av Bernhard av Clairvaux og ledet av Konrad 3. av Tyskland og Ludvig 7. av Frankrike, led nederlag ved Damaskus. Det tredje k. 1189-92 ble ledet av den ty. keiser Fredrik Barbarossa, Filip 2. August av

Frankrike og Rikard 1. Løvehjerte av England. Oppnådde et kompromiss med Saladin, sultan av Egypt, om rett til valfart. Det fjerde k. 1202-04 endte som et venetiansk erobringstokt mot handelskonkurrenten Bysants (Konstantinopel).»

Dette er alt som står om korstog i Cappelens nettleksikon, og det er i samsvar med dagens dominerende syn. Dette synet er dog basert på et meget selektivt utvalg av fakta.

Korstogene var ifølge dagens dominerende syn altså en aggressiv krig fra primitive kristne/europeere mot opplyste muslimer/arabere. Korstogene fremstilles som en angrepskrig fra de kristne på de stakkers muslimene. Muslimene krever nå i dag en unnskyldning fra det kristne Vesten. Og det er vel en fare for at de vil få det.

Sannheten? Den er nok noe annerledes. Korstogene var et svar på arabiske/muslimske angrepskriger mot Europa. Muhammed var en meget dyktig krigsherre, og under og etter ham ble det arabiske interesseområde kraftig utvidet ved militær aggresjon. Damaskus ble erobret i 635, Jerusalem i 638, Armenia i 643, Tripolis i 642 og Kypros i 649. Før 710 hadde de kontroll over Nord-Afrika, og ikke lenge etter hadde de erobret Spania. Vatikanet ble angrepet i 878. I 715 hadde muslimene erobret et område som strakte seg fra Spania til India. I alle disse angrepskrigene fôr muslimene brutalt frem og kristne ble slaktet ned. (Slik brutalitet utføres dessverre av alle parter i alle kriger, så vi skal ikke lage noe stort poeng ut av dette her.)

Muslimene hadde rykket helt frem til Donau, men slaget ved Poitiers (732) var et betydelig nederlag for dem. Da hadde araberne okkupert deler av Italia, Spania og halve Frankrike. Men de kristne – serbere – led nederlag i Kosovo i 1389. Dette muliggjorde muslimsk ekspansjon på Balkan.

Det endelige nederlag for muslimene om kjernen av Europa kom så sent som på 1600-tallet. Wien ble forgjeves beleiret av tyrkerne, som var muslimer, i 1529 og 1683. Etter hvert ble muslimene svakere, og Napoleon hadde ingen problemer med å erobre Egypt i 1798.

Hvis man leser vanlige historiefremstillinger er det umulig å få øye på de store linjer, dette fordi forfatterne ikke legger vekt på ideer som den viktige kraft i historien – vanlige historikere ser kun detaljer. Årsaken til dette finner man i den feilaktige metodologien de benytter, og dette er igjen forårsaket av de feilaktige filosofiske grunnideer de har; de legger for stor vekt på detaljer, og når man ikke ser de overordnede prinsipper går man seg vill i detaljene. På historiske kart ser man f.eks. et område beskrevet som det osmanske/ottomanske rike (omkring 1500-tallet), men at dette var islamsk nevnes som regel ikke.

(Et typisk resultat av denne holdningen ser vi i følgende sitat fra en artikkel om røyking signert willy b i Dagbladet 31. desember 2003:

> «Murad den grusomme regjerte i det ottomanske rike (hvor nå det måtte være) fra 1623 til 1640, og skal på den tida ha fått henrettet 25 000 røykere».

At det var et muslimsk styre som henrettet røykere er åpenbart ikke willy b klar over, og hans lesere blir heller ikke gjort kjent med dette.)

Som et svar på det islamske angrepet på Europa ble korstogene iverksatt. Formålet var å slå den muslimske invasjon tilbake fra Europa og også å befri de hellige kristne stedene i Israel – dette var naturlig siden Europa også var preget av religion. Opsal sier det slik:

> «Korstogene er velkjent som det kristne Europas svar på utfordringen fra islam. Korstogene startet etter at Alexius I av Bysants i 1095 bad om hjelp fra det kristne Europa mot de muslimske seldsjukktyrkerne som hadde lagt de østlige provinsene av det bysantinske riket under seg og som truet hovedstaten» (Opsal, s. 18).

Hvis korstogene ikke hadde blitt satt i verk, ville muligens hele Europa, og da også resten av verden, vært muslimsk. Så vi får takke Gud for korstogene.

Fra opplysningstiden

Religion, dvs. kristendommen, nøt ikke stor respekt i opplysningstiden. Det som var populært og moderne var å være deist; å være ateist var alt for radikalt, dette falt ingen inn. (Deismen sier at Gud skapte verden, men at han ikke på noe vis blander seg inn i det som skjer der. Heller ikke belønner eller straffer han folk etter døden for det liv de har levet. Deisme er altså uforenlig med kristendom.)

Tenkerne på denne tiden kjente kristendommen godt, og så med all rett ned på den, men så begynte de å få en viss kjennskap til islam, og denne virket på dem som en langt mer sofistikert og rasjonell religion enn kristendommen: i islam var det ingen gudemennesker (som Jesus var), her var det ingen mirakler, ingen ånder, intet presteskap. Et typisk eksempel på denne holdningen finner vi i følgende uttalelse som Henrik Wergeland visstnok kom med rett før han døde:

> «Den kristne religion setter jeg langt lavere enn tyrkernes og jødenes. Kan det tenkes noen mer absurd påstand enn at det skulle være nødvendig for vår frelse å ha en mellommann til å tale vår sak for guddommen? Dessuten: Den måten hvorpå Bibelen omtaler "verdens frelsers" unnfangelse, ved hjelp av "den hellige ånd", er i høyeste grad støtende for all sømmelighet og sunn fornuft. Og hva mer er: Den vesle planeten som vi bebor, er ikke den altfor liten og ubetydelig i det store univers til at man kan innbille seg at det er til oss den store Gud har sendt sin sønn til vår frelse? Når det gjelder religion holder jeg meg til tyrkernes katekismus [al-Birkawis sammendrag av den sunni-muslimske lære, utgitt på dansk i 1829] som jeg nettopp har lest på ny. Jeg synes den er svært god, og langt overlegen de dogmene som vår religion [kristendommen] bekjenner seg til.» (sitatet, som er omstridt, er hentet fra Johanson, s. 217).

Gibbon og Voltaire omtalte til en viss grad islam på en positiv måte for å sette denne i kontrast til kristendommen (Warraq 1995, s. 21). I middelalderen, i den perioden kristendommen sto sterkt i Vesten, var synet på islam ganske negativt.

Etter hvert bredte det syn seg i Vesten at sivilisasjon, dvs. Vestens i betydelig grad rasjonelle sivilisasjon, var et onde, og man ønsket noe annet, noe mer «naturlig», og man hyllet den edle villmann. Rousseau var den viktigste av de tidlige tenkere som hevdet dette. Islam er en religion som ikke direkte forfektet livsnytelse, men hyller det rette liv i samsvar med Koranens leveregler, og Vestens intellektuelle så på dette som et gode, selvsagt uten at de selv ønsket å praktisere det, da måtte de jo gi avkall på de mange bekvemmeligheter som Vestens rasjonelle sivilisasjon hadde gitt dem.

Muhammed ble betraktet som en vis, sterk og klok leder, en oppfatning som var basert på islamsk propagandalitteratur. Etter hvert fikk man mer kjennskap til islam, men samtidig ble støtten til Vestens verdier svakere. Intellektuelle var ikke villige til å forsvare Vestens verdier, og de ønsket ikke å kritisere ikke-vestlige verdier. Fremstillingen av islam ble derfor mer og mer positiv, og fremstillingen av Vesten og dens verdier ble mer og mer negativ.

FN

Menneskerettighetene, som ble vedtatt av FN i 1948, inneholder en artikkel (nr 18) som sier at

> «Enhver har rett til tanke-, samvittighets- og religionsfrihet. Denne rett omfatter frihet til å skifte religion eller tro, og frihet til enten alene eller sammen med andre, og offentlig eller privat, å gi uttrykk for sin religion eller tro gjennom undervisning, utøvelse, tilbedelse og ritualer.»

Som nevnt har islam dødsstraff for frafall, og dette er i strid med denne bestemmelsen. Mange medlemsland i FN har altså en religion som har et prinsipp som er i strid med menneskerettighetenes artikkel 18. FN gjør ingen ting med dette. Hadde FN vært en seriøs organisasjon og ikke en prateklubb for korrupte bløffmakere og naive politikere, ville alle muslimske land vært sparket ut.

Rushdie-saken

To måneder etter at *Sataniske vers* av den engelske forfatteren Salman Rushdie ble publisert i 1988, erklærte Khomeiny at boken var blasfemisk og at Rushdie måtte henrettes. (Rushdie, som var født i India, hadde i denne boken skrevet noen scener som kunne oppfattes som en latterliggjøring av Muhammed.) Over hele Vesten ble bokhandler som solgte boken utsatt for bombeattentater, forleggere og oversettere ble utsatt for attentater, noen ble også drept.

Innflyttede muslimer i demonstrasjonstog i Vestens storbyer krevde *Sataniske vers* forbudt og Rushdie henrettet. Jeg så på TV fra demonstrasjonen i Oslo at det var motdemonstranter som sto på fortauet der toget gikk med plakater med teksten «Religion dreper», og disse motdemonstrantene ble fysisk angrepet av muslimer i toget. Også blant Vestens intellektuelle var det enkelte som ikke støttet Rushdie. Den store historikeren Hugh Trevor-Roper uttalte at «I would not shed a tear if some British Muslims ... should waylay [Rushdie] in a dark street and seek to improve [his manners]. If that thereafter should cause him thereafter to control his pen, society should benefit and literature would not suffer» (Warraq 1995, s. 9).

Andre som tok avstand fra Rushdie var selvsagt kristne og jødiske religiøse ledere. Vatikanets avis kritiserte Rushdie langt sterkere enn Khomeiny hadde gjort. En kardinal (Albert Decourtay i Lyons) beskrev *Sataniske vers* som en fornærmelse mot all religion. Erke-biskopen av Canterbury uttalte at han forstod muslimenes reaksjon på boken (Warraq 1995, s. 29).

Rushdie-saken gikk ut på at en engelsk statsborger skrev en blasfemisk bok, og Irans regjering dømte ham til døden. Det eneste anstendige som Vestens ledere kunne ha gjort var å kreve at Iran trakk dommen tilbake, og hvis Iran ikke imøtekom dette, burde Vesten gå til krig mot Iran. Regjeringers eneste legitime oppgave er å beskytte sine innbyggeres rettigheter. Ytringsfrihet er en slik rettighet. Og når regjeringen i Iran dømmer og planlegger å henrette en engelsk (britisk) statsborger, så er dette grunn til krig. Men Vestens ledere var for svake og hadde for liten respekt for Vestens verdier og for stor respekt for barbariske «kulturer» til å gjøre det rette.

Hvis Vestens ledere hadde kommet med reelle trusler om krig, hadde det ikke blitt krig og verdenshistorien fra 1990 og frem til i dag hadde sette helt annerledes ut. Det ville f.eks. ha vært langt færre terrorangrep mot Vesten. Men i vanlige miljøer er man ettergivende og respektfull overfor islam, og man ønsker ikke å skape et negativt bilde av islam, selv om fakta skulle tilsi dette.

Andre eksempler på Vestens svakhet overfor islam: Ingen politiske ledere i vestlige land har noen gang uttalt seg negativt om islam, snarere tvert imot: Napoleon, Bush sr, Clinton, Blair, Bush jr, sier alle som en at islam er en fredsreligion, og at de respekterer islam. Den nederlandske politikeren og akademikeren Pim Fortyn var sterkt negativ til islam, men han ble drept i et attentat i 2002. Drapsmannen var ikke muslim, men hans motiv var et ønske om å forsvare islam mot kritikk,

Pressen, som stort sett er venstreorientert, fremstilte drapet som om Fortyn fikk det han fortjente.

President Bush jr. har beskrevet den nåværende krigen som en krig mot terrorisme, han har ikke sagt hva det burde være: en krig mot fundamentalistisk islam. Andrew Young, som var USAs FN-ambassadør under Carter, beskrev Khomeiny som en helgen (Pipes, s. 89). I USA ble det for noen år siden laget en annonse som viste folk som lå bøyd som muslimer i bønn – men de tilbad en fotball. Reklamen var for Total Sports (Pipes, s. 166). Muslimer protesterte, og annonsen ble trukket. Burger King trakk etter protester en annonse hvor en person ved navn Rasheed sa han likte en hamburger med bacon. (Muslimer kan jo ikke spise svinekjøtt.) Det ble i USA laget en spillefilm om Muhammed. For å ikke tråkke noen på tærne ble en muslimsk organisasjon konsultert. Tror noen at Hollywood ville ha gjort det samme hvis de skulle lage en film om Jesus – ville de da ha spurt Paven om godkjennelse? Nei, selvsagt ikke.

USA i Saudi-Arabia: Barbiedukker ble nylig forbudt i Saudi-Arabia. Der er det altså akseptert å ha 18 koner, å gifte seg med ni år gamle pikebarn, å steine kvinner som er utro, å lemleste tyver, men å ha en Barbiedukke skal være forbudt. Amerikanske soldater er stasjonert i Saudi-Arabia, og de har ikke lov til å ha med seg Bibler eller kors. Så et halssmykke i form av et kors kan ikke amerikanske soldater ha på seg hvis de er stasjonert i Saudi-Arabia. Hvorfor? «Two religions shall not remain together in the peninsula of the Arabs» sier en Hadith (Warraq 1995, s. 217).

Israel
Dette – at to religioner ikke skal finnes der araberne holder til – er også årsaken til det som kalles «konflikten i Midt-Østen», dvs. de arabiske lands krig mot Israel. Araberne vil jage jødene på sjøen. De tolererer ikke at Israel eksisterer. Området er hellig muslimsk land, og det som har vært muslimsk, det skal forbli muslimsk. Husk at det i islam er dødsstraff for frafall. Så når et område har vært arabisk i lang tid – fra 637, da Jerusalem ble erobret, til 1948, da Israel ble opprettet av FN, så kan ikke islamsk kultur godta at det etableres et vestlig demokrati på hellig islamsk jord. Det er dette konflikten dreier seg om. Alle andre fremstillinger henger seg opp i detaljer, og da er konflikten umulig å

forstå. Konflikten om Israel vil fortsette inntil Israel er utslettet, eller til islam er langt svakere enn den er i dag.

Muslims svar på 11. september

Praktisk talt samtlige muslimer, ikke bare islamistene, men også vanlige muslimer, støttet terrorangrepet på USA 11. september 2001. Praktisk talt alle muslimske intellektuelle som har uttalt seg om dette, støttet angrepet. Ja, noen av dem har sagt at de er imot drap på uskyldige. Men man kan da spørre seg om de mener at de amerikanere som ble drept i terroraksjonen 11/9 var uskyldige.

Som vi tidligere har sett er angrepene på Vesten religiøst begrunnet, de er ikke begrunnet av økonomiske sammenhenger. Vestens intellektuelle, ødelagt som de er av marxistisk vås (f.eks. at det er økonomiske forhold som bestemmer menneskers ideer og dermed deres handlinger), sier at fattigdom er årsaken til terrorismen. Dette er helt feil. Terroristene kommer fra rike familier og/eller områder, og de sier selv at religionen er årsaken til aksjonene. Dette er ikke noe påskudd, de tar religionene på alvor. De tror virkelig at de kjemper for Guds/Allahs sak, og at de som belønning vil komme til himmelen og bli betjent av 80 000 tjenere og 72 jomfruer. Ja, for å hindre fremtidig terror man må fjerne terrorismens årsak. Denne årsaken er ikke fattigdom, den er islam.

Media i dag

I det siste har det vært en rekke eksempler på medias løgnaktighet i forholdet til islam.

I avisomtalene av følgende tilfeller kan man lett se et mønster:

*John Walker Lind, amerikaneren som kjempet for Taliban.

*Snikskytterne som drepte 15 mennesker i Washingtonområdet tidlig i 2003.

*Skobomberen Richard Reid, som smuglet sprengstoff i sine sko for å forsøke å sprenge et fly mens det var i lufta.

*Den amerikanske soldaten som drepte fire meddsoldater rett før krigen i Irak brøt ut våren 2003.

*Bombemannen Joe Padilla.

*Mannen som var involvert i en skyteepisode ved El-Al-skranken på flyplassen i Las Vegas (El-Al er det israelske flyselskapet).

212

Alle disse gjerningsmennene hadde konvertert til islam. Alle hadde skiftet navn fra John Walker Lindh, fra Richard Reid, fra Joe Padilla, til Syuleman Al-Lindh, Abdel Rahim, John Mumammed, o.l.

Og hva skriver avisene? De skriver avisene at «sko-bomberens motiv et mysterium» eller «skyting på flyplassen i Los Angels er sannsynligvis forårsaket av uenighet om billettpriser». Snikskytteren i Washington ble omtalt som veteran fra Gulf-krigen. At han hadde konvertert til islam og var med i Louis Farrakhans Nation of Islam ble ikke omtalt i avisene. Altså: avisene lyver for å fremstille islam og muslimer mindre negativt enn de fortjener.

La oss ta med enda et eksempel på Vestens unnfallenhet overfor islam. I California har delstatsforsamlingen nå innført et tre ukers kurs i islam for alle syvendeklassinger. Elevene må ta muslimske navn, planlegge en reise til Mekka, leke jihad (antagelig ikke den voldelige varianten), be til Allah «den medfølende» og de må rope «Pris Allah, skapelsens herre». Elevene oppfordres også til å kle seg i muslimske klær. Det oppfordres dog ikke til å steine jenter som ikke bærer hijab, antagelig heller ikke til å trakassere sine jødiske lærere eller leke at de er selvmordsbombere som sprenger sine medelever i småbiter. En lærebok om religioner, brukt i California, omtaler korrekt inkvisisjonen og heksejakt som typiske uttrykk for kristendommen, men sier intet om muslimenes tilsvarende aktiviteter. (Kilde: Ann Coulter: «It's The Winter Solstice, Charlie Brown!», September 24, 2003.)

Noen avsluttende punkter

Hvorfor konverterer så mange i Vesten? Fordi folk ikke lenger læres opp til å tenke, fordi de blir lært opp til å forakte Vestens verdier og fordi de observerer et moralsk forfall i Vesten. De ser ikke at grunnen til forfallet er at kulturen er i ferd med å forlate de verdier som Vesten bygger på. Den relativisme som er så utbredt i Vesten i dag er forferdelig, og enkelte tar avstand fra denne ved å hoppe på det regelsett som Koranen og islam tilbyr. Noen rasjonell løsning ser de ikke fordi deres tenkeevne er ødelagt av den kulturen som dominerer i Vesten i dag. Det eneste alternativ til dagens relativisme som folk kjenner til er religion, og siden kristendommen er diskreditert og siden islam er den mest konsekvente religionen, så konverterer mange til islam.

Hvorfor er Vesten så svak? USA har siden 1980 blitt utsatt for en rekke terrorangrep fra islamister. Inntil angrepet 11. september 2001 lot USA praktisk talt være å svare på disse angrepene. Hvorfor? Og når USA nå har gått til krig, så fører de den på en ynkelig måte: de slipper matpakker over Afghanistan, de kaller krigen for «Operation Iraqi Freedom», osv.

Hvorfor?

Hvorfor er Vesten så svak? Det er på grunn av den selvoppofrende etikken som dominerer i Vesten. Vesten våger ikke lenger kjempe for sine verdier. Så lenge altruismen dominerer, har vi ingen mulighet til å slå tilbake islamisters angrep på Vesten. Da vil vi i praksis legge oss flate for alle som vil krenke oss, og vi vil ikke være i stand til å forsvare oss.

Det USA (og alle andre land i Vesten) burde ha gjort er si at Vestens verdier; individualisme, fornuft, selvrealisering, politisk frihet, markedsøkonomi; er overlegne, at disse verdiene er det eneste grunnlaget for et sivilisert samfunn, at terroristene med støtte fra regjeringer i en rekke muslimske land har gått til angrep på dette og at vi har all rett til å forsvare oss. Enhver krig er selvfølgelig forferdelig, men den part som forsvarer seg må føre den så kraftig som mulig for å få avsluttet krigen så raskt som mulig. USAs krigføring i Afghanistan og Irak har vært alt for forsiktig, og dette vil føre til at disse områdene vil skape problemer for Vesten i en lengre tidsperiode enn det som hadde skjedd hvis krigen hadde vært ført på en effektiv måte.

Hvordan forholder vi oss til muslimer og til islamister? Vi har mange muslimer iblant oss, og de er for det meste fredelige, arbeidsomme, anstendige mennesker. Innimellom hører vi om, eller ser på TV, islamister, fanatiske militante muslimer. Det er disse som utfører terrorhandlinger.

Hvordan bør vi forholde oss til disse? Er begge grupper våre fiender, eller er det kun islamistene? At det finnes noen muslimer i blant oss er ikke problemløst. I dag [2001] er det mer enn elleve millioner muslimer i Vest-Europa (Pipes, s. 42). De vil kreve demokratiske rettigheter: at det tas hensyn til dem på skoler og sykehus. F.eks. protesterte nylig muslimer i Oslo fordi en barneavdeling på et sykehus var dekorert med dyretegninger, og en av disse viste en gris. (Islam sier at grisen er et skittent dyr.) Muslimske jenter kan ikke dusje etter gymtimer på skolen. Personer fra muslimske lands ambassader går inn på filialer av Deichmanske bibliotek og fjerner litteratur de ikke liker.

Hvis det blir mange muslimer, så vil det også bli et betydelig antall islamister. Og disse er farlige. Hvis disse islamistene aksjonerer, f.eks. ved å utføre attentater, ved å kaste brannbomber mot bokhandler, ved flykapringer og kidnappinger, da vil muslimer flest slutte seg til disse. Hvis vi går åpent til angrep, om så kun med ord, på islamistene, så vil de moderate slutte seg til islamistene.

Dette så vi tydelig i Rushdiesaken, hvor praktisk talt alle muslimer i Norge støttet dødsdommen. Muslimer som var noenlunde fremtredende i norske media, f.eks. kommunestyremedlemmer for Ap, sa at de støttet dødsdommen, mens de som var litt mer utspekulerte sa at de ikke ville svare på spørsmål om dette.

Vi så det også i holdningen til det som skjedde i USA 11/9-01. Ingen fremtredende muslimer tok avstand fra denne terrorhandlingen. De sa at islam har forbud mot å drepe uskyldige, men hvor mye er dette utsagnet verdt? Er det virkelig slik at islam betrakter de som arbeidet i WTC som uskyldige?

Under en konferanse for ledere i muslimske land i oktober 2003 uttalte Malaysias statsminister Mahathir Mohammad at «Jews rule this world by proxy. They get others to fight and die for them». Publikum besto av 57 statsledere, og disse ga ham en stående applaus. Canadas statsminister Jean Chrétien ga Mahathir en vennlig håndtrykk etter talen. Siden dette er holdningen blant ledere i muslimske land og blant vestlige politikere, så lover ikke dette godt.

Forholdet mellom (fredelige) muslimer og (voldelige) islamister kan sammenlignes med forholdet mellom sosialdemokrater og kommunister. Begge hadde samme mål: et sosialistisk samfunn. Sosialdemokratene vil gjøre det via flertallsvalg, kommunistene vil gjøre det med revolusjon og vold.

Hvorfor er så mange muslimske innvandrere kriminelle? I de siste 20 år har det vært en betydelig innvandring til Europa: Tyskland, Frankrike, England, Danmark, Sverige og Norge har alle mottatt et stort antall innvandrere. Disse innvandrerne har kommer fra mange ulike områder: Afrika. Asia, de arabiske områder, og disse innvandrerne har ført med seg en sterk økning i kriminaliteten. Praktisk talt all denne økningen er det muslimer som står for. (De offentlige statistikker publiseres dog som regel på en slik måte at dette er umulig å oppdage.)

Det er svært viktig å kategorisere det som eksisterer på korrekte måter, dvs. ting som har essensielle likheter må klassifiseres sammen, og ting som har essensielle forskjeller må ikke klassifiseres sammen. Poenget her er at det er essensielle forskjeller mellom muslimske innvandrere og ikke-muslimske innvandrere, og hvis man klassifiserer disse sammen under begrepet «innvandrere» eller «fremmedkulturelle», blir det umulig å bli oppmerksom på denne forskjellen. Å klassifisere ting riktig er nødvendig for at man skal kunne forstå, og derved kunne handle riktig. I dag sier enkelte at innvandrere står for mesteparten av den økede kriminaliteten som har skjedd de siste tiår, men gruppen innvandrer er ikke en god klassifisering, den er for grovmasket siden den ikke sier noe om de forskjellige kulturelle bakgrunner som ulike innvandrere har.

Hadde myndighetene publisert statistikker som plasserte kriminelle etter religiøs bakgrunn, eller etter opprinnelsesland, ville man tydelig sett at muslimer er sterkt overrepresentert blant de kriminelle. Slike statistikker vil ikke i noe vestlig land bli publisert med det første, siden myndighetene er redde for å krenke en ikke-vestlig kultur. Dette er ikke i strid med det faktum at slike statistikker finnes, og det forekommer arbeidsulykker som innebærer at de havner i pressen. En notis i en svensk avis (Aftonbladet 13. mars 2000) viste at ca 20 % av alle innvandrere med bakgrunn fra muslimske land hadde vært involvert i kriminelle handlinger som de var blitt dømt for. Ut fra dette kan man slutte at omtrent halvparten av muslimske menn som har innvandret til Sverige er involvert i kriminalitet. Tilsvarende tall er også blitt publisert i Danmark.

Hvorfor er så mange muslimske innvandrere til Vesten kriminelle? De er oppfostret på en ideologi som sier at ikke-muslimer er mindreverdige, og en naturlig følge av dette er at muslimer ikke behøver å vise respekt overfor ikke-muslimer. Som vi har tidligere har påvist finnes det steder i Koranen som impliserer at krenkende handlinger overfor ikke-muslimer er legitime. Selvsagt vil intellektuelle muslimer benekte at dette er en korrekt anvendelse av Koranen, og de vil henvise til steder i Koranen som sier at man skal respektere også ikke-muslimer, og muligens mener de dette i fullt alvor. Men det vil

216

alltid finnes mennesker som tar bruddstykker av en helhet for å legitimere egen kortsiktig tilfredsstillelse. Og når i tillegg denne helheten er irrasjonell, så har de intet valg, da må de plukke ut bruddstykker.

De forbrytelser som er verst av de som muslimer er innblandet i er selvsagt de som rammer kvinner. Tvangsekteskap, kvinne-mishandling, omskjæring, voldtekter, drap, æresdrap, blir langt oftere begått av muslimer enn av ikke-muslimer. Hvorfor? Fordi islam som vi har sett har et sterkt negativt kvinnesyn.

Det er ikke bare i Europa at muslimer begår slike forbrytelser. «I 1998 ble det rapportert flere hundre æresdrap i Pakistan, men det reelle tallet er sannsynligvis langt høyere. Disse drapene skjer ofte på basis av rykter om at kvinner har vanæret sin familie. Kvinner blir sjelden gitt mulighet til å forsvare seg mot slike påstander. Tradisjonelt sett er fundamentet for familiens ære basert på at kvinnene ivaretar sin ærbarhet. Det familiære æresbegrepet brukes til å legitimere ekstrem voldsbruk overfor kvinner som våger å kreve de rettigheter de er gitt av både lovverk og religion.» (Amnesty Nytt Nr 2 1999) Ordet Pakistan betyr det «rene land», og ren betyr at det ikke finnes ikke-muslimske innslag.

Generelt er kvinner i muslimske land betraktet som annenrangs borgere.

> «Kvinnen blir systematisk holdt bort fra den offentlige sfære i mange [muslimske] land, og har begrenset adgang til utdannelse og yrkesliv. Samtidig dominerer fremdeles primitive, patriarkalske forestillinger i flere land. Saudi-Arabia er et grelt eksempel – der kan ikke kvinnene kjøre bil alene. I andre land, som Jordan, de palestinske områdene og Irak, er såkalte "æresdrap" på kvinner ofte akseptert, i en viss grad til og med av rettsvesenet» (Høigilt, s. 9).

Hva gjør vi?

Vi må forsøke å vinne tid, fordi jo mer våre ideer – Vestens ideer – blir spredt jo sterkere blir vi og jo svakere blir våre motstandere, og det er helt klart at muslimer er motstandere av velstand, frihet, likestilling mellom kjønnene, etc. Ideer styrer, og grunnen til at det i dag bærer av sted i feil retning er at i dag er det feilaktige ideer som dominerer. Vi må spre de rette ideene, Vestens fundamentale ideer. Innen metafysikk må vi si som sant er at det kun finnes én virkelighet, det er ikke noen annen virkelighet hvor Gud finnes. Gud/Allah finnes ikke. Videre, om mennesket må vi si at enhver er herre over sin skjebne, mennesket har fri vilje og kan og bør styre sitt liv. Et levende menneske er ikke som liket hos likvaskeren. Innen epistemologi må vi si at kun observasjon og fornuft gir kunnskap, åpenbaringer gir ikke kunnskap. Man må alltid tenke selv, og ikke basere seg på autoriteter, enten den er Bibelen, Toraen eller Koranen.

Innen etikk må vi forfekte individualisme og selvrealisering – rasjonell egoisme – og vi må bekjempe de utbredte idealene kollektivisme og selvoppofrelse. Individualisme og selvrealisering er etiske prinsipper som er i samsvar med menneskets natur, og de vil derfor ha positive konsekvenser. Kollektivisme og selvoppofrelse er i strid med menneskets natur, og de vil derfor ha negative konsekvenser. Innen politikken må vi forfekte individers rettigheter, dvs. frihet og kapitalisme, ikke ufrihet og tvang i form av f.eks. sosialisme, velferdsstat eller teokratisk diktatur.

Dette vil være en kamp mot alle former for irrasjonalitet, og alle religioner er eksplisitt irrasjonelle. Vi må bekjempe alle religioner med de rette ideene. Man hva gjør vi rent konkret i dagens politiske spørsmål?

Utenrikspolitisk: Islamistiske regimer må styrtes. Jeg tenker på f.eks. de i Iran og Saudi-Arabia. Vi må støtte de land som er i strid med muslimer: Russland mot Tsjetjenia; India mot Pakistan; Israel mot PLO, Hamas, Hizbolla, Islamic Jihad.

Innenrikspolitisk: Vi må kreve av alle innvandrere at de skal undertegne en erklæring om at de vil følge norsk lov. Kjente islamister må ikke slippe inn i landet. Dette er i fullt samsvar med prinsippet om fri innvandring fordi dette prinsippet selvsagt ikke omfatter kriminelle.

Alle muslimske miljøer må overvåkes nøye. Alle som viser at de er islamister må rettsforfølges: islamisme er å betrakte som en kriminell konspirasjon. Det er rettighetskrenkende å fremsette reelle trusler, og når en islamist omtaler USA som Satan, etc. så kan dette være en reell trussel. Hva vil skje fremover? Dette spørsmålet er det vanskelig å svare på. Uansett kan man si at vi lever i en spennende og interessant tid. Og vi kan da minnes den gamle kinesiske forbannelsen «Måtte du leve i interessante tider».

Litteratur:

Arkoun, Mohammed: *Arabisk idéhistoria*, Alhambras 1993
Burton, Richard: *Personal Narrative of a Pilgrimage to Al-Madinah & Meccah.* 2 vols., Dover 1964
Coulter, Ann: *Treason,* Crown 2003
Grimberg, Carl: *Verdenshistorien. Bind 7*, Bokklubben 1985
Hellestveit, Cecilie: «Islam og demokrati», Babylon No 1 2003
Høigilt, Jacob: «Det avgjørende demokratiet», Babylon No 1 2003
Hjärpe, Jan: *Islam,* Almqvist & Wicksell 1992
Johanson, Ronnie (red.): *Opprør. Religionskritikk i norsk lyrikk,* Humanist forlag 1999
Kepel, Gilles: *Jihad: The Trail of Political Islam,* Harvard University Press 2002
Muhammed: *Koranen,* Universitetsforlaget 1989
Opsal, Jan: *Lydighetens vei,* Universitetsforlaget 1994
Patai, Raphael: *The Arab Mind,* Schribner's 1983
Pipes, Daniel: *Militant Islam Reaches America,* Norton 2003
Rashid, Ahmed: *Afghanistan & taliban,* Dansk Gyldendal 2002
Vikør, Knut S.: «Språket og det heilage: arabisk og islam», Språknytt 3–4/2003
Vogt, Kari: *Islams hus,* Cappelen 1995
Warraq, Ibn: *Hvorfor jeg ikke er muslim,* Humanist forlag 2003
Warraq, Ibn: *Why I am not a Muslim,* Prometheus 1995
Warraq, Ibn (ed): *The Quest for the Historical Muhammad,* Prometheus 2000

Kleskoder
Publisert på Internett januar 2004

Debatten om et eventuelt forbud mot bruken av hijab har ført til en rekke avisinnlegg som alle unngår det poeng som kan løse problemet. Kjernen i problemstillingen kan illustreres med følgende eksempel: Har en restaurant rett til å kreve av sine (mannlige) gjester at de har på seg jakke og slips for at de skal kunne slippe inn? Etter mitt syn har den rett til det. Mitt syn er at den som eier en eiendom – i dette tilfellet restauranteieren – har all rett til å sette betingelsene for bruken av eiendommen.

Tilsvarende gjelder i alle andre tilfeller: en kirke kan kreve at de besøkende dekker til hodet, en moské kan kreve at de besøkende tar av seg sine sko, en bedrift kan kreve at de ansatte bærer uniform, en skole kan kreve at elevene ikke bærer nazikors, en organisasjon (musikkorps, speiderbevegelsen, Frelsesarmeen, klostre) kan kreve at medlemmene bærer uniform når de opptrer på vegne av organisasjonen, osv.

Mao. kleskoden på en eiendom bestemmes av eieren. Dette innebærer selvsagt at det er opp til en bedrift selv å avgjøre om den vil tillate sine ansatte å bære hijab eller ikke.

Hvis A-møbler ønsker at de ansatte ikke skal bære hijab, så har de all rett til dette. Hvis IKEA vil tillate sine ansatte å bære hijab, har de all rett til dette. Den som insisterer på å bruke hijab på jobben må finne en arbeidsgiver som godtar dette.

Den tidlige liberalistiske teoretikeren Samuel Pufendorf sa det slik: «Eiendomsrett løser konflikter». Jeg er enig i dette. Dagens debatt om hijab illustrerer tydelig at konflikter er uløselige uten eiendomsrett. En demokratisk løsning innebærer at et flertall tvinger sitt syn på et mindretall, og hvis mindretallet ikke vil finne seg i den påtvungne løsningen, vil det bli bråk.

Konflikten i Midt-Østen

Publisert i AERA nr 3/2002

Midt-Østen har vært et område med stor uro – nærmest kontinuerlig krig – siden Israel ble opprettet i 1948. Grunnen til uroen er at det er to ulike grupper som hevder at de har rettmessig krav på det samme området, dvs. området hvor Israel nå ligger, inkludert Judea og Samaria (Vestbredden) og Gaza. Mange jøder mener at dette landområdet er deres fordi det er gitt dem av Gud (et flertall av Israels innbyggere er ateister, men også mange av disse benytter faktisk denne begrunnelsen for Israels rett til å eksistere). Araberne, på den annen side, påstår at dette området er deres fordi de har bodd der i mange århundrer før Israel ble opprettet.

Allerede her ser vi de irrasjonelle ideer som konflikten bunner i. Befolkninger kan ikke ha krav på å eie/besitte områder, og legitim eiendomsrett kan ikke baseres på påstander om hva guder har sagt. Viktigst for å ta standpunkt til konflikten blir da følgende spørsmål: hvilken av de to kulturer som er innblandet her – den som jødene i det store og hele står for, eller den som araberne i det store og hele står for – er mest i samsvar med hvordan stater bør organiseres, dvs. hvilken av disse to kulturene er mest i samsvar med menneskets natur?

Svaret på dette spørsmålet kan man finne ved å se på styresettet i de ulike landene. Israel er dessverre ikke et fritt samfunn med full respekt for individers rettigheter, men landet har en demokratisk styreform og er i stor grad et sivilisert samfunn etter vestlig mønster. I motsetning til dette er alle arabiske land mer eller mindre primitive diktaturer.

Allerede her har man et tilstrekkelig grunnlag for å kunne ta det riktige standpunkt i konflikten: Israel må ha rett til å eksistere innenfor sikre grenser. Arabernes krav om å «kaste jødene på sjøen» – ja, det er dette som er arabernes krav – må selvsagt avvises.

(Jeg snakker her om jøder og arabere, men jeg mener selvsagt ikke at dette er homogene grupper hvor alle individer har de samme oppfatningene. Når jeg f.eks. skriver om et jødisk standpunkt, mener jeg et standpunkt som dominerer blant jøder, dvs. det standpunkt som et overveiende antall jøder har valgt.)

Den eneste løsningen på Midt-Østen-problemet – og på alle andre politiske problemer – er selvsagt at stater bør organiseres i samsvar med prinsippet om individers (lockeanske) rettigheter. En slik styreform kan dog ikke etableres før dette prinsippet er akseptert i brede grupper i befolkningen, og dette prinsippet forutsetter igjen aksept for enda mer fundamentale filosofiske ideer. I Vesten, inkludert Israel, er dette prinsippet til en viss grad kjent, men i den arabiske verden er det dessverre annerledes: her er ikke bare prinsippet om individers rettigheter fullstendig ukjent, den arabiske verden er preget av islam, og alle arabiske land fører en politikk som i betydelig grad er i samsvar med islam. Alle arabiske land har altså dessverre en primitiv, irrasjonell, kollektivistisk kultur, og politisk frihet er fullstendig fraværende. Det finnes riktignok velstand i noen av disse landene, men denne velstanden er ikke et resultat av innbyggernes verdiskapende aktiviteter, velstanden er basert på beskatning av vestlige selskapers olje-utvinning.

Islam er, som alle andre religioner, ødeleggende for materiell velstand. Praktisk talt alle religioner forfekter irrasjonalitet, ydmykhet, selvoppofrelse og fattigdom, og samfunn hvor religiøse ideer dominerer vil da naturlig nok preges av fattigdom og ufrihet. Pakistans president bekreftet nylig dette ved å si at

«Det muslimske fellesskapet – ummaen – utgjør en fjerdedel av menneskeheten. Men vi utgjør samtidig den fattigste, den mest tilbakeliggende, den minst sunne, den mest ressursfattige og den svakeste delen av det menneskelige samfunn. Samtidig er vi den delen av menneskeheten med størst andel analfabeter, uttalte [Pakistans president] Musharraf» (Aftenposten, 14. februar 2002).

Som nevnt er det arabernes ønske (og la meg igjen presisere at denne formuleringen ikke betyr at alle arabere automatisk har dette ønsket, formuleringen innebærer at dette er den holdningen som dominerer blant arabere) å «kaste jødene på sjøen» og fjerne staten Israel. De mener at det er de som har rett til dette området, og at jødene ikke har rett til å være der, eller i hvert fall ikke har noen rett til å opprette en stat der.

Men sier ikke arabiske ledere det motsatte av det som påståes her? Sier ikke arabiske ledere nå at de vil respektere Israels rett til å eksistere innenfor sikre grenser, og at det de nå ønsker kun er at Israels okkupasjon av Palestina skal opphøre og at en palestinsk stat skal etableres i Judea og Samaria (Vestbredden) og i Gaza? Innbyggerne i denne palestinske staten skal i hovedsak være de arabere som opprinnelig bodde i det som nå er Israel, men som flyktet fra (eller ble jaget bort fra) dette området i den perioden Israel ble etablert.

Det er korrekt at arabiske ledere sier at de skal respektere Israels rett til å eksistere, men dette sier de kun til vestlige journalister og ledere. Til sine egne sier de at deres mål er en palestinsk stat «fra elven til havet», dvs. fra Jordan-elven til Middelhavet. F.eks. har Irans sterke mann ayatollah Ali Khamenei krevet at «denne kreftsvulsten av en stat må fjernes fra området». (Israel beskrives som en kreftsvulst fordi Israel representerer vestlige verdier – men uten vestlige verdier og vestlig teknologi ville ingen visst hverken hva kreft er eller hvordan den kan bekjempes.) Å fjerne Israel er altså de arabiske lederes mål, og alle fredsavtaler som innebærer noe annet er kun en del av deres taktikk; de arabiske stater kommer ikke til å respektere noen fredsavtale som innebærer at Israel vil fortsette å eksistere.

At palestinernes fredsavtaler er av denne typen kan vi tydelig se på flere områder. Palestinske skolebarn, som benytter geografibøker hvor kartene over området er tegnet uten at Israel er med, blir lært opp til å ofre seg for «saken», de blir i skolen og i barne-programmer på TV direkte lært opp til å bli selvmordsterrorister. En barnesang som synges i disse programmene inneholder formuleringer som følgende: «I will come at the time of drought and with my best efforts bring a machine gun, violence, anger, anger, anger...» og «I foresee my death, but I march quickly. Am I afraid? Life has little value because I'm returning to my lord and my people will know I am a hero» (kilde er FOX TVs hjemmeside 4. februar 2002).

I samsvar med dette har arabere spesielt i de siste år, etter at Israel i stadig større grad har trukket seg ut og overlatt til PLO styringen av Judea/Samaria/Gaza, begått et stort antall terror-aksjoner mot sivile i Israel. Disse terroristene blir hyllet som helter i det palestinske samfunn. Pga. religionen tror disse menneskene at soldater og terrorister som dør i strid kommer til himmelriket og mottar store belønninger, og dette er jo en sterk motivasjon for å begå slike handlinger. Ønsket er dog sterkt irrasjonelt, slike handlinger vil stå uendelig fjernt fra enhver rasjonell person. En kultur som forfekter slike holdninger er svært primitiv og barbarisk. Også blant jødene finnes det personer som har tilsvarende holdninger overfor araberne, men disse utgjør kun en liten del av Israels befolkning, mens blant araberne er slike holdninger sterkt utbredt.

Hvorfor har arabere dette sterke ønsket om å utslette Israel? Arabere/muslimer har det syn at det som en gang har vært deres, det skal fortsett å være deres. Man må ikke glemme at islam har dødsstraff for frafall: den som en gang har vært muslim skal fortsette å være muslim: hvis han forlater islam fortjener han dødsstraff. Arabere betrakter det området Israel nå ligger som noe som en gang har vært deres, og da er det fortsatt deres og de skal ta det tilbake, koste hva det koste vil. Yassir Arafat bekreftet dette i et intervju sendt på TV2 7. mars 2002 i forbindelse med israelske militære svar på palestinske terroraksjoner rettet mot sivile israelere:

> «De [Israels ledere] insisterer på å fortsette den militære opptrappingen mot det palestinske folket. De må forstå at ingenting vil rokke ved vårt forhold til det hellige land. Til Palestina» (TV2s oversettelse).

Arafat sier altså at det viktigste for dem er «forholdet til det hellige land, Palestina», og med Palestina mener han ikke kun Judea, Samaria og Gaza, han mener hele det området hvor Israel nå befinner seg.

Araberne har med militær makt og terrorisme kjempet imot Israel nærmest kontinuerlig siden Israel ble opprettet. Fordi Israel er et land med en vestlig orientert kultur og derfor blant annet er teknologisk avansert, har Israel ikke hatt noen problemer med å vinne disse krigene (se artikkelen «Hvorfor Vesten vinner» i denne boken) selv om det er kun ca fem millioner jøder og ca 300 millioner arabere. (Riktignok hadde Jordan en viss militær fremgang i krig mot Israel, men den jordanske hæren var trent av engelske offiserer.)

Minkende sympati for Israel

I årene etter annen verdenskrig hadde hele verden av opplagte grunner stor sympati for jødene. Etter hvert har det dog skjedd en forandring. Opinionen i Norge har svingt fra å uttrykke en nærmest total støtte til Israel til i dag å bli det diametralt motsatte, og den samme utviklingen finnes i alle andre vestlige land. F.eks. gir tidligere feltprest Ivar Aarthun i Dagbladet 16. februar 2002 uttrykk for synspunkter som er sterkt negative til Israel. Han vet tilsynelatende hva han snakker om; han har tjenestegjort i Israel i mange år og har sett hvordan israelere iblant behandler palestinere:

> «I Israel ser mange på palestinerne som søppel, og det blir
> ikke motsagt fra toppen ... Da tyske soldater skjøt jøder under
> annen verdenskrig måtte de gjøre ofrene til undermennesker.
> Det er den samme mekanismen vi ser i Israel i dag, sier
> Aarthun».

En norsk prest sammenligner altså jødene med nazister. Jeg vil selvsagt ikke bestride at det forekommer tilfeller hvor israelere behandler arabere/palestinere på en helt uakseptabel måte, og det kan være nyttig å sette dette inn i en større sammenheng. Jødisk kultur har alltid lagt vekt på utdannelse og arbeid. Dette betyr at jøder hadde bedre/høyere utdannelse enn det som er vanlig omkring dem (jødene hadde ikke noe eget land mellom år 70 og 1948, og oppholdt seg i denne perioden som små minoriteter i mange andre land). Pga. det synet på utdannelse og arbeid som jøder hadde ble de da overrepresentert i de fleste yrker med prestisje og makt: jøder var og er overrepresentert blant kunstnere, blant intellektuelle, blant akademikere, blant journalister, blant bankfolk, og de er også overrepresentert blant de med store formuer. Hvis vi ser på antall Nobelpriser, har 98 jøder blitt tildelt Nobelpriser, enda de kun utgjør 0,2 % av verdens befolkning. (Muslimer, som utgjør 20 % av verdens befolkning, har blitt tildelt fem Nobelpriser). Jødenes vektlegging av intellektuelle verdier illustreres også med at de er kraftig underrepresentert i alle sammenhenger som har med idrett å gjøre.

Endel jøder har også den oppfatningen at de er «bedre» enn folk omkring dem. Professor Norman Finkelstein siterer i sin bok *The Holocaust Industry* forfatteren Philip Roth (begge jøder), som sier at alle jøder blir opplært til en holdning som innebærer at «Jews are better» (s. 33). Denne holdningen førte til at jøder ikke omgikkes ikke-jøder på vanlig måte: jøder hadde sine egne foreninger, sine egne høytider, sine egne klesskikker, sine egne matvaner, og de favoriserte hverandre i forretningssammenhenger. Og de giftet seg kun med andre jøder, den jøde som giftet seg med en ikke-jøde risikerte at familien brøt med ham/henne. (Flere religioner har tilsvarende forbud, men «jøde» henspeiler ikke på religion; også ateister kan være jøder). Det er i sammenheng med dette at vi må tenke på det velkjente uttrykket om at jøder betrakter seg som Guds utvalgte folk.

Kombinasjonen av disse tingene – jødene var dyktigere og utgjorde derfor i stor grad en elite i samfunnet, og de holdt seg til en viss grad for seg selv, og iblant behandlet de andre på en nedlatende måte – er årsaken til at jøder er blitt mislikt, trakassert og ofte forfulgt og i ekstreme tilfeller drept i nærmest alle land de har oppholdt seg i*. Denne mistroen mot jøder er selvfølgelig fullstendig irrasjonell, og bunner egentlig i ren misunnelse.

De omtalte holdninger som man finner blant jødene kan man også finne i alle andre grupper (det er ikke bare jøder som betraktet seg som best: «det er typisk norsk å være god», «enten er man greker eller så er man barbar», USA er «God's own country», osv.), men det som gjorde at jøder ble utsatt for trakassering og det som verre var, var at de virkelig i det store og hele er dyktigere enn andre, og at de var små minoriteter i land som ikke var «deres».

Så begynner altså jøder på slutten av 1800-tallet å immigrere til det området Israel nå ligger, det blir etter hvert en blandings-befolkning av jøder og arabere, og Israel etableres etter vedtak i FN om deling av området i en arabisk og en jødisk stat. Vedtaket var da ukontroversielt i Vesten pga. den sympatien som ble jødene til del etter annen verdenskrig. De arabiske ledere var dog imot delingen av området i en jødisk stat og en arabisk stat, de er som nevnt ikke villige til å gi slipp på noe som har vært «deres». Som vi har sett er arabisk kultur på mange måter ganske primitiv: araberne er muslimer, og de har da en kultur som forfekter underkastelse (ordet islam betyr underkastelse), irrasjonalitet,

---

* For den som ønsker å vite mer om disse spørsmålene vil jeg anbefale Kevin MacDonalds trilogi *A People that shall Dwell Alone, The Culture of Critique* og *Separation and its Discontents.*

og som et resultat av disse ideene, et eksplisitt hat mot denne verden; kort sagt en oppskrift på nød og elendighet.

> «Islam er en sykdom. Islam har de siste 700 år ligget som en kvelende kappe, som et svøp over landene og hindret vår utfoldelse...» sier den iransk-fødte forfatteren Kader Abdolah i Dagbladet 22. februar 2002.

Det skal ikke mye fantasi til for å tenke seg hva som vil komme til å skje når jøder og arabere lever sammen i samme landområde. Araberne begynner å mislike jødene, som i denne verden er dem totalt overlegne mht. kunnskap, teknologi, velstand, militær makt, etc., og i tillegg er det endel jøder som behandler arabere på en nedlatende måte. Etter den store jødiske innvandringen til det område hvor Israel nå ligger, blir da heller ikke araberne mer velvillig innstilt overfor jøder, og deres ønske om å fjerne den jødiske staten fra «hellig arabisk land» blir forsterket. Endel arabere går så langt som å begå terroraksjoner, endog selvmordsaksjoner, rettet mot tilfeldige sivile jøder. Lignende handlinger forekommer også fra jøder mot arabere, men da i langt mindre omfang. Slike drap er selvsagt gjennomført av de som er mest religiøse, men man må huske på at religionen er nærmest enerådende på den arabiske siden.

Dessverre skjer det også i Israel at araberes eiendomsrett er mindre respektert enn jøders eiendomsrett – det forekommer at araberes eiendommer blir ekspropriert til fordel for jøder. Slike ting skaper med rette en økende misnøye blant arabere, en misnøye som blir rettet mot jøder og mot Israel. Som nevnt innledningsvis er det kun full respekt for individers rettigheter, inkludert eiendomsretten, som kan skape politisk harmoni.

Et annet element som er medårsak til den minkende sympatien for Israel er at folk i Vesten som regel støtter den svake i enhver strid. Pga. det som skjedde med jødene i Tyskland under annen verdenskrig ble de betraktet som svake, og de fikk hele Vestens sympati. Men etter syvdagerskrigen i 1967 viste det seg at jødene ikke var svake lenger, nå var de sterke. Og da skiftet sympatien over til den tapende part i krigene mellom Israel og de arabiske land. Årsaken til at man i Vesten alltid støtter den svake, og ikke legger vekt på hvem som har retten på sin side, kommer av den utbredte altruismen.

Løsningen på problemet

Hva er da løsningen på Midt-Østen-problemet? Kun den som ble nevnt innledningsvis: begge folkegrupper må akseptere rasjonelle ideer, inkludert verdier som individualisme og respekt for individers rettigheter. En slik aksept ligger selvsagt svært langt frem i tid. Det som er en realistisk løsning i noe nærmere fremtid er følgende: De palestinere som ikke ønsker å leve fredelig i Israel og å rette seg etter Israels lover, må flytte vekk fra det område som nå er Israels (jeg regner altså både Judea, Samaria og Gaza som deler av Israel).

Videre må Israel gjennomføre en effektiv kontroll med de i den arabiske befolkningen som blir igjen i Israel: ingen må kunne skaffe seg våpen eller sprengstoff.

Er en slik folkeforflytning mulig? Frem til 1920 flyttet 900 000 nordmenn til USA for å unngå fattigdommen i Norge. Disse reiste langt over hav, og til et land med et helt annet språk og en helt annen kultur. Slike forflytninger ble i det forrige århundre ikke sjelden brukt for å løse nasjonalitets-problemer, f.eks. i Vietnam, i India, i Karelen, i Tyrkia/Hellas. Vi bør altså ikke glemme at da FN delte området og opprettet den jødiske staten Israel og den arabiske staten Jordan, var folkeforflytninger en vanlig bestanddel i løsningen når man skulle fordele omstridte landområder. Dersom palestinerne flytter til noen av de andre arabiske landene er det kort vei, og språket og kulturen er den samme. Og hvis formålet er å leve et lykkelig liv kan ikke palestinerne ha noe sterkt ønske om å bli i Judea og Samaria, store deler av området er jo intet annet en slagmark med ødelagte bygninger og utbrente bilvrak overalt. En slik folkeforflytning er løsningen for de palestinere som ønsker et godt og lykkelig liv (i den grad man kan oppnå dette i et arabisk land). Dette er dog ikke en løsning hvis palestinernes fremste ønske er å kaste «de vantro jødene» ut fra det de betrakter som deres hellige område.

Mao. opprettelsen av enda en palestinsk stat er ikke en løsning som vil innebære fred: dersom en slik blir opprettet i Judea, Samaria og Gaza vil den være en base for stadige angrep mot Israel. Et Israel uten

230

Judea og Samaria vil på det smaleste kun være et par mil bredt, og store deler av Israel vil kunne nås med artilleri fra denne palestinske staten. Grensene i et slikt Israel vil også være svært vanskelige å forsvare. Vi må ikke se bort fra det faktum at Israel i utstrekning er et svært lite land, kun på størrelse med et norsk fylke, og at det er omringet av arabiske områder som dekker enorme landområder. Samlet er de arabiske områder i areal ca 500 ganger større enn Israel.

Flyktningproblemet

Det er riktig at palestinere har levet i flytningeleire siden 1948, og dette er tragisk, men de som burde ha løst dette problemet er lederne i de arabiske landene. Disse lederne burde ha tatt imot arabiske flyktninger fra området som ble Israel, og etablert dem i sine egne land. De arabiske lederne disponerer enorme landområder, og å ta imot de ca 700 000 som flyktet fra det område som ble Israel da opprettelsen skjedde ville kun ha vært et minimalt problem. Men ingen av disse flyktningene var velkomne i de andre arabiske landene (unntatt Jordan), det som var viktig for de arabiske ledere var ikke å hjelpe flyktningene, det som var viktig for dem var å benytte flyktningenes lidelser som en brekkstang for å få til en stadig oppmerksomhet omkring og kamp mot jødene og Israel, som de som nevnt ønsker å fjerne fra «arabisk» jord.

At arabiske ledere nå sier at Judea, Samaria og Gaza er okkupert av Israel og at det egentlig skal være en palestinsk stat der, er kun taktikk fra deres side. Disse områdene lå under Jordan og Egypt frem til 1967, men da var det ingen som protesterte mot okkupasjonen av de «palestinske» områdene. Jordan ønsket forøvrig de arabiske flyktningene fra det som ble Israel velkommen, men mange flyktninger foretrakk å vente på at Israel ble eliminert, noe arabiske ledere i utgangspunktet hadde lovet dem, slik at de kunne vende tilbake til sine hjem som ville bli liggende under en arabisk stat.

Det var som nevnt ca 700 000 arabere som flyktet da Israel ble opprettet, men siden da har antallet palestinere som beskrives som flyktninger vokst til ca fire millioner. Disse bor fortsatt, mer enn 50 år senere, for det meste i kummerlige flyktningeleire i Judea/Samaria/ Gaza, og i leire i Jordan, Libanon, Syria og Egypt. Det var også et stort antall jøder som flyktet fra de arabiske områdene til Israel etter 1948, men ingen av disse bor i flyktningeleire i Israel, de er integrert i den israelske befolkningen.

Alle landområder er omstridt

I denne sammenheng må vi ikke glemme at nærmest hver eneste kvadratcentimeter av alle landområder over hele jordkloden er omstridt – man kan ikke med historieboken i hånd komme og kreve tilbake landområder som «tilhørte» ens egen gruppe for mange hundreår eller tiår siden og kreve at de som nå bor der skal flytte. Det man må se på er hvordan dagens styresmakter opptrer, og da er det demokratiske og pluralistiske Israel langt å foretrekke fremfor de totalitære eller føydale eller teokratiske arabiske diktaturer.

Innledningsvis nevnte jeg at støtten til Israel i opinionen i Vesten er blitt svekket de siste årene. Det er i hovedsak to grunner til dette. Den ene grunnen er at fordi Israel er et demokrati og derfor har en fri presse med ganske frie arbeidsforhold for journalister, vil journalister nærmest direkte kunne rapportere fra stridshandlinger og overgrep som israelere måtte begå (overgrep begås av alle sider i alle kriger, det er en del av krigens natur). Slike reportasjer forekommer ikke fra den andre siden, de vet å stenge journalister ute. Derfor ser vi på TV og i aviser stadig reportasjer om det som kan se ut som overgrep fra israelere, men vi kan ikke i samme grad lese om overgrep fra den andre siden. Blant de som kun kan forholde seg til konkrete fakta, og ikke til abstrakte ideer om fundamentale prinsipper, vil dette føre til en økende motstand mot Israel. Den andre grunnen til at støtten til Israel er synkende er at oppslutningen i Vesten om Vestens idemessige grunnlag stadig svekkes.

Konklusjon

Hovedgrunnen til min støtte til Israel er selvsagt ikke at landet er gitt jødene av Gud, hovedgrunnen er at Israel tross endel negative elementer er et vestlig orientert demokrati. De arabere som ønsker å leve i det demokratiske Israel vil ha det bedre enn de arabere som lever i land styrt av arabere; alle disse er jo som nevnt diktaturer. Og det de arabiske ledere ønsker er ikke et fritt eller demokratisk samfunn, det de ønsker er å erstatte det demokratiske Israel med enda et arabisk diktatur. Det er

232

også klinkende klart at palestinerne ikke ønsker frihet – palestinerne flest synes tilfreds med dagens styre under ledelse av Yassir Arafat, et styre som er et gjennomkorrupt diktatur av gammelkommunistisk modell.

Når vil det bli fred i Midt-Østen? Ikke før religionene på begge sider har minimal oppslutning. Og dette ligger dessverre langt frem i tid. Inntil da må vi nok regne med at voldshandlinger mellom jøder og arabere vil fortsette. Men Israel representerer vestlig kultur, og må ha rett til å eksistere innenfor sikre grenser. Derfor må Judea, Samaria og Gaza bli deler av Israel, og de arabere som ikke ønsker å leve i Israel under Israels lover må flytte. Dersom det opprettes en palestinsk stat, vil den bli en base for stadig angrep på Israel. Beklageligvis ser det nå ut til at det er dette som vil skje.

Som nevnt ser det ut til at det vil bli etablert en palestinsk stat. Som svar på terror iverksatt av arabiske ledere ønsker nå hele Vesten, og også en betydelig del av opinionen i Israel, «fred i vår tid». Disse har dessverre ikke lært hva som blir resultatet når man gir aggressorer det de forsøker å oppnå med terror og militære angrep. Resultatet blir aldri fred, resultatet blir mer krig.

Historiske paralleller: Vietnam og Midt-Østen
Publisert, noe forkortet, i Dagsavisen 18. april 2002

Det er mulig å lære av historien. Det man da må gjøre er å trekke paralleller mellom det som skjer nå og ting som tidligere har skjedd. Angående det som nå skjer i Midt-Østen og reaksjonen på dette fra toneangivende krefter i Vesten, så finnes det en klar og tydelig parallell fra omtrent 30 år siden: Vietnam-krigen.

Vietnam-krigen bestod i et forsøk fra i hovedsak USA på å forsvare det svake (og ufullstendige) demokratiet Syd-Vietnam mot en invasjon fra det kommunistiske Nord-Vietnam. Intellektuelle i Vesten fremstilte dette som en frigjøringskrig fra undertrykte i Syd-Vietnam mot et imperialistisk USA, og FNL, Nord-Vietnams støttespillere i syd, ble fremstilt som en bondehær som kjempet mot kolonialisme og for et fritt Vietnam. Det pågikk fredsforhandlinger mellom partene i Paris, og forhandlerne Le Duc Tho og Henry Kissinger ble tildelt Nobels fredspris (Tho avslo prisen fordi han ikke ønsket å dele den med «krigsforbryteren» Kissinger.) Etter at fredsavtalen var undertegnet trakk amerikanerne seg ut, og, siden det nå ikke lenger var noen militær motstand mot invasjonen, lot Nord-Vietnam det ikke gå lang tid før de invaderte og okkuperte hele Syd-Vietnam. Kommunismen ble innført, og resultatet ble selvsagt undertrykkelse, fattigdom, nød og elendighet. Fredsforhandlingene var kun et skuespill kommunistene brukte for å få USA til å trekke seg ut, kommunistene hadde aldri til hensikt å overholde noen fredsavtale.

Vietnam-krigen var den store saken for venstreorienterte på 60- og 70-tallet: alle støttet den kommunistiske siden. Men etter at krigen var over og hele Vietnam var blitt et kommunistdiktatur, da var interessen for det som skjedde i regionen nesten helt borte. Hos de som var opptatt av Vietnam-krigen mens den pågikk var det ingen interesse lenger i å protestere mot undertrykkelse, massakrer og folkemord. Enkelte forsvarte også det som skjedde: AKP dels benektet og dels forsvarte Pol Pots folkemord i Kambodsja (Pol Pot kom til maken etter at USA trakk seg ut fra regionen), og SVs grand old man, Finn Gustavsen omtalte i en bok de mange som flyktet fra kommunismen i Vietnam som «horer og halliker».

Parallellen med Midt-Østen er åpenbar: det vestlige orienterte Israel er under angrep fra en diktatorisk makt som ønsker å fjerne Israel som selvstendig stat. Venstreorienterte fremstiller dette som en frigjøringskrig og Israel som en imperialist. Som angående Vietnam har det vært fredsforhandlinger, som angående Vietnam er forhandlerne blitt belønnet med Nobels fredspris, og som angående Vietnam har den aggressive siden ikke tenkt å overholde noen fredsavtale.

Nå er det god grunn til å håpe at Israel, i motsetning til USA i Vietnam, ikke vil gi opp, USA forsvarte jo ikke sitt eget territorium. Men hvis vi foretar et tankeeksperiment og antar at resultatet av fredsforhandlingene blir det samme som i Vietnam, vil Israel bli presset til å gi opp, PLO vil okkupere hele området, venstresiden vil så miste all interesse for det som skjer i området, og jødene vil bli jaget ut.

Det virker som om folk på venstresiden kun tenker på en ting når de tar standpunkt: de vil være på motsatt side av USA/Vesten; at dette da innebærer støtte til diktatorer og terrorister som Arafat, bin Laden, Ho Chi Minh, Castro eller Pol Pot ser ikke ut til å være noe problem. Grunnen til at de tenker slik er fundamentalt sett at de følger et menneskefiendtlig moralsyn, et moralsyn som innebærer at Vesten, som står for frihet og velstand, er ondt, og at fattigdom, ufrihet og selvoppofrelse, er goder.

Det er en skam at det i dag ikke finnes noen fremtredende politikere og intellektuelle i Vesten som støtter Israel. Men man får håpe at Israel selv er så sterkt at det klarer å stå imot det enorme presset, og forsvarer seg så sterkt som er nødvendig for å få slutt på angrepene som Israel har vært utsatt for nærmest kontinuerlig siden 1948.

Statoils handel med Iran: grovt umoralsk

Publisert i Dagsavisen 23. september 2003

Statoil har involvert seg i forretninger i Iran, og har i den anledning måttet betale bestikkelser til personer i Irans maktapparat. Statoil er blitt utsatt for kritikk for dette, men å foreta denne type bestikkelser er ikke bare helt normalt, å bestikke offentlige funksjonærer er en uunngåelig bestanddel av å drive forretninger i land som har en statsstyrt økonomi, slik Iran har.

Selv om det er dette punktet som de norske kritikerne mot Statoil er opptatt av, er dette ikke det mest kritikkverdige ved Statoils handlinger. Det som er mest kritikkverdig er at Statoil i det hele tatt har noe med Iran å gjøre. Iran er et barbarisk diktatur, hvor et presteskap med hard hånd styrer i stor grad i samsvar med islamske sharia-lover. Dette betyr blant annet at kvinner som har sex uten å være gift henrettes ved steining. En kvinne som blir beskyldt for dette har i praksis ingen mulighet til å bli frikjent, og henrettelsen foregår ved at kvinnen bindes inn i hvitt tøy, så graves den nedre del av kroppen ned i bakken slik at overkroppen er ovenfor bakken, og så kastes det steiner på henne inntil hun er død.

Et styre som praktiserer slikt er barbarisk, og bør avsettes fortest mulig, gjerne ved en militær intervensjon. Inntil dette skjer bør alle vestlige land fullt og helt og på alle vis boikotte dette landet. Det er en skam at norske firmaer har forretninger med Iran. Det er også en skam, men dessverre typisk for vår tid, at det norske media er opptatt av er at Statoil har betalt penger til en normalt korrupt tjenestemann i Iran, og ikke det barbariske «rettssystemet» i Iran.

29. september publiserte Dagsavisen et svar til mitt innlegg fra Hamzah Rajpoot, og mitt svar til ham er gjengitt nedenfor.

Ingen har rett til å angripe
Publisert i Dagsavisen 16. oktober 2003

Hamzah Rajpoots svar 29/9 til mitt innlegg om Iran 23/9 inneholder en del interessante punkter som jeg gjerne vil besvare.

Rajpoot er åpenbart enig i min påstand om at Irans styre er barbarisk, men uenig i mitt syn om at Irans styre da bør avsettes. Han beskylder meg til og med for å være like intolerant som presteskapet! Dette er en helt urimelig påstand: presteskapet undertrykker sin befolkning på en barbarisk måte, og jeg ønsker av denne grunn prestestyret fjernet. Rajpoot sier at den som vil fjerne bandittene er like ille som bandittene, og dette er uholdbart.

Rajpoot sier at selv om man er uenig i et lands politikk, har man ikke derfor noen rett til å invadere landet. Mitt syn er at den undertrykkelse som presteskapet utsetter sin befolkning for er svært langt over grensen for det som kan aksepteres. Det er ikke nok for meg å si at steining av kvinner er noe jeg er uenig i, dette er noe jeg vil ha stoppet. Det er vanskelig å forstå Rajpoots sammenligning av de kvinner som steines i Iran med de fangene USA holder på Guantanamo Bay. Kvinnene som henrettes med steining har hatt sex uten å være gift, noe som ikke er en forbrytelse overhodet; fangene på Guantanamo Bay kjempet mot USA i en krig hvor de ikke fulgte krigens spilleregler: de angrep sivile, de gjemte seg blant sivile, de bar ikke uniformer og de bar skjulte våpen. Derfor har de ikke status og fordeler som vanlige krigsfanger har. «[De] er ikke kjent skyldig på noe vis», sier Rajpool, men disse er å sammenligne med krigsfanger i en pågående krig. Mener Rajpool at de allierte under annen verdenskrig skulle ha stilt hver tilfangetatt tysk soldat for retten mens krigen pågikk?

Irak er blitt et kaos etter USAs avsettelse av tyrannen Saddam Hussein, påstår Rajpool. Det er svært gode grunner til å hevde at situasjonen i Irak ikke er så ille som den fremstilles i norsk presse, og uansett vil Iraks befolkning på sikt være tjent med at Saddam er fjernet.

Fjerningen av Saddam har også gjort landene utenfor Irak tryggere, siden Saddams støtte til diverse terrorgrupper nå er stanset. Uenighet bør taes opp i FN, sier Rajpool. Men FN er en prateklubb som bruker mye penger og sjelden eller aldri gjør noe nyttig. Med Kypros som antagelig eneste unntak har FN aldri klart å skape fred noen av de stedene den har grepet inn. Å overlate noe til FN er å sikre at noen løsning ikke vil bli funnet. Dessuten er FN en umoralsk organisasjon uten noen legitimitet i og med at diktaturer sitter der på like fot med demokratier.

Rajpool har rett i at jeg er intolerant: jeg tolererer ikke det barbari som prestestyret i Iran står for. Det er overraskende og skuffende at så mange andre tolererer dette.

Rajpools overskrift er «Ingen har rett til å angripe», og han mener med dette at ingen land har rett til å angripe andre land. Jeg er enig i at ingen individer har rett til å angripe andre individer. Rajpool ser ut til å mene at en stat har rett til å angripe individene i et land, men at en annen stat da ikke har rett til å angripe lederne i denne staten. Her er nok Rajpool og jeg uenige.

Hvorfor Columbus bør hylles

Publisert i Morgenbladet 15. januar 1993

De fleste som har skrevet om 500-års jubileet for Columbus' oppdagelse av Amerika fremstiller oppdagelsen som en tragisk hendelse som førte til en katastrofe for den meget menneskevennlige sivilisasjon som fantes i Amerika før 1492. Denne fremstillingen finner man f.eks. i A-Magasinet nr 41/1992. Her legges hovedvekten på «500 års motstand [mot den sivilisasjon Columbus brakte med seg]», og oppdagelse settes i anførselstegn. Artiklene forteller om grusomme ting som skjedde med urbefolkningene etter oppdagelsen, og ingen betviler at dette er korrekt, men det er to viktige aspekter som mangler i alle disse artiklene, og som ikke kan utelates dersom man skal kunne foreta en objektiv vurdering av hva oppdagelsen egentlig betydde: Negative trekk ved forholdene i Amerika i tiden før 1492 utelates, og årsakene til at man bør feire Columbus utelates.

Som et supplement til de andre artiklene vil jeg derfor kort omtale disse to momentene.

Følgende sitat fra A-Magasinet er representativt for hvordan man presenterer urbefolkningens liv før 1492:

> «... barn, kvinner og gamle smilte i dypet av jungelen. Fostret i kjærlighet vokste de opp og fikk modnes i fred, i tillit til at naturen ville oppfylle deres materielle og åndelige behov. Angst, og frykt for fremtiden, var ukjent. De levde i nuet, enkelt og godt – en sannhet erobrerne aldri har vært i stand til å akseptere.»

Sannheten er helt annerledes. Mellom stammene i Amerika var det stadige kriger. Krigsfanger ble brukt som slaver, hvis de ikke ble behandlet så grusomt som man kan tenke seg. Men ikke bare krigsfanger ble grusomt behandlet, også medlemmer av ens egen stamme kunne bli behandlet på samme måte: tortur og menneske-ofringer for å blidgjøre gudene var utbredt. Menneskeofringer blant aztekerne, som hadde en av de fremste kulturene i Amerika, er omtalt i Aschehougs verdenshistorie, bind 7: Bare i byen Tenochtitlan ble det ofret ca 15 000 mennesker i året. Menneskeofringer forekom blant Nord-Amerikas urinnvånere så sent som på 1820-tallet.

Amerikas kontinent var videre nærmest ubrukt, urinnvånere var hovedsaklig nomader som drev jakt og fangst, de levde fra hånd til munn og fra dag til dag. Det hadde praktisk talt ikke vært noen utvikling eller fremskritt i løpet av tusener av år. Med meget få unntak var livet «nasty, brutish and short», for å bruke Thomas Hobbes' formulering (fra en annen sammenheng). Teknologiske nyvinninger som hjulet var lite kjent, sykdommer ble som regel bekjempet med en medisinmanns ritualer, skriftspråk var lite utbredt, det var ingen privat eiendomsrett, det var liten eller ingen arbeidsdeling, levealderen var kort, det var lite jordbruk og få faste bosettinger.

Å fremstille Amerikas urinnvånere som «edle villmenn», er i strid med de faktiske forhold; urinnvånernes «sivilisasjon» var preget av brutalitet, fatalisme, overtro, mystisisme, materiell nød, passivitet, sykdom, og frykt for både gudenes vrede og andre stammer.

Det andre poenget er at årsakene til at man bør feire Columbus ikke blir omtalt. Columbus oppdaget Amerika – ikke i den forstand at han var det første menneske som så Amerika, men i den forstand at han åpnet et nytt kontinent for de ideer som har gjort Vestens sivilisasjon til den mest høyverdige sivilisasjon som har eksistert. Vestens sivilisasjon, skapt av genier som Aristoteles, Galileo og Newton, og av tusenvis av tenkere, kunstnere, oppfinnere, videnskapsmenn og entreprenører muliggjorde en sivilisasjon basert på fornuft, videnskap, arbeidsdeling, frihandel og utnyttelse av naturen. Denne sivilisasjonen skapte overlevelsesbetingelser for et langt større antall mennesker enn var mulig i tidligere tider, og den har også gitt menneskeheten muligheten til en stadig økende levestandard.

Renessansen i Europa førte til at kristendommens stilling ble svekket, og til en øket interesse for livet på jorden. Fornuften erstattet i stor grad den vekt man tidligere la på tro og åpenbaring, og dette førte til opplysningstid, den industrielle revolusjon, den tidlige kapitalisme, og en økende materiell levestandard. Et viktig utslag av den nye holdning var oppdagelsesreiser, og Columbus var den første store oppdager. Oppdagelsen av et nytt kontinent var en bragd som absolutt fortjener å hylles. Hans oppdagelse førte til at mennesker etter hvert kunne reise fra et Europa som var preget både av religionskriger og av politisk og religiøs undertrykkelse, og skape seg en ny fremtid. Etter hvert utviklet det seg en stat basert på Thomas Jeffersons formulering av John Lockes rettighetsteori. Selv om ikke alt ble slik det bør være, så har utviklingen på mange områder gått i riktig retning, og også dagens etterkommerne av urinnvånerne har alle muligheter til en langt bedre levestandard enn deres forfedre hadde før oppdagelsen.

Oppdagelsen førte også negative trekk med seg: Spesielt spaniernes fremferd i Mexico og Peru var forferdelig, men den var i hovedsak ikke verre enn hvordan europeere behandlet hverandre på denne tiden, og den var ikke verre enn hvordan indianerne behandlet hverandre. Disse negative trekk var resultat av kristne elementer som fortsatt fantes i Europas kultur. Kristendommen kan lett forstås dit hen at den har en negativ holdning til annerledes tenkende. Jesus gir uttrykk for dette synet i Lukas 19,27, hvor han lar herren si: «Mine fiender, som ikke vil ha meg til konge, skal dere ... hugge ned for mine øyne». Denne holdningen er hovedårsaken til at europeere har oppført seg så grusomt i andre deler av verden.

De verdinormer som ligger til grunn hos de skribenter som bevisst vinkler sin fremstilling slik at man hyller primitive kulturer, er sterkt anti-Vesten, de er slik at man fordømmer en avansert sivilisasjon som bygger på fornuft, vitenskap, teknologi, og som har medført individers rettigheter, politisk frihet og høy materiell levestandard. Men enhver som støtter opp om de grunnleggende ideer som Vestens sivilisasjon bygger på, bør hylle Columbus, fordi han er et symbol på det beste i Vestens sivilisasjon.

Romerrikets fall i reprise
Publisert i AERA nr 5/2002

Uttrykk som «historien gjentar seg» og «det eneste man kan lære av historien er at ingen lærer av historien», er velkjente, men dessverre ser det ut til at vi i vår tid kommer til å oppleve sannheten av disse uttrykkene på nært – alt for nært – hold.

Romerriket var antikkens verdensmakt. Selv om den geografiske utstrekning på det meste kun var fra områdene omkring Middelhavet, fra Afrikas nordkyst i sør til Midt-England i nord, var det kun her at det da fantes en avansert sivilisasjon. Romerrikets opprinnelse settes gjerne til ca 750 f.Kr., og Rom ble en verdensmakt etter kriger mot Kartago ca 145 f.Kr. Romerriket besto i mange hundre år (den siste keiser ble avsatt i 476), men på slutten av perioden, fra ca år 200, satte et kraftig forfall inn.

I glanstiden var dog Rom i hovedsak en avansert sivilisasjon, og romersk kultur ble spredd over hele området. På en rekke områder skjedde det forbedringer: veier ble bygget, brolagt og holdt i god stand, og dette var et stort gode både for handel og annet samkvem. Videre, vanningsanlegg ble bygget, romerne innførte drosjer (drevet med muskelkraft, selvsagt), akvedukter, offentlige bad (uttrykket romerbad brukes fremdeles), de brukte sement, og det ble innført lov og orden, og riket fikk også et avansert og velfungerende juridisk system; «romerretten» er et uttrykk som fremdeles er kjent.

Også innen kultur nådde Rom høyt: her var store forfattere, tenkere, arkitekter og billedhuggere. (Rom nådde dog ikke opp til samme nivå som antikkens Hellas.)

Nå var selvsagt ikke Romerriket et fritt samfunn målt med dagens mål, det var blant annet slaveri, men på sitt beste og i en lang periode ble Rom styrt som et opplyst enevelde, og det var et sivilisert samfunn med store muligheter for utfoldelse i hvert fall for den som hadde romersk statsborgerskap. Den store historikeren Edward Gibbon skrev i sitt klassiske verk *The Decline and Fall of the Roman Empire* (1776) at

«If a man were called upon to fix the period in the history of the world when the condition of the human race was most happy and prosperous, he would, without hesitation, name that [period] which elapsed from the death of Domitian to the accession of Commodus [that is, from 98 til 180 AD]».

Dessuten, og dette poenget er også meget viktig, Rom hadde en hær som forsvarte og utvidet riket. Utvidelsene innebar at sivilisasjonens verdier ble spredt over stadig større områder; og denne imperialismen var derfor et gode. Det denne imperialismen sørget for var i det store og hele at barbariske regimer ble avsatt og mer siviliserte regimer ble innført.

Roms makt sørget for en lang fredsperiode, «pax romana». Det ble sagt at en romer kunne gå trygt overalt, og grunnen var at alle visste at den som la hånd på en romer kunne vente seg en kraftig reaksjon fra den romerske hær: Rom tok oppgaven om å beskytte sine innbyggere på alvor.

Men Romerriket forfalt. I perioden fra ca år 180 gikk dette enorme riket i fullstendig oppløsning, og man fikk et stadig økende anarki, indre stridigheter, og til slutt ble området Romerriket dekket rammet av en barbarisk periode med stammekriger og undertrykkelse: middelalderen.

Romerrikets oppløsning

Hvorfor gikk Romerriket i oppløsning? Dette har vært det store spørsmål som historikere har diskutert i flere hundre år. Ayn Rand hevder som kjent at det er ideer som styrer historien, og med dette utgangspunktet kan vi si at de ideer som etter hvert kom til å dominere i befolkningen og i de styrende kretser i Rom var av en slik art at de ikke kunne gi noen legitimering av den romerske makten eller den romerske styreformen.

Et av disse nye idésystemene som ble spredt i stor skala fra ca år 150 var kristendommen. Denne religionen, med sin vekt på selvoppofrelse, underkastelse, forsakelse, med sin implisitte støtte til all slags umoral (ved å forfekte tilgivelse), og med en vektlegging av det ikke-eksisterende livet etter døden, førte til en mindre interesse for aktiviteter, ytelser og engasjement i dette livet, og dermed ble

246

mulighetene for å opprettholde en sivilisasjon kraftig redusert: «hvorfor skal vi anstrenge oss for å leve godt og trygt i dette livet når dette livet er fullstendig uviktig? Da er det bedre om vi gjør oss fortjent til å komme til himmelen etter døden ved å leve selvoppofrende her og nå.»

Kristendommen innflydelse var voksende fra ca år 100, og keiser Konstantin gjorde kristendommen til statsreligion i 312. Noen år senere ble hovedstaden flyttet til Konstantinopel, for å være nærmere kristendommens utgangspunkt, men dette var i realiteten en splittelse av riket. Omkring denne tiden kom også invasjoner fra øst: hunere, gotere og vandaler gikk til angrep, og Roms forsvarsevne var svak. Rom ble ødelagt og vandalisert, og fra år 500 var altså Romerriket borte. Middelalderen senket seg over Vesten. Antikkens viktige tenker Augustin kommenterte Roms fall med at nå kunne også romerne vise ydmykhet:

> «Svake sjeler som hadde elsket verdslige goder ... oppdaget nå [etter vandaliseringen av Rom] hvor stor synd de dermed hadde begått».

Augustin klandrer her ikke vandalene, han klandrer romerne. Det var også andre årsaker enn kristendommen til at Romerriket brøt sammen, f.eks. fantes det ikke et godt nok system for å definere og beskytte eiendomsretten. Til en viss grad var også Rom en velferdsstat, og et omfattende og voksende byråkrati arrangerte prosesjoner, fester, opptog, spill og leker, og bedrev offentlig utdeling av korn, alt finansiert ved en stadig økende skattebyrde. Det var til og med en slags arbeidsledighetstrygd. Lønninger var ofte lave for folk flest siden slaver kunne brukes gratis, mens de velstående ofte levet et meget utsvevende liv. Roms borgere ble mer og mer misfornøyd med skattenivået og den økonomiske politikken, og de forsøkte å unndra seg beskatning. Dette førte igjen til øket lovløshet på alle områder.

USA som Rom

I de siste ca 100 år har verden hatt en parallell til Romerriket: USA. Fra ca 1900 har USA vært verdens mektigste rike på alle områder: økonomisk, militært, kulturelt. USA ble i 1776 eksplisitt grunnlagt på en nesten fullt ut rasjonell filosofisk basis. I en lang periode var derfor

USA i stor grad et fritt land (dog med slaveri som et meget beklagelig unntak frem til borgerkrigen som hadde som formål å oppheve slaveriet), og USA spredte disse ideene, Vestens ideer, over hele verden, både med kulturell styrke og med militær makt. USA bekjempet kommunismen i årene etter annen verdenskrig, og alene eller sammen med andre svakere støttespillere, avsatte USA tyranner og innførte demokrati i en rekke diktaturer: Tyskland, Japan, m.fl. (Det var intet grunnlag for å innføre frihet, dessverre.) I en del land var det ikke mulig for USA å innføre demokrati, og for å hindre kommunistiske eller teokratiske regimer å innta makten, støttet USA endel diktatorer, f.eks. Pinochet i Chile, Sjahen i Iran, og Lon Nol i Kambodsja (for bare å nevne tre eksempler). USA bekjempet i en rekke land såkalte frigjøringsbevegelser, men disse hadde alltid som formål å innføre kommunistiske diktaturer, så å bruke navnet «frigjøringsbevegelse» om dem er som å fremstille svart som hvitt. (Etter at disse bevegelsene mistet pengestøtten de hadde mottatt fra kommunistlandene, har de blitt rene gangster-organisasjoner, noe de egentlig også i utgangspunktet var.)

Dessverre var og er også USAs politikk meget prinsippløs, og de har støttet aktører de absolutt ikke burde ha støttet, f.eks. islamistene i Muhjahedin (de som senere ble Taliban) i deres krig mot Sovjetunionen på 1980-tallet. President Reagan følte en viss samhørighet med Muhjahedin siden de også var religiøse. USA støttet også tyrannen Saddam Hussein i hans krig mot Iran i samme periode. Etter at USA avsatte Talibanstyret, godkjente USA i 2003 en ny grunnlov for Afghanistan som inneholder slike formuleringer:

«Afghanistan is an Islamic Republic independent, unitary and indivisible state. The religion of Afghanistan is the sacred religion of Islam. In Afghanistan, no law can be contrary to the sacred religion of Islam ... and the values of this Constitution. The state is obliged to create a prosperous and progressive society based on social justice. Minerals and other underground resources are properties of the state. Affairs related to domestic and external trade shall be regulated by law in accordance with the needs of the national economy and public interest.»

Disse ideene har ingen ting med Vestens verdier, kapitalisme og frihet og gjøre. Men grunnloven støttes av USA.

Det er udiskutabelt at USA på alle vis er verdens sentrum: Ikke bare militært og økonomisk er USA sterkest, men også kulturelt og teknologisk. I USA finner man de største forfattere, de største videnskapsmenn, de beste universiteter, de beste sykehus, de beste idrettsmenn, de største oppfinnere, de viktigste bedrifter. Takket være vestlig, hovedsakelig amerikansk, teknologi, blir amerikansk populærkultur (innen film, musikk, TV) spredt over hele verden. En del av teknologien blir dog produsert i Japan, som pga. USAs styre rett etter annen verdenskrig raskt utviklet seg til å bli verdens fremste teknologiprodusent etter USA.

Det kan også nevnes at alle som flykter fra diktatur og undertrykkelse flykter til, eller ønsker å komme til, USA.

USAs forfall
Som nevnt er USA blitt svakere i de siste tiårene. Grunnen til USAs økende svakhet er selvsagt å finne i de ideer som dominerer i USA. Rasjonelle ideer – individualisme, rasjonell egoisme, kapitalisme, politisk frihet – sto sterkt i USA på 1800-tallet, men fra ca 1900 begynte disse ideene å svekkes, og irrasjonelle ideer – kollektivisme, ufornuft, selvoppofrelse, styring av økonomien, ufrihet – begynte i større og større grad å bli akseptert blant intellektuelle. Dermed ble USAs befolkning prisgitt disse irrasjonelle ideene, og spesielt i årene siden ca 1960 har USA derfor blitt svekket (selv om utviklingen betraktet i kort perspektiv er mer ujevn).

ØKONOMIEN
Selv om det har vært svingninger, har den amerikanske økonomien blitt dårligere og dårligere siden slutten av 60-tallet. Presidentene Johnson og Nixon finansiere Vietnam-krigen ikke ved å øke skattene, men ved å trykke penger (dvs. ved inflasjon), noe som førte til en kraftig prisstigning noe senere. Nixon svarte på dette med å innføre lønns- og priskontroll. President Carters politikk var nærmest totalt inkompetent på alle områder, og Reagan gikk umiddelbart etter at han var blitt valgt bort fra sine løfter om skattelettelser og offentlige nedskjæringer. Skattene økte dog ikke under Reagan, og sammen med de

dereguleringer som ble påbegynte under Carter, fikk USAs økonomi derfor en oppblomstring på 80-tallet. Reagans visepresident, George Bush, stilte til valg i 1988, og etter løfter som «read my lips: no new taxes» ble han valgt med stor margin. Allikevel gikk også han raskt bort fra sine løfter og øket skattene. Han fortjente da å tape ved neste korsvei, og det gjorde han til den til da nesten totalt ukjente, men sjarmerende lurendreieren fra bygda, Bill Clinton. Clinton foreslo en økonomisk politikk som lå langt til venstre, en politikk som blant annet innebar en sosialisering av helsevesenet, men denne ble stanset av det republikanske flertallet i Kongressen. Allikevel ble betydelige deler av denne politikken etter hvert innført bit for bit uten opposisjon.

Med miljøhensyn som påskudd ble det lagt større og større restriksjoner på næringslivet, og når det etter årtusenskiftet ble oppdaget grov umoral på høyt hold innen næringslivet (Enron, Arthur Andersen), svarte myndigheten med å innføre flere omfattende, men unødvendige, kontrollordninger. Resultatet av dette ble en knekk for økonomien omkring årtusenskiftet. Videre kjørte på store deler av 90-tallet Justisdepartementet, etter ønsker fra mindre dyktige konkurrenter, en meningsløs monopol-sak mot Microsoft. Bakgrunnen for kampanjen var nok forestillingen om at «big is bad, small is beautiful». Selv om myndighetenes restriksjoner har ført til store aksjetap, er det overraskende at den amerikanske økonomien nå er så god som den tross alt er.

Under president Bush jr. går det nå tilsynelatende godt. Den økonomiske veksten ser ut til å være betydelig. Dette skyldes dels noe deregulering og enkelte skattelettelser, men noe av veksten skyldes også inflasjon. Bush jr. har også ekspandert statens rolle i økonomien, f.eks. har han latt staten overta deler av eldres helseutgifter. Alt i alt er dette tiltak som vil skape store problemer på sikt. Reagan og Bush sr. styrte etter budsjetter som førte til store underskudd – staten brukte mer penger enn den hadde. Grunnen var at disse ikke foretok så mange nedskjæringer som de hadde lovet i sine valgkamper. Men de fikk i stand visse dereguleringer, og dette førte til en sterk økonomisk vekst under deres etterfølger Bill Clinton. Under ham ble også underskuddsbudsjettene snudd til overskuddsbudsjetter. Med Bush jr.

som president fra 2001 har USA igjen underskuddsbudsjetter, hovedsakelig pga. krigen i og hjelpetiltak til Afghanistan og Irak*.

SKOLEN

Også den amerikanske skolen er i krise. Undervisning i tradisjonelle fag baseres til dels på feilaktige pedagogiske metoder (inspirert av John Dewey). Barn flest læres opp til å lese ikke ved å lære bokstaver og så sette dem sammen til ord, men ved å se skrevne ord som en helhet – noe som kalles «look-say»-metoden. Leseferdigheten er derfor lav blant de som uteksamineres, og har ført til utgivelse av bøker med titler som *Why Johnny Can't Read*. En betydelig del av undervisningstiden går med til å spre usann miljøpropaganda, å spre multikulturalistiske ideer, og å øke elvenes «self-esteem» (noe som forsøkes gjort på et irrasjonelt grunnlag, og som derfor har en effekt helt motsatt av det som var formålet). Karakterene som elvene får er selvsagt bedre enn noensinne, men dette skyldes at karakterkravene er redusert. I stor grad pga. det helhetlige skoletilbudet er det er betydelige disiplin-problemer, og «school-shootings», hvor elever med automatvåpen dreper kanskje så mange som 10-20 av sine medelever, forekommer en gang i blant. Lærernes fagforeninger står sterkt, og kjemper med nebb og klør mot alle tiltak som vil redusere deres makt over skolen.

AKADEMIA

Universitetene, som skulle være kunnskapens voktere og formidlere, driver nå i meget stor grad ren venstreorientert propaganda i en rekke legitime fag, og har også innført et stort antall «fag» som ikke er annet enn venstreorientert sjarlataneri (black studies, gay and lesbian studies, woman studies, african studies, etc.). Videre, universitetsmiljøene er totalt dominert av venstreorienterte, mest blant lærerne, men også i betydelig grad blant studentene. Antall Republikanere blant lærerne er bare noen få prosent, resten er Demokrater, eller står enda lenger til

---

* Bush-administrasjonen beregnet budsjettunderskuddet for 2003 til 2,662 milliarder kroner. Underskuddet 2002 var på 1.122 milliarder kroner. Likevel representerer budsjettunderskuddet bare 3,5 prosent av BNP, mens på 80-tallet hadde USA underskudd på 5-6 prosent av BNP. (Fra Dagsavisen 20/10-2003. Budsjettår følger dog ikke kalenderår.)

venstre. Blant studentene finnes det et stort antall meget aktive venstreorienterte grupper, mens de få konservative eller liberalistiske grupper som finnes blir sabotert på alle nivåer – ikke får de økonomisk støtte fra universitetene i samme grad som de venstreorienterte, de har problemer med få å leiet lokaler, og arrangementene blir ofte stanset fordi venstreorienterte studenter bruker vold for å hindre at arrangementer blir gjennomført. Den konservative David Horowitz forteller at ved en anledning våren 2001 hadde universitetsledelsen innkalt tolv væpnede vakter for å opprettholde sikkerheten under et av hans foredrag. Horowitz forteller også at «at top-tier universities ... conservative students are second class citizens subject to ridicule if they don't keep their mouths shut».

Opptak til universitetene skjer i betydelig grad ikke på basis av karakterer/kvalifikasjoner, men på basis av kvoteringsordninger. Disse innebærer at mindre kvalifiserte studenter slipper inn istedenfor mer begavede studenter. I de siste år er det også blitt et krav til opptak at man har tjenestegjort «frivillig» i f.eks. et suppekjøkken for hjemløse.

RELIGION

USA ble helt klart etablert på en ikke-religiøs basis, og grunnlovs-fedrene var deister, de var ikke kristne. (Deisme er den overbevisning at Gud skapte verden, men at han ikke på noe vis griper inn i historien gang eller skal dømme oss). Alle fremtredende intellektuelle i USA omkring 1750-1800 var deister: John Adams, USAs annen president, skrev i et brev at «this would be the best of all possible worlds, if there were no religion in it.» Thomas Jefferson, USAs tredje president, skrev i et brev til Adams at «The day will come when the mystical generation of Jesus, by the Supreme Being as his father, in the womb of a virgin, will be classed with the fable of the generation of Minerva in the brain of Jupiter».

Hvor stor andel av befolkningen som var kristne omkring år 1800 er ikke lett å si med noen grad av sikkerhet, men det er klart at religionen ikke satte noe merkbart preg på USA.

I dag er det annerledes. Det er kirker overalt, legpredikanter finnes på alle TV-kanaler, hele 96 % av befolkningen tror på Gud, og det er umulig å bli valgt til et politisk verv for den som ikke er kristen.

Alle skolebarn i USA leser hver dag «The Pledge of Allegiance», en slags lojalitetserklæring til republikken. Den lyder nå slik:

> «I pledge allegiance to my Flag and to the Republic for which it stands, one nation under God, indivisible*, with liberty and justice for all».

Erklæringen ble innført i 1892, men passusen «under God» er et senere tillegg, det ble tilføyet i 1952.

ENGASJEMENT UTENFOR USA

Under annen verdenskrig nedkjemper USA diktaturene i Japan og Tyskland og innførte demokratiske regimer, og til en viss grad fortsatte USA med dette etter annen verdenskrig. Blant annet ble kommunistenes invasjon av Sør-Korea slått tilbake på 50-tallet. Men da USA forsøkte det samme i Vietnam på 60-tallet, var opinionen så preget av kommunistisk propaganda at det på alle nivåer var sterke protester mot USAs anstrengelser for å slå kommunistene tilbake. USA ble derfor presset til å trekke seg ut, og Sør-Vietnam ble etter 1975 underlagt kommunistdiktaturet i Nord-Vietnam.

USA har endel ganger som det minste av to onder støttet diktaturregimer for å hindre at land falt i hendene på kommunister eller verre diktatorer (Kambodsja, Iran), men på 70-tallet trakk USA støtten til disse diktaturene, og resultatet ble det barbariske diktaturet under Khomeini og folkemord under Pol Pot.

Da Irak okkuperte Kuwait i 1991, søkte president Bush sr. FN om tillatelse til å slå invasjonen tilbake. Å slå Iraks hær viste seg å være en lett match, men de lot dessverre være å avsette tyrannen i Bagdad, Saddam Hussein, i samme slengen. På 80- og 90-tallet, etter den islamske revolusjonen i Iran (som skjedde fordi daværende president Carter trakk støtten til Sjahen), begynte USA å bli utsatt for terrorangrep fra fundamentalistiske muslimer, og USA lot i de aller fleste tilfeller være å svare på disse. Flere angrep på 80- og 90-tallet

---

*Denne lojalitetserklæringen, med vekt på «indivisible», ble innført noen år etter borgerkrigen (1861-1865), for å motvirke ønsker om at noen delstater skulle melde seg ut av unionen.

førte kun til at president Reagan gikk til et svært begrenset angrep på Libya, og president Clinton avfyrte et par raketter mot tvilsomme mål i Afghanistan og Somalia. Clintons angrep var i hovedsak ment å ta oppmerksomheten vekk fra pinlige personlige forhold.

USA har også engasjert seg i flere meningsløse militære aksjoner hvor USAs interesser ikke var berørt i det hele tatt (Somalia, Bosnia).

Men hva gjør USA for å beskytte amerikanere? Sommeren 2002 ble fem amerikanske studenter drept i en palestinsk terroraksjon mot et universitet i Jerusalem. Den arabisk/muslimske terroristorganisasjonen Hamas tok på seg ansvaret, men USA har ikke gjort noe for å gi Hamas et rettferdig svar på tiltale. Borgere av USA kan ikke gå trygt overalt, snarere tvert imot: den som dreper en amerikaner vet at det kommer ingen reaksjon fra USA.

I dag ser vi klart og tydelig USAs svakhet i mangelen på reaksjoner etter angrepene på WTC 11. september 2001. Selv om president Bush jr. enkelte ganger har en brukbar retorikk, er hans handling svak, og den støtten han har blant toneangivende kretser i USA – dvs. hos de intellektuelle – er fra liten til ikke-eksisterende. USAs ytre fiende i denne sammenhengen er fundamentalistisk islam, og USA burde ha slått kraftig til mot alle regimer som støtter denne primitive og barbariske ideologien, først og fremst Iran. Isteden pleier USA sitt vennskap med Saudi-Arabia, som er landet praktisk talt alle WTC-terroristene kom fra; USA ignorerer Iran, som er fundamentalistisk islams ideologiske sentrum; og USA velger å angripe lette motstandere, Taliban-regimet i Afghanistan og Saddam Hussein i Irak, for å gi inntrykk av handlekraft og besluttsomhet.

Dessverre preger også USAs religiøse orientering deres svar på terrorangrep fra fundamentalistisk islam. USA har ikke sagt at islam er problemet, de har ikke gått til angrep på fundamentalistisk islams fyrtårn Iran, som er den virkelige fienden, de gikk i 2002 til angrep på den ikke-religiøse Saddam Hussein i Irak. Tilsvarende skjedde på 1980-tallet under Reagan: Reagan hadde en ganske god utenrikspolitikk overfor det ateistiske Sovjetunionen, men han støttet med penger og våpen de religiøse Muhjahedin i Afghanistan i deres kamp mot det ateistiske Sovjet. Muhjahedin utviklet seg som kjent til Taliban og AlQaida.

254

Hvordan har USAs intellektuelle reagert på angrepet på WTC? Typisk er følgende holdning, som er hentet fra en leder i Los Angeles Times 11. september 2002:

«The US will always be to some extent imprisoned by its power, but if it can show the world that it can be humble, and ready to change, then some good may yet come of all this suffering. Perhaps the best thing we can learn from older nations, Viet Nam, say, and Japan, is that the most useful response to loss, is to start looking beyond our wounds and toward how we can avoid hurting others».

Det riktige svaret på terrorangrep er ifølge denne lederskribenten er altså å være ydmyk og ettergivende.

I det store og hele ser vi at USA ikke bruker sin militære styrke til å forsvare seg og Vestens verdier, og at USA er ettergivende overfor tyranner og terrorister av ulike slag.

RETTSVESENET

Det amerikanske rettsvesen har utviklet seg til å bli et sirkus hvor advokater med hell utnytter alle de muligheter loven dessverre gir. Personer har mottatt enorme erstatningsbeløp fordi de har røkt tobakk eller sølt varm kaffe på seg. Drapsmenn som O.J. Simpson går fri. Professorer i jus ved de mest prestisjefylte universiteter sier eksplisitt at hva som er sant eller galt ikke hører hjemme i rettssalen.

En kvinne som påstod at hun var synsk gikk til rettssak mot et sykehus og ble av retten tildelt en erstatning på én million dollar. Grunnen var at sykehuset ved behandlingen hadde brukt apparater som medførte at hun mistet sine synske evner. Skattevesenet (IRS) har fått enormt vide fullmakter i forbindelse med mistanke om skatte-unndragelse; er man mistenkt for å ha tilbakeholdt skatt kan IRS beslaglegge folks hus og biler inntil saken er ferdigbehandlet.

Siden 60-tallet har også bruken av narkotika i store deler av befolkningen øket (selv om økningen frem til i dag ikke har vært jevn), og dette har selvsagt sammenheng med svekkelsen av de rasjonelle ideene i kulturen. Myndighetene har selvsagt svart på en totalt feilaktig måte. Ved å iverksette en krig mot narkotikaen har man brukt enorme beløp (som er tatt fra skattebetalerne) og etablert et mektig byråkrati. Krigen har vært vellykket i å gjøre et stort antall mennesker (i tollvesenet, i politiet, blant politikere spesielt i Mellom-Amerika) korrupte. Selvsagt har ikke narkotikaproblemet forsvunnet.

KULTUR
Innen kulturen er det en nærmest sykelig opptatthet av menneskelige svakheter. Hvis vi kun holder oss til film, ser vi at de respekterte eller populære filmene og TV-seriene svært ofte handler om handikappede (*Forrest Gump, Piano, My Left Foot, Shine, I am Sam, Good Will Hunting, Sling Blade, The English Patient, A Beautiful Mind*) eller gangstere (*The Godfather, Sopranos, Pulp Fiction, GoodFellas, Taxi Driver, Hannibal, Road to Perdition*) eller festing og sex (*American Pie, Sex and the City, Friends, Frasier*).

De siste års mest populære TV-serie, *Seinfeld*, handlet dog ikke bare om hovedpersonenes sex-liv, den handlet også om – ingenting. Det finnes også filmer som er lite annet enn bokstavelig talt «mindless» action, og det finnes filmer som foregår i en ren eventyrverden (*Lord of the Rings, Star Wars*). Det finnes filmer som kan sies å ta opp seriøse temaer, men ingen av disse forfekter noe som er i nærheten av å være rasjonelle verdier. Krigsfilmer handler ikke om heltemodige amerikanske soldater som eliminerer fienden, men om heltemodige amerikanske soldater som redder andre amerikanske soldater (*Saving Private Ryan, Black Hawk Down*). Antallet filmer og TV-serier som viser at USA er tvers igjennom korrupt fra øverst til nederst er uendelig (noen få eksempler: *L.A.Confidential, Wag the Dog, The Shield, Dark Blue*). Humoren som mange av de unge foretrekker er utrolig primitiv (*American Pie, Beavis and Butthead, The Osbournes, Jackass*).

Selvsagt finnes det unntak i alle disse kategoriene, men allikevel vil jeg hevde at de tendenser som her er påpekt er sterkt dominerende.

Ideer
Hvorfor finnes disse tendensene i USA? Jeg nevnte at dette må være resultat av irrasjonelle ideer – kollektivisme, selvoppofrelse/altruisme, styring til fellesskapets beste – på grunnleggende områder. La meg konkretisere hvilke ideer det er snakk om. La oss først se på det dominerende menneskesynet:

256

Mennesket betraktes primært ikke som et selvstendig individ, men som en del av en gruppe, og gruppen er viktigst. Denne kollektivismen medfører at man ikke kan vurdere mennesker på individuelt grunnlag, det primære er hvilken gruppe vedkommende tilhører. Alle grupper betraktes som likeverdige, og derfor er en gruppe ansett som undertrykt hvis det f.eks. er 5 % av dem i befolkningen og kun 1 % av dem blant studenter. Alle gruppers kulturer betraktes som likeverdige – dette synet kalles multikulturalisme – og derfor kan man ikke si at Vestens sivilisasjon er bedre enn religiøst barbari.

Mennesket betraktes i dag som et produkt av sine følelser og sine drifter, og det oppfordres til å følge sine impulser. Mennesket er ikke lenger oppfattet som et rasjonelt vesen som er i stand til å handle prinsippfast og langsiktig. Forestillingen om at mennesket er irrasjonelt innebærer at folk ikke kan innrømmes frihet – siden mennesket følger sine impulser, må det styres for ikke å ødelegge seg selv eller andre; frihet er jo ensbetydende med kaos. Derfor kan heller ikke frihet/ kapitalisme være et ønskelig samfunnssystem. Kapitalisme er dessuten utbytting og undertrykkelse, påståes det, og derfor må mennesker beskyttes ved at det blir lagt begrensninger på de dyktige og ved at de mindre dyktige får støtteordninger. Grunnen til at Vesten er rik, påståes det i dag, er ikke at Vesten har respekt for eiendomsrett og setter suksess og velstand i dette livet høyt, grunnen til at Vesten er rik er at de fattige land er blitt utnyttet. Derfor må Vesten sone for sine synder ved å bevilge enorme beløp til u-landene. Alle må underordne seg dette, og når de er blitt overbevist om at altruisme er det eneste som er moralsk, lar de seg lett styre.

Det negative synet på fornuft kommer også til uttrykk i den holdning at mennesket må basere seg på religion; hvilken religion er uviktig; islam fortjener like mye respekt som jødedom og kristendom. Siden fornuften ikke er så viktig, kan en kultur basert på rasjonelle verdier ikke være bedre enn andre kulturer. Siden fornuften ikke er viktig, kan heller ikke prinsipper være viktige, og derfor kan man si noe én dag og det stikk motsatte neste dag. Man kan være alliert med Saddam Hussein en dag, og beskrive ham som verdens verste tyrann dagen etter. Heller ikke kan man si at angrepene på WTC var en del av et mønster som har vart kontinuerlig, og med stadig økende styrke, siden 1979. Den pragmatiske, dvs. den som ikke er i stand til å tenke i prinsipper, ser aldri noe mønster, han ser kun isolerte handlinger. Svekkelsen av fornuften ser vi bekreftet på alle nivåer, til og med i trenden med «reality-show». Disses popularitet viser at folk i mindre grad enn før har evnen til å følge med i og forstå en planlagt og utarbeidet intrige.

Dessuten kan ikke USA i dag forsvare seg selv uten å samle støtte fra andre land, og det spiller ingen rolle om disse er de feige europeiske demokratier eller de korrupte diktaturer overalt ellers i verden. Dette er også et uttrykk for kollektivisme og altruisme.

Som vi ser et det sterkt irrasjonelle ideer som dominerer i USA i dag.

En irrasjonell kultur

At irrasjonelle ideer dominerer mange amerikaneres daglige liv finnes det en rekke eksempler som bekrefter. La oss her kun nevne noen få av dem: Prosessen henimot sterkere integrering av de ulike raser har stanset opp, og i dag er skillet mellom rasene i ferd med å bli større enn noensinne. Ingen offentlige personer kan uttale seg negativt om noen religion, hverken islam, kristendom eller jødedom. Begge de dominerende politiske partier ønsker at staten skal ta seg av flere saksområder. Dårlig kosthold og andre livsstilsvalg er i ferd med å gjøre slike ting som overvekt og diabetes til folkesykdommer; den generasjon som nå vokser opp vil bli den første som har en lavere forventet levealder enn sine foreldre. Promiskuitet er blitt vanlig i alle samfunnsgrupper. De som driver underholdningsindustrien har nå fjernet den tidligere klare og tydelige grense mellom tradisjonell underholdning og porno. En vanlig ungdom har sett tusenvis av drap i underholdningsprogrammer på TV, osv.

Quo vadis?

Hvilken vei skal dette gå? USA står altså nå ved en korsvei. Så vidt jeg kan se er det intet som tyder på at USA kommer til å velge riktig vei. Alternativene som foreligger ser ut til å være enten å gå i feil retning i stor fart, som de intellektuelle, venstresiden og Demokratene ønsker, eller å gå i feil retning i et noe saktere tempo, som Republikanerne og de konservative ønsker.

Håpet om å redde USA, og dermed den vestlige verden med de verdier som Vesten bygge på, ligger selvfølgelig ene og alene i en allmenn aksept av rasjonelle ideer. En helhetlig filosofi som bygger på rasjonelle ideer finnes, og selv om denne filosofien er i ferd med å få øket oppslutning og oppmerksomhet, er det forløpig intet som tyder på at disse ideene vil få en så betydelig oppslutning at USAs vei mot sammenbruddet kan snus. Da Rom falt, fikk vi innpå 1000 år med stadige kriger, anarki og barbari. Det samme vil antagelig skje hvis USA faller.

Hvorfor Vesten vinner
Bokomtale publisert i AERA nr 1/2002

Helt siden antikken har land i Vesten en rekke ganger vært i krig med ikke-vestlige land, og praktisk talt alltid har de vestlige armeer seiret. Hvorfor? De vestlige soldatene er ikke modigere eller mer utholdende eller mer intelligente enn de ikke-vestlige soldatene, og Vesten har heller ikke alltid hatt de beste hærførere – hva er det da som gjør at Vesten praktisk talt alltid vinner?

Svaret på dette spørsmålet er et av hovedtemaene i Victor Davis Hansons bok *Carnage and Culture* (Doubleday 2001). I boken tar forfatteren, som er professor i klassiske fag ved Universitetet i Fresno, CA, og hvis hovedinteresseområde er krigshistorie, for seg ni viktige slag fra krigshistorien. Slagene blir analysert i detalj, og forfatteren gir også en bakgrunn for krigen som slaget var en del av. De slagene som analyseres spenner over hele sivilisasjonens historie, fra grekernes seier over perserne ved Salamis i 480 f.Kr., via slaget mellom franskmenn og invaderende arabiske muslimer ved Poitiers i 732, slaget mellom Italia og en osmansk (tyrkisk muslimsk) invasjonsstyrke ved Lepanto i 1571, til slaget mellom Japan og USA ved Midway i Stillehavet i 1942. Det siste slag som omtales er den såkalte Tet-offensiven, slaget mellom USA og den kommunistiske invasjonsstyrken i Sør Vietnam i 1968. (Tet er det vietnamesiske nyttår, og slaget fikk dette navnet pga. tidspunktet det begynte.) Boken beskriver også et slag hvor en ikke-vestlig makt forsvarer seg mot vestlig imperialisme; slaget mellom England og Zuluriket ved Rorke's Drift i Sør Afrika i 1879, hvor 150 engelske soldater beseiret en Zulu-styrke på ca 4000 krigere.

Rasjonalitet
Som nevnt innledningsvis er forfatterens hovedtema å belyse årsakene til at Vesten alltid vinner. For å finne svaret på dette spørsmålet ser Hanson på den mest fundamentale forskjellen mellom Vesten og resten, og denne forskjellen kan oppsummeres i ett ord: rasjonalitet. Rasjonalitet er en tenkemetode som innebærer at kunnskap oppnåes ved

observasjon av virkeligheten, og ved logisk analyse med utgangspunkt i det som observeres. Dette er den tradisjonelle videnskapelige metode, og den er grunnlaget for alt fra korrekt filosofi via korrekt livsførsel til korrekt videnskap. Alternativet er å betrakte som kunnskap ideer som ikke er basert på observasjon, men som kun som forkynt av en eller annen autoritet (høvdingen, keiseren, presten, eller en bok som Bibelen eller Koranen). I Vestens kultur legges det stor vekt på rasjonalitet, mens rasjonalitet nærmest er totalt fraværende i kulturene utenfor Vesten. La meg her poengtere at Vesten ikke primært er et geografisk område, Vesten er primært den kulturkrets hvor rasjonalitet, og andre verdier som er implikasjoner av rasjonalitet, så som individualisme, egoisme og politisk og økonomisk frihet, har en fremtredende plass. (Det er dog opplagt at disse ideene ikke noe sted, selv ikke i det geografiske Vesten, er så dominerende som de burde være.)

Disse verdiene har sitt utspring i Europa, nærmere bestemt i antikkens Hellas, men de er i løpet av historien blitt spredt over store deler av verden. Hanson oppsummerer implikasjonen av Vestens grunnverdier slik:

> «Western civilization has given mankind the only economic system that works, a rational tradition that alone allows us material and technological progress, the sole political structure that ensures the freedom of the individual, a system of ethics ... that brings out the best in humankind».

Dette systemet, sier Hanson, er et resultat av

> «a long-standing Western cultural stance toward rationality*, free inquiry, and the dissemination of knowledge that has its roots in classical antiquity» (s. 19).

I ikke-vestlige kulturer blir rasjonalitet sterkt nedvurdert, og Hansons beskrivelse av dette er helt eksplisitt. F.eks. skriver han at i forbindelse med krigen mellom franskmenn og muslimske tyrkere i 1571 at rasjonalitet ikke kunne verdsettes i den muslimske kultur fordi den var

---

* Hanson bruker ordet «rationalism».

«at odds with the political primacy of the Koran, which lay at the heart of the sultan's power» (s. 261). Den mest opplagte implikasjonen av Vestens grunnidé – rasjonalitet – mht. krigføring er at Vesten alltid vil ha mer avanserte, og derved mer effektive våpen enn ikke-vestlige styrker. Grunnen til dette er at ikke-vestlige land, siden de pga. sin irrasjonelle kultur ikke kan ha noen videnskapelig forskning, ikke kan utvikle våpen; de kan kun kopiere Vestens (gamle) våpen. Derfor vil Vesten alltid ligge foran: når ikke-vestlige land skaffer seg geværer har Vesten maskingeværer, når ikke-vestlige land skaffer seg fly har Vesten hetesøkende raketter, etc.

Også andre implikasjoner av rasjonalitet forklarer Vestens over-legenhet i krig. En implikasjon av rasjonalitet er politisk frihet: frihet finnes kun der hvor rasjonalitet er et dominerende trekk i kulturen. Hanson skriver helt korrekt at

«Political freedom – an idea found nowhere outside the West –
in not a universal characteristic of humankind» (s. 444).

Vestens store grad av frihet innbærer at soldatene opplever sin krigsinnsats som et forsvar for sitt eget liv og sin egen frihet – soldater fra Vesten forsvarer enkeltmenneskets rett til å leve sitt liv som det selv ønsker, dette i motsetning til soldaten som kriger for ikke-vestlige land, han kjemper kun for høvdingens eller keiserens eller religionens ære, eller for tilsynelatende å øke størrelsen på sin leders landområder, dvs. utbre en primitiv ideologi. Dog, soldater som kjemper for en belønning i form av evig liv underholdt av jomfruer og et stort tjenerskap er på et vis effektive, men disse er sterkt irrasjonelle og kun effektive i enkeltaksjoner. De ofrer seg gjerne i spektakulære enkeltaksjoner, men fungerer ikke godt i en langvarig strid. En soldat som kjemper for egen frihet viser seg å være langt mer effektiv enn en soldat som er lite annet enn en brikke i sin diktators spill.

En annen og viktig implikasjon av rasjonalitet er disiplin. Ikke-vestlige krigere handler i slag ofte på egenhånd, dvs. uten å tenke på at de er en del av et større hele, at det er en plan for helheten, og at planen bryter sammen med nederlag som eneste resultat dersom ikke delene fungerer slik de skal. Vestlige soldater, derimot, er trenet til å følge ordre gitt av offiserer som har oversikt over helheten. Slik beskriver

Hanson viktigheten av disiplin blant soldater og roere i sjøslaget mellom grekere og persere i 480 f.Kr.:

«...the common theme is Greek discipline in attack – ships advancing in order, as crews methodically rowed, backwatered, and rammed on command – contrasted with the chaos and disruption of the Persians who vainly tried to board Greek [ships] at random and kill the crews» (s. 46).

Et annet aspekt er at ikke-vestlige kulturer ofte er strengt hierarkisk oppbygget i den forstand at man blir født inn i en posisjon, og i denne posisjonen må man forbli uansett hvilke evner man måtte ha. Vestens samfunn kan også beskrives som hierarkisk oppbygget, men det er muligheten for mobilitet opp og ned i hierarkiet, og denne skjer i hovedsak pga. det enkelte individs egenskaper. Dette innebærer at i vestlige hærstyrker vil man avansere etter dyktighet, og de dyktigste blir ledere. I ikke-vestlige armeer blir soldater, lavere offiserer og hærførere utvalgt til sine posisjoner på bakgrunn av hvilken familie de tilhører – dette er med andre ord et system hvor det ikke er noen sammenheng mellom dyktighet og den posisjon man får. At ikke-vestlige armeer da som regel blir dårligere ledet enn vestlige armeer er et opplagt resultat av dette.

Det stivbente hierarkiet i ikke-vestlige armeer fører også til at enhver vet sin plass – og at soldater i strid ikke våger å overta en annens plass selv om det for å styrke krigsinnsatsen skulle være ytterst nødvendig. Vestlige soldater derimot, viser seg å være kreative til å utnytte alle muligheter for å vinne det slaget de står midt oppe i – fordi de har levet i en (til en viss grad) rasjonell kultur er de til en viss grad trenet i rasjonell tenking, og de gjør ofte det beste ut av enhver situasjon uten å bli hindret av forestillinger om at det er oppgaver de ikke kan løse fordi de ikke tilhører riktig familie.

Individualisme

Et annet viktig element er at Vestens individualisme åpner for at det også innen militæret er en plass for eksentriske personer. Dette er viktig, fordi innen militæret er det svært mange ulike oppgaver som skal løses – en av dem, en meget viktig oppgave, er å knekke fiendens koder.

Kodeknekkere må ha store kunnskaper innen blant annet svært teoretiske og abstrakte fag som matematikk og lingvistikk, og slike mennesker er, har det vist seg, ofte eksentrikere som f.eks. er lite villige til alltid å møte på morgenoppstilling kl 0600 i korrekt uniform og med blankpussede sko, og de er ofte lite villige til å gå til sengs kl 2200. Slike mennesker har ofte en form for kreativitet som innebærer at de gjerne går i tøfler og strikkejakke, ikke følger normal døgnrytme, osv. Det skulle være enkelt å forstå at slike personer ikke ville kunne bli akseptert som hverken soldater eller offiserer i den japanske eller i den tyske hær under annen verdenskrig. Men både i den amerikanske og i den engelske hæren fantes det enkelte grupper bestående av slike mennesker, og dette førte til at japanske og tyske koder raskt ble knekket, noe som ga enorme fordeler for de allierte i flere viktige slag. F.eks. kjente den amerikanske hæren til japanske planer, og denne kjennskapen gjorde det mulig for USA å gi Japan et avgjørende nederlag ved Midway i 1942.

Noe som også gjør vestlige soldater til bedre krigere er at det innen forsvaret finnes lov og rett – soldater blir ikke disiplinert eller straffet etter sine overordnedes forgodtbefinnende, men det finnes regler for hva som er forbudt, og forbryter en soldat seg mot disse, er det også regler som gir nøyaktige prosedyrer for hvordan en sak skal etterforskes og dømmes. Noe slikt er meget sjelden i ikke-vestlige armeer.

Også den store grad av kapitalisme i Vesten var en fordel i krig. Kapitalisme innbærer at det er mulig å akkumulere kapital, og dette betyr at man over lengre tidsperioder er i stand til å forsyne en stor hær som er langt hjemmefra med alt den trenger, ikke bare selvsagte ting som våpen, ammunisjon og utstyr som nye uniformer, men også slike ting som mat, klær, post, underholdning. Et land hvor det ikke finnes kapital er selvsagt ikke i stand til dette. De aller fleste slag mellom Vesten og ikke-vestlige makter har da også skjedd utenfor Europa: Vesten har hatt kapital til å holde armeer i krigsdyktig stand over lange tidsperioder i Asia, i Amerika og i Afrika, mens kun et fåtall ganger har ikke-vestlige armeer kjempet i Europa.

Strategi

Også mht. krigsstrategi er Vesten annerledes enn ikke-vestlige land. Et typisk eksempel er Japans angrep på Pearl Harbor i 1941, hvor en stor japansk flystyrke ødela praktisk talt hele USAs stillehavsflåte med ett enkelt overraskelsesangrep. Men hvordan fulgte Japan dette opp? Ved ikke å gjøre noen ting. Mentaliteten bak dette var antagelig en tanke om at «nå har vi (Japan) gitt USA et så stort prestisjenederlag, nå har USA mistet ansikt, og nå vil de gi oss innrømmelser». En slik tankegang er antagelig i samsvar med Østens mentalitet, men den er meget fjern fra den mentalitet som finnes i Vesten. Hvis et vestlig land hadde foretatt et tilsvarende angrep, ville det ha fulgt opp med andre angrep nærmere USA, det ville ha bombet militærbaser på fastlandet, og det ville ha foretatt en invasjon. Et vestlig land ville ikke ha gått til angrep hvis ikke planene og ressursene for en slik aksjon var klare. Men Japan hadde ingen slike planer om, og heller ikke ressurser til, å følge opp angrepet på Pearl Harbor.

Japans idé om at de ved å ødelegge Pearl Harbor ville gi USA et prestisjenederlag og dermed kunne få USA til forhandlingsbordet, er en tanke som er helt fremmed for Vesten. Det USA gjorde var ikke å gå til forhandlinger med Japan, men å mobilisere og kjempe en krig til Japan var fullstendig knust. Til dette brukte de absolutt alle midler de rådde over, inkludert å teste ut det nyeste våpenet i sitt arsenal, atombomben, for å få Japan til å kapitulere uten betingelser.

Det er ikke uvanlig i ikke-vestlige armeer at lederen begår selvmord hvis hans avdeling taper et slag. Den japanske admiralen Yamaguchi, som ifølge Hanson var «one of the brightest and most aggressive commanders in the japanese navy» (s. 340), valgte å gå ned med sitt skip da det ble truffet av en amerikansk rakett ved Midway. En slik handling vil styrke hans ære i den irrasjonelle japanske kulturen, men handlingen innebar også at den store erfaring og kunnskap han hadde, gikk tapt. Det er langt bedre for en hær om lederes kunnskaper og erfaring blir tatt vare på og brukt ved senere anledninger.

Det er også andre forskjeller på hvordan Vesten og ikke-vestlige land fører krig. Det er f.eks. vanlig at hæravdelinger går igjennom ritualer før slag, dette er handlinger av typen «skål for kongen», men kan selvsagt være langt mer omfattende enn en enkel skål; slike ritualer kan inneholde fasting, dans eller ofring av dyr til ære for gudene. Poenget er at vestlige soldater dropper slike ritualer dersom de er til hinder for en effektiv krigføring, mens i andre kulturer er slike ritualer betraktet som noe som (eksempelvis) skal blidgjøre gudene og gi dem

266

seier i det kommende slaget; slike ritualer blir betraktet som like viktige som selve krigshandlingene, og derfor kan ikke soldatene droppe dem. Dette kan føre til at ikke-vestlige soldater kan sitte i bønn mens de blir overrent av vestlige soldater.

Ikke-vestlige kulturer har også ofte et syn på Vesten som ikke setter dem i stand til å forstå hvor effektive vestlige krigsmaskiner er. Hanson skriver

> «Europeans were derided not merely as decadent, ugly, smelly and self-centered, but also as innately spoiled, pampered and soft – lazy men who triumphed only through clever inventions and machines rather than the inherent courage of their manhood» (s. 360).

Denne holdningen, som er meget utbredt i ikke-vestlige kulturkretser, er et tydelig resultat av tenkevaner som er ikke er preget av store evner til rasjonell tenkning. Mer bestemt, i ikke-vestlige kulturer har man ingen forståelse for at frihet kan sørge for noe som helst, i ikke-rasjonelle kulturer er man overbevist om at skal man få til noe, må man tvinge folk til å gjøre det. En ikke-rasjonell person er fullstendig ute av stand til å forstå at frihet medfører harmoni; for en ikke-rasjonell person vil frihet kun bety kaos. Hanson er på sporet av dette poenget når han skriver:

> «All people at times acts as individuals, ... But the formal and often legal recognition of a person's sovereign sphere of individual action – social, political, and cultural – is a uniquely Western concept, and that frightens ... most of the non-Western world» (s. 386).

Det samme poenget – nedvurderingen av frihet – viser seg også på andre områder, f.eks. innen økonomi; ikke-rasjonelle kulturer vil anse tvang som eneste metode for å få i stand velstand, dvs. produksjon av mat, klær hus, etc. Kun en stor grad av rasjonalitet i kulturen vil innebære en forståelse for, og dermed aksept for, at det kun er frihet som på sikt kan produsere velstand. (At vi i vår tid kan observere at tvang blir mer og mer utbredt er et tegn på at rasjonalitetens betydning er i ferd med å bli redusert, og resultatet av dette vil nødvendigvis bli et alminnelig samfunnsmessig forfall.)

Men det finnes også unntak fra regelen om at Vesten vinner. Boken nevner også noen tilfeller hvor vestlige armeer har tapt slag mot ikke-vestlige motstandere. Grunnen til slike tap er som regel at armeer fra vestlige land ikke har fulgt vestlige prinsipper. Hanson omtaler romernes tap for den geniale hærføreren Hannibal i 216 f.Kr., som med en styrke på ca 30 000 soldater drepte kanskje så mange som 70 000 romerske soldater og offiserer i løpet av noen få timer. Hovedgrunnen til romernes tap var at deres ledere var valgt ut pga. familie og forbindelser, og ikke pga. dyktighet. Engelskmennenes tap ved Isandhlawana i 1879, hvor en styrke på 1800 engelske tropper ble slått av 20 000 Zulu-krigere, var også av samme type. Hovedgrunnen til det engelske tapet var ifølge Hanson slike ting som at «innate British military conservatism» hadde hindret britene i å anskaffe moderne rifler (s. 283).

La meg nevne at de makter som vestlige armeer har kriget mot alltid har stått for diktatur, føydalvelde eller teokrati, og befolkningen i disse områdene har alltid vært undertrykt av høvdinger eller keisere eller imamer. Slike stater har ingen moralsk rett til å forsvare seg mot vestlig imperialisme; innføring av en styreform mer eller mindre etter vestlig modell vil alltid innbære en kraftig forbedring for befolkningen. (Hanson gir en rekke eksempler på hvordan befolkningene i områder utenfor den vestlige kulturkrets blir undertrykt, trakassert, torturert og drept av sine politiske og religiøse ledere.)

Skoleeksemplet på vellykket vestlig imperialisme er USAs forandring av Japan etter annen verdenskrig fra et føydalt keiserstyre, som det var frem til 1945, til en moderne vestlig stat som nå er, økonomisk sett, omtrent like sterk som USA. Jeg vil dog ikke påstå at alle forsøk fra Vesten på å innføre vestlige styresett i land utenfor det geografiske Vesten har vært like vellykkede som dette. Hovedgrunnen til at endel forsøk ikke har vært vellykkede er – selvsagt – at de ikke i tilstrekkelig grad har vært basert på de vestlige grunnverdier, og at oppslutningen i befolkningen om disse verdiene i landene det har vært snakk om ikke har vært tilstrekkelig stor.

Spesielt i våre dager bør det være viktig å ha en viss kjennskap til militærets betydning i forsvaret av Vestens verdier, og denne boken

268

er et godt utgangspunkt, forfatteren skriver godt og det er tydelig at han både har enorme kunnskaper om og stor interesse for emnet. Hanson er også medforfatter til boken *Who killed Homer?*, som beskriver og forklarer årsakene til at undervisning i de grunnleggende verdiene fra antikkens Hellas nå synes å være forsvunnet fra pensum ved amerikanske universiteter. (Den Homer som nevnes i bokens tittel er dikteren som gis æren for å ha skrevet de store eposene *Odysseen* og *Illiaden,* og han er ment å representere de greske verdiene.) *Who killed Homer?* tar for seg en del viktige ideer som har sitt utgangspunkt fra de gamle grekere, og de fleste lesere av denne boken ble nok overrasket over at forfatterne i tillegg til å omtale filosofiske grunnideer og deres betydning for kunst, økonomi, videnskap og politikk, også legger betydelig vekt på disse grunnideenes betydning for militær organisasjon og strategi. Etter mitt syn er dette et tema hvis viktighet har vært undervurdert, og disse bøkene er en begynnelse for å rette på denne undervurderingen. Dog viser *Culture and Carnage* langt tydeligere enn *Who killed Homer?* hvor viktig det militære forsvar er for beskyttelsen av Vestens ideer.

McCarthyismen
Foredrag holdt i FSO 21. april 1998

Alle kjenner uttrykket mccarthyisme, og alle vet at det stammer fra en vulgær amerikansk politiker som uten grunn stemplet uskyldige som kommunister i USA på 1950-tallet, og som sørget for at disse mistet både arbeid og anseelse. Alle vet at mccarthyisme betyr heksejakt på uskyldige. Men dette bildet er feil.

Hva er da sannheten bak Joseph McCarthy? Er den slik den blir fremstilt i alle aviser, historiebøker og filmer, og som jeg oppsummerte ovenfor? Det er dette jeg skal si noe om i dette foredraget. Senator Joseph McCarthy må selvsagt settes inn i sin historiske ramme, og denne rammen er anti-kommunismen i USA etter annen verdenskrig.

Kommunismen

Da begynner vi med spørsmålet: hva er kommunisme? Kommunismen er en politisk ideologi og en politiske bevegelse hvis utgangspunkt kan tidfestes til publiseringen av Det kommunistiske manifest i 1848. Dette manifestet var ment som en reaksjon på det faktum at i de foregående hundre år – etter den industrielle revolusjon – var det svært mange mennesker som arbeidet hardt og var fattige, samtidig som noen, ifølge kommunistene, var svært rike uten å arbeide i det hele tatt.

Den kommunistiske bevegelsen ønsket å fjerne disse forskjellene, og arbeidet derfor for statlig overtagelse av alle produksjonsmidler (fabrikker, maskiner, transportmidler, etc.). Grunnen til de sosiale forskjellene var, påstod de, at noen eide produksjons-midlene og derved kunne leve på andres arbeid. Dette forårsaket klasseforskjeller, og kommunistene ønsket et samfunn uten klasseforskjeller, de ønsket det klasseløse samfunn. For å fjerne klasseforskjellene måtte staten altså oppheve den private eiendomsrett og overta disposisjonsretten til alle produksjonsmidler. Da ville det etter hvert heller ikke bli behov for noen stat – staten var jo overklassens undertrykkelsesapparat som ble benyttet for å holde de lavere klasser i sjakk. Lenin sa det slik: «Så lenge staten eksisterer, finnes det ingen frihet; der friheten rår, finnes det ingen stat» (Moen, s. 174).

Kommunismens formål var å utjevne sosiale forskjeller, og for å oppnå dette måtte man ifølge kommunistene fjerne sammenhengen mellom eiendom, arbeidsinnsats og økonomisk resultat: «Fra enhver etter evne, til enhver etter behov» var prinsippet de ønsket å basere all produksjon og fordeling i samfunnet på. Den enkeltes innsats skulle altså være til fordel for fellesskapet, ikke til fordel for vedkommende selv eller hans familie, og dette er rendyrket altruisme (altruisme er definert som selvoppofrelse til fordel for andre). Til gjengjeld skulle fellesskapet sørge for hver enkelt ved å gi ham det han trengte.

Dvs. det er slik de selv fremstiller det i dag. Egentlig var sosialismen en konservativ reaksjon på de radikale endringer i samfunnet som den økede individuelle friheten – kapitalismen – førte med seg. Sosialister, da som nå, ser på seg selv som en elite, og de forakter alt som er resultat av de frivillige valg individer flest selv foretar. Sosialister ønsker egentlig å opprettholde føydalvesenet, men med sosialister som de nye føydalherrer. Både sosialismens teori og praksis bekrefter dette på en overveldende måte. Jeg vil dog i dette foredraget ikke ta opp denne problemstillingen.

Svært mange intellektuelle i Vesten fra omkring 1900 ble sterkt tiltrukket av denne ideologien, og bevegelsen fikk raskt betydelig oppslutning. Dette var naturlig siden alle intellektuelle hadde akseptert de filosofiske grunnholdninger – kollektivisme og altruisme – som kommunismen og dens mildere variant sosialismen bygger på og forutsetter.

Bevegelsen kom først til makten i Russland i 1917. Tsar-styret, et ikke så svært hardt diktatur, ble kastet under den demokratiske februarrevolusjonen, men kommunistene var ikke fornøyd med det demokratiske styret, etter hvert ledet av Kerenskij, og de gjennomførte et kupp i oktober 1917. Ved valget til grunnlovgivende forsamling hadde kommunistene bare fått ca 25 % av stemmene. «Lenin løste problemet ved ganske enkelt å la sine rødegardister ... jage forsamlingen fra hverandre ... dagen etter at den hadde trådt sammen og begynt å diskutere retningslinjene for et demokratisk styre i Russland» (Grimberg 21, s. 142). Dette var helt klart et kupp, selv om kommunister helt frem til i dag har beskrevet dette som en revolusjon. En revolusjon var det ikke fordi omveltningen ikke hadde bred folkelig støtte, en revolusjon er per definisjon en rask, kraftig politisk

272

omveltning med bred støtte i befolkningen. Kommunistene fremstiller på en løgnaktig måte det som skjedde som en revolusjon for å gi inntrykk av at maktovertagelsen hadde støtte fra folk flest.

Etter dette kuppet kom det så en periode med borgerkrig. De «hvite», antikommunister støttet av flere vestmakter, forsøkte å ta makten fra de «røde», kommunistene. Men de røde vant, og skiftet navn på landet til Sovjetunionen (et sovjet er et arbeiderråd, og kommunistene forsøkte å gi inntrykk av at landet ble styrt av folket via representanter fra disse arbeiderrådene).

Kommunismen førte selvsagt til store problemer: økonomien kunne ikke fungere når det ikke var noen sammenheng mellom arbeidsinnsats og belønning, og resultatet ble fattigdom, nød, og sult. Noen måtte få skylden for elendigheten, og Stalin, som ble diktator i Sovjetunionen etter Lenin, arrangerte farseaktige rettssaker hvor syndebukker ble dømt til døden. De tiltalte var jo også kommunister, og siden de derfor støttet selvoppofrelse til fellesskapets beste som etisk ideal, kunne de ikke gjøre annet enn å tilstå selv om de var uskyldige – hadde de sagt de var uskyldige ville de innrømmet at rettssystemet var korrupt, og dette ville jo sverte kommunismen. De tilsto altså forbrytelser de ikke hadde begått for å tjene saken. Noen av disse rettssakene ble kjent i Vesten under navnet Moskvaprosessene, og de førte til at enkelte kommunister i Vesten mistet troen på kommunismen.

Opposisjonelle ble sendt til fangeleire som fantes overalt i Sovjet, men helst i iskalde Sibir, folk flest sultet, nød og fattigdom herjet i hele landet. Sovjetunionens myndigheter forsøkte allikevel å gi et bilde av situasjonen om at alt stort sett var fryd og gammen – noe annet ville jo skade den kommunistiske bevegelsen.

Vi ser her at kommunister gjerne lyver for å fremme sin egen sak. De betrakter den saken de kjemper for – det klasseløse samfunn – som så god og viktig at alle midler er tillatt for å spre den. De har altså ingen motforestillinger mot å lyve hvis formålet er å støtte kommunismens sak. Som Lenin visstnok sa det: «Moral er en borgerlig fordom».

Også Hitler-Stalin-pakten, en ikke-angrepsavtale inngått mellom Tyskland og Sovjetunionen i august 1938, fikk enkelte i Vesten til å forlate kommunismen. Mange hevder at kommunismen og nazismen er motsatte ideologier, men denne pakten illustrerer at disse to ideologiene står svært nær hverandre. Det er heller ingen tvil om Stalin betraktet Hitler som en åndsfrende. (I dag forsøker kommunister å bortforklare denne alliansen ved å hevde at Stalin inngikk den av taktiske grunner; Sovjet trengte tid til å bygge opp det militære forsvaret før den uunngåelige krigen med Tyskland kom. Grunnen til at forsvaret måtte bygges opp var i hovedsak at Stalins utrenskninger hadde ført til at de fleste høyere offiserer var blitt likvidert.) Pakten ble brutt i og med Tysklands angrep på Sovjetunionen i juni 1941.

Sovjetunionen la etter annen verdenskrig i klassisk imperialistisk stil under seg de land det hadde befridd fra Nazi-Tyskland. Når noen av disse landene forsøkte å rive seg løs fra sovjetisk dominans, sendte Sovjets diktatorer inn tropper: opprørene i Ungarn 1956 og i Tsjekkoslovakia 1968 ble slått ned med hard hånd. På 60- og spesielt på 70-tallet støttet Sovjet med penger og våpen flere «frigjøringsbevegelser» i land i Afrika og i Sør-Amerika. I 1979 invaderte Sovjet Afghanistan. Kommunistdiktatoren Pol Pot massa-krerte på slutten av 1970-tallet en stor del av Kambodsjas befolkning; alle som på en aller annen måte hadde en borgerlig bakgrunn var uønsket i det nye klasseløse paradis han ville skape. I 1989 brøt Sovjet omsider fullstendig sammen; en økonomi hvor det ikke er noen sammenheng mellom innsats og belønning vil resultere i at produksjonen blir mindre og mindre. Raskt etter dette ble kommunismen avviklet i alle land i Øst-Europa.

Kina ble kommunistisk etter en borgerkrig mellom kommunistene under Mao Tse Tung og nasjonalistene under Chiang Kai-Shek – nasjonalistene tapte og flyktet til Formosa/Taiwan i 1949, hvor de dannet sin egen stat. USA støttet opprinnelig den anti-kommunistiske siden i denne krigen, men flere tjenestemenn i det amerikanske utenriksdepartementet mente at USA burde redusere sin støtte til Chiang Kai-Shek og erkjenne at kommunistene burde gå seirende ut av krigen. Det viste seg senere at et betydelig antall tjenestemenn i det amerikanske UD var kommunister.

Den kommunistiske undertrykkelsen og imperialismen fortsatte: Flere millioner kinesere som ikke ville passe inn i det klasseløse samfunn ble drept under Mao, og Kina okkuperte Tibet i 1951. Det kommunistiske Nord-Korea, primært støttet av Kina, invaderte Sør-Korea i 1950; det kommunistiske Nord-Vietnam, primært støttet av

Sovjet, foretok en gradvis invasjon av Sør-Vietnam utover 1950- og 60-tallet. Denne krigen, hvor USA engasjerte seg kraftig på Syd-Vietnams side, tok først slutt i 1975 med full seier for kommunistene. Dette skyldtes en omfattende kommunistisk løgn-kampanje mot USA, en kampanje som ble støttet av praktisk talt alle intellektuelle i Vesten.

Historisk sett var Nord-Vietnam og Syd-Vietnam to forskjellige land med to forskjellige folkeslag og to forskjellige kulturer. (Se Frank Bjerkholts bok *Vietnam - det store bedraget*, Gyldendal 1980). Folket i nord har stadig forsøkt å erobre de meget fruktbare områdene i sør. Denne imperialismen fortsatte også etter at Nord-Vietnam ble kommunistisk etter annen verdenskrig. USA forsøkte fra slutten av 1950-tallet å hindre den nord-vietnamesiske kommunistiske imperialismen i å erobre Syd-Vietnam og Kambodsja, slik de tidligere hadde hindret det kommunistiske Nord-Korea i å erobre Sør-Korea. Venstresiden fremstilte dette helt feilaktig som om USA var imperialisten og at folket i Vietnam egentlig kjempet for selvstendighet mot kolonimakten USA.

Som sagt, mange intellektuelle i Vesten støttet kommunismen og beundret først Sovjetunionen og så Kina, og betraktet disse som idealsamfunn til tross for den undertrykkelse og den fattigdom som fantes i disse landene. Disse intellektuelle ønsket å innføre samme type system i sine egne land, og brukte derfor sine talenter for å spre kommunistiske ideer innen akademia, i kunsten og i pressen. Alle opplysninger om nød, elendighet og undertrykkelse, endog massemord, i kommunistlandene ble av disse intellektuelle avfeiet enten som kapitalistisk løgnpropaganda, eller det ble hevdet at tiltakene var nødvendige. Men den kommunistiske bevegelsen led også tap av viktige støttespillere og sympatisører når de innså at påstandene om forholdene i Sovjet var sanne. Boken *Guden som sviktet*, på norsk i 1950, var en samling artikler av intellektuelle – blant dem Arthur Koestler – som hadde latt seg lure av kommunistiske idealer, men som etter hvert hadde forstått at systemet måtte føre til diktatur, nød og elendighet.

Et viktig element av kommunistenes tro var altså lojalitet overfor sosialistiske land. Først var alle kommunister lojale overfor Sovjet. Etter at det ikke lenger var mulig å benekte resultatene av kommunismen i Sovjet, dvs. etter statsminister Nikita Khrusjtsjovs avsløringer av Stalins terrorstyre i 1956, valgte de fleste kommunister Kina som ideal, selv om noen fortsatt var lojale mot Sovjetunionen. Man kan spørre seg om disse intellektuelle, de som fortsatt var kommunister etter midten av 30-tallet, var ærlige. Allerede da var det tilgjengelig enorme mengder informasjon som viste hvor forferdelig tilstanden var i Sovjetunionen. Disse intellektuelle hevdet at all informasjon om undertrykkelse og fattigdom var propagandaløgner fra arbeiderklassens motstandere, men har en intellektuell lov til å være så naiv? (Jeg snakker her moral, ikke juss). Slik blindhet rammer kommunister helt opp til i dag, selv om det i dag ikke er så mange uttrykte kommunister igjen: på 30- og 40- og 50-tallet benektet de undertrykkelsen under Stalin, på 60-tallet benektet de massemord i Kina under Mao, på 70-tallet benektet de massemordet utført av Pol Pot i Kambodsja, og i dag benekter de undertrykkelsen på Cuba og i Nord-Korea, som vel er de eneste kommunistland som fortsatt finnes.

Dessuten er det slik at kommunismen forfekter «likhet». Ikke likhet for loven, men likhet i resultater uansett den enkeltes egen arbeidsinnsats, noe som er i samsvar med slagordet «Arbeid etter evne, motta etter behov». Alle mennesker har i sin oppvekst sett at noen jobber hardt og blir velstående, mens andre ikke jobber og forblir fattige. Alle har sett dette fra tidlig i livet (f.eks. allerede på skolen vet man at noen jobber hardt og får gode karakterer, mens andre ikke jobber og får dårlige resultater). Enhver normalt utrustet person må forstå at et slikt likhetsideal er ugjennomførlig. Og de intellektuelle kommunistene var som regel intelligente personer.

Et eksempel som illustrerer dette: En amerikansk filosof, født og oppvokst i det kommunistiske Ungarn, stilte en av sine lærere følgende spørsmål (han var da 15 år gammel): «Tenk deg at en person jobber hardt og tjener mye, mens en annen jobber lite og tjener lite – hvorfor er dette urettferdig? Hvorfor er det rettferdig å ta fra den som jobber mye og gi til den som jobber lite?» Reaksjonen ble at vedkommende elev ble fjernet fra den teoretisk orienterte skolen han var elev ved, og flyttet til en håndverkerskole. Han klarte senere å flykte til USA og er nå professor i filosofi.

Det virker som om enhver sosialist/kommunist ikke er kjent med slike fakta som dette – at noen jobber godt og derfor tjener bra, mens andre jobber lite og derfor tjener dårlig. Den som er kommunist

276

ser også bort fra alle resultater av kommunismen i praksis – det siste er hungersnøden i Nord-Korea. Kan et ærlig menneske være totalt ukjent med slike fakta?

Kommunismen førte til nød, elendighet, massemord. Resultatet av kommunismen er det redegjort for i *Kommunismens sorte bok, The Black Book of Communism: Crimes, Terror, Repression,* først utgitt i Frankrike i 1999. Her dokumenteres i detalj det globale regnskap over kommunismes ofre: Sovjet 20 mill døde, Kina 65 mill, Kambodsja 2 mill, Vietnam 1 mill, Nord-Korea 2 mill, osv. til sammen ca 100 millioner mennesker. Bokens redaktør oppsummerer: «Man må erkjenne kommunismens grunnleggende kriminelle dimensjon. Helt fra Lenin av har dens fundament vært masseforbrytelse og terror...». Boken setter praktisk talt likhetstegn mellom nazismen og kommunismen, forskjellen, sier den, er bare at kommunistene hadde bedre propaganda.

At dette måtte bli resultatet kunne man innse allerede fra de første kommunistiske skrifter. Og når resultatene begynte å vise seg i og med den praktiske gjennomføringen etter 1917, og når disse resultatene ble kjent for alle etter midten av 1930-tallet, kunne ingen anstendige mennesker finne på unnskyldninger lenger. Det er mulig å lære ved innsikt. Hesiod sa at «Tåper lærer kun av erfaring», men de som ikke engang av erfaring har lært hva kommunismen må føre til, er verre enn tåper. Kommunister er kriminelle, eller gir kriminelle moralsk støtte, og alle anstendige mennesker er anti-kommunister.

Propaganda

Som jeg nevnte var det mange kommunister blant de intellektuelle. Disse forsøkte å spre sin ideologi i alle de fora de hadde til rådighet. Ikke bare i akademia ble kommunistiske ideer forkynt, men også i aviser og i kunst som litteratur og film.

Spesielt 30-årene var i USA sterkt preget av kommunistiske ideer, dette årtiet kalles «the red decade», og det som skjedde i Sovjet ble overalt omtalt som «the noble experiment». Politikken under president Roosevelt ble lagt kraftig om til venstre med en sterk økning av statens makt på alle områder, og selvsagt var det intellektuelle liv sterkt venstreorientert. Det var forøvrig på dette tidspunktet Ayn Rands antikommunistiske roman *We the Living* ble utgitt. Denne omhandlet perioden i Russland rett etter revolusjonen, en periode Ayn Rand selv hadde gjennomlevet. Hun hadde store problemer med å få boken utgitt; forlagene i USA ville helst ikke røre boken i det hele tatt. Den ble til slutt antatt, selv om en av forlagets konsulenter, kommunisten Granville Hicks, hadde det syn at «for å bli en god forfatter må man først bli en god kommunist». Dette var på denne tiden en helt ukontroversiell kommentar.

We the Living ble altså til slutt utgitt, men den fikk ingen markedsføring fra forlagets side. Få aviser anmeldte den, og de anmeldelsene som kom inneholdt formuleringer som «it is not a valuable document regarding the Russian experiment» (som nevnt omhandlet den en periode som Ayn Rand selv gjennomlevet), og enkelte anmeldere som var positive til budskapet våget ikke skrive anmeldelser hvor de ga uttrykk for dette fordi de ikke våget å støte det kommunistiske konsensus.

Skjønnlitteraturen i USA var på denne tiden dominert av kommunistiske eller sterkt venstreorienterte, sterkt antikapitalistiske forfattere (Theodore Dreiser, John Steinbeck, Lillian Hellman, Dashiell Hammett, Upton Sinclair, Woody Guthrie), og det ble laget filmer som ga et rosenrødt bilde av Sovjetunionen, eller som svertet USA og kapitalismen. Bøker som var nogenlunde pro-USA ble filmatisert og laget mer anti-USA. Eks. på anti-USA-filmer: *Vredens druer, Song of Russia, The Best Years of our Lives* (som vant syv Oscars i 1946), *A Song to Remember.*

MPAPA og HUAC

Men samtidig var det enkelte som reagerte på den utbredte støtten til. kommunismen. De ønsket ikke å sitte rolig å se på at kommunistiske ideer ble spredt i det amerikanske samfunnet. Det kom derfor i stand en anti-kommunistisk kampanje. Dennes to viktigste elementer i første omgang var The Motion Picture Alliance for the Preservation of American Ideals, MPAPA og The House Un-American Activities Committee, HUAC.

MPAPA ble dannet i 1944. Blant de mest kjente medlemmene i denne var Gary Cooper, John Wayne, Walt Disney, Robert Taylor og Ayn Rand. For MPAPA skrev Rand *Screen Guide for Americans,* som er gjengitt i *Journals of Ayn Rand.* Denne ble distribuert som en pamflett i film-miljøet, og den ble også gjengitt i Drama-seksjonen i New York

278

Times. Ayn Rand var i motsetning til de fleste andre anti-kommunister sterkt imot at staten skulle gi lover om forbud mot å spre kommunistiske ideer, hun mente at den eneste måten å bekjempe kommunismen på var å utdanne folk flest om hva kommunismen står for, og derved sørge for at filmer/litteratur som preket kommunistiske ideer ikke vil ha noe marked.

Også myndighetene engasjerte seg i kampen mot kommunismen. The House Un-American Activities Committee, HUAC, en komité nedsatt av Representantenes hus, begynte i 1947 å kartlegge kommunistisk infiltrasjon i det amerikanske samfunnet. Denne virksomheten kom til å avsløre flere viktige sovjetiske spioner: Alger Hiss og Julius og Ethel Rosenberg. Alle som da var en smule venstreorientert insisterte på at disse var uskyldige ofre for en løgnkampanje fra det offisielle USA. Selv i dag fremstilles disse som regel som uskyldig dømte.

Hiss var en høytstående rådgiver i UD, han var en av president Roosevelts aller nærmeste medarbeidere under Jalta-konferansen, og han var en god venn av senere utenriksminister Dean Acheson. Han ble beskyldt for å være kommunist av den tidligere kommunisten Whittaker Chambers, som hadde skiftet side og blitt konservativ. Hiss påstod at han aldri hadde vært kommunist. Striden mellom disse – hvem løy? – pågikk fra august 1948 til mars 1951 og vakte stor oppmerksomhet. Denne saken splittet nasjonen – alle hadde et syn på saken, og alle intellektuelle støttet Hiss og hevdet at han var et uskyldig offer for en hysterisk heksejakt. I 1951 ble Hiss dømt for å ha løyet under ed. I virkeligheten var Hiss en viktig spion for Sovjet. Alle ungdommer på college i USA i dag «vet» hvem Hiss var. De «vet» at han var et uskyldig offer for mccarthyismen. (Horowitz, s. 406).

Ekteparet Rosenberg ble arrestert og siktet for spionasje til fordel for Sovjet. Også disse er i dag ansett som martyrer av venstresiden. Forfatteren E.L. Doctorow skrev boken *The Book of Daniel* om dem. En kjent protestsanger skrev sangen *Julius and Ethel* om dem så sent som i 1983. Julius og Ethel bedyret under hele rettssaken sin uskyld, og de innrømmet heller ikke at de var medlemmer av kommunistpartiet. I perioden etter at dommen var falt organiserte kommunistpartier over hele den vestlige verden støtteaksjoner for Rosenbergs. Det ble arrangert underskriftsaksjoner, massemønstringer, demonstrasjoner osv., saken ble fremstilt som 50-tallets Dreyfus-sak. En rekke kjente personer – Frankrikes president, paven, en rekke intellektuelle og videnskapsfolk – ba om nåde for dette «uskyldig dømte» ekteparet. De ble henrettet i 1953.

Boken *The Rosenberg File*, utgitt i 1983, og skrevet av et par venstreorienterte historikere, er ansett som det siste ord om denne saken. Det er ifølge denne boken ingen tvil om at Rosenbergs var skyldige. Det er ingen tvil om at de ga viktige opplysninger om USAs atomvåpenprosjekt til Sovjet. Men disse historikerne ble utstøtt av det gode selskap (Horowitz, s. 302). Ingen som kjenner saken tviler i dag på at de var skyldige.

Hiss og Rosenbergs var de viktigste kommunistene som ble avslørt av HUAC. Men også et stort antall andre kommunister ble avslørt og fjernet fra viktige stillinger i statsapparatet i USA.

Var denne perioden, slik den som regel fremstilles, et terrorvelde sammenlignbart med terroren under Stalin i Sovjet (slik f.eks. Carl Bernstein, en av Watergate-journalistene, har gjort)? Nei, færre enn 200 kommunistpartimedlemmer ble fengslet, og svært få sonet mer enn to år (Horowitz, s. 68-9). Endel mistet jobben, men de hadde for det meste ingen problemer med å finne nye jobber.

Senere tok HUAC for seg andre områder, inkludert film-industrien, og den var aktiv så sent som i 1960. Den innkalte en rekke vitner for å finne ut om de hadde kjennskap til spredningen av kommunistisk propaganda. En lang rekke vitner ble avhørt: Blant de som ble regnet som «vennlige vitner» – dvs. de var anti-kommunister – var Gary Cooper, Ronald Reagan, Louis B. Mayer (kjent fra Metro-Goldwyn-Meyer), Walt Disney, Robert Taylor og Ayn Rand. Det var 21 av disse og de ble altså omtalt som «the friendly 21». Blant de «fiendtlige vitnene», folk som man antok var kommunister, var Edward Dymytryk, Dalton Trumbo og Ring Lardner Jr., til sammen ti personer som etter hvert ble kjent som «The Hollywood Ten». Høringene var sterkt omstridt – mange oppfattet disse som et forsøk på å forby politiske meninger, og filmstjerner som Humphrey Bogart og Laureen Bacall laget kampanjer hvor de tok avstand fra disse høringene. (Senere innrømmet dog disse at de var blitt lurt av kommunistene: «We were so naive it was ridiculous» uttalte Bacall.)

Den vanlige fremstillingen av dette er at «The Hollywood Ten» i høringene, som foregikk omkring 1947, nektet å opplyse om de var kommunister eller ikke: «[they]... refused to tell HUAC whether they were Communists or not» (Halliwell, s. 380). De hevdet at i et land med politisk frihet hadde ingen rett til å få vite om enkeltpersoners politiske oppfatning. Siden de nektet å svare ble de satt i fengsel, og i Hollywood ble de svartelistet, slik at de ikke klarte å få jobb, i hvert fall ikke under sine egne navn (i Woody Allens spillefilm *The Front* låner hovedpersonen sitt navn til flere svartelistede forfattere for at de skal kunne få solgt sine manuskripter). Men etter noen år hadde det antikommunistiske hysteriet lagt seg, og de svartelistede kunne komme inn i varmen igjen. Denne fremstillingen av det som skjedde finner man stadig, ikke bare i historiebøker, men også i filmer som den nevnte *The Front* (1976), i Barbara Streisand/Robert Redfords *The Way we Were* (1973), i Robert deNiros *Guilty by Suspicion* (1991).

Dette er altså den vanlige historien, som dere finner i alle tradisjonelle media. Sannheten? Den er noe annerledes. De som har sett filmopptak fra HUAC-høringene, filmopptak som ofte vises på TV for å vise hvor forferdelig USA var, har hørt at «The Hollywood Ten» ble stilt følgende spørsmål: «Are you now, or have you ever been, a member of the [American] Communist Party? [ACP]».

Er dette det samme som å spørre en person om hvorvidt han er kommunist, slik Halliwell og alle andre fremstiller det som? Nei, selvsagt ikke. De ble ikke spurt om de var kommunister – å være kommunist har man selvsagt lov til, og staten har ikke noe med det å gjøre. Men å være medlem av ACP, det er noe annet. Å være medlem av ACP er å slutte seg til en organisasjon med et bestemt formål. Og ACP var ikke en vanlig organisasjon, den var hemmelig, og medlemmenes lojalitet var ikke til USA og amerikansk lov, lojaliteten var til partiet og til Sovjetunionen. Denne lojaliteten innebar at man alltid skulle adlyde partiet, uansett hva det måtte beordre, og partiet igjen adlød Sovjetunionen. Og hva var ACPs formål? Formålet var blant annet å styrte den amerikanske regjeringen, og å innføre et kommunistdiktatur. Dette er ikke annet en organisert kriminell virksomhet, og selvfølgelig har staten rett til å spørre folk om de er med på slikt.

Det amerikanske kommunistpartiet var dessuten finansiert av Sovjet, en aggressiv fremmed makt med sterke anti-amerikanske holdninger, og med atomvåpen rettet imot USA. Videre, ACP støttet aktivt sovjetisk spionasje rettet mot USA. Historikeren Johan Haynes sier at «ACP som institusjon hjalp og veiledet den sovjetiske spionasje mot USA, og det i massivt omfang ... ACP var ikke bare et parti, men også en konspirasjon» (sitert av Hans Fredrik Dahl i Dagbladet, 15. oktober 1996). Disse fakta var velkjente omkring 1950, men er først i det siste blitt akseptert av tradisjonelle historikere; også disse historikerne hadde pga. sitt ideologiske utgangspunkt – de fleste er venstreorienterte – problemer med å akseptere at anti-kommunistiske opplysninger kunne være sanne.

Derfor, de amerikanske myndigheter hadde all rett til å kreve svar på spørsmålet «Are you now, or have you ever been, a member of the Communist Party?».

Hovedgrunnen til at «The Hollywood Ten» ikke ville opplyse hvorvidt de var kommunister eller ikke, var selvsagt at dette standpunktet var upopulært blant folk flest – det var kun hos de intellektuelle at det var populært å være kommunist. Siden det er folk flest som går på kino, kjøper kinobilletter og derved gir filmfolk deres inntekter, ønsket filmfolkene å holde skjult opplysningene om sine politiske synspunkter. Enkelte har sagt at man i en slik situasjon av den typen som «The Hollywood Ten» ble utsatt for har rett til å lyve. Kan dette være moralsk riktig? Dersom en arbeidsgiver ikke ønsker å ansette kommunister, kan en kommunist da nekte å svare på spørsmål om hvorvidt han er kommunist eller ikke? Mitt syn er at han ikke har noen slik rett. Dersom man velger et politisk standpunkt som ikke er annet enn kriminelt, dvs. et standpunkt som innebærer støtte til kriminelle handlinger, et standpunkt som medfører at folk flest ikke vil ha noe med en å gjøre, da må man bare akseptere dette. Som kjent har man moralsk rett til å si noe som ikke er sant hvis formålet er å beskytte sine rasjonelle verdier. Det er f.eks. helt moralsk å lyve til en tyv som ønsker å vite hvor ens verdisaker er gjemt. Man har dog ingen moralsk rett til å lyve for urettmessig å oppnå verdier. Dersom man lyver og sier at man ikke er kommunist for å få en jobb, så lyver man for urettmessig å oppnå en verdi man ikke har krav på, og da er man en svindler.

Ang. svartelistingen: Alle kommunistpartimedlemmene som ble fengslet sonet kun korte straffer – og de ble ikke fengslet fordi de var kommunister, de ble fengselet fordi de utviste forakt for retten da de nektet å svare på spørsmål som ble stilt, og i stedet kom med endeløse politisk/teoretiske tirader om irrelevante poenger. De kom forøvrig raskt i arbeid igjen etter at de slapp ut av fengslet, de hadde jo en rekke meningsfeller på alle nivåer i Hollywood. Svartelistingen av kommunister i Hollywood er en myte. Men det var en svartelisting. Og den rammet ikke kommunistene.

Hvem var det da som virkelig ble svartelistet? De som ble svartelistet var de vennlige vitnene. De av disse som var store stjerner klarte seg, men de mer ukjente personene som vitnet mot kommunistene, de fikk ikke arbeid igjen. Noen navn: Morrie Ryskind, Aldophe Menjou, Albert Mannheimer. Ryskind skrev manus til endel av filmene med Marx Brothers, Menjou var en mye brukt skuespiller, dog ingen stjerne, Mannheimer var en Oscar-nominert manusforfatter. Mannheimer var en nær venn av Ayn Rand. Han var opprinnelig venstreorientert, men var en meget intelligent og kunnskapsrik person. Ayn Rand klarte derfor i løpet av kort tid å gjøre ham til tilhenger av laissez-faire-kapitalisme. Mannheimer kjempet aktivt imot KAME-planen, en plan som gikk ut på at all copyright til filmmanus skulle overtaes av Screen Writers Guild, manusforfatternes fagforening. At et slikt forslag blir fremmet og gjenstand for seriøs behandling viser hvor svakt den private eiendomsrett sto og hvor sterkt de kommunistiske ideene sto i Hollywood den gangen. Mannheimer fikk ikke arbeid etter sitt vitnemål til HUAC, og begikk selvmord i 1972.

Også en rekke andre vitner ble svartelistet: Jack Moffet, som skrev manus til 19 filmer, fikk ikke arbeid i Hollywood etter at han vitnet mot kommunistene. Fred Nieblung, som skrev eller produserte 39 filmer, fikk ikke arbeid i Hollywood etter at han vitnet mot kommunistene. Morrie Ryskind, vinner av Pulitzer-Prisen, fikk ikke noe arbeid i Hollywood etter at han vitnet mot kommunistene. Det var altså de vennlige vitnene som ble svartelistet. Svært mange i Hollywood var altså kommunistsympatisører. Disse svartelistet de vennlige vitnene. De vennlige vitnene, unntatt de som var store stjerner, fikk ikke arbeid igjen etter høringene.

På dette området – hvem som virkelig ble svartelistet – er det ingen historikere som har gjort noe arbeid så vidt jeg vet. Dersom noen historikere føler seg kallet, så ligger det her en karriere og venter.

McCarthy

Så over til McCarthy. Han var senator, innvalgt i 1946. Han er fremstilt som en vulgær, primitiv bølle som så spøkelser ved høylys dag, dvs. som en som så kommunister overalt, og som med brutal hensynsløshet forfulgte uskyldige og sørget for at de mistet arbeid og inntekt, og i mange tilfeller begikk selvmord. Caplex sier om ham at han drev en «hemningsløs heksejakt på kommunister og venstreorienterte».

McCarthy fremstilles som en bløffmaker, en løgner, en fyllik, en gambler, og som en som løy om sine meritter som soldat under krigen. Han blir fremstilt som en mann blottet for menneskelige hensyn, som en som gikk over lik for å fremme sin egen popularitet. Hans navn er blitt synonymt med en usaklig og totalt useriøs heksejakt på uskyldige. Denne fremstillingen er laget av venstreorienterte som ønsker å sverte sine motstandere, for å skjule sannheten, og for å dekke over egne feil.

Her vil vi forsøke å gjengi hovedtrekkene i det som virkelig skjedde i forbindelse med senator Joseph McCarthy.

McCarthy (1908-57), var jurist, og etter noen år som advokat ble han den yngste dommeren i Wisconsin. Da andre verdenskrig brøt ut meldte han seg frivillig til marinen. Dette gjorde han selv om han som dommer ikke ville blitt innkalt til å tjenestegjøre. Han fikk jobb i etterretningen, men ble allikevel med på endel flytokt som skytter («tailgunner»), og han ble dekorert for sin innsats.

Etter annen verdenskrig stilte han til valg som senator med slagordet «The Senate needs a tailgunner». McCarthy hadde en ung og frisk form og stor energi, og siden hans motstander var gammel og kjedelig, og hadde sittet som senator i mer enn 20 år, endte valget med at McCarthy overtok plassen i Senatet.

Starten på McCarthys antikommunistiske kampanje var en valgtale i Wheeling, West Virginia, 9. februar 1950. I løpet av talen holdt han opp et stykke papir om hvilket han visstnok sa at det var en liste over 205 personer som utgjorde en sikkerhetsrisiko som arbeidet i UD. Han sa at utenriksministeren visste om dette, men at han ikke gjorde noe med det. Tallet hadde han fra tidligere utenriksminister James Byrnes, som noen år tidligere hadde innrømmet at 205 av de som arbeidet i UD hadde blitt identifisert som sikkerhetsrisikoer. Ingen ting var blitt gjort med dette. Denne talen medførte store avisoppslag for McCarthy, plutselig var han en mann som var på avisenes førstesider.

Og han likte slik oppmerksomhet. McCarthy fikk også endel allierte, ikke bare blant folk flest, men også blant intellektuelle. Det fantes fortsatt noen få intellektuelle som var anti-kommunister, og enkelte av disse sluttet opp om McCarthy. Enkelte tok også avstand fra McCarthy selv om de var anti-kommunister siden de anså hans form som useriøs og kontraproduktiv. McCarthy fikk derfor endel dyktige mennesker i sin stab – en av dem var senere justisminister Robert Kennedy, kanskje ansatt fordi Roberts far, Joseph Kennedy, var en god venn av McCarthy. (Også Roberts bror, senator og senere president John F. Kennedy, var en klar anti-kommunist, selv om han i praktisk politikk var svak, f.eks. ang. Vietnam.) På grunn av sine etter hvert dyktige medarbeidere var derfor McCarthy i stand til holde endel svært gode taler, og snart var han en meget populær talsmann for en bred anti-kommunistisk folkebevegelse.

McCarthy var ikke en typisk wishy-washy akademiker, han var den folkelige rett-på-typen, og det finnes mange eksempler på hans utradisjonelle oppførsel. Under et høringsmøte i Senatet syntes han at ordstyreren ikke var pågående nok, og han tok da klubben fra vedkommende og ledet resten av møtet selv. Hans ordbruk kunne også være uvanlig: Når hærsjefen, Robert Stevens, ikke ønsket å foreta de undersøkelser av endel offiserer som McCarthy ba om, sa han at han skulle «kick the brains out of» Robert Stevens (Rovere, s. 49). Senator John Bricker, en av de fremste konservative senatorene, sa følgende til ham: «Joe, you are a dirty son of a bitch, but there are times when you've got to have a son of a bitch around, and this is one of them» (Rovere, s. 65).

McCarthy var som nevnt pga sin anti-kommunisme blitt svært populær. Han ble utnevnt til æresborger av flere byer, og han ble møtt med store parader når han reiste omkring i landet. Titusener av mennesker møtte frem for å hylle ham når han besøkte steder over hele USA. (En pussig implikasjon av denne populariteten var at en annen mann med samme navn som stilte til valg til et kommunestyre, fikk tusenvis av ekstrastemmer.)

McCarthy tok seg gjerne en drink eller tre, og han spilte iblant poker om penger. Dette var selvsagt vanlig blant amerikanere flest, men den selvutnevnte eliten i Washington og ved universitetene så ikke med blide øyne på slikt.

Det som eliten mislikte mest var selvsagt McCarthys pågående antikommunisme. Praktisk talt alle ved universitetene, i pressen og i byråkratiet var sterkt positivt innstilt til kommunismen, og McCarthy gikk løs på dem med et pågangsmot og en energi som de hadde all grunn til å frykte. De visste at McCarthy var meget populær i folket, og de visste at han hadde rett: det var virkelig et stort antall kommunistsympatisører som var ansatt i statsadministrasjonen.

«Roosevelt- og Truman-administrasjonene var infiltrert av kommunister, som i hundrevis ga regelmessige informasjoner til sine føringsoffiserer i Sovjet. KGBs respons og instruksjoner gikk som kodemeldinger tilbake til agentene» (historieprofessor Hans Fredrik Dahl i Dagbladet, 15, oktober 1996).

Det var kommunister i statsadministrasjonene McCarthy var opptatt av; han satt i den komiteen i Senatet som hadde tilsyn med denne type spørsmål. McCarthy hadde ingen ting med høringene om filmindustrien å gjøre; disse foregikk i regi av Representantenes Hus i 1946-47, mens McCarthy, som satt i Senatet, var aktiv i perioden fra 1950.

Et av de første navn som kom frem i forbindelse med McCarthys virksomhet var Owen Lattimore. Lattimore var en kjent og respektert akademiker som hadde skrevet et stort antall bøker om det fjerne østen. Han var en mye brukt rådgiver av utenriksdepartementet, og USAs politikk på dette området ble i stor grad basert på råd fra Lattimore. Spesielt hadde Lattimore stor innflydelse på politikken overfor partene i den kinesiske borgerkrigen, og hans råd gikk ut på at USA burde støtte kommunisten Mao og ikke støtte anti-kommunisten Chiang Kai-Shek. McCarthy beskrev Lattimore som en «policy-making State-Departement attaché collaborating with those who have sworn to destroy this nation by force or violence». McCarthy gikk dog ikke offentlig ut med sine beskyldninger, han gjorde det i interne drøftinger i sin Senatskomité. Det var en venstreorientert journalist som offentlig-gjorde Lattimores navn for å skade McCarthy; ingen i akademia eller i pressen trodde virkelig at Lattimore egentlig arbeidet for kommu-nistene.

Lattimore, som rett etter at hans navn dukket opp meget indignert skrev boken *Ordeal by Slander,* hvor han intenst benektet alle påstander om at han var kommunist eller russisk spion, måtte i høringer i Kongressen innrømme at han hadde hatt møter med den russiske ambassadøren og at han hadde overlevert ham hemmeligstemplede opplysninger. Under Kongresshøringen av Lattimore kom det et vell av unnvikende svar fra Lattimores side, og «McCarthy's stock rose considerably» (Thomas, s. 258).

Lattimore ble av Senatskomiteen enstemmig stemplet som «aconscious, articulate instrument of the Soviet Conspiracy» (sitert i Coulter, s. 65). Det er mulig at Lattimore ikke var spion, som McCarthy hadde påstått – men Lattimores venner viste seg å være sovjetiske spioner, hans ansatte viste seg å være sovjetiske spioner, hans kollegaer viste seg å være sovjetiske spioner, og han ble håndplukket for å være rådgiver om Chiang Kai-shek/Mao-problematikken av en sovjetisk spion i Roosevelts stab. Og Lattimore rådet altså den amerikanske regjering til ikke lenger å støtte Chaing Kai-shek, men til å støtte kommunisten Mao.

Hva skulle så kommunistene og deres sympatisører gjøre for å forsvare seg mot McCarthys avsløringer? De angrep ham på den eneste måten de kunne: de gikk til personangrep, de gikk løs på mannen istedenfor ballen – og de løy. (Kommunister har som vi tidligere har sett ingen motforestillinger mot å servere løgner når formålet er å beskytte kommunismen.) De beskyldte McCarthy for å være en løgner, en drukkenbolt, en totalt useriøs politiker. De brukte også opplagte usannheter mot ham. F.eks. ble det hevdet at McCarthy aldri i sine taler oppga navn på de kommunistene han visse om og som han påstod var ansatt i statsadministrasjonen. Det er riktig at McCarthy ikke oppga slike navn offentlig, det gjorde han via tjenestevei innad i Senatet, slik at de rette organer kunne foreta den nødvendige etterforskning.

Men når hele pressen og hele akademia og mange politikere forsøkte å ta McCarthy på denne måten, og når han selv ikke var en utpreget intellektuell og sindig person, og når hans støttespillere i større og større grad forlot ham pga. det store presset de ble utsatt for, var det ikke annet å vente enn at han fikk problemer med å holde seg oppe. Han begynte og drikke kraftig, og han døde allerede 48 år gammel. En av hans assistenter sa at «He had taken more punishment than a normal man could be expected to absorb ... Never have so much vituperation and defamation been directed toward a person in public life» (sitert i Coulter, s. 123).

McCarthy var nok en smule folkelig i sin form, og man kan diskutere hvor effektivt dette er. Det var også endel «seriøse» anti-kommunister som arbeidet reelt og seriøst med å avsløre kommunister, og mange av disse mente at McCarthy med sin form skadet den saken han kjempet for.

McCarthys begravelse viste noe som sjokkerte hans mot-standere. Han fikk en statsbegravelse (som ikke blir mange til del), og hele sytti senatorer møtte opp i begravelsen. Seremonien ble holdt i en katolsk kirke, som «bestowed upon him the highest honor the catholic Church can confer» (Coulter, s. 123). Tilstede i kirken var 100 prester og 2000 sørgende. 30 000 mennesker hadde møtt frem for å gi uttrykk for sin sorg.

Så, McCarthy var en røff person som sloss så godt han kunne mot kommunismen. Han ble motarbeidet av kommunistsympatisører som dominerte i pressen og i akademia, og deres kampanje var totalt usaklig og besto av løgner og personangrep.

Hans Fredrik Dahl skriver i Dagbladet i oktober 1996 at «McCarthy kom sannheten nær». McCarthy påstod at det var en sterk kommunistiske innflydelse i USAs elite: i statsadministrasjonen, i det intellektuelle liv og i det kulturelle liv. Selvfølgelig var det det. McCarthy påstod at det amerikanske kommunistpartiet bedrev aktiv spionasje for Sovjet. Selvfølgelig gjorde det det. McCarthy påstod at kommunisme er slaveri. Selvfølgelig er det det. Disse påstandene som McCarthy kom med var selvsagt korrekte*, og alle burde ha visst dette på 50-tallet. Men tradisjonelle historikere oppdager det først nå. Dahl: «Det skjer derfor en full omveltning i USA nå i synet på kommunismen...». Dahl beskriver her noe som skjer først på 1990-tallet. Det foregikk i USA på 50-tallet en heksejakt på en uskyldig, og den som var offeret var Joseph McCarthy. De som sto for heksejakten

---

* Et nyere verk, M. Stanton Evans´ *Blacklisted by History: The Untold Story of Senator Joe McCarthy and His Fight against America's Enemies,* Crown 2007, dokumenterer hinsides enhver tvil at McCarthy i det store og hele hadde rett i sine anklager, at beskyldningene mot ham var uten saklig grunnlag, og at den fremstilling historikere flest har gitt av ham og hans virksomhet er en forfalskning produsert av en venstreorientert elite som sitter godt forankret i pressen, i akademia og i byråkratiet.

288

var kommunistene og deres sympatisører blant de intellektuelle i pressen, i akademia og statsadministrasjonen.

Begrepet «mccarthyisme»

Begrepet «mccarthyisme» dukket første gang opp i en artikkel om McCarthy bare en måned etter talen i Wheeling. Betydningen var: «grunnløs skittkasting». McCarthy, som den smarte demagog han var, tok tyren ved hornene og definerte mccarthyisme som noe positivt: mccarthyisme er «amerikanisme med oppbrettede skjorte-ermer» påstod han. Og han skrev en bok som han ga tittelen *McCarthyism: The Fight for America*. Senere er ordet blitt tillagt betydningen «anti-kommunisme». F.eks. finner vi i det eksplisitt venstreorienterte Pax-leksikon følgende: «mccarthyismen oppstod før McCarthy begynte sin virksomhet». Det ligger i denne betydningen av dette ordet at anti-kommunisme i seg selv er grunnløs skittkasting. Venstresiden forsøker ved å benytte dette begrepet å si med ett ord at anti-kommunisme i sitt vesen nødvendigvis er grovt usaklig. Forøvrig er det ikke nevnt noe i denne artikkelen i Pax-leksikon om at spioner mot USA til fordel for kommunistdiktaturet Sovjet virkelig ble avslørt i perioden som omtales.

Fremtiden

Dette var historie. Hva med i dag? Hva med fremtiden? Er det behov for anti-kommunismen nå når kommunismen er død? Men er kommunismen død? Vel, praktisk talt ingen forsvarer ideologien med dette navnet i dag. Men de grunnideene som kommunismen bygger på – kollektivisme, ufrihet, altruisme – er allikevel fullstendig dominerende i dag. I den offentlige debatt i dag er det ingen som er uenig i disse grunnideene. Legg merke til at alle etablerte miljøer anser økonomiske forskjeller, dvs. at noen er rike og andre mindre rike, som noe negativt. Alle de store politiske parter er for eksempel tilhengere av utjamning. Dette er et uttrykk for idealet om å «yte etter evne, få etter behov». Og ingen politiske partier er villige til på utfordre dette. Ingen i Norge, ingen andre steder i Europa, heller ikke Republikanerne i USA. Siden grunnideer bestemmer samfunns utvikling, er vi stadig på vei mot et samfunn med mindre og mindre frihet. Og det kan bare ende med elendighet.

Derfor: det er i dag større behov for antikommunisme enn noen gang. Hvordan bekjempe frihetens motstandere? Ved å motarbeide de ideer som alle frihetens fiender bygger på: kollektivisme, ufornuft, altruisme. Med andre ord: den beste form for antikommunisme er å spre ideer som individualisme, fornuft, selvrealisering/rasjonell egoisme. Jeg vil avslutte med å ønske oss lykke til i den kampen. Vi trenger det virkelig! Uten disse grunnideene må vi si farvel til frihet og velstand og alt som er godt for mennesker.

Litteratur:

Billingsley, Kenneth L.: *Hollywood Party: How Communism Seduced the American Film Industry in the 1930s and 1940s*, Forum 1998

Bjerkholt, Frank: *Vietnam – det store bedraget*, Gyldendal 1980

Coulter, Ann: *Treason*, Crown Forum 2003

Crossman, Richard (red.): *Guden som sviktet: seks studier i kommunismen*, Gyldendal 1950

Grimberg, Carl: *Verdenshistorien Bind 21*, Bokklubben 1988

Haynes, Klehr: *In Denial: Historians, Communism & Espionage*, Encounter 2003

Horowitz, David: *Radical Son*, The Free Press 1997

Halliwell, Leslie: *The Filmgoer's Campanion*, Avon Books 1975

Moen, Kristian: *Verdenshistorien 1815-1970*, Aschehoug 1970

Rovere, Richard: *Senator Joe McCarthy*, University of California Press 1996

Lattimore, Owen: *Ordeal by Slander*, Little Brown 1950

Rand, Ayn: *Journals of Ayn Rand*, Dutton 1997

Schrecker, Ellen W.: *No Ivory Tower: McCarthyism & the Universities*, Oxford University Press 1986

Solsjenitsyn, Aleksander: *GULag-arkipelet, 3 Bind*, Tiden 1974-76

Thomas, Lately: *When Even Angels Wept*, Morrow & Co 1973

Fredsbevegelsen

Publisert i LIBERAL nr 2/2003

Den såkalte Fredsbevegelsen har igjen [våren 2003] vært på marsj. Det var nylig store demonstrasjoner over hele Europa og hele USA mot USAs krig i Irak. Når alle vet at Saddam Husseins Irak var et forferdelig tyranni, så kan man spørre seg hvorfor Fredsbevegelsens aksjoner fikk så stor oppslutning. For å undersøke dette må vi først se på Fredsbevegelsens historie.

La oss begynne med det som Fredsbevegelsen regner som sin største seier: Vietnam-krigen. USA forsøkte i perioden 1960-1975, med en halvhjertet militær innsats, å slå tilbake den kommunistiske invasjon av Sør-Vietnam. Pga. Fredsbevegelsens press ved bl.a. betydelige demonstrasjoner i storbyer over hele Vesten, trakk USA seg ut av Syd-Vietnam. Resultatet ble at også Syd-Vietnams befolkning ble underlagt et kommunistisk diktatur med velkjente resultater (undertrykkelse, tortur, fattigdom, sult, etc.) Dette resultatet regner altså Fredsbevegelsen som en seier.

Men Fredsbevegelsen har også engasjert seg i diverse saker etter Vietnam-krigen. På slutten av 1970-årene hadde kommunistdiktaturene i Warzawapakten utplassert mellomdistanseraketter som truet en rekke NATO-land. NATO svarte i 1979 med det såkalte dobbeltvedtaket, som innebar at dersom disse rakettene ikke ble fjernet, ville NATO utplassere tilsvarende raketter. Fredsbevegelsen satte i gang enorme demonstrasjoner over hele Vest-Europa for å protestere mot NATOs vedtak. I 1991 invaderte Irak nabolandet Kuwait, som var alliert med USA. Etter noen tid fikk USA samlet militære styrker og disse kastet Iraks soldater ut av Kuwait. Under tilbaketrekkingen satte Saddams soldater fyr på alle oljebrønnene de kom over. Fredsbevegelsen demonstrerte, ikke mot Saddams okkupasjon eller den miljøkatastrofen som han forsøkte å skape, Fredsbevegelsen demonstrerte mot USA.

Neste gang Fredsbevegelsen var på banen var i 1999 da NATO iverksatte militære aksjoner for å avsette den serbiske diktatoren og «tidligere» kommunisten Slobodan Milosevic, som tyranniserte den ikke-serbiske befolkningen i Kosovo. Fredsbevegelsen demonstrerte, ikke mot Milosevic, men mot NATOs forsøk på å avsette ham og hans styre.

Så spoler vi frem til 2001: USA ble 11/9 angrepet av terrorister, og 3000 sivile amerikanere ble drept. Angriperne kom fra terrornettverket AlQaida. USA fant raskt ut at fremtredende AlQaidamedlemmer oppholdt seg i Afghanistan, som var ledet av det islamistiske Talibanpartiet. Taliban hadde innført sharia-lover som innebar at kvinner ikke kan gå på skole eller ta arbeid, at musikk er forbudt, at gamle Buddhastatuer skal ødelegges, etc. USA krevet AlQaida-medlemmene utlevert, men Taliban stilte seg solidarisk med AlQaida og nektet utlevering. USA gikk da til krig mot Afghanistan, og Fredbevegelsen demonstrerte – mot USA. Det viste seg at USA lett klarte å avsette Talibanstyret, og befolkningen i Afghanistans hovedstad Kabul jublet i gatene samtidig med at Fredsbevegelsen demonstrerte mot USA, og dermed til støtte for Taliban, i alle storbyer i Vesten.

Hoveddelen av krigen i Irak våren 2003 varte ca tre uker. I hele denne perioden var det kolossale demonstrasjoner mot USA i alle Vestens storbyer, men Iraks befolkning hilste USAs soldater velkommen som befriere, og det var jubel i Bagdads gater. Selv etter at alle på TV hadde sett bilder av de jublende irakere, demonstrerte Fredsbevegelsen i alle storbyer med krav om at USA måtte trekke seg ut av Irak.

Hva slags grupper består Fredsbevegelsen av? Her er for eksempel feminister, her er tilhengere av homofiles rettigheter, her er tilhengere av ytringsfrihet, her er folk fra miljøbevegelsen, her er atomvåpenmotstandere og pasifister. Men hvorfor protesterte disse feministene ikke mot den sterke kvinneundertrykkelsen under Taliban? Hvorfor protesterte ikke tilhengerne av homofiles rettigheter mot trakasseringen av homofile under Taliban og under Khomeiny og under Saddam? Hvorfor protesterte ikke tilhengerne av ytringsfrihet mot dødsdommen over Salman Rushdie eller attentatene mot hans forleggere? Hvorfor protesterte ikke folkene fra miljøbevegelsen mot Saddams pyromani i Kuwait? Hvorfor protesterte ikke atomvåpenmotstanderne mot Sovjets utplassering av atomraketter? Hvorfor protesterte ikke pasifistene mot massemord begått av de kommunistiske regimene i Kambodsja og Kina?

292

Man bør altså, for å komplettere bildet, legge merke til hva Fredsbevegelsen ikke har protestert mot: De protesterte altså ikke mot sosialistdiktatoren Pol Pots massemord på 1-3 millioner av Kambodsjas innbyggere på slutten av 1970-tallet, de protesterte ikke når sosialistdiktaturet Kina i juni 1989 massakrerte flere tusen demonstrerende studenter på Den himmelske freds plass, og de demonstrerte ikke da ayatolla Khomeiny begynte å likvidere opposisjonelle i stor stil på 1980-tallet. De demonstrerte som nevnt ikke mot Sovjets utplassering av truende raketter i Øst-Europa, og de demonstrerte ikke mot Milosevics terrorisering og likvidering av kosovoalbanerne.

Det er selvsagt mulig å se et mønster her: Fredsbevegelsen demonstrerer mot Vesten og mot USA, og til støtte for ethvert diktatur som på en eller annen måte truer eller er i konflikt med Vesten. Så også i dag: Saddam undertrykte og terroriserte Iraks innbyggere, og han truet innbyggerne i Vesten, og derfor ønsket USA å uskadeliggjøre ham. Men siden Saddam er en diktator som truer Vesten, marsjerer mer enn gjerne millioner av mennesker i Vesten til støtte for ham.

Per Edgar Kokkvold, generalsekretær i Norsk Presseforbund, ga uttrykk for det samme poeng i et intervju i Aftenposten 29. mars 2003:

«Problemet er at de [Fredsbevegelsen] konsekvent er motstandere av en type krig, nemlig når Vesten er involvert. Det kom ikke et pip fra dem da det avskyelige argentinske militærdiktaturet gikk til invasjon på Falklandsøyene, bare da britene gikk til aksjon for å drive dem ut. Ikke sa de stort om folkemordet i Bosnia eller Kosovo heller. Men da NATO grep inn og hindret Milosevic i å fullføre sitt folkemord – på muslimer, for øvrig – da protesterte de.»

Selvsagt kommer det fra Fredsbevegelsen argumenter som kan se noenlunde tilforlatelige ut: Vesten/USA er kun ute etter å undertrykke andre land og å utnytte dem eller deres ressurser på ulike vis. Folk som hører til i nærheten av Fredsbevegelsen har påstått at USA engasjerte seg i Vietnam kun for å få kontroll over oljekildene i havet utenfor Vietnam, at USA engasjerte seg i Afghanistan og på Balkan kun for å teste ut nye våpensystemer, og at de engasjerte seg i Kuwait og i Irak kun for å få kontroll over oljekildene. Slagordet «No blood for oil!» preget mange av de plakatene som man kunne se i Fredsbevegelsens demonstrasjonstog. Disse argumentene er dog helt uholdbare: Det er ingen oljeforekomster utenfor Vietnam, og tilgang på olje er lettere å sikre på annet vis enn ved dyre kriger. Dessuten vil en lettere tilgang på olje føre til at oljeprisen synker, og da vil de fleste amerikanske oljeselskaper tjene mindre. Påstanden om at USA skal teste våpen kommer bare når områdene det er snakk om er uten noen verdi for USA, verken som ressurskilde eller som strategisk område (Afghanistan, Balkan). Og vi må ikke glemme at Vesten i 1945 frigjorde Japan og Tyskland, innførte en vestlig styreform, og at begge disse landene ble økonomiske supermakter som i perioder «truet» USA pga. sin økonomiske styrke.

Fredsbevegelsens demonstrasjoner er altså ikke imot krig og undertrykkelse, de er imot kun en ting; de er mot Vesten. Mange av de som støtter feminisme, homofiles rettigheter, ytringsfrihet, osv. er egentlig mer opptatt av å være imot Vesten; det er derfor de demonstrerer til fordel for regimer hvor deres «hjertesaker» ikke har noe gjennomslag i det hele tatt. Og det at disse demonstrasjonene har så mange deltagere er et meget urovekkende tegn. Får Fredsbevegelsen fullt gjennomslag, er det slutt med Vestens sivilisasjon, for da får tyranner som Saddam Hussein anledning til å ture frem som de vil uten at de vil møte noe motstand.

Grunnen til dette er følgende. Det er to ideologier som i dag står mot hverandre. Den ene forfekter grunnideer som individualisme, rasjonalitet, selvrealisering, frihet, markedsøkonomi, og følgen av disse ideene: materiell velstand. Den andre ideologien forfekter på alle punkter det stikk motsatte: kollektivisme, irrasjonalitet, selvoppofrelse, ufrihet, diktatur, reguleringsøkonomi, og følgen av disse ideene: fattigdom.

Dette er lett å konstatere hvis man ser på de grupper som utgjør Fredsbevegelsen: her finner man de religiøse, både kristne og muslimer, og her finner man de venstreorienterte, både kommunister og sosialister. Både religionen, og religionens sekulariserte variant, kommunismen, forfekter eksplisitt irrasjonalitet, kollektivisme, selvoppofrelse og ufrihet. I verden i dag pågår det altså en «krig» mellom disse to ideologiene, det pågår en krig mellom Vesten, som de rasjonelle ideene
294

har lagt grunnlaget for, og ideologier fra områder hvor de irrasjonelle ideene fortsatt dominerer. Med Vesten menes selvsagt ikke primært et geografisk område bestående av Europa og Amerika, Vesten er de områder hvor rasjonelle ideer dominerer. I tillegg til Europa og Amerika hører da Australia, Japan og noen andre områder i det fjerne Østen med til Vesten. Vestens motpol er da de irrasjonelle ideologier som dominerer i store deler av Afrika og i den arabiske verden.

Men hvorfor har de irrasjonelle ideene så stor støtte i blant så mange i Vesten i dag? Ideer kommer inn i samfunnet fra et bestemt sted, de kommer fra universitetene. Dessverre har universitetene i Vesten de siste tiår spredd irrasjonelle ideer, og dermed er kulturen blitt gjennomsyret av disse irrasjonelle ideer. Siden alle skribenter, lærere, journalister, filmskapere, forfattere og professorer er utdannet ved universitetene, vil derfor hele befolkningen, når de leser aviser, leser skjønnlitteratur, går på skole, ser på TV, ser film, bli påvirket av disse ideene. Dette er grunnen til at så mange vanlige mennesker støtter Fredsbevegelsen og de idealer den står for. Meningsmålinger har vist at opptil 80 % av befolkningene i land i Europa støttet Fredsbevegelsens siste fanesak: motstand mot USAs frigjøring av Irak.

Fredsbevegelsen arbeider innenfor det geografiske område hvor Vestens ideer dominerer, og den arbeider imot Vestens ideer. Dette betyr at Fredsbevegelsen støtter de krefter som for eksempel ved terrorangrep har gått til angrep på Vesten. Fredsbevegelsen er altså intet annet enn en femtekolonne for Vestens fiender.

Dette kan høres ut som en grov beskyldning, men hvordan kan man eller forklare at så mange mennesker støtter en bevegelse som tar parti for diktatorer som Saddam Hussein, Slobodan Milosevic og Ho Chi Minh, og går imot for eksempel Tony Blair og George Bush og Vaclav Havel? I Fredsbevegelsens siste demonstrasjonstog kunne man ikke se plakater som inneholdt slagord mot Saddam Hussein, men mange av plakatene innehold slagord mot USA, og enkelte plakater sammenlignet president Bush med sosialistdiktatoren Hitler. Dette viser med all tydelig klarhet at Fredsbevegelsen foretrekker irrasjonalitet fremfor rasjonalitet, og fortrekker diktatur (representert ved Saddam Hussein) fremfor frihet (representert ved George W. Bush).

Vestens ideer er en nødvendig forutsetning for frihet og materiell velstand. Men skal frihet og velstand kunne opprettholdes, må befolkningen støtte disse ideene. Svikter oppslutningen om disse ideene, dvs. dersom Fredsbevegelsen vinner, er det slutt med Vesten og alt Vesten står for. Da vil de områder som nå har en viss frihet og materiell velstand ende opp med fattigdom og ufrihet. Fattigdom og ufrihet er alltid resultatet av irrasjonelle ideer. Dette kan vi tydelig se i de områder hvor irrasjonelle ideer – enten det er religion eller sosialisme – dominerer. Det er altså disse ideene Fredsbevegelsen ønsker at vi ikke skal forsvare oss mot.

Nobels fredspris
Publisert i LIBERAL nr 3/2003

I mer enn 100 år – fra 1901 – år har Norge (dvs. en komité valgt av Stortinget) delt ut Nobels fredspris, verdens mest prestisjefylte fredspris. Ikke bare i Norge, men også i alle andre vestlige land, er kommentatorer svært opptatte av hvem som skal få prisen, og vinneren blir alltid gjenstand for stor mediaomtale over hele verden. Nå er jo ikke verden blitt et fredelig sted, så det er åpenbart at noe er galt: 100 personer eller institusjoner har mottatt Nobels fredspris, men fred er det ikke blitt. På den annen side er det fred i noen områder, og de som er ansvarlige for at disse områdene har fred, og dermed velstand, de har aldri mottatt noen fredspris.

Nobels fredspris deles ut av Den Norske Nobelkomité, som består av fem medlemmer som hver velges for seks år ad gangen. Inntil 1976 var navnet Det Norske Stortings Nobelkomité, men navnet ble endret for å forhindre at det skulle skapes et inntrykk av at Nobelkomiteens beslutninger var uttrykk for offisiell norsk politikk. Hvem som får fredsprisen er altså ikke et uttrykk for offisiell norsk politikk, men man kan trygt si at komiteens beslutninger har allmenn oppslutning ikke bare i Norge, men over hele den vestlige verden.

Vinnerens aktiviteter er altså et uttrykk for det som i dagens vestlige kultur betraktes som nyttig arbeid for å skape fred. Med utgangspunkt i fredsprisens nyere historie (vi vil holde oss til årene etter annen verdenskrig) kan vi finne ut viktige ting om de verdier som i dag står sterkt i de vestlige samfunn.

Jimmy Carter

La oss først se nærmere på den hittil siste vinneren. I 2002 ble fredsprisen gitt til USAs tidligere president Jimmy Carter. Carter var totalt mislykket som president, både hans innenrikspolitikk og hans utenrikspolitikk var totale fiaskoer. Han gjorde stor skade på USAs økonomi (hans politikk førte til øket inflasjon og større arbeidsløshet), og i utenrikspolitikken var han enda verre. Han trakk USAs støtte til sjahens diktatur i Iran, noe som gjorde at ayatolla Khomeiny kunne innføre et enda verre diktatur, et islamistisk teokrati som til denne dag terroriserer Irans befolkning. Allikevel støtter store deler av Irans befolkning dette styret; også diktatorer må styre i samsvar med de grunnverdier som dominerer i storparten av befolkningen.

Carter var så svak at en gjeng iranske studenter i mer enn ett år kunne okkuperte den amerikanske ambassaden i Teheran og holde alle de ansatte der som gisler. Gislene ble satt fri samme dag som Carters etterfølger Ronald Reagan overtok som president. Også på andre områder førte Carter en utenrikspolitikk som slapp diktaturer til: f.eks. invaderte det kommunistiske Sovjetunionen Afghanistan mens Carter var president, og Carter uttalte til og med i den forbindelse at han var overrasket over at Sovjet ville gjøre noe slikt. Dessuten engasjerte Sovjet seg (iblant ved å benytte cubanske soldater) i Carters regjeringstid i en rekke land ved å sende soldater eller «militære rådgivere» for å hjelpe kommunistiske «frigjøringsbevegelser» med å overta makten. Carters politikk på dette punktet var en nærmest total passivitet.

Den formelle begrunnelsen for å gi fredsprisen til Carter var det som beskrives som hans «decades of untiring effort to find peaceful solutions to international conflicts, to advance democracy and human rights, and to promote economic and social development». En av de sakene han engasjerte seg i var å overtale Egypt – som er et diktatur – til å respektere Israels rett til å eksistere. (Mer om dette nedenfor.) Ellers har Carter i hele sin tid som ekspresident støttet diktaturer og diktatorer. F.eks. hjalp han Nord-Korea, verdens desidert mest undertrykkende regime, med å få tilgang på materiale for å utvikle atomkraft (og derved atomvåpen). Carter hadde møter med Nord-Koreas diktator Kim Il Sung i 1994, og beskrev ham som «vigorous, alert, intelligent» og som en som var «friendly towards Christianity». Med Carters hjelp inngikk USA en avtale som innebar at Nord-Korea, som hadde en kommunistisk planøkonomi og som derved var meget fattig, skulle motta 500 000 tonn fyringsolje og fire milliarder dollar årlig – disse pengene skulle brukes til å utvikle kjernekraftverk for å produsere elektrisitet. Hva skulle så Nord-Korea gjøre til gjengjeld? Nord-Korea skulle forplikte seg til ikke å utvikle atomvåpen. Avtalen ble av alle toneangivende kommentatorer hyllet som en stor triumf for USA: En kommentator i New York Times skrev for eksempel at avtalen var «a resounding triumph», siden Vesten nå ikke lenger behøvde å frykte at Nord-Korea skulle utvikle atomvåpen. De toneangivende mente også at å inngå slike avtaler var langt bedre enn å kjøre en noe hardere linje mot diktaturer, slik Reagan og Thatcher hadde gjort på 80-tallet.

Men selvsagt gikk det ikke mange sekunder før Nord-Korea brøt avtalene og begynte å benytte teknologien til å utvikle atomvåpen. Vi har ikke hørt noen rapporter om Carters reaksjoner på dette, men antagelig ble han overrasket da Nord-Korea brøt avtalen. Nord-Korea er i dag et truende diktatur, og det er ingen tvil om at de i meget nær fremtid vil kunne ha atomvåpen.

I mai 2002 besøkte Carter Cuba, og ga dermed moralsk støtte til Cubas diktator Castro. Riktignok tok Carter på Cuba opp situasjonen til de opposisjonelle som sitter fengselet, men dette har ikke hjulpet dem ut av fengslene, og budskapet ble selvsagt underslått i cubanske avisers referater fra Carters taler. I mai 2003, ett år etter Carters besøk, ble 75 politiske opposisjonelle og uavhengige journalister på Cuba arrestert og dømt til 28 års fengsel. Tre personer som hadde forsøkt å flykte til USA ble henrettet. Hva var Carters reaksjon på dette? Vi har ikke sett rapporter om at han var overrasket, men han opplyste at han var skuffet.

I sammenheng med utdelingen til Carter uttalte Nobelkomiteens formann, tidligere arbeiderpartikoryfé Gunnar Berge, at denne tildelingen også måtte sees som en kritikk av president Bushs utenrikspolitikk ang. Irak. (Carter var sterkt kritisk til den politikken som Bush førte overfor Irak, og som etter en kort krig endte med at Iraks diktator Saddam Hussein mistet makten og at USA ikke lenger ble utsatt for terrorangrep på eget landområde.) Nobelkomiteen legger åpenbart stor vekt på at alle konflikter skal løses på fredelig vis, og når president Bush ville bruke militær makt for å forsvare USA mot angrep fra grupper støttet av blant andre Irak/Saddam Hussein, så var dette noe Berge og Nobelkomiteen tok sterk avstand fra. At ikke-militære løsninger praktisk talt aldri har de ønskede effekter ser ikke ut til å påvirke Nobelkomiteens medlemmer, det ser ut til at de legger større vekt på intensjon enn på resultater. Og at diktatorer derved får fortsette sin terrorisering og undertrykkelse ser heller ikke ut til å være noe som komiteen er opptatt av.

Hvem fører krig?

Det tyvende århundre var preget av to store kriger – endog verdenskriger – og et utall mindre kriger. I disse krigene var det alltid et mønster: diktaturer angriper demokratier, eller diktaturer angriper andre diktaturer. At demokratier angriper andre demokratier forekommer praktisk talt aldri, og demokratier «angriper» diktaturer kun i selvforsvar.

Alle kriger faller inn i dette mønsteret. Første verdenskrig ble startet av de monarkiske diktaturene Tyskland og Russland. Annen verdenskrig ble startet av diktaturene Tyskland og Japan. Senere ble betydelige kriger startet ved at kommunistdiktaturer invaderte hhv. Sør-Korea og Sør-Vietnam. (Etter at kommunistene i Nord-Vietnam hadde erobret Sør-Vietnam, invaderte de nabolandet Kambodsja – påskuddet var at de ønsket å avsette Kambodsjas regjering, ledet av den kommunistiske massemorderen Pol Pot.)

Koreakrigen sluttet i 1952 med at kommunistinvasjonen ble slått tilbake, men i Vietnam ble resultatet motsatt: Vietnam-krigen sluttet i 1975 med en fullstendig seier for den kommunistiske siden. Etter at kommunistene vant i Vietnam gikk de inn i nabolandet Kambodsja, som også var et kommunistdiktatur. Men også etter dette har det vært betydelige kriger: Diktaturene Iran og Irak kriget mot hverandre i en tiårsperiode på 80-tallet, og diktaturet Irak invaderte Kuwait i 1990. Fundamentalistiske muslimer – islamister – har stått bak en rekke terroraksjoner mot USA fra 1979, og disse kulminerte med AlQaidas angrep på USA 11. september 2001. En rekke regjeringer – de i Afghanistan, Libya, Iran, Irak, Syria – støttet åpenlyst disse angrepene, både militært, økonomisk og ikke minst ideologisk. I Afrika foregår det stadig kriger mellom ulike primitive stammer og stater, og ingen av disse er i nærheten av å basere seg på frihetlige eller demokratiske prinsipper.

Videre, diktaturet Argentina okkuperte de engelske Falklandsøyene i 1982 – igjen var det et diktatur som angrep et demokrati. Grunnen til at dette mønsteret finnes er at diktaturer ikke kan bringe sin befolkning den type samfunn de fleste ønsker – et samfunn med fred, harmoni og velstand, og derfor må lederne hevde overfor sine befolkninger at «dersom vi kan ta ressursene i et naboland så vil vi få det vi skal ha»: Tyskerne trengte «lebensraum», russerne mente at deres sosialisme ikke fungerte fordi så få land var sosialistiske, og Sovjet trengte da stadig nye områder siden sosialismen ikke kan fungere i det hele tatt (og tilslutt brøt da også Sovjet sammen omkring 1990). Iraks diktator Saddam Hussein ønsket seg Kuwaits oljeressurser, Argentinas diktator Galtieri trengte Falklandsøyene fordi å innlemme i Argentina de engelske Falklandsøyene, som enkelte argentinere mener egentlig hører til Argentina, ville kunne samle befolkningen og redusere motstanden mot hans mislikte regime.

Hva skaper velstand og fred?

Diktatorer tror åpenbart at de kan skaffe sin befolkning velstand ved å okkupere og utnytte landområder som er rike på naturressurser. Denne oppfatningen er helt feil, det er ikke naturressurser som gir velstand. Det er kun en eneste ting som virkelig kan gi velstand. Det som gir et land velstand og frihet og harmoni er at visse grunnleggende moralske verdier er utbredt i befolkningen, og disse verdiene er rasjonalitet; stor grad av respekt for eiendomsretten; markedsøkonomi og frihandel; og et velfungerende politi- og rettsapparat. (Disse verdiene er kjent som Vestens verdier.) La oss kun nevne etterkrigstidens Hong Kong og Japan som eksempler: dette er land blottet for naturressurser, men de er velstående fordi befolkningene har høy arbeidsmoral, noe som er et uttrykk for rasjonelle grunnideer, og landene har stor grad av frihet. Vestens verdier skaper altså velstand overalt hvor de blir akseptert.

Samfunn hvor Vestens verdier dominerer har altså stor grad av fred og harmoni og velstand, mens diktatorer er alltid i krig med sine befolkninger: Hitler drepte jøder, kommunistdiktatorene Lenin, Stalin, Mao og Pol Pot drepte titalls millioner av mennesker bare fordi de hadde en «borgerlig» bakgrunn eller var i besittelse av eiendommer, Milosevic drepte muslimer, Saddam Hussein drepte et stort antall kurdere, alle diktatorer dreper opposisjonelle, osv.

Så man ser at frihet og rasjonelle grunnideer gir fred, og diktatur gir først ufrihet og undertrykkelse for den egne befolkningen, og så krig med naboland: Tyskland invaderte Polen, Sovjet invaderte hele Øst-Europa, og så Afghanistan, Kina invaderte Tibet, det kommunistiske Nord-Korea invaderte Sør-Korea, de kommunistiske Nord-Vietnam invaderte Sør-Vietnam, Irak invaderte først Iran og så Kuwait, de arabiske diktaturene har flere ganger gått til krig mot det demokratiske Israel, osv.

De som virkelig arbeider for fred er altså de som arbeider for øket frihet i et land, dvs. de som arbeider for de fundamentale ideer som friheten bygger på: rasjonalitet, selvrealisering som etisk ideal, respekt for individers rettigheter, markedsøkonomi og rettsstat. De som arbeider mot fred er de som på ulike vis støtter diktaturer og ideologier som fører til diktatur (sosialisme, fascisme, religioner).

Noen fredsprisvinnere

La oss se nærmere på noen av de siste tiårs vinnere: I 1994 ble prisen gitt til Yassir Arafat. Han er nå en brutal diktator over sin palestinske befolkning, men har allikevel stor støtte i befolkningen. Han er dessuten opphavsmannen til vår tids terrorisme – han var en foregangsmann når det gjelder flykapringer. Han mottok prisen for å ha inngått en fredsavtale med Israel, en avtale han aldri hadde til hensikt å følge. (Et av Nobelkomiteens medlemmer, Kåre Kristiansen, var så sterkt imot å gi prisen til terroristen Arafat at han da trakk seg fra komiteen.) Arafat delte prisen med de som forhandlet på vegne av Israel, Shimon Peres og Yizthak Rabin.

I 1973 ble prisen gitt tildelt Nord-Vietnams Le Duc Tho sammen med USAs utenriksminister Henry Kissinger, for å ha forhandlet frem en fredsavtale i krigen mellom Sør-Vietnam/USA og Nord-Vietnam. (Tho avslo prisen, han ønsket ikke å dele den med «krigsforbryteren» Kissinger.) Tho var utenriksminister i Nord-Vietnams kommunistiske regjering, og avtalen var en mulighet for Nord-Vietnam til å få USA til å trekke seg ut av Sør-Vietnam. Etter at avtalen var et faktum, trakk USA som avtalt seg ut. Sør-Vietnam ble da utsatt for et kraftig militært angrep fra nord, og i mai 1975 var Sør-Vietnam okkupert av Nord-Vietnam og ble et kommunistisk diktatur. (Demokratene i USAs kongress stemte ned forslag om at USA igjen skulle hjelpe Sør-Vietnam mot den kommunistiske invasjonen.) Kommunistene i Nord-Vietnam inngikk altså en avtale de aldri hadde til hensikt å følge. Lenin uttalte visstnok engang at «moral er en borgerlig fordom», og alle sosialister følger dette prinsippet. Kommunister har derfor alltid inngått liksom-avtaler hvis de derved kunne svekke motstanderen. Kommunister innrømmer dette helt åpent, f.eks. bruker

302

de svært få gjenværende kommunistene denne forklaringen på Stalins ikke-angrepsavtale med Hitler i august 1939. Kommunister har aldri til hensikt å følge avtaler hvis de tror de kan tjene på å bryte dem rett etter at de er inngått.

Nobelkomiteen, derimot, har alltid oppført seg som om kommunister vil overholde de avtaler de inngår.

I 1992 ble fredsprisen gitt til Guatemalas Rigoberta Menchu. Alle (inkludert Nobelkomiteen) visste at hennes beretninger om klassekamp og undertrykkelse var usanne, men hun var en fanatisk marxist og mottok støtte fra kommunistbevegelser – i Vesten ofte og helt feilaktig kalt frigjøringsbevegelser – over hele verden. Men kampanjen for å påvirke Nobelkomiteen til å gi henne prisen var vellykket.

I 1979 gikk prisen til nonnen Mor Teresa, en nonne som drev sykehus for fattige i India. Men det viktigste ved hennes virke var ikke å lindre de sykes lidelser, det viktigste var å overbevise dem om at lidelser gjorde dem til bedre mennesker i Guds øyne. Hennes organisasjon mottok store pengegaver, men det var lite som tydet på at pengene ble brukt til å skaffe medisinsk utstyr til beste for hennes pasienter; pasientene fikk ikke spesielt god medisinsk behandling. (Når hun selv var syk la hun seg inn på og fikk behandling på de aller beste sykehus i Vesten.)

Vinnere fra Vesten
Fredsprisen har også gått til vestlige ledere. Den er blitt tildelt personer som har arbeidet for totalt urealistiske fredsavtaler, f.eks. Henry Kissinger, Yizthak Rabin, Shimon Peres. Den er også gått til de nordirske Betty Williams og Mairead Corrigan, som hadde meget naive ideer om å skape fred mellom protestanter og katolikker i det sterkt religiøse Nord-Irland. Felles for alle disse prisvinnerne er at de ikke har noen som helst forståelse for hva som virkelig skaper fred.

Den polske fagforeningsleder Lech Walesa fikk prisen i 1983, og dette var en belønning for hans arbeid mot det sosialistiske diktaturet i Polen, og dets store støttepiller, Sovjetunionen. Også prisen til Andrej Sakaraov i 1975 var en avstandtagen til det sosialistiske diktaturet i Sovjet. Å gi prisen til Desmond Tutu (1984) var en kritikk av apartheidstyret i Sør-Afrika, men dette problemkomplekset var mer komplisert enn man vanligvis får inntrykk av. I 1989 ble prisen gitt til Dalai Lama, som representerte motstandskampen i Tibet. Tibet er fortsatt okkupert av kommunistdiktaturet Kina. Disse utdelingene har vært ment som kritikk av diktaturer, og de har vært beundringsverdige. Men dette er dessverre alle utdelingene som i de siste år har hatt denne vinklingen. De fleste andre utdelinger har gått motsatt vei, dvs. prisen har blitt gitt til personer som direkte eller indirekte har støttet diktaturer, og derved støttet krig og undertrykkelse, og motarbeidet fred.

En rekke personer og organisasjoner som hevder at Vesten ensidig bør ruste ned, uansett hva aggressive diktaturer har som mål, har flere ganger mottatt fredsprisen. Linus Pauling (1962) var en sterk kritiker av våpenkappløpet, som innebar at Vesten ønsket å ha en sterkere slagkraft med atomvåpen enn de aggressive kommunistiske diktaturene. Reelt sett ønsket han at Vesten skulle stanse sin atomopprustning, men ingen forventet at Sovjet noen gang ville gjøre det samme. I 1982 ble prisen gitt til Alva Myrdal, en erke-sosialist og Sovjetvenn som i mellomkrigstiden hadde gått inn for tiltak som var uttrykk for ren rasehygiene. I 1985 ble prisen gitt til International Physicians for the Prevention of Nuclear War, en gruppe som ble dannet med eksplisitt innblanding av høytstående representanter fra Sovjetunionen. Jevgeni Chazov, som var vise-helseminister i Sovjetunionen, var en av IPPNW's tre viseformenn.

Ti år senere, i 1995, ble prisen gitt til organisasjonen Pugwash for dens arbeid for å forsøke å redusere betydningen av atomvåpen i internasjonal politikk. Pugwash var dominert av vestlige Sovjet-tilhengere som ønsket at USA ensidig skulle redusere sitt atomvåpenarsenal og sin slagkraft med atomvåpen.

Prisen har også gått til organisasjoner som Røde Kors og Amnesty International, uten at disse har noen særlig reell betydning for fredsarbeid, og prisen har også blitt gitt til FN, som er en organisasjon hvor representanter fra både demokratier og diktaturer sitter som likemenn, side om side. Bare av denne grunn burde FN bli betraktet som en organisasjon uten noen legitimitet. Som et ytterligere tegn på FNs totale mangel på legitimitet kan man vise til at kommunist-diktaturet Kina fortsatt har vetorett i FNs sikkerhetsråd.

FN har en del ganger sendt soldater for å skape fred, men de har aldri klart å skape fred i noen av de svært mange stedene de har forsøkt.

Et mulig unntak er krigen på Kypros midt på 70-tallet. Men da var det også to relativt vestlige land, Hellas og Tyrkia, som var i konflikt, og vestlige land kriger svært sjelden mot hverandre og er tilbakeholdne når de først gjør det.

I 2000 gikk prisen til Sør-Koreas president Kim dae Jung, og begrunnelsen var hans forsøk på å få i stand en fredelig sameksistens med det brutale atomopprustende diktaturet Nord-Korea. Men slike avtaler vil kun forlenge levetiden til det kommunistiske diktaturet, og vil derfor også forlenge lidelsene til og undertrykkelsen av befolkningen i Nord-Korea. Med sin utdeling støttet Nobelkomiteen dette.

Vesten svarer

Sosialismen/kommunismen var i det tyvende århundre på fremvekst over hele verden frem til omtrent 1980. Sovjet og Kina støttet militært og økonomisk kommunistiske bevegelser i en rekke land: Kongo, Etiopia, Angola, Mosambik, Nicaragua, Afghanistan, etc. Men omkring 1980 ble Margaret Thatcher og Ronald Reagan valgt til ledere i hhv. England og USA, og de satte i verk en politikk som til en viss grad gikk ut på militært å bekjempe spredningen av alle former for diktatur. Dette var et viktig signal til alle diktaturer; lederne i Sovjet ble meget overrasket da England slo militært tilbake mot Argentinas okkupasjon av Falklandsøyene i 1982, og Reagans forsiktige motstand mot kommunistiske kupp (f.eks. på Grenada i 1983) og terrorangrep (USAs angrep på Libya i 1986) var svært viktige signaler som var med på å svekke alle diktaturer, også kommunistdiktaturene. Reagans og Thatchers politikk var svært viktig i å spre frihet og fred, og å svekke diktaturer. (Historikere har hittil sterkt undervurdert betydningen og viktigheten av disse militære aksjonene fra hhv. England og USA.) Denne politikken førte til at et stort antall diktaturer falt, og flere titalls millioner mennesker kunne nå leve langt friere enn tidligere. Denne økede friheten har igjen gitt grunnlaget for en omfattende velstandsøkning.

Reagan hadde også det moralske mot til å si som sant var at Sovjetunionen var et «ondskapens imperium», og at kommunismen var en ideologi som hørte hjemme på historiens skraphaug. Men hvem var det som fikk fredsprisen? Etter at Reagan og Thatcher hadde gått av, gikk prisen i 1990 til mannen som da var Sovjets diktator, Mikhail Gorbatsjov. Årsaken var antagelig at han heller lot Sovjet gå i oppløsning enn å starte en krig for å holde Sovjet samlet. Gorbatsjov startet ikke noen krig, men han satte i verk en del mindre aksjoner, også etter at han i desember 1990 hadde mottatt fredsprisen. For eksempel sendte han soldater for å nedkjempe frihetsdemonstrasjoner i Litauens hovedstad Vilnius i januar 1991; 14 personer ble drept. Noe tilsvarende skjedde i Latvias hovedstad Riga noen dager senere. Men ikke lenge etterpå var Sovjetunionen gått i fullstendig i oppløsning.

La oss her ta med en kommentar som viser hvordan vanlige media beskriver slike hendelser. Aftenpostens årbok *Hvem Hva Hvor* 1992 inneholder følgende:

«Den 13. januar vil bli stående som en tragisk dato i sovjetisk historie. Etter at spenningen i de baltiske stater hadde bygget seg opp i lengre tid, gikk sovjetiske panserstyrker til aksjon utenfor fjernsynstårnene i Litauens hovedstad Vilnius. Aksjonen resulterte i at 14 mennesker ble drept, derav flere ungdommer ...».

14 demonstranter ble drept, og Aftenposten beskriver dette som «en tragisk dato i sovjetisk historie». Når Sovjetdiktaturet under Lenin og Stalin førte en politikk som medførte at ca 30 millioner mennesker mistet livet, når opposisjonelle ble henrettet eller sendt til Sibir, når Sovjet okkuperte hele Øst-Europa etter 1945 og sendte soldater og stridsvogner for å slå ned forsiktige frihetsbevegelser i Ungarn i 1956 og i Tsjekkoslovakia i 1968, da er det som skjedde i Vilnius ikke en spesiell hendelse, det er en helt vanlig hendelse i et kommunistisk diktatur. Aftenpostens skribent er enten svært uvitende, eller forsøker å hvitvaske kommunistdiktaturet Sovjets historie.

Den mest verdige vinner

Etter mitt syn finnes det kun én verdig vinner av Nobels fredspris, dvs. det er kun en av alle de som har mottatt fredsprisen etter annen verdenskrig som virkelig har gjort et stort arbeid for å oppnå fred. Han lykkedes ikke, men han forsøkte. Han var også en diktator, men han var en av de meget få diktatorer som virkelig forsøkte å gjøre sitt land til et mer sivilisert og dermed friere sted. Han forsøkte også å sette en stopper for sitt lands gjentatte angrepskriger mot et demokratisk naboland.

Jeg tenker på Egypts president Anwar Sadat. Etter at de arabiske land (som alle er diktaturer) gikk til angrep på Israel (som er et demokrati) i 1948, hadde de vært i nærmest kontinuerlig krig med Israel i omtrent 30 år. De klarte dog ikke å nedkjempe Israel, snarere tvert imot. Sadat innså at denne tilstanden ikke kunne fortsette, og på slutten av 70-tallet innledet han forhandlinger med sikte på en fredsavtale med Israel. Avtalen ble forhandlet frem av Israels leder Menachem Begin og Sadat, med hjelp av USAs president Jimmy Carter. For denne avtalen ble Begin og Sadat belønnet med fredsprisen i 1978.

Avtalen førte til at Sadat av samtlige andre arabiske ledere ble beskyldt for å være en forræder. Egypt ble kastet ut fra Den arabiske liga, og de fleste arabiske land brøt de diplomatiske forbindelser med Egypt. Også Egypts befolkning var sterkt imot fredsavtalen, og derfor var Sadats fredsprosjekt urealistisk. Det hele endte med at Sadat ble utsatt for et attentat: han ble skutt og drept av islamister under en militær-parade i 1981.

Sadat forsøkte virkelig å oppnå fred, men hans eksempel viser både at man ikke kommer noen vei i retning fred hvis irrasjonelle ideer dominerer i befolkningen, og at selv ikke diktatorer kan styre i strid med de fundamentale ideer som hoveddelen av befolkningen slutter opp om.

Oppsummering

La oss summere opp. Man kan dele inn fredsprismottagerne i en del ulike grupper.

Noen av vinnerne har protestert mot diktaturer: Dalai Lama, Andrej Sakaharov, An Sang Su Chi, Lech Walesa. Disse har aldri oppnådd positive resultater mht. fred, selv om slike tildelinger er en oppmuntring til opposisjonelle i diktaturer. At noen av diktaturene senere har falt har hatt lite eller intet med disses protester å gjøre.

Noen av vinnerne har forhandlet med diktaturer, og i praksis har gitt etter for diktaturers krav og trusler: Shimon Peres og Yizthak Rabin, Kim dae Jung, Jimmy Carter, Henry Kissinger. Diktaturene disse har inngått fredsavtaler med har selvsagt ikke overholdt avtalene.

Noen av vinnerne har vært terrorister og kommunister som har gitt tomme løfter om fred: Yassir Arafat, Le Duc Tho.

Noen av vinnerne har kun gitt uttrykk for ekstremt naive og virkelighetsfjerne ønsker om fred: Jimmy Carter, Dalai Lama, Mairead Corrigan og Betty Williams, Elie Wiesel. Disse har ikke gitt noen positive resultater til reelt fredsarbeid overhodet.

Noen av vinnerne har vært pasifist/kommunistorganisasjoner som reelt sett har ønsket at Vesten skal la være å forsvare seg militært mot kommunistiske diktaturer og bevegelser: Linus Pauling, Alva Myrdal, Pugwash, IPPNW, FN.

Men det finnes fred i deler av verden, og det har vært lange perioder med fred. I Europa var det fred i perioden mellom napoleonskrigene og første verdenskrig (hvis vi ser bort fra noen mindre grensekriger, f.eks. mellom Frankrike og Tyskland omkring 1870). Som nevnt er det slik at land som bygger på Vestens verdier, har fred.

Grunnen til dette er at fred er mulig kun hvis mennesker baserer seg på rasjonelle ideer, og kjemper imot irrasjonelle ideer. Med rasjonelle ideer menes de ideene som Vesten fundamentalt sett bygger på (jeg mener ikke de ideene som mange intellektuelle i Vesten i dag slutter opp om, jeg mener de ideene som er grunnlaget for Vestens sivilisasjon, og som har gitt Vesten suksess på alle områder). Disse ideene er individualisme; rasjonalitet; moralske idealer som selvrealisering, individuelt ansvar og frihet; og en avstandtagen til initiering av tvang. Kun en allmenn aksept av disse ideene kan gi fred. Disse ideene gir også entreprenører mulighet til å skape verdier, og det er derfor land som bygger på disse ideene er velstående. I land som ikke bygger på disse ideene vil det bli vanskeligere og vanskeligere å utføre alle typer verdiskapning og næringsvirksomhet, og disse landene vil enten forbli fattige, eller stadig bli fattigere.

I dag ser vi at ideer som er de motsatte av Vestens ideer dessverre vokser i styrke: kollektivisme i form av f.eks. vektlegging av etnisitet (dvs. rase- og/eller kulturbakgrunn) er på fremmarsj, irrasjonalitet (f.eks. i form av religioner) øker i styrke, selvoppofrelse som moralsk ideal blir mer og mer utbredt, initiering av tvang blir i stadig større grad ansett som et gode i og med at de aller fleste ønsker at staten skal ta seg av flere og flere oppgaver, og statlig styring anses av de fleste som en nødvendighet. Hvis disse ideene vil komme til å dominere, vil det bli mer ufred og krig. Og det er denne veien Vesten nå ser ut til å gå.

Så, hvem er det som virkelig fortjener en fredspris? Alle de som har utviklet, begrunnet og forsvart de ideene som fred og frihet bygger på. Alle de som arbeider med å spre disse ideene. Og alle de som militært har forsvart de demokratiske land som har blitt angrepet av diktaturer.

De vi mener fortjener fredsprisen er filosofer som forfekter rasjonalitet og selvrealisering og frihet, de økonomer som fastslår at kun frihet og markedsøkonomi gir velstand, de politikere som tar kraftig til motmæle mot alle former for diktatur, og de militære som kjemper med våpen i hånd mot aggressive diktaturer. Ingen slike har noen gang mottatt fredsprisen.

Med svært få unntak har Nobels fredspris (etter annen verdenskrig) kun blitt gitt til naive drømmere, og til folk som sier at Vesten ikke med våpen i hånd skal forsvare seg mot truende og aggressive diktaturer. Dette viser at rasjonelle ideer ikke står særlig sterkt i Vesten i dag. Og dette lover ikke godt.

Nobelkomiteen legger altså reelt sett avgjørende vekt på intensjon om fred; at intensjonen slik den vanligvis kommer til uttrykk i dag er stikk i strid med all erfaring om hva som virkelig fører til fred er langt utenfor fatteevnen til Nobelkomiteens medlemmer. Nobelkomiteen foretrekker også reelt sett ufrihet fremfor krig, og sier at dersom et diktatur er truende overfor et fritt land, så skal det frie landet ikke ta opp kampen, men overgi seg. Det Nobelkomiteen ikke forstår er at ufrihet alltid fører til strid og krig, og ikke til fred: kun fullstendig frihet kan føre til fred og stabilitet.

De fundamentale filosofiske verdiene som de fleste i dag bygger på er at det som er avgjørende er intensjon, ikke reelle resultater; at en egoistisk kamp for egen frihet og velstand er moralsk forkastelig; og at man bør gi avkall på egne verdier og ofre seg for enhver som truer en. Den som kjenner filosofiens historie vil se at dette er akkurat den etikken den tyske filosofen Immanuel Kant forfektet. Dette er som man kunne vente, siden Kant er vår tids mest innflydelsesrike filosof.

Nobelkomiteen forfekter altså, på samme måte som alle toneangivende innen media og akademia i dag, en nesten fullstendig konsekvent kantiansk etikk. Og denne etikken er stikk i strid med det som er Vestens verdier, og den vil kunne ødelegge Vestens sivilisasjon. Og da blir det heller ikke fred, da blir det anarki, og da får vi en alles kamp mot alle hvor de mest voldelige lever lengst.

Den typiske vinner av Nobel fredspris er altså enten en fremtredende vestlig politiker som sier at vi ikke må bekjempe diktaturer militært, men forhandle med dem og gi etter for dem, eller en virkelighetsfjern drømmer som sier at «nå må alle sammen være snille, nå må ingen gå til krig/bruke vold, og hvis noen truer med krig, må vi forhandle. Og diktatur er bedre enn krig.»

Så, når navnet på neste vinner av Nobels fredspris blir bekjentgjort midt i oktober [2003], bli da ikke overrasket om prisen går til Frankrikes president Jacques Chirac eller til U2s Bono, for deres motstand mot USAs forsvarskrig for å avsette tyrannen Saddam Hussein. Disse «våget» å ta til motmele mot Bush. Men de tok aldri til motmæle mot tyrannen Saddam Hussein. Og da er det en sterk presedens for at de får fredsprisen.

Postscript etter utdelingen 2003

Prisen i 2003 gikk hverken til Chirac eller Bono, den gikk til iranske Shirin Ebadi. Nobelkomiteen ønsket åpenbart å inkludere islam i den siviliserte verden. Ebadi fikk prisen for sitt arbeid for «demokrati og menneskeretter» i Iran, noe hun gjør innenfor de grenser som Irans teokratiske diktatur setter. Hun støtter derved sharia; hun har til og med uttalt at hun ikke ser noen motsetning mellom islam og menneskerettigheter.

Hennes arbeid for undertrykte gjelder kun undertrykte muslimer, undertrykkelsen av ikke-muslimer er henne likegyldig. Så med denne tildelingen fortsetter Nobelkomiteen det spor det har stått på i de siste tiår. En annen hendelse viser også klart Nobelkomiteens dobbeltmoral. Konserten før prisutdelingssermonien ble avsluttet med allsang av John Lennons Imagine. En strofe i denne lyder slik:

> Imagine there's no countries
> It isn't hard to do
> Nothing to kill or die for
> And no religion too
> Imagine all the people
> Living life in peace…

Siden årets prisvinner var muslim kunne man ikke si noe negativt om religion, og strofen «And no religion too» ble derfor endret til «And no division too».

Denne skandaløse og grove fornærmelsen ble heller ikke gjenstand for noen oppmerksomhet i pressen etter konserten. Dette illustrerer tydelig hvor ynkelig vårt intellektuelle nivå er blitt.

Ayn Rand og frihet

Foredrag holdt på Fridemokratenes høstkonferanse
13. oktober 2001

Hvilken rolle spiller Ayn Rands ideer i kampen for frihet? Det er dette spørsmålet jeg vil forsøke å belyse i dette foredraget.

Ayn Rand er filosof, ikke økonom som alle andre kjente liberalister (Smith, Mises, Hayek, Friedman). Jeg skal derfor legge hovedvekten på filosofi, og jeg vil legge hovedvekten på følgende spørsmål:

*Hva er filosofi, og hvorfor er filosofi nødvendig for ethvert
    menneske?
*Hva står Ayn Rand for?
*Hvorfor blir Ayn Rand iblant misforstått?
*Hvorfor er Ayn Rand uunnværlig i politisk arbeid for et friere
    samfunn?

Hva er filosofi og hvorfor er filosofi nødvendig?

Filosofi er det fag som studerer følgende type spørsmål: eksisterer virkeligheten uavhengig av noens bevissthet; er det slik at alt som eksisterer har identitet og er noe bestemt; gjelder årsaksloven; er det objekter eller prosesser som er de primære eksistenter; gir sansene pålitelig informasjon; er fornuften menneskets eneste vei til abstrakt kunnskap eller finnes det andre veier; har mennesket fri vilje; bør mennesker holdes ansvarlig for det det gjør; hva bør være den standard som verdier vurderes i forhold til; er livets mål å ofre seg for en god sak; er initiering av tvang et onde eller et gode – og vil slik initiering av tvang ødelegge eller tjene menneskers liv; er det kun frihet – respekt for individers rettigheter – som gir fred, harmoni og velstand, eller må statlig styring til; hva er kunstens oppgave?

Filosofi er det fag hvor man studerer slike spørsmål, og ethvert filosofisk system tar standpunkt til disse spørsmålene. Men også hvert eneste menneske har standpunkter til disse spørsmålene – om ikke eksplisitt så i hvert fall implisitt. Systemet av de filosofiske standpunkter en person har er hans filosofi, eller hans livssyn – ordet filosofi betyr altså ikke bare et fag hvor man studerer slike spørsmål, det benyttes også synonymt med livssyn.

Den filosofi man har bestemmer f.eks. hvilke fakta man legger vekt på – folk med ulike filosofiske grunnsyn kan trekke helt motsatte konklusjoner på basis av de samme fakta. Ett eksempel her: hvis kriminaliteten øker vil noen si at vi må straffe de kriminelle strengere og at vi hittil har behandlet dem for snilt. Men de som har et annet filosofisk grunnsyn vil kunne si at vi ikke behandler de kriminelle snilt nok, nå må vi bli enda snillere mot dem. Ulike filosofier gir ulike konklusjoner på basis av de samme fakta.

Filosofi er derfor et svært viktig fag: det bestemmer alt fra hvordan mennesker er til hvordan kulturer utvikler seg.

I filosofiens historie finnes det to/tre tradisjoner: Én stammer fra Platon: denne tradisjonen forfekter reelt sett irrasjonalitet: tro fremfor fornuft; kollektivisme: gruppen er viktigere enn individet; selv-oppofrelse som etisk ideal; religion, dogmatisme; initiering av tvang som nyttig/moralsk.

Den skeptiske tradisjon kan man si stammer fra sofistene, og den sier at vi ikke kan være sikre på noe; at alt er relativt: noe kan være sant for meg og det motsatte kan være sant for deg. Denne grunnholdningen er utbredt i dag i stor grad pga. David Hume og Karl Popper. Dagens ekstreme relativisme og postmodernisme er endestasjonen for denne linjen, og er intet annet enn en *reductio ad absurdum* av denne tradisjonen. (Man kan si at begge de nevnte tradisjoner stammer fra Platon, siden han delte verden i en statisk, forutsigbar del, og en kaotisk, uforståelig del.)

Den tredje tradisjonen kommer fra Aristoteles: den innebærer rasjonalitet, selvrealisering som etisk ideal, individualisme, frihet.

En vanlig feil er å tro at det er den tradisjon man selv befinner seg i som er «ordentlig» filosofi, og at det som er i de andre tradisjonene ikke er filosofi i det hele tatt. Men man bør kunne innse at det finnes andre perspektiver enn det man selv har.

I dag dominerer de to første tradisjonene. Aristoteliske ideer står dessverre meget svakt, både blant filosofer i akademia og i samfunnet. Dette er hovedgrunnene til at Ayn Rand, som er aristoteliker, står så svakt i etablerte miljøer.

Hva mener Ayn Rand innen filosofi?

Ayn Rand, og det system hun utviklet, Objektivismen, hevder at:

*Virkeligheten eksisterer uavhengig av noens bevissthet, og er
     primær
*Sansene gir pålitelig informasjon.
*Fornuften er eneste vei til abstrakt kunnskap.
*Man bør være rasjonell egoist.
*Mennesket må ha frihet – mennesket må leve i et system hvor staten ikke initierer tvang, og hvor staten beskytter individer mot privatpersoner som initierer tvang. Mennesket må ha frihet for å kunne fungere som menneske. Politiske systemer som initierer tvang vil bryte sammen og vil føre til kaos, nød og elendighet.

De tre hoved-ideene hos Ayn Rand er altså rasjonalitet, egoisme og frihet. Jeg skal si litt mer om disse.

Fornuft/rasjonalitet

Å bruke fornuften, å være rasjonell, er å basere seg – sine standpunkter, sine meninger, sine holdninger, sine handlinger – på fakta, kun på fakta og på alle relevante fakta.

Men er dette – å være rasjonell, kun å basere seg på fakta – noe kontroversielt da? Gjør ikke alle dette? Nei, dessverre – få gjør dette. De fleste vil si at de kun baserer seg på fakta, men få gjør dette, og svært få klarer virkelig å gjøre dette.

Å basere seg kun på fakta vil si at man må ta utgangspunkt i virkeligheten, det som eksisterer. Dette betyr at man i første omgang tar utgangspunkt i det som man kan observere, og så må man, når man resonnerer ut ifra dette, alltid følge logikkens lover, inkludert å ta hensyn til slike ting som kontekst og hierarki. Man må også klassifisere det som eksisterer på en riktig måte, dvs. ting som essensielt sett er like må klassifiseres sammen, mens ting som essensielt sett er forskjellige ikke må klassifiseres sammen. Videre må man hele tiden være oppmerksom på nye fakta som kan bekrefte eller omstøte ens tidligere konklusjoner, og man må alltid ta til seg slike. Man må danne prinsipper, og man må hele tiden kontrollere sin tenkning mot virkeligheten. Videre må man forholde seg til andre mennesker med argumenter og ikke med initiering av tvang.

Dette kan det selvsagt redegjøres for i stor detalj, og for den som ønsker å sette seg grundig inn i dette, finnes det litteratur hvor dette er gjort. La meg avslutte dette punktet med å si at for få mennesker er rasjonelle, og at rasjonalitet ikke er enkelt eller opplagt. La meg for ordens skyld også nevne at å være rasjonell er noe helt annet enn å være intelligent: man kan godt være rasjonell uten å være spesielt intelligent, og man kan godt være irrasjonell og samtidig være intelligent.

Det finnes mange eksempler på irrasjonalitet omkring oss i dag. Å være religiøs, dvs. å basere seg – sine tenkemetoder, sine meninger, sine standpunkter, sine handlinger – på fortellinger i Bibelen eller Koranen eller Toraen er å basere seg på eventyr. Å være religiøs er å ta utgangspunkt i fantasi og oppspinn og å late som om det er virkelig.

Et annet eksempel på irrasjonalitet: de som inntar de samme standpunkter og meninger som andre mennesker har, uten å tenke igjennom om de er korrekte, er irrasjonelle. Denne holdningen er illustrert i ordtak som «Right or wrong: my country», eller hos personer som følger et politisk parti selv om partiet bytter ut vesentlige standpunkter med helt motsatte standpunkter. Chr. Vennerød fortalte i en artikkel for noen år siden at «Mange er blitt anarkister ... for å gjøre det motsatte av mor, far, skolen, kirken, militæret eller andre autoriteter har sagt. De velger i alle sammenhenger å gjøre det som ikke er alminnelig godtatt...» (Vennerød i Nyliberalen 1/97, s. 24).

Å være rasjonell er å basere seg på fakta, det er irrasjonelt å basere sine oppfatninger på hva andre måtte mene. (Dette er selvsagt ikke til hinder for at man i mange tilfeller må basere seg på fagfolk som er eksperter på områder hvor man selv har få kunnskaper. Man kan f.eks. basere seg på det ens lege sier til en. Men det er opp til en selv å velge en god lege.)

Dette var noen få meget utbredte eksempler på irrasjonalitet. Men det finnes mange flere: Enkelte motstandere av markeds-økonomien er så virkelighetsfjerne at de tror at markedsøkonomi betyr at dersom man har venner på besøk, så skal de betale for kaffen (se Vennerøds eksempel i Nyliberalen 1/97, s. 26). Jeg har opplevd å høre dette flere ganger, og det virker som om det er sagt i fullt alvor. Poenget med kapitalisme er selvsagt ikke at man skal betale for alt, poenget er at handlinger skal skje frivillig, og da kan i noen tilfeller betaling gjøre et bytte mulig. En vert gir sine gjester kaffe gratis, en restaurant gir sine gjester mat mot betaling. Begge disse handlingene skjer frivillig. Det eneste alternativ til frivillighet er tvang, f.eks. at restauranter tvinges til å servere uten betaling eller til en betaling som staten bestemmer. Det finnes mange flere eksempler på irrasjonalitet omkring oss. Et viktig eksempel er å ikke tenke over de langsiktige konsekvensene av det man gjør eller foreslår: Å løse samfunnsproblemer ved å si at «her er noen som trenger penger og der er noen som har penger – da tar vi fra de rike og gir til de fattige» er fullstendig urealistisk. Det var en slik politikk som SV vant valget på i høst (2001). Tilsvarende urealistisk er følgende idé: «her er det noen som har AIDS og der finnes medisin til salgs – nei, den er for dyr, da stjeler vi medisinen ved å vedta en lov som opphever patentbeskyttelsen». Slike standpunkter er irrasjonelle av mange grunner, men la meg kun nevne én: De som har disse standpunktene ser bort fra de negative konsekvenser som må følge når man systematisk tar fra/straffer de dyktige. Hvorfor jobbe når staten tar en stadig økende del av det man tjener? Hvorfor arbeide når man får omtrent like mye når man ikke jobber? Hvorfor legge mye arbeid ned i å utvikle en medisin når staten bare stjeler den når den er ferdig? De vanlige holdninger vil føre til at produktiviteten reduseres, og at vi alle blir fattigere. Og det er nok av andre eksempler på irrasjonalitet omkring oss: å få barn med en person man ikke kjenner; å gjøre opprør mot autoriteter uten at man tar hensyn til hva autoriteten står for: hvis autoriteten har rett, så er det irrasjonelt å gjøre opprør. Videre, velgere som ikke lærer av erfaring – de vet at politikere tidligere alltid har brutt sine løfter, men nå stoler de på politikerne når de sier at «tidligere har vi brutt våre løfter, men denne gangen skal vi holde dem». Den utbredte irrasjonalitet er et resultat av etablerte miljøers følelsesdyrking: «bare gjør det du føler er riktig!». Å basere seg på følelser er det foreslåtte alternativet til rasjonalitet, men følelser gir ikke uten videre korrekt informasjon om det man observerer, og sier intet om hvorvidt ideer og standpunkter er i samsvar med virkeligheten.

Ayn Rand forfekter altså rasjonalitet: kunnskap, som er grunnlaget for ens meninger, ens handlinger, ens standpunkter, må baseres på fakta, dvs. observasjon og det man logisk kan utlede av det man observerer. Dette innebærer selvsagt at man må ta med i betraktning de langsiktige konsekvensene av egne handlinger.

La meg også nevne at endel mennesker er rasjonelle på noen områder, men ikke på andre. Isaac Newton var rasjonell i sin videnskap, men han var irrasjonell (religiøs) på andre områder i sitt liv. Rand hevder altså at man må være rasjonell på alle områder, ikke bare innen videnskap. Standpunktet om at man kun skal benytte rasjonelle metoder innen videnskap er ikke kontroversielt i dag, men å hevde at man også bør være rasjonell innen etikk, det er et standpunkt hvor hun nærmest står alene. Det vanlige synet i dag er at uten en gud, dvs. en autoritet valgt på en irrasjonell basis, kan det ikke finnes noen etikk: Dette er illustrert i det kjente Dostojevski-sitatet «Uten Gud er alt tillatt». I dag er den vanlige oppfatningen, stikk i strid med Ayn Rands syn, at en rasjonell etikk er umulig, og at en etikk må ha en irrasjonell basis. En etikk sier hvordan man bør handle. Hva sier så den Objektivistiske etikken?

Etikk

Rand forfekter egoisme: du har ett liv, du bør leve det godt. Formålet med livet er ikke å tjene andre mennesker, ikke å tjene fellesskapet, ikke å tjene en gud, formålet er å leve slik at man selv er lykkelig. Med andre ord: formålet med ens handlinger er å tjene seg selv. For å få et lykkelig liv må man være prinsippfast og langsiktig, dvs. man må være rasjonell.

Rasjonalitet er altså den viktigste egoistiske dyd. For å kunne fungere i virkeligheten må man ha kontakt med virkeligheten, man må kjenne den, man må kjenne relevante fakta – og kun rasjonalitet setter en i stand til dette.

Å være egoist er å handle slik at man selv virkelig vil tjene på det, på lang sikt. Egoisme betyr ikke at man skal gjøre hva man føler for og gi blaffen i andre. Ofte i dag blir man beskrevet som egoist hvis man er hensynsløs, f.eks. blir kriminelle og narkomane ofte beskrevet som egoister. Men disse ødelegger sine egne liv – hvordan kan man da beskrive dette som egoisme? Kanskje disse kriminelle tror at de tjener seg selv ved å stjele etc., men da tar de feil, og da er det også feil å klassifisere dem som egoister.

Objektivismen forfekter altså rasjonell egoisme: dette betyr at man bør handle prinsipielt og langsiktig på en slik måte at man selv virkelig tjener på det. Det er dette som er egoisme. Man har ifølge denne etikken ingen forpliktelser overfor andre mennesker, det eneste man må overfor andre mennesker er å la dem være i fred, dvs. man må ikke initiere tvang overfor andre. Man må ta seg av sine egne barn, men ellers har man ingen forpliktelser bortsett fra de man frivillig tar på seg.

Objektivistiske dyder

Å være egoist er å følge dyder som rasjonalitet, ærlighet, rettferdighet, produktivitet, integritet, stolthet – man må gjøre disse handlings-prinsippene til en del av sin personlighet slik at man følger dem nærmest automatisk. Jeg skal si litt om noen av disse, men la meg presisere at grunnen til at man bør følge disse dydene er at dersom man bryter dem, så har det negative konsekvenser for en selv.

Ayn Rands roman *Kildens utspring* illustrerer primært dyden integritet, som innebærer at man bør være idealist, man bør stå på sitt, man bør gjøre det rette selv om man opplever negative konsekvenser på kort sikt. Dette er noe som appellerer til unge mennesker, de mennesker som ennå ikke har erfart at praktisk talt ingen tar ideer på alvor, de som ennå ikke har erfart at de fleste som har levd en stund er blitt kynikere. Unge mennesker er ofte idealister, og *Kildens utspring* taler til dem. Integritet er dyden som sier at man bør handle i samsvar med sine rasjonelle verdier.

En annen dyd er produktivitet. Den sentrale aktivitet i et menneskes liv bør være produktivt arbeid: å bruke sine evner til å skape verdier, å skape noe som primært en selv, men også andre, ser en verdi i. I produktivt arbeid gir man sine ideer og sin tenkning eksistensiell form, man omsetter sine ideer og sine holdninger til handling, man gjør dem virkelige også utenfor sin bevissthet. Dette er som sagt den sentrale aktivitet i menneskers liv, det er den aktivitet som man bør bruke mest energi og mest tid på.

Målet med livet er altså ikke en evig ferie med festing og shopping som de sentrale elementer, det sentrale element i livet bør være å skape, å arbeide. Og jeg tror det er psykologisk ødeleggende ikke å arbeide. Denne dyden er produktivitet, og så vidt jeg vet er det ingen andre filosofer enn Ayn Rand som betrakter produktivitet som en dyd. (Økonomer betrakter den som et gode fordi den skaper velstand, men som sagt er så vidt jeg vet Rand den eneste filosof som har sagt noe positivt om denne dyden.)

Men man bør være oppmerksom på at å bedrive produktivt arbeid ikke er det samme som å tjene penger – man kan godt, selv i et fritt marked, tjene penger uten å skape rasjonelle verdier. Eksempler på innbringende ikke-rasjonelle aktiviteter er astrologi, eller å skrive sladder-biografier. Man kan også godt gjøre forsøk på å skape rasjonelle verdier uten å tjene penger på det, f.eks. ved å holde foredrag for liberalistiske organisasjoner.

Man bør også legge merke til at praktisk talt alt arbeid er å hjelpe andre; en lege hjelper syke, en lærer hjelper folk å forstå alt fra grammatikk til historie, osv. Men det er forskjell på hvordan en egoist og en altruist velger sitt yrke; en egoist finner noe han selv finner interessant, noe han selv har glede og nytte av å holde på med, mens en altruist spør: «på hvilken måte kan andre ha mest nytte av meg?», og handler i samsvar med det svar han føler for.

Altruisme er gjerne sett på som alternativet til egoisme: altruisme er det syn at man skal handle slik at man tjener andre, ikke seg selv. En altruist vil i alt han gjør tenke: «hvordan kan jeg tjene andre mennesker?». Altruisme betyr altså ikke at man bør være snill og grei og hjelpsom, altruisme betyr at man skal tjene andre i alt man gjør, altruisme betyr at det som er moralsk er å gi avkall på egne verdier til fordel for andre. Egoismen sier: i alle valg, gjør ting som virkelig tjener deg selv, på lang sikt. Altruismen sier: i alle valg, gjør det som tjener andre. Altruisme er en etisk kode som det selvsagt er umulig å følge fullt ut, og derfor er det forventet at man har en dobbeltmoral, og man har naturlig nok tilgivelse som en viktig dyd. Men hvis man har denne etiske normen, får man dårlig samvittighet fordi man ikke gjør nok, og man blir lett utnyttet av andre, og man blir lett å styre både av politikere og av plagsomme «venner».

Men hva med å være litt altruist? Det er også umulig å være litt altruist. Altruisme og egoisme er motstridende etiske prinsipper, og man må velge enten eller. Man kan ikke være litt ærlig eller ha litt integritet – lyver man en gang i blant så er man uærlig: etiske prinsipper er enten eller. Man kan ikke være litt altruist, men man kan være altruist og så la være å følge dette prinsippet konsekvent. Men dette resulterer i holdningsløshet og en gradvis bevegelse i retning av mer og mer altruisme. Men hvis man med «litt altruisme» mener at man bør være hjelpsom, så er dette fullt forenlig med egoisme. Men det er da ikke altruisme.

Hvis man virkelig mener at man skal være litt altruist, hvordan skal dette skje? Når skal man velge å tjene andre? Er man enten egoist eller altruist har man et prinsipp man kan følge i alle valgsituasjoner, men er man litt egoist og litt altruist har man ingen veiledning for valg. Og det er slik veiledning etiske prinsipper nettopp er til for å gi, og en slik veiledning må man ha. Den som er litt altruist er nødt til å følge innfallsmetoden, han kan ikke følge en langsiktig, prinsippfast kurs. Og dette er ødeleggende for ham selv. En liten feil blir større og større dersom den ikke blir korrigert – dette prinsippet er kjent fra mange sammenhenger.

Det er noen få mennesker som fremstilles som altruistiske idealer: Albert Schweitzer, Mor Teresa, Jesus. Men det er umulig å være konsekvent altruist, og selv ikke disse var det. Altruister forventes alltid å gjøre enda mer for andre. Dere kjenner selvfølgelig denne historien om Jesus: en gang ble hans føtter salvet inn med en dyr salve, og en av disiplene kritiserte denne pengebruken og mente at pengene burde bli gitt til de fattige. Enhver som godtar altruismen forventes alltid å gjøre mer for andre, og han kan alltid bli kritisert for ikke å gjøre enda mer enn han allerede gjør. Og en altruist vil få dårlig samvittighet fordi han ikke gjør enda mer for andre.

I dag er dessverre folk flest alt for lite egoistiske. Folk i dag har akseptert den etikken som sier at man har plikt til å tjene andre. Det er selvsagt riktig at folk i dag i altfor stor grad er hensynsløse, men dette er ikke et resultat av rasjonell egoisme, det er et resultat av at de regner med at andre mennesker skal tjene dem, noe som er resultat av, nettopp, altruisme. Altruismen sier at jeg skal tjene andre, men en opplagt implikasjon av dette er at da må andre tjene meg.

Den utbredte altruismen innebærer i dag blant annet at man forventes å betale skatt med det påskudd å hjelpe andre, og at skatten kan økes og økes og økes slik at enhver gruppe som fremstiller seg som svak kan motta støtte.

Men altruismen, som sier at man har plikt til å hjelpe, innebærer også at man har rett til å motta hjelp fra andre. Og derfor skjer det i dag at alle mulig grupper krever rett til å få penger fra det offentlige. Utbredt altruisme medfører nødvendigvis utbredt snylting.

Men er ikke dette – å snylte på andre – egoisme da? Å kreve en del av «samfunnskaken» bare fordi man oppholder seg i samfunnet, er ikke dette egoisme? Nei – egoisme er handlinger man selv virkelig tjener på, på lang sikt, og et samfunn hvor alle krever mer og mer fra staten vil bryte sammen, og dette vil alle tape på, og derfor kan det ikke være et resultat av egoisme. Egoisme er som sagt det man selv virkelig tjener på på lang sikt, og en holdning som på sikt er ødeleggende for en selv kan ikke være egoistisk.

Enkelte vil nå kanskje si at Rand har omdefinert disse begrepene: altruisme betyr, vil de si, å være hjelpsom og snill og grei. Nei, denne påstanden er ikke korrekt. Opprinnelig betydde altruisme å tjene menneskeheten. Auguste Comte innførte navnet altruisme på dette etiske prinsippet. Det moralske er å tjene noe utenfor seg selv, og siden Gud ikke finnes, mente han at man burde tjene menneskeheten/andre mennesker – og dette er altruisme.

Videre, vanlige ordbøker definerer altruisme som å tjene andre mennesker.

La meg også nevne at de som ønsker makt over andre gjerne vil at disse andre skal være altruister, men maktmenneskene forsøker å gjøre dette mer salgbart, mer akseptabelt, mer plausibelt, ved å si at altruisme kun er å være hjelpsom, snill og grei, og ved å si at alternativet – egoisme – er å være en hensynsløs bølle. Men man bør ikke la seg lure av disse maktmenneskenes manipulering av språket.

Hvis dere synes at jeg snakker mye om dette, så stemmer det, men jeg gjør det fordi det er svært, svært viktig.

La meg til slutt under dette punktet igjen nevne at det er ødeleggende for en selv å være altruist. Og dette har man nå også et slags vitenskapelig bevis for: en undersøkelse, omtalt i tidsskriftet Gemini: Forskningsnyheter fra NTNU og SINTEF nr 4/2001, fant følgende:

«mye tyder på at selvutslettende og oppofrende kvinner blir lettere syke. De lar andres ve og vel gå foran egne behov, og kommer til slutt til et punkt der kroppen sier stopp».

Altruisme er altså ødeleggende for en selv. Igjen, man bør være egoist, og egoismen sier at man bør handle slik at man selv virkelig tjener på det, på lang sikt.

La med avslutte denne delen med følgende spørsmål: Hvem er egoist og hvem er altruist? Hovedpersonen i *Kildens utspring,* Howard Roark sier: «jeg anerkjenner ikke noe menneskes rett til et minutt av mitt liv» (s. 663). Roark er egoist. Den som er uenig i Roark i dette, den som mener at man uten videre har plikter overfor andre mennesker, er altruist.

Politikk

Ayn Rand er tilhenger av laissez-faire-kapitalisme. Jeg regner med at alle som hører dette foredraget er enige med henne i dette, men la meg allikevel presisere at kapitalisme er det eneste moralske og praktiske samfunnssystem: initiering av tvang er ødeleggende for mennesker, tvang fornekter menneskets tenkeevne. Formålet med all tenkning er at det skal veilede handling. Hvis man ikke i handling kan følge sin tenkning, men må handle i strid med det man selv mener er rett og riktig, så er dette et signal om at tenkning er verdiløst. Dette vil føre til at tenkningens betydning vil bli redusert, folk vil i større og større grad gå på rutine og all kreativitet vil bli borte. Derfor vil alle diktaturer forfalle, og alle religiøse samfunn vil være helt uten fremgang – det er i historien nok av eksempler som bekrefter dette.

Men også litt styring, dvs. litt statsstyring av økonomien, er ødeleggende, litt styring av økonomien vil skape problemer som vil føre til mer styring som igjen vil føre til problemer som igjen vil føre til enda mer styring, osv. Gir man penger til «svake» grupper, vil flere og flere grupper forsøke å få seg definert som svake, og skattene vil nødvendigvis øke. Dette er også å straffe gode egenskaper og belønne dårlige egenskaper, man tar fra de dyktige og gir til de mindre dyktige. Skatt vil føre til et offentlig byråkrati som igjen vil kreve stadig større inntekter og igjen større skatter osv. Enorme mengder energi går i dag med til å fylle ut skjemaer, til å benytte advokater for å slippe unna med minst mulig skatt – tenk hvis all denne energien kunne bli brukt til noe nyttig. Denne utviklingen er illustrert i ordtaket om at «gir man fanden lillefingeren (gir man staten muligheten til å tiltvinge seg litt skatt), så tar han snart hele hånden (skatten vil da øke og øke)». Mer om dette an man finne hos de økonomene jeg nevnte, spesielt anbefales Mises.

En parallell her: siden mennesket må følge prinsipper, vil det at man svikter et riktig prinsipp føre en lenger og lenger i gal retning. Det er umulig med litt styring av økonomien og litt skatt – slike ting vil nødvendigvis bli verre og verre. Dette er helt tilsvarende som med altruisme: litt altruisme vil nødvendigvis bli mer og mer altruisme og bli mer og mer ødeleggende.

Kapitalisme er det eneste moralske samfunnssystem fordi egoisme er moralsk, og kun kapitalisme gir mennesket frihet til å handle slik det selv ønsker. Kapitalismen er moralsk fordi initiering av tvang er umoralsk. Kapitalisme er det praktiske samfunnssystem fordi kun kapitalisme kan gi fred, harmoni og velstand.

Hvorfor blir Ayn Rand i blant misforstått?
Svært mange mennesker har lest Ayn Rands bøker – de er solgt i innpå 30 millioner eksemplarer. Selv om dette skulle tyde på at hennes meninger er velkjente, skjer det svært ofte at hun tillegges standpunkter hun ikke har. Hvorfor er det slik? Spørsmålet er altså: Hvorfor blir Ayn Rand iblant misforstått? Svaret på dette spørsmålet er at det dels kan være ond vilje – motstandere av det hun står for ser seg tvunget til å omtale henne pga. hennes popularitet, men siden de er sterkt uenige i hennes meninger ønsker de ikke å gjengi hennes synspunkter på en korrekt og objektiv måte. Iblant er det allikevel ikke ond vilje, iblant er det noe annet som ligger bak de forekommende feilfremstillinger og misforståelser.

Den platonske tradisjon i filosofi er så inngrodd i folk flest i dag at de som befinner seg i denne, dvs. som har grunnholdninger i samsvar med denne tradisjonen, og som ikke studerer Ayn Rand grundig, de vil etter å ha lest Ayn Rand tolke noen av hennes standpunkter i lys av den platonske konteksten. Dvs. de forstår ikke den aristoteliske metode Ayn Rand benytter og den aristoteliske kontekst hun skriver i – det de da gjør er å trekke isolerte poenger/standpunkter fra Ayn Rand og inn i en platonsk kontekst. Dette gjør at standpunktene kan bli helt meningsløse, og da vil endel si at Ayn Rand ikke har innsikt i det hun snakker om.

Folk misforstår altså Ayn Rand fordi de trekker isolerte standpunkter fra henne inn i en tradisjonell kontekst, en kontekst som er

324

preget av holdninger som kan føres tilbake til Platon. Platon hevdet som kjent at virkeligheten består av to deler, en del som er statisk og perfekt, og en del, den verden vi lever i, som er kaotisk og uforståelig. Denne metafysiske inndelingen har gitt opphav til de to epistemologiske grunnholdningene dogmatisme og skeptisisme.

På grunn av dette opplever vi stadig at personer som ikke har studert Ayn Rand særlig nøye, kommer med merkverdige innvendinger, eller gjengir henne på en feilaktig måte. Jeg skal nå ta for meg noen slike eksempler.

Den vanlige oppfatningen er at egoisme er det samme som bøllete og hensynsløs oppførsel. Det finnes absolutt intet som tyder på at Ayn Rand støtter en slik oppførsel, men allikevel blir hun tillagt dette synet. For eksempel påstår Dag Hessen i sin omtale av *De som beveger verden* i Klassekampen at «Rands moralkonsept ligger tett opp til Nietzsches. Som Nietzsche lengter hun etter rovdyret i mennesket.»

Kan noen på basis av å ha lest *Kildens utspring* og *De som beveger verden* med et reelt grunnlag påstå at Roark eller Galt er noe i nærheten av å være rovdyr? Nei, selvsagt ikke. Det Hessen har gjort er antagelig å gå ut fra at egoisme er å være en hensynsløs bølle (noe Nietzsches filosofi innebærer), og når Ayn Rand forsvarer egoisme, trekker han den slutning at også Ayn Rand forsvarer slik oppførsel. Men det finnes selvsagt intet i Rands bøker som tyder på at hun med egoisme mener noe slikt – tvert imot! Ayn Rands egoisme er ikke, slik det iblant påstås med Nietzsche som sannsynlig kilde, en moral kun for «overmennesker»: Ayn Rand hevder at alle bør være rasjonelle egoister.

Forøvrig går Ayn Rand inn for rasjonalitet, som er en konsekvent bruk av den egenskap som skiller oss fra dyrene, og hun hevder at all initiering av tvang er et onde. Det er derfor mer korrekt å si at Ayn Rand er den første tenker som hevder at mennesket ikke er et rovdyr.

En annen innvending som iblant forekommer er påstanden om at Ayn Rand ikke engang er klar over at fornuften kun kan brukes til å finne ut hvordan man kan oppnå sine mål, den kan ikke brukes til å finne ut hvilke mål man bør ha. Dette er den vanlige innvendingen, som stammer fra Hume, om at man ikke kan trekke en logisk slutning fra er til bør. Men Ayn Rand hevder at verdier er basert i fakta, og at dette ikke er to helt adskilte sfærer, slik den platonsk/skeptiske tradisjon sier.

325

Det Objektivistiske syn er at fornuften virkelig kan benyttes til å avgjøre hva som er rett og galt: menneskets liv som menneske er en objektiv verdistandard. Dette prinsippet er dannet ved induksjon, som ifølge Ayn Rand gir kontekstuelt sikker kunnskap. Hume mente som kjent at induksjon ikke kan gi sikker kunnskap.

Noen hevder også at Ayn Rand ikke vet at fri konkurranse forutsetter et marked med mange små aktører, at ingen av disse er så stor at den alene kan bestemme markedsprisen, og hvor alle aktører har perfekt informasjon. Alle som har studert litt økonomi kjenner denne «definisjonen» av fri konkurranse. Det primære for Ayn Rand her er dog ikke konkurranse, det primære er frihet, dvs. full respekt for individers rettigheter. Dette innebærer at det ikke skal være noen statlig innblanding i økonomien. Private monopoler kan da oppstå, men dette er fullt forenlig med frihet. Frihet er fravær av statlig initiering av tvang, ikke at det absolutt skal være mulig å kjøpe for eksempel mange ulike operativsystemer til omtrent samme pris og tilgjengelighet. Frihet er selvsagt uforenlig med at staten opprettholder monopoler ved tvang (postverket, Vinmonopolet), men hvis et firma yter sine kunder så god service at ingen konkurrenter kan klare å konkurrere, er dette ikke uforenlig med frihet.

Et annet eksempel på en utbredt misforståelse av Ayn Rand: Gene Roddenberry, mannen som skapte *Star Trek*, var fan av Ayn Rand, og han ville ta med en person i serien som han trodde var i full overensstemmelse med de verdier Ayn Rand forfektet. Han laget derfor Mr. Spock. Alle som kjenner *Star Trek* vet at Spock er en logisk tenkemaskin blottet for følelser.

Men Spock er en skapning helt og fullt i den platonske tradisjon. Det er i strid med Objektivismen å hevde at det er en motsetning mellom fornuft og følelser: det Ayn Rand sier er at man ikke uten videre kan bruke følelser som kilder til kunnskap, hun har aldri sagt at man ikke skal ha følelser, eller at følelser er mindreverdige. Det er det platonske syn som sier at det er en motsetning mellom fornuft og følelser – platonismen innebærer at en rasjonell person er en som er blottet for følelser. Roddenberry tok et standpunkt fra Ayn Rand, forstod ikke hva det betød, og plasserte det inn i en fullstendig platonsk kontekst. Roddenberry tok et Objektivistisk standpunkt – at man bør være rasjonell – og tolket det helt feil fordi hans grunnideer var preget av platonske ideer.

Nok et eksempel: Objektivismen forfekter rettferdighet: folk skal behandles rettferdig, dvs. slik de gjør seg fortjent til. Dette er i motsetning til tilgivelse, som er dagens nærmest ubestridte ideal. En implikasjon av dette er at den rettferdighet Objektivister praktiserer, iblant ikke blir forstått. Selv folk som sier de er Objektivister blir sjokkert når ekte Objektivister praktiserer rettferdighet og ikke tilgivelse. Enkelte har til og med beskrevet Objektivisters praktisering av rettferdighet som «umenneskelig». Så inngrodd er altså forestillingen om tilgivelse som det eneste moralske blitt, at rettferdighet blir beskrevet som umenneskelig!

Enda et eksempel: Den platonske/skeptiske tradisjon innbærer at man ikke kan ta ideer på alvor. Ideene i denne tradisjonen er jo feilaktige, og da kan man jo ikke følge dem: ingen kan være 100 % altruist – da måtte man hele tiden i alt man gjorde ha som formål å tjene andre, man kunne aldri gjøre noe som var til fordel for en selv. Videre, ingen kan være 100 % skeptiker – en total skeptiker kan ikke godta noe som helst som sikkert. Ingen kan følge Bibelen eller noen annen autoritet i den platonske tradisjon fullt ut – de som gjør det, eller forsøker, blir beskrevet som dogmatikere. Dette er en korrekt beskrivelse, siden de baserer seg på dogmer eller autoriteter når de skal begrunne sine meninger: «Det er sant fordi står i Bibelen» eller «Allah har sagt det». De benytter altså ikke rasjonelle argumenter. Siden platonske ideer ikke kan følges konsekvent, forfekter alle intellektuelle innen denne tradisjonen «toleranse», som betyr at alle mulige standpunkter fortjener respekt og skal taes på alvor.

De aristoteliske grunnideer, på den annen side, de er korrekte, og de kan taes på alvor, de kan følges i praksis. Men siden mange trekker Objektivistiske standpunkter inn i en platonsk kontekst, blir de som tar de Objektivistiske ideene på alvor beskyldt for å være dogmatikere. Etter mitt syn er en dogmatiker en som forfekter ideer innen filosofi/etikk som ikke er rasjonelt begrunnet, og som allikevel fremstår som sikker. Det er dog feil å hevde, slik det gjøres i dag, at alle som er sikre på standpunkter innen filosofi/etikk er dogmatikere. Å trekke den slutning at alle som sier de er sikre på ideer innen filosofi/etikk er dogmatikere er en logisk feilslutning, forøvrig akkurat den samme feilslutning som Erasmus Montanus begikk da han beviste at hans mor var en sten.

Mer spesielt, praktisk talt alle er tilhenger av rasjonelle metoder innen videnskap (dog ikke folk som Feyerabend og Rorty). Det Objektivistiske synet er at man bør bruke rasjonelle metoder også innen filosofi og etikk. Ingen vil beskylde en videnskapsmenn som hevder at 2+2 = 4 eller at evolusjonsteorien er sann, for å være dogmatikere. Men hvis en Objektivist hevder at Objektivismen er sann, da blir han beskyldt for å være dogmatiker – av folk som skråsikkert hevder at sikkerhet er umulig å oppnå.

Objektivister tar ideer på alvor – ideer har praktisk betydning, vi er ikke enige i det vanlige syn som innebærer at ideer bare er abstraksjoner som har lite eller intet med virkeligheten å gjøre.

Hva må til for politisk forandring?

Liberalister ønsker frihet: et samfunn hvor statens oppgave kun er å beskytte individers rettigheter, og hvor staten ikke som i dag opptrer som en mafia på de sterkeste pressgruppenes vegne. Vi ønsker et samfunn hvor staten ikke legger hindringer i veien for produktiv virksomhet, vi ønsker et samfunn hvor staten ikke straffer eller trenerer de dyktige, vi ønsker et samfunn hvor staten ikke passiviserer de svake og derved gjør dem enda svakere. Vi ønsker et samfunn i fred, frihet, harmoni og velstand.

Det vi skal oppnå er altså ikke noen få kosmetiske forandringer på velferdsstaten, vi ønsker en fundamental forandring. Skal vi få dette til, må vi selvsagt ha folk flest med oss. De fleste mennesker er konforme og følger strømmen – slik vil det alltid være, og dette viktige faktum må vi selvsagt ta hensyn til.

Men skal vi få gjennomslag må vi altså ha folk flest med oss – vi må få dem til i det store og hele å støtte at staten kun skal beskytte individers rettigheter, at folk skal kunne gjøre hva de vil så lenge de ikke initierer tvang, at staten ikke skal ta fra de rike og gi til de fattige, at folk som tjener penger har rett til å beholde dem. Men hvordan skal vi få til dette da? Hvordan skal vi få oppslutning om dette?

Moral styrer

Folk gjør mye rart – noen er her i Fridemokratene og bruker en hel eller kanskje to dager på å lytte til foredrag og debatter, og bruker kanskje mye av sin tid ellers på å arbeide for øket frihet; andre drar til Afrika for å bli misjonærer; noen har sendt jøder til Auschwitz; noen jobber gratis i fritidsklubber og i frivillige organisasjoner; noen har satt barn ut til ulvene eller ofret dem til gudene; noen har ofret seg for keiseren (kamikaze-flyvere) eller Allah, noen er for at narkotika skal være forbudt til tross for all elendighet forbudet medfører, osv.

Men folk flest er også anstendige mennesker som tar seg av sin familie, som går på jobb, som betaler sin skatt med glede, som gir til innsamlingsaksjoner, som kjøper lodd til inntekt for Røde Kors selv om de regner med at de ikke vil vinne, som lider i sykehuskøer mens de venter på behandling, som leverer selvangivelse og gjør sin borgerplikt og stemmer ved valg.

Hva er fellesnevneren her? Hva er felles for alt dette? Jo, det som styrer er moral. Alle mennesker har en oppfatning av hva som er moralsk riktig, og dette bestemmer hvordan de handler.

Dette er et svært viktig poeng: folk styres av moral. Folk har et moralsyn – alle har dette – og alle og enhver handler i overensstemmelse med det. (Jeg ser bort fra folk med hjerneskade, etc.) Alle gjør dette. Det mål personer flest har er ikke å bli rike og berømte eller å få en plass i historien – det som styrer dem er den moral de har. Noen ganger kan det være samsvar mellom moral og det å tjene penger/bli berømt, og da kan enkelte satse på å bli berømt, men ingen – eller svært få – vil gjøre det motsatte av det han anser for å være moralsk riktig for å bli rik/berømt.Dette gjelder alle mennesker, også folk som så og si alle vil si er umoralske. F.eks. kriminelle – de har en overbevisning om at det de gjør er moralsk riktig. Raskolnikov er et litterært eksempel på hvordan en forbryter har en moralsk begrunnelse for at det han gjør – å drepe to forsvarsløse kvinner – er moralsk riktig. Og hvis vi ser på vanlige småkriminelle i dag så sier de at «alle er kriminelle, alle, også vanlige mennesker, er tyver, de i "the establishment" er verst, og man må forsøke å få med seg det man kan». Også bedragere som stort sett oppfører seg pent, men som innimellom gjør noe galt, overbeviser seg selv om at de er spesielle, at de er unntaksmennesker, og at de vanlige reglene ikke gjelder for dem selv.

Hovedpoenget her er at alle mennesker styres fundamentalt sett av det moralsyn de har. Det finnes selvsagt mange forskjellige moralteorier, det er derfor folk gjør så mange forskjellige ting, dvs. at noen gjør ting som andre vil finne helt uakseptabelt. Men det er noe grunnleggende som er felles for de moralteoriene som dominerer omkring oss i dag.

Det som er vanlig i dag er at man ansees å ha rett til å få det man trenger uansett egeninnsats: mat, klær, hus, kinobesøk, mikrobølgeovn, TV, ferieturer, osv. Videre ansees man å ha plikt til å hjelpe de som trenger det – hvis noen trenger noe viktig (og hva er ikke betraktet som viktig i dag?), så har de som har «for mye» plikt til å hjelpe. Dette er det moralsyn som heter altruisme, og som jeg har omtalt tidligere.

Altruismen sier at man har plikt til å tjene andre mennesker, og impliserer at man har rett til å få hjelp og støtte fra andre. Hvis altruisme dominerer i befolkningen, vil dette nødvendigvis medføre at politikken resulterer i sosialisme/velferdsstat. For å få gjennomslag for frihet, dvs. laissez-faire-kapitalisme, må man først fjerne den allmenne oppslutningen om altruismen, og erstatte den med en oppslutning om egoisme.

Liberalister er for frihet, og frihet er det eneste system som vil føre til et harmonisk og velstående samfunn, men frihet innebærer at hvert enkelt individ har rett til å gjøre akkurat som han vil (bortsett fra å initiere tvang) uten hensyntagen til andre: frihet betyr at du kan jobbe så mye du vil, tjene så mye du vil, og bruke det du tjener akkurat som du selv måtte ønske uten å måtte bidra til fellesskapet. Dette er en implikasjon av egoisme. Det er helt umulig å få oppslutning om at dette skal være lov uten først å få oppslutning om at egoisme er moralsk.

Det Objektivistiske synet er altså at det er moral som styrer mennesker, og derved er det moral som styrer samfunn. Det moralsyn som har bred oppslutning bestemmer hvordan samfunnet blir organisert. Det politiske system som i dag finnes i alle vestlige land – velferdsstat med mye styring og høy skatt – vil være der så lenge altruismen dominerer i befolkningen.

Skal vi komme noen vei i retning av frihet, må altruismens innflydelse reduseres kraftig, og erstattes med rasjonell egoisme. Dette er det Objektivistiske synet.

Enkelte er uenige i dette, og har kommet med forslag til andre strategier for frihet. La meg nevne et par av disse. Et annet argument for frihet er utilitarisme: laissez-faire er det eneste system som fører til alminnelig velstand, og også altruister bør derfor støtte laissez-faire – er ikke dette argumentet godt nok? Mises støttet dette, og FEE ble dannet på grunnlag av denne strategien. FEE er The Foundation for Economic Education, og målet for denne organisasjonen var å utdanne befolkningen i økonomisk teori slik at de vil forstå at kun laissez-faire ville føre til allmenn velstand. Men vil dette føre frem? Nei, dette er alt for komplisert for folk flest å forstå. Folk som kan mye økonomi kan godta dette, men det vi må ha er aksept for laissez-faire i befolkningen, og dette er alt for komplisert til å kunne få bred oppslutning.

(Sosialister sier at liberalister ønsker enkle løsninger på kompliserte problemer. Også her setter sosialistene sannheten på hodet. Det er de venstreorienterte som med sitt mantra «det offentlige må gripe inn/bevilge penger/forby» som gir en enkel «løsning» på ethvert problem.)

Det finnes også økonomer som er motstandere av laissez-faire, og det er fordi det er deres moral som styrer. De vil heller støtte det som for dem er moralsk riktig enn å gå inn for det systemet som virkelig gir velstand: de mener at laissez-faire er et utslag av egoisme og at det derfor er umoralsk, selv om det gir velstand.

En annet alternativ strategi som er foreslått: Hva med å få aksept for eiendomsretten – kan man ikke oppnå dette uten først å få aksept for egoisme? Aksept for eiendomsretten er aksept for at eieren selv skal kunne disponere det han eier slik han selv ønsker, og for å få aksept for dette må man først få aksept for egoisme: eierens rett til selv å kunne bestemme fullt og helt hva han skal bruke det han eier til. Man kan først få oppslutning om eiendomsretten etter at man har fått oppslutning om egoisme.

Men hva med aksept for frihet da – fravær av tvang – kan man ikke få oppslutning om dette selv blant altruister? Nei, det kan man ikke. Alle er for tvang, også liberalister. Alle er for å bruke tvang for å gjennomføre det som er svært moralsk/avverge det som er svært umoralsk. Liberalister er for å bruke tvang for å sette tyver og mordere i fengsel, fordi disse begår handlinger som vi anser for å være svært umoralske.

Men i dag er det ansett som svært umoralsk å ikke bidra til å hjelpe de svake, og staten bruker tvang for å få folk til å hjelpe de svake. Det er i dag ansett som moralsk å hjelpe de svake, og så og si alle er for at det er helt legitimt å tvinge dette igjennom.

Dette innebærer også at straffenivået er preget av dagens moralsyn. Liberalister vil ha strenge straffer for innbrudd, ran, tyveri, overfall, drap, og selvsagt ingen straff for skattesnyteri og smugling. Men straffenivået i dag er motsatt: det er milde straffer der vi ønsker strenge straffer, og motsatt. Dette er fordi at det i dag ikke er ansett som veldig umoralsk å stjele eller drepe noen. (Drap er ansett som forferdelig av så og si alle, men drapsmenn slippes i dag ut fra fengsel etter å ha sonet 6–7 år.)

Det som virkelig er betraktet som umoralsk, det er å ikke bidra med sitt for å hjelpe de svake, dvs. å ikke betale skatt. For å ta skattesnytere legger staten ned enorme ressurser, se f.eks. jakten på Rekstens hemmelige formue, eller omtalen av skatteflyktninger som Fredriksen. Straffene for skattesnyteri er også svært strenge, og det har forekommet at folk har sittet to år i varetekt for mistanke om spritsmugling. Hva man anser som riktig tvang og gal tvang er et resultat av ens moralsyn. Altruister vil bruke tvang for å fremskaffe hjelp til de svake, mens egoister vil bruke tvang for å straffe de som krenker rettigheter. Man kan ikke få oppslutning om liberalisters syn på tvang før man har oppslutning for den etikken som frihet bygger på: rasjonell egoisme.

Frihet forutsetter egoisme

Ayn Rands hovedpoeng mht. politisk strategi er: siden folk styres av moral, og siden den moralen som er utbredt i dag fører til sosialisme, som kun er systematiske statlige tyverier fra de som har og overføringer til de som ikke har, må moralen blant folk flest skiftes ut før vi kan få frihet. Å jobbe for frihet mens man samtidig aksepterer dagens utbredte moralsyn er lite virkningsfullt.

Vi lever i dag i en kultur hvor de dominerende ideene innebærer at man blir rik ved å utnytte sine ansatte, hvor bedrifter primært betraktes som kilder til forurensning, hvor ulikhet er det største sosiale onde og hvor da utjamning, naturlig nok, er betraktet som et av de høyeste goder, hvor frihandel er under ATTAC, hvor kapitalister

332

systematisk i film og litteratur fremstilles som skurker, hvor vold tolereres så lenge den er rettet mot rasjonelle verdier, og hvor «egoist» er et skjellsord og hvor det mest positive man kan si om en person er at han eller hun er «selvoppofrende»! Det vil være umulig å få gjennomført kapitalismen så lenge disse holdningene er allment utbredt. Det vi er for er frihet, kapitalisme: vi er for at det skal være ansett som positivt hvis man griper enhver sjanse til å tjene penger, hvis man bruker sine kreative evner til å skape verdier, vi er for at man skal kunne jobbe mye, at man skal kunne handle med andre, skaffe seg materielle goder, ta ferieturer til spennende steder, kort sagt nyte livet på en produktiv måte.

Men dette kan bare baseres på verdier som individualisme, fornuft, egoisme. Frihet forutsetter at dagens dominerende grunnverdier skiftes ut. Og Objektivismen er det eneste filosofiske system som forfekter de riktige grunnideene på en konsistent måte.

Objektivismen er derfor et nødvendig grunnlag for frihet.

Libertarianismen: et Objektivistisk perspektiv
Pamflett utgitt av FSO 1996

Libertarianismen er en politisk ideologi som hevder å forfekte individuell frihet. Allikevel tar alle Objektivister sterk avstand fra libertarianismen og den libertarianske bevegelsen. Formålet med denne artikkelen er å gi en kortfattet begrunnelse for det Objektivistiske standpunktet.

Hva er libertarianismen?

Libertarianismen er en politisk ideologi som tar utgangspunkt i det såkalte ikke-aggresjons-aksiomet. En libertarianer er en person som er tilhenger av (det han kaller) frihet med utgangspunkt i dette aksiomet. Libertarianismens fremste teoretiker er Murray Rothbard, som formulerer libertarianismens politiske ideologi i bøkene *For a New Liberty* (heretter forkortet som FANL) og *The Ethics of Liberty* (heretter forkortet som EOL). Andre fremtredende libertarianske teoretikere er Walter Block, Hans Herman Hoppe og David Friedman. Iblant blir tenkere som Ludwig von Mises, Milton Friedman og Friedrich von Hayek fremstilt som libertarianere, men dette er feil. Det er feil fordi disse har standpunkter som helt klart er i strid med ikke-aggresjons-prinsippet: Mises er tilhenger både av tvungen skatt og av verneplikt, og både Friedman og Hayek er tilhengere av velferdsstaten (dvs. et samfunnssystem som blant annet innebærer statlige, dvs. tvangs-finansierte, velferdsordninger).

Jeg finner det riktig å klassifisere Mises, Hayek og M. Friedman som *liberalister*. En liberalist er enhver som forfekter det syn at samfunnet bør organiseres slik at individer har store muligheter til å styre sine egne liv. Begrepet liberalist er således ganske omfattende, og inkluderer da selvsagt ikke bare Friedman, Hayek og Mises, men også både Objektivister og libertarianere. At Rothbard – omtalt som Mr. Libertarian av både venner og uvenner – er libertarianismens fremste teoretiker kan ikke betviles av noen som kjenner den libertarianske litteraturen, men la meg her allikevel dokumentere dette. Innledningen til festskriftet som ble utgitt i forbindelse med hans 60-års-dag (*Man,*

Economy and Liberty: Essays in Honor of Murray N. Rothbard)
begynner slik: «Murray N. Rothbard is a scholar of unique, indeed monumental achievements: the founder of the first fully integrated science of liberty». Bok-katalogen fra Laissez-Faire Books hevder (februarutgaven, 1996) at FANL inneholder «rigorous philosophy, enlightening analysis, and tough, succinct, and convincing arguments...».

Også nordiske libertarianere setter Rothbard høyt: Det svenske tidsskriftet Nyliberalen (Nr 1/95) hevder at Rothbard er en av de første og største libertarianerne, og påstår at FANL «är fortfarande den bästa kortare främstallningen av libertarianismens konkreta grundsyn och konkreta ideer». Om EOL hevdes at dens fremstilling er «kompromiss-løst konsekvent», men det nevnes også at den er kontroversiell selv blant libertarianere. FRIbokservice hevder i sin katalog nr 1/96 at FANL «regnes som den beste som er skrevet om libertarianismen». I en artikkel i tidsskriftet Ideer om Frihet (Nr 4/95) hevdes at Rothbard var «en av det 20. århundredes største tenkere»; og FRI-politisk journal (Nr 1/95) anbefaler FANL «på det varmeste for de som ønsker en innføring i den moderne libertarianismen».

Rothbard gir følgende definisjon av libertarianismen:

«The libertarian creed rests upon one central axiom: that no man or group of men may aggress against the person or property of anyone else» (s. 23 i FANL).

Forskjellige libertarianere har ulike begrunnelser for dette utgangspunktet; Rothbard er tilhenger av naturrettsteorien, mens f.eks. David Friedman benytter utilitaristiske argumenter, samtidig som han benekter at han er utilitarianer (?), se hans *The Machinery of Freedom*, 2nd.ed., s. 267. Noen vil hevde at en libertarianer ganske enkelt er en som er tilhenger av frihet; en slik definisjon kan man finne i enkelte ordbøker. Men denne definisjonen er ubrukelig, fordi praktisk talt alle vil si at de er tilhengere av frihet. Ordet frihet alene er nærmest innholdsløst, det kan bety nesten hva som helst. F.eks. hevdet den tyske filosofen Hegel at frihet er retten til å adlyde Staten.

Jeg vil derfor hevde at en libertarianer er en person som oppfyller to krav: 1) Han påstår å være tilhenger av et fritt samfunn,

336

dvs. et samfunn hvor rettigheter – retten til liv, eiendomsretten – respekteres og 2) Han hevder at det finnes mange forskjellige filosofiske begrunnelser for dette synet, og det er dette som er grunnen til at han benytter ikke-aggresjonsprinsippet som et aksiom.

At punkt 2 må være med finner man eksplisitt støtte for i innledningen til *Liberty for the 21st Century*, et ferskt (1995) standardverk som oppsummerer libertarianernes argumentasjon:

> «There are, however, different arguments in support of the libertarian political/legal system. Some libertarians embrace a utilitarian moral foundation in their defence of the free society, holding that the free society, especially the free market, will best promote the greatest happiness of the greatest number. Yet others eschew all references to ethics or morality and hold that libertarianism most faithfully reflects the natural, evolutionary development of human social life. There are also those who defend libertarianism because of its supposed concordance with a religious idea of human existence. Some libertarians rely on a thoroughgoing moral skepticism ... claiming that since nothing about right and wrong is knowable, no one could ever justify exercising any inherent authority over another» (s. 4).

Dette sitatet etterlater ingen tvil om at det er et viktig poeng innen libertarianismen at det er mange ulike veier til friheten.

For enkelte kan dette – at man baserer sitt politiske syn på ikke-aggresjons-prinsippet – virke som et greit standpunkt. Men – og dette er et svært viktig punkt – *man kan ikke ha et politisk syn uten at dette er forankret i mer grunnleggende filosofiske standpunkter*. Uten et slikt filosofisk grunnsyn kan man hverken argumentere for sitt politiske syn, eller ta standpunkt til en rekke viktige politiske spørsmål. Og det er dette som er et av de viktigste poengene i denne artikkelen: det finnes en lang rekke viktige politiske spørsmål som ikke-aggresjons-prinsippet ikke avklarer. Dette betyr at to libertarianere kan ha stikk motsatt syn på viktige politiske spørsmål, og årsaken til at de har ulike synspunkter er at de har ulike filosofiske grunnsyn – selv om begge altså slutter opp om ikke-aggresjons-prinsippet! Og dette betyr intet annet enn at libertarianismen som politisk ideologi nærmest er fullstendig

337

innholdsløs. (F.eks. finnes det i Norge både anarko-kapitalister og Høyre-medlemmer som omtaler seg selv som libertarianere.)

Nedenfor vil jeg omtale mer enn et dusin eksempler på viktige politiske spørsmål hvor ikke-aggresjons-prinsippet ikke gir noe svar. Jeg vil også antyde de løsninger som Objektivismen gir på de problemstillingene jeg omtaler. Men jeg vil også presisere at denne artikkelen ikke er ment som en fullstendig fremstilling av de Objektivistiske standpunktene; for dette henvises til den Objektivistiske litteraturen.

Retten til selvbestemt abort

Endel libertarianere er tilhengere av at en gravid kvinne selv skal ha rett til å avgjøre om hun skal få utført en abort eller ikke, mens andre libertarianere mener at abort er drap og således er i strid med ikke-aggresjons-prinsippet. Det Objektivistiske synet er at kvinnen selv har rett til å avgjøre om hun skal foreta abort eller ikke.

Å oppdra barn er et kolossalt stort ansvar – det krever en enorm innsats over en periode på mange år. Skal kvinnen ta på seg en slik enorm oppgave, bør hun være forberedt: hun bør selv være overbevist om at hun er voksen nok, at hun har en rimelig sikker økonomi, at hun har stabile forhold omkring seg, osv. (Selvsagt har også faren et tilsvarende ansvar.) Dersom en kvinne er blitt gravid og de betingelsene som er nevnt foran ikke er oppfylt, er det intet annet enn grusomt å tvinge henne til å sette barnet til verden – det vil sannsynligvis føre til ulykke både for barnet og for moren. Kun en altruist – en som hevder at mennesker har en moralsk plikt til å ofre seg for andre og som derved ikke legger noen vekt på menneskers lykke – kan ønske å tvinge en kvinne til å føde et uønsket barn. Enkelte sier også at dersom en kvinne ikke ønsker å bli gravid, bør hun la være å ha sex, men kun en som er tilhenger av selvoppofrelse kan ha dette standpunktet. De libertarianere som er motstandere av at kvinnen selv skal kunne avgjøre om hun skal ha lov til å ta abort eller ikke, bygger antagelig på en misforståelse av prinsippet om at mennesker har rett til liv.

Den virkelige betydningen av dette prinsippet – at mennesker har rett til liv – er at hvert menneske har rett til å foreta de handlinger som det selv vurderer som nødvendige for å opprettholde og leve et lykkelig liv; dog slik at andres rettigheter ikke krenkes. Prinsippet om

338

rett til liv innebærer altså ikke at man har rett til å bli forsørget av andre. Dog, barn har rett til å bli forsørget av sine foreldre. Men det er *mennesker* som har rett til liv; og et embryo er ikke et menneske. Det er derfor meningsløst å hevde, som abortmotstanderne gjør, at å utføre en abort er det samme som å begå drap. Ayn Rand har behandlet dette spørsmålet i flere artikler, blant annet i «Of Living Death», som er å finne i hennes bok *The Voice of Reason*.

Barns stilling

Også i spørsmål om barns stilling har endel libertarianere absurde standpunkter. Enkelte mener at barn har samme rettigheter som voksne til ikke bare å inngå kontrakter, men også samme rett som voksne til å bruke rusgifter som alkohol og narkotika. Enkelte libertarianere mener endog at voksne har rett til å ha sex med barn såfremt barnet «samtykker». Sannheten er at barn er umodne individer, og derfor ikke er i stand til å foreta alle typer valg for seg selv. Voksne mennesker har full rett til å styre sine liv, mens barn må styres av foreldre/verge inntil de er voksne.

Et menneske gjennomgår en gradvis utvikling fra barn til voksen. Det finnes ingen eksakt, naturgitt grense for når denne overgangen fra barn til voksen skjer. Dette betyr at man i endel sammenhenger må sette en juridisk grense som avgjør om en person skal betraktes som barn eller voksen. Denne grensen er opsjonal innenfor et intervall: det er vanlig å sette myndighetsalderen på omkring 18–20 år (i andre sammenhenger finnes andre grenser: f.eks. kan den kriminelle lavalder være 14 år). At en grense kan være opsjonal innenfor et intervall er i full overensstemmelse med rasjonelle prinsipper. Libertarianere sier at siden det ikke finnes noe naturgitt skille mellom barn og voksen, må barn ha akkurat de samme rettigheter som voksne. Den som har dette standpunktet ignorerer en mengde fakta som viser at barn er forskjellige fra voksne. Endel libertarianere hevder at siden ingen mennesker har rett til å bli forsørget av andre, har barn heller ingen rett til å bli forsørget av sine foreldre.

Rothbard mener f.eks. at det er en krenkelse av ikke-aggresjons-prinsippet å pålegge foreldre å fø sine barn. Rothbard skriver:

«..the parent should not have a legal obligation to feed, clothe or educate his children...» (EOL, s. 100).

Altså: endel libertarianere mener at foreldre bør ha lov til å la sine barn sulte i hjel. Det Objektivistiske synet er at siden barn er resultatet av foreldrenes frivillige handlinger, og siden barn ikke kan fø seg selv før etter mange år, så har foreldrene ved å sette barn til verden påtatt seg en helt frivillig forpliktelse til å «feed, clothe and educate» sine barn. Er man ikke villig til å påta seg denne forpliktelsen, bør man la være å sette barn til verden. Prinsippet om at man ikke har rett til å bli forsørget av andre gjelder selvsagt kun voksne mennesker. (Jeg vil minne om at jeg siterer den fremste libertarianske teoretikeren, Murray Rothbard, og ikke en tilfeldig, ikke-representativ, perifér skribent. Dokumentasjon av Rothbards representativitet og status er gjengitt i artikkelens åpning.)

Injurier og ytringsfrihet
Mange libertarianere hevder at ytringsfrihet innebærer at man har rett til å spre løgner om enkeltpersoner, selv om dette påfører dem økonomisk skade. Rothbard har dette standpunktet:

> «speech attacking someone cannot be an invasion of his property right and therefore should not be subject to restriction or legal penalty. It is, of course, immoral to level false charges against another person, but, once again, the moral and the legal are for the libertarian two very different categories» (FANL, s. 95-96).

Walter Block har samme standpunkt som Rothbard, se *Defending the Undefendable*, s. 59–62.

Selvsagt er det som er umoralsk ikke sammenfallende med det som er rettighetskrenkende, men å spre usanne påstander kan være rettighetskrenkende. Jeg vil hevde at dersom f.eks. en person A har en avtale med en arbeidsgiver om en ansettelse, og så denne ansettelsen blir forpurret ved at det blir fremsatt usanne påstander om A (f.eks. at han har stjålet penger fra sin tidligere arbeidsgiver), så er dette en krenkelse av As rettigheter. Ytringsfrihet innebærer retten til å gi uttrykk for de *meninger* man måtte ønske, og også gi uttrykk for fakta som er upopulær i enkelte kretser. Det er altså meninger og fakta man fritt kan ytre – ytringsfrihet er ikke retten til uten videre å formidle faktaopplysninger som f.eks. forretningshemmeligheter, forsvars-hemmeligheter eller opplysninger om bestemte personers privatliv.

Mange libertarianere hevder at ytringsfriheten innebærer retten til å viderebringe alle typer opplysninger, og som en opplagt konsekvens av dette hevder de at det ikke er noen reell forskjell på pengeutpressing og vanlig handel: Dersom f.eks. A er i besittelse av opplysninger om Bs privatliv som B ikke ønsker skal bli kjent, kan A presse penger av B, dvs. B betaler A for at A ikke skal røpe disse opplysningene. Dette bør ifølge libertarianerne være helt lovlig. Rothbard: «...blackmail would not be illegal in a free society» (*Man, Economy and State*, s. 443).

Mitt syn er at en legitim handel, en hvor B kjøper en vare av A, forutsetter at B har rett til å disponere pengene han betaler med, og at A har rett til disponere varen han selger. Dersom A derimot er i besittelse av personlige opplysninger om B, opplysninger som B ikke ønsker skal bli allment kjent, har han ingen rett til å disponere over disse opplysningene.

Patenter og copyright

Endel libertarianere er motstandere av patenter og copyright. De hevder at det ikke er en krenkelse av ikke-aggresjons-prinsippet å distribuere andres litterære verker (eller deres filmer eller deres musikk) i strid med opphavsmannen ønsker. Likeledes hevdes det at det ikke er i strid med ikke- aggresjons-prinsippet å produsere en innretning som en annen har oppfunnet uten å innhente tillatelse fra oppfinneren. Noen libertarianere er faktisk tilhengere av copyright og motstandere av patenter! Rothbard:

> «... copyright is a logical attribute of property right on the free market, while patent is a monopoly invasion of that right»
> (*Man, Economy and State*, s. 655).

Begrunnelsen for endel libertarianeres motstand mot patenter er som følger: Under et system med patenter er det slik at dersom A finner opp en innretning og så tar patent, har han enerett på å tjene penger på denne innretningen. B, som uavhengig av A har oppfunnet samme innretning, men ikke fikk registrert sitt patent før A hadde registrert sitt patent, har investert tilsvarende arbeid som A, men har ingen mulighet til å tjene penger på sitt arbeid. Libertarianere er motstandere av patenter fordi de mener at også B bør kunne tjene penger på sin oppfinnelse.

Konsekvensen av libertarianernes syn blir at hverken A eller B vil kunne tjene penger på oppfinnelsen: uten patentlovgivning vil hvemsomhelst kunne kopiere innretningen uten å måtte betale noe som helst hverken til A eller B. Libertarianere hevder at de er motstandere av patentlovgivning for at også B skal kunne tjene på sitt arbeid; men dersom det libertarianske standpunktet blir gjennomført vil resultatet bli at hverken A eller B vil tjene noe – og siden ingen oppfinnere vil tjene penger på sine oppfinnelser, vil dette kunne føre til at antall nye oppfinnelser blir sterkt redusert.

Enkelte hevder også at dersom de kjøper en CD eller en DVD, så er den deres eiendom, og de kan gjøre med den hva de måtte ønske. Skulle de f.eks. ønske å kopiere dens innhold, så har de all rett til dette, påstår de. Dette standpunktet bygger på en sammenblanding av to ulike ting. Ethvert produsert objekt er resultat av en idé, og når man kjøper produktet kjøper man retten til å benytte objektet, man kjøper ikke samtidig uten videre retten til å kopiere og distribuere ideen som ligger bak produktet. Kjøper man f.eks. et kjøleskap, kjøper man retten til å benytte det til å kjøle sine matvarer, man kjøper ikke retten til å kopiere ideen som ligger i konstruksjonen av kjøleskapet. Kjøper man en DVD, så kjøper man retten til å se filmen på de betingelser selgeren/ produsenten har satt; man kjøper ikke retten til å kopiere filmen over på andre medier og så fritt distribuere den.

John Lockes rettighetsteori omhandler eiendomsrett til land-områder: man etablerer eiendomsrett ved å blande sitt arbeid med et område ingen eier fra før. Men man kan i samsvar med dette prinsippet også etablere eiendomsrett til «ting» som ikke er fysiske objekter, dvs. til ting som ikke er direkte observerbare, f.eks. bestemte radio-frekvenser. En radiostasjon som begynner å sende sine programmer på en bestemt frekvens i et område, etablerer derved eiendomsrett til denne frekvensen i dette området. Eiendomsretten til denne frekvensen gjelder selvsagt også der hvor radiosignalet passerer over andre personers landeiendommer. Selv om radiosignalet passerer NNs eiendom, kan

342

altså radiostasjonen eie radiosignaler med denne frekvensen som passerer over NNs landeiendom. Dette viser at det finnes eiendomsrett som ikke er geografisk bestemt. Tilsvarende gjelder for eiendomsrett til åndsverk. Opphavsmannen har eiendomsrett til åndsverket, selv om det er lagret i et medium (CD, DVD) som befinner seg på NNs eiendom. De som hevder at dersom NN kjøper en DVD, så innbærer handelen at NN derved får rett til å kopiere innholdet på DVDen hvis han tar den med seg til sin eiendom. Disse mener at man kun kan etablere eiendomsrett til fysiske objekter (inkludert landområder), de innser ikke at man også kan etablere eiendomsrett til abstrakte ideer (åndsverk, dataprogrammer) som ikke lar seg avgrense geografisk.

Ayn Rand ville ha beskrevet de som tenker slik som at de har en «perceptual level mentality», dvs. de kan kun forholde seg til det som er observerbart, perseptuelt, de klarer ikke å forholde seg rasjonelt til abstrakte ideer. De kan forholde seg til grenser for eiendomsrett som er streker eller linjer på bakken eller på et kart, men de klarer ikke å forholde seg til grenser for eiendomsrett som er konseptuelle, dvs. ikke-observerbare.

Det Objektivistiske synet er at patenter og copyright er legitime ordninger som er til for å sikre at opphavsmannen har retten til å bestemme over bruken av sitt arbeid, og dette inkluderer retten til å få inntekter av sitt arbeid: det er den som skaper et verk som har rett til å høste fruktene av det. Den som har skapt oppfinnelsen er den som avsluttet arbeidet først, dvs. den som først har fått registrert sitt patent. Tilsvarende gjelder for den som skaper et åndsverk (musikk, film, etc.). Åndsverket er et resultat av opphavsmannens arbeidsinnsats, og det er han som derfor har all rett til å sette betingelser for bruken og distribusjonen av verket.

Mer om dette kan man finne i Ayn Rands artikkel «Patents and Copyrights» i *Capitalism: The Unknown Ideal.*

Statens eksistens

Endel libertarianere, blant dem Rothbard og D. Friedman, er tilhengere av anarkisme (eller anarko-kapitalisme), dvs. det er motstandere av at staten skal eksistere. Staten er som kjent et organ som på et avgrenset geografisk område har rett til å gjennomføre – om nødvendig med vold – visse regler for hvordan folk skal forholde seg til hverandre: Staten skal opprettholde et lovverk ved å arrestere, etterforske og dømme lovbrytere. Staten er altså en organisasjon som har monopol på lovlig bruk av vold innenfor et avgrenset område. Anarkister hevder at staten ikke bør eksistere, de mener at staten ikke bør ha monopol på (det de påstår er) å «selge beskyttelsestjenester». Anarkister hevder at et fritt samfunn bør kunne ha «competing governments», dvs. flere ulike rettssystemer som konkurrerer med hverandre.

Men det system som anarkistene foreslår vil nødvendigvis føre til at man i et og samme område vil ha flere ulike sett med lover: noe som er lovlig ett sted kan være ulovlig et annet sted, og noe som er tillatt under ett beskyttelsesfirma kan være forbudt under et annet. Hva som er lovlig vil da ene og alene kunne være basert på hva som er folks rettsoppfatning – for det er jo dette de private beskyttelsesfirmaene må tilfredsstille for å drive lønnsomt. Dersom befolkningen i et område ønsker f.eks. forbud mot narkotika, vil det under anarkismen bli forbud mot narkotika! Dette høres helt utrolig ut, men anarkisten David Friedman bekrefter dette:

> «...if anarcho-capitalist institutions appeared in this country tomorrow, heroin would be legal in New York and illegal in most other places. Marijuana would be legal over most of the country» (*The Machinery of Freedom*, 2nd.ed., s. 128).

Altså, anarkisme er forenlig med at salg/bruk av narkotika er forbudt, selv om salg/bruk av narkotika helt klart ikke er rettighetskrenkende handlinger. Til tross for Friedmans absurde standpunkt er boken hvor dette fremsettes allikevel anerkjent som en klassiker blant anarkistlibertarianere.

Enkelte andre anarkister hevder at alle rettssystemene må akseptere ikke-aggresjons-prinsippet, og disse er i så fall ikke enige i David Friedmans syn. Men da melder følgende spørsmål seg: hvem (dvs. hvilket organ/organisasjon) skal i så fall sikre at alle beskyttelsesfirmaene har lovregler som aksepterer ikke-aggresjons-prinsippet? Anarkister kan ikke ha noe svar på dette spørsmålet, fordi det eneste svar er at en overordnet beskyttelsesorganisasjon må ha denne retten – og en slik overordnet beskyttelsesorganisasjon er en stat, noe anarkistene mener ikke skal finnes.

Men selv om alle beskyttelsesorganisasjonene aksepterer ikke-aggresjons-prinsippet, er ikke problemene løst. Det anarkistiske synet betyr at man allikevel nødvendigvis vil få ulike rettssystemer med ulike sett av lover: f.eks. kan ett rettssystem (støttet av noen få fanatiske kristne) anse abort som drap, derfor dømme leger som utfører abort til døden, og så «henrette» dem. Abortlegene vil antagelig støtte et annet rettsapparat som vil beskytte dem, og resultatet er det som i dagligtale med rette betegnes som anarki: krig mellom ulike grupper. Det Objektivistiske synet er at staten er et nødvendig gode, såfremt den kun beskjeftiger seg med det som er dens legitime oppgaver: beskyttelse av individers rettigheter via institusjoner som politi, domstoler og militærvesen. Et viktig punkt ved at man har en stat er at man da har et lovverk med kjente regler for hva som er forbrytelser, hva som er betingelsene for arrestasjon, varetekt, rettsforhandlinger, metoder for bevisførsel, prosedyrer for rettssaker, krav til bevis, strafferammer etc. – med andre ord en rettsstat. I et anarki har man intet av dette.

Anarkister påstår at staten må initiere tvang for å opprettholde sitt monopol på lovlig bruk av tvang. Siden de er motstandere av initiering av tvang, er de da også motstandere av at det skal finnes en stat. Deres resonnement her er feil, siden staten kun griper inn først *etter* at noen har initiert tvang. Dersom private beskyttelsesfirmaer utfører noen av de samme oppgaver som staten, og alt den gjør omfatter frivillige transaksjoner, har staten ingen grunn til å gripe inn. Hvis det er en tvist mellom A og B, og det private beskyttelsesfirmaet pålegger B å betale en viss erstatning til A, og B frivillig betaler dette til A (eller lar seg straffe), så har staten ingen grunn til å gripe inn. Derimot, hvis dette firmaet initierer tvang, f.eks. ved å tvinge B til å betale til A eller ved å straffe B, da kan det se ut som om firmaet initierer tvang, og staten må da gripe inn. Hvorvidt en handling virkelig er initiering av tvang eller ikke, må, hvis det er tvil om dette, avgjøres i statens domstoler.

Varetektsfengsling

Enkelte libertarianere hevder at man ikke kan arrestere en person før han er dømt for en forbrytelse, han skal jo betraktes som uskyldig inntil dommen foreligger. Rothbard:

«Compulsion could only be used against the defendant after his final conviction» (EOL, s. 83).

I dag finnes en ordning med varetektsfengsling, hvor personer på mistanke kan settes i fengsel for en kort, begrenset periode mens etterforskning og rettsforhandlinger pågår. Dette er som det bør være, fordi en mistenkt som er skyldig kan rømme eller ødelegge bevis.

Dersom det finnes skjellig grunn til mistanke, bør en person kunne holdes i forvaring mens politiet arbeider med å fremskaffe bevismateriale. Hvis bevismaterialet viser seg å være sterkt nok, blir vedkommende tiltalt. Aktor og forsvarer må så sette seg inn i det relevante bevismateriale, og hvis bevismaterialet som blir fremlagt under rettssaken viser skyld hinsides rimelig tvil, blir vedkommende dømt. En slik prosess må nødvendigvis ta tid, og hvis den mistenkte ikke skal kunne holdes i forvaring mens etterforskningen pågår, vil ingen skyldige noen gang kunne bli dømt – fordi de er forsvunnet når dommen foreligger og de skal settes i fengsel.

Pålegg om å gi vitneforklaring

Å pålegge personer som besitter viktig informasjon å vitne i en rettssak er ifølge endel libertarianere i strid med ikke-aggresjons-prinsippet: vitner kan bli *tvunget* til å møte frem i en rettssal selv om de ikke ønsker det, og dette er initiering av tvang, noe som ikke-aggresjons-prinsippet forbyr. Rothbard:

> «... a libertarian legal order will have to eliminate the entire concept of the subpoena power» (EOL, s. 82).

Mitt syn er at å la være å gi opplysninger slik at skyldige går fri (evt. slik at uskyldige blir straffet) er å hjelpe kriminelle. Dette er i seg selv en kriminell handling, og slike handlinger har man ingen rett til å begå. Det er altså helt legitimt å pålegge personer som besitter viktig informasjon å vitne i rettssaker. Man kan også si at den som virkelig initierer tvangen mot vitnet her er forbryteren, ikke politiet som bringer vitnet til rettssalen: forbryteren setter i gang en prosess av rettighets-krenkelser, disse omfatter ikke bare det umilddelbare offeret, men også de som er involvert f.eks. som vitner. Denne prosessen tar slutt når den skyldige etter en endelig dom blir satt i fengsel for å sone sin straff.

Straff

Endel libertarianere hevder at kriminelle ikke nødvendigvis skal straffes: de hevder at dersom A krenker Bs rettigheter, så skal det ikke finnes noen offentlig anklager som fremmer en tiltale mot A – hvorvidt det skal taes ut tiltale skal avgjøres av offeret. Disse libertarianere hevder også at saken skal ansees opp- og avgjort dersom A betaler erstatning til B (evt. til Bs etterlatte, hvis A har drept B). Rothbard har dette synet, se FANL, s. 45-46.

Dette synet er en følge av den oppfatning at andres eiendom er noe man fritt kan forsyne seg av, såfremt man betaler. Libertarianere ser ikke forskjell på et tyveri og en handel: en handel er en frivillig transaksjon; mens libertarianere setter nøyaktig samme rammer for en ufrivillig transaksjon; den får ingen andre konsekvenser enn at forbryteren må betale offeret for skaden. Dessuten, libertarianerne ser på en rettighetskrenkende handling som noe som kun angår forbryter og offer. Men dette er feil: dersom A bryter seg inn hos B, blir C, D og E utrygge. Og hvis B velger ikke å reise tiltale mot A slik at A går fri, så er dette klart noe som øker utryggheten for C, D, og E. En forbrytelse øker således usikkerheten blant individene i et samfunn, og samfunnet (et begrep det er legitimt å bruke i denne sammenhengen) bør derfor sende et signal til forbryteren (og potensielle forbrytere) om at slike handlinger er uakseptable. Det er ikke nok med erstatning til offeret, forbrytere skal straffes, og de skal straffes hardt: rettighetskrenkende handlinger er uakseptable.

Mer om anarkisme

Som nevnt finnes det endel libertarianere (Rothbard, D. Friedman) som er anarkister: disse er motstandere av at det skal finnes en frivillig finansiert statsmakt hvis eneste oppgave det er å beskytte individers rettigheter, og hevder at denne oppgaven isteden skal overlates til (flere forskjellige) private beskyttelsesfirmaer; disse kan da konkurrere seg imellom om å gi best service til sine kunder. De hevder at dersom staten har monopol på å beskytte rettigheter er dette en krenkelse av friheten til de som ønsker at andre skal kunne tilby samme tjeneste. De hevder at konkurranse virker så bra på alle andre områder – hvorfor skal man ikke kunne ha konkurranse også på dette området?

Et samfunn er fritt når individers rettigheter respekteres. Rettighetene må gjelde både de facto og de jure. For at rettigheter skal kunne respekteres må det altså finnes et lovverk som definerer og presiserer rettighetene, og det må finnes et maktapparat (politi, domsstoler) som håndhever lovverket. Med andre ord: man har ikke frihet i et samfunn før dette apparatet er på plass! Frihet er retten til å disponere sitt liv og sin eiendom slik man selv ønsker, dog slik at man ikke krenker andres rettigheter. Men for at dette skal være mulig, må det være et apparat som beskytter rettighetene, og som eventuelle tvister kan bringes inn for. Først etter at dette apparatet er etablert kan man således ha (økonomisk) konkurranse, og det kan derfor ikke være konkurranse i å etablere slike apparater. Det kan altså ikke være noe marked for markedet, dvs. det kan ikke være noe marked for frihet – med andre ord: tittelen på M. og L. Tannehills anarkistklassiker *The Market for Liberty* er altså helt forfeilet. Å benytte begrepet «konkurranse» om å tilby ulike beskyttelsesorganisasjoner er å benytte det som et «stjålent begrep»: et begrep som er definert i en bestemt sammenheng benyttes i en helt annen sammenheng hvor det ikke gjelder. Mer om denne logiske feilen kan man finne i *The Ayn Rand Lexicon*.

Denne logiske feilen fører da også anarkistene inn i en rekke opplagte selvmotsigelser. I et tidligere gjengitt sitat sier Rothbard at man ikke kan sette mistenkte forbrytere i varetekt, man kan kun benytte tvang overfor dem etter at tiltalte har fått sin endelig dom. Men hva er en endelig dom i et system med «competing governments»? Dersom man ikke er fornøyd med den dommen man får, kan man kun skifte beskyttelsessystem og så fortsette å skifte inntil man er fornøyd. Dette betyr at man aldri vil kunne oppnå en endelig dom. Ved normalt salg av alle andre typer varer/tjenester kan man skifte leverandør inntil man er fornøyd, men retten til å skifte rettsapparater inntil man er fornøyd vil føre til at ingen forbrytere noen gang vil bli dømt.

Rothbard har også andre standpunkter som er merkverdige for en frihetstilhenger, og som blir direkte selvmotsigende for en anarkist: Han er faktisk motstander av «free banking»: «fractional reserve banking»* bør være forbudt selv om alle involverte kjenner til dette og godkjenner dette (se *What Has the Government Done to Our Money*, s. 50-51). Siden man i et anarki selv kan velge rettsapparat, kan man spørre seg hvilket rettsapparat som skal hindre en bank i å bedrive «fractional reserve banking»? Det er vel lite trolig at de som ønsker «free banking» vil benytte et rettsapparat som forbyr dette. Rothbard har også beskrevet Hayeks plan om private penger som

> «a bizarre scheme for individuals and banks to issue their own newly named currency» (*Making Economic Sense*, s. 379).

Anarkisten Rothbard kaller altså ideen om private penger for bisarr! Videre har Rothbard et originalt syn på Sovjet-Unionen under Stalin:

> «...so devoted was Stalin to peace that he failed to make adequate provision against the Nazi attack.....[after 1945] the Soviet Union time and again leaned over backwards in order to avoid any cold or hot war with the West» (FANL, s. 294).

Og jeg vil heller ikke unnlate å nevne at på 90-tallet støttet Rothbard erkenasjonalistiske og kristenkonservative politikere som Patrick Buchanan og Oliver North (Liberty, March 1995, s. 26).

D. Friedman er mer eksplisitt enn Rothbard på et viktig punkt: Friedman innrømmer helt åpent at under anarkismen vil lovverket i et område bli et resultat av de holdninger som tilfeldigvis dominerer i området. Han sier i et sitat gjengitt ovenfor at under anarkismen vil det kunne være slik at fredelige, ikke-rettighetskrenkende handlinger vil bli forbudt!

Det er på dette grunnlag ikke vanskelig å se at begrepet anarkisme er fylt av så mange selvmotsigende ideer at det er vanskelig å ta alvorlig.

Libertarianeren Roy Childs, som opprinnelig var anarkist, innrømmer dette:

---

* «Fractional reserve banking» innebærer at en bank kan utstede mere penger i sedler enn den har dekning for i gull. Begrunnelsen for at dette er legitimt har jeg behandlet utførlig i min bok *Saysiansk økonomi* (2017).

«I now regard anarchism as incoherent and even dangerous to the libertarian movement ... anarchism is a fantasy masquerading as an ideology» (*Liberty Against Power*, s. 181-182).

(I tillegg til at endel libertarianere kaller seg anarkister er det endel venstreorienterte som også klassifiserer seg under samme merkelapp: de hevder at frihet innebærer at det ikke skal eksistere maktforhold mellom mennesker. Disse anarkistene skiller selvsagt ikke mellom frivillige og ufrivillige maktforhold, og hevder således at maktforholdet mellom en arbeidsgiver og en ansatt er uforenlig med frihet.)

Den vesentligste innvendingen mot anarkismen er at dens tilhengere ikke sier at all omgang mellom mennesker må baseres på ikke-initiering av tvang, dvs. på ikke-krenkelse av rettigheter, og at dette er det eneste legitime politiske prinsipp. I og med at de ikke aksepterer dette, godtar de forbrytelser, dvs. de gir moralsk aksept til forbrytelser. Rothbard gir moralsk aksept til forbrytelser blant annet ved å gå inn for en ordning hvor en forbryter kan gå fri hvis offeret ikke ønsker å reise tiltale, hvis vitner til en forbrytelse ikke ønsker å vitne, og hvis mistenkte forbrytere aldri kan varetektsfengsles. D. Friedman er like ille: han gir moralsk aksept til forbrytelser ved å si at anarkismen er forenlig med rettighetskrenkende handlinger (hans eget eksempel er forbudet mot narkotika).

Motstand mot dødsstraff
Enkelte libertarianere er motstandere av dødsstraff på moralsk grunnlag, dvs. de mener at det er umoralsk å henrette dømte mordere. De mener altså at det er umoralsk å henrette folk som Hitler, Stalin, Rinnan, Eichmann, o.l. Også dette standpunktet bygger sannsynligvis på en misforståelse av prinsippet om retten til liv: de hevder at siden mennesket har rett til liv, er det galt av staten å ta dette livet. Det Objektivistiske synet er at en morder har, ved å drepe et annet menneske (vi ser her bort fra tilfeller av legitimt selvforsvar), stilt seg utenfor den sammenhengen hvor rettigheter gjelder. Den som har begått et mord har tatt livet fra et annet menneske, og dette er en forferdelig forbrytelse. Den som gjør dette fortjener ikke å beholde sitt eget liv.

Motstandere av dødsstraff bruker iblant et annet (epistemologisk) argument: de hevder at personer som er blitt uskyldig dømt for mord ville ha blitt henrettet dersom lovverket hadde inneholdt muligheter for å dømme mordere til døden. Dette er ikke nødvendigvis korrekt: en tiltalt bør kun kunne bli dømt til døden dersom bevismaterialet viser skyld hinsides enhver tvil.

Altså: vanligvis blir man dømt dersom bevismaterialet viser skyld hinsides *rimelig* tvil, men man kan godt ha en ordning som krever skyld hinsides *enhver* tvil for å ilegge dødsdom. Og i mange tilfeller er det ingen tvil om skyld, f.eks. i de eksempler som ble nevnt i dette avsnittets åpning. La meg nevne et annet moment her: det argumentet libertarianere bruker her er som følger: siden man noen ganger er i tvil, kan man aldri være sikker. Dette argumentet er et uttrykk for skeptisisme, og skeptisisme er en uholdbar holdning. Å slutte fra at man noen ganger er i tvil, som er korrekt, til at man aldri kan være sikker, er en feilslutning. Det Objektivistiske synet på dødsstraff er behandlet i The Objectivist Newsletter, januar 1963.

Intervensjon
Enkelte libertarianere er motstandere av intervensjon: Dersom et diktatur A undertrykker sine innbyggere, og f.eks. regjeringen i et fritt land B samler inn penger og verver soldater for å invadere A, avsette diktatoren og innsette en ny regjering som vil gjøre A til et fritt land, så er endel libertarianere utrolig nok motstandere av dette. Deres begrunnelse er at en slik handling vil være i strid med ikke-aggresjonsprinsippet. Rothbard har dette synet:

> «In foreign affairs, the [libertarian] goal is ... to keep
> government from interfering in the affairs of other governments
> or other countries» (FANL, s. 265).

Grunnen til at endel libertarianere er imot intervensjon er vanskelig å forstå; antagelig er den fundamentale grunnen at de mener at land har rettigheter. (Dette er den mest utbredte oppfatningen i tradisjonelle miljøer i dag.) Enkelte libertarianere hevder også at dersom B intervenerer i A, så kan enkelte uskyldige innbyggere i A (for eksempel personer som er motstandere av diktaturet) bli skadet/drept, og disse

351

libertarianerne legger skylden for dette på regjeringen i B. Men dette må være feil, den som i så fall har ansvaret for dette er As diktator, ikke regjeringen i B. En diktatorisk regjering er ødeleggende for alle og rammer alle innbyggere i et land, også de som er motstandere av diktaturet. Disse libertarianere vil hevde at det er umoralsk hvis f.eks. USA med en (på alle vis frivillig) hær går inn i et diktatur og innfører et langt mer fritt styre.

Dette synet er absurd. La oss se på et annet aspekt ved denne problemstillingen. Dersom innbyggere fra land A besitter eiendom i land B, og regjeringen i B eksproprierer disse eiendommene, da begår regjeringen i B en forbrytersk handling, en handling som krenker rettighetene til innbyggerne i A. Regjeringen i A, hvis oppgave er å beskytte sine innbyggere, har da rett til å forsvare disse mot regjeringen i B. Mao. regjeringen i A har rett til å intervenere i land B for å beskytte sine innbyggeres rettigheter.

Så vil noen hevde at ikke-intervensjon bør være et allment prinsipp mellom alle land, fordi dette vil føre til færre kriger mellom land og at de siviliserte land vil tjene på dette. Disse vil hevde at dersom de noenlunde frie land ikke griper inn og forsøker å stanse den undertrykkelsen som skjer i diktaturer, så vil diktaturer heller ikke (eller i mindre grad) blande seg inn i andre land. En forutsetning for dette argumentet er en forestilling om at diktaturer vil la være å invadere (eller kuppe regjeringer i) andre land dersom de vestlige land ikke avsetter diktatorer. Dette standpunktet er helt meningsløst. Historien viser tydelig, og gang på gang, at diktaturer invaderer sine nabolands områder når de tror at de kan tjene på det. Å tro at slike invasjoner vil bli færre hvis vestlige land ikke avsetter diktatorer, er svært naivt.

Privat eie av krigsvåpen
Ikke-aggresjons-prinsippet innebærer at ingen kan hindres i å utføre handlinger som ennå ikke er en aggresjon mot andre mennesker. Mange libertarianere hevder derfor at hvemsomhelst skal kunne eie alle typer våpen: maskingeværer, flammekastere, stridsvogner, endog interkontinentale raketter og atombomber. I et libertariansk samfunn kan derfor din nabo lage et arsenal av bomber og granater like ved huset ditt. Mitt syn er at private (med rent rulleblad) kan anskaffe og eie våpen til sport, til jakt og til selvforsvar. Krigsvåpen kan i normale

352

samfunn ikke benyttes uten å krenke andres rettigheter, og det er intet annet enn for å beskytte folk flest at det ikke bør være tillatt for hvemsomhelst å eie krigsvåpen. (En privat fabrikk som f.eks. produserer skuddsikkert glass kan selvsagt besitte våpen som er nødvendige for å teste glasset.) Private fører heller ikke krig, og har derfor intet reelt behov for krigsvåpen. Av samme grunn har private ikke rett til å danne en armé.

Øde øy/livbåtsituasjoner

Mange libertarianere hevder at eiendomsretten gjelder under absolutt alle forhold. De påstår derfor at dersom man overlever en skipsforlis og legger på svøm og så kommer frem til en øy hvor eieren av øya har satt opp et skilt med teksten «Adgang forbudt», vil det være en krenkelse av eierens rettigheter å gå i land på øya. Derfor bør man ikke gå i land. (Dette «problemet» finnes i en lang rekke ulike varianter.)

Det Objektivistiske synet er at rettigheter gjelder i alminnelig samkvem mellom mennesker, og at det kan finnes ekstreme, meget sjeldent forekommende nødsituasjoner, hvor de ikke gjelder. I det nevnte eksemplet er det opplagt at den forulykkede bør gå i land på øya, og at dette ikke er en rettighetskrenkende handling. (Libertarianeres insistering på at eiendomsretten gjelder under absolutt alle forhold er selvsagt et eksempel på dogmatisme.)

Formålet med den Objektivistiske etikk er å sette mennesket i stand til å leve et godt liv, og i dette tilfellet vil den forulykkede omkomme dersom han ikke går i land. Derfor er det opplagt at han bør gå i land. Men for en libertarianer (dvs. for de libertarianere som mener at det er umoralsk å gå i land) er det viktigste ikke å leve, men å være (det han oppfatter som) moralsk. Det er altså for disse libertarianere en motsetning mellom moral og liv; det som er moralsk for slike libertarianere er å ofre seg – med andre ord: de er altruister. Det Objektivistiske synet er at vi må være moralske for å leve, det libertarianske synet er at vi lever for å være moralske.

Begrunnelsen for frihet

Endel libertarianere begrunner sin støtte til frihet med prinsippet om selv-eie («self-ownership»): Hvert enkelt menneske eier seg selv, dvs.

sin kropp. Ut ifra dette eier hvert menneske det det produserer, og således har man en begrunnelse for eiendomsretten.

At hvert menneske eier seg selv begrunnes av libertarianere ved å gjendrive følgende alternative synspunkter på hvem som eier en person:

1) én person (eller noen få personer) eier alle andre personer

2) alle personer eier hverandre (dvs. at hvert menneske eier (ca.) en seks-milliard-del av hvert menneske)

Disse to alternativene til selv-eie er opplagt uholdbare. Men det finnes to andre, meget mer plausible alternativer til selv-eie, og disse blir som regel ignorert:

3) vi eies av Gud; han har jo ifølge enkelte skapt oss. (Roy Childs forteller følgende: «Father Sadowsky, a libertarian priest in New York City ... believes that God owns everyone, and if he wants to take that approach, that's fine», *Liberty Against Power*, s. 234-235)

4) vi eies av våre foreldre, de har jo virkelig skapt oss.

Libertarianismen, som ikke har noen eksplisitt epistemologi, kan ikke gjendrive argument 3), og argument 4) viser at selv-eieprinsippet ikke kan begrunne frihet: Siden man ifølge libertarianismen har rett til å eie det man har produsert, har foreldre rett til å eie sine barn – og dette kan ikke bety annet enn at foreldre har rett til fullt og helt å styre sine barn.

Med andre ord: libertarianernes prinsipp om selv-eie er uholdbart som begrunnelse for frihet.

Et meget kortfattet sammendrag av den Objektivistiske begrunnelsen for frihet er omtrent som følger: For å kunne leve langsiktig må mennesket ha kunnskap om virkeligheten. Slik kunnskap kan oppnåes av hvert enkelt individ ved at det tenker rasjonelt på basis av informasjon mottatt via sansene. Siden tenkning således er en aktivitet kun det enkelte menneske kan foreta, bør det enkelte menneske ha muligheten til å handle på basis av sin egen tenkning. Kun frihet gir mennesket denne muligheten. Derfor er det kun frihet som medfører at individer kan bruke sin bevissthet, sin tenkeevne, til det som er dens oppgave. Å initiere tvang overfor et menneske er intet annet enn å få det til å handle på en måte som er i strid med det det selv mener er riktig, og dette er det samme som å fornekte vedkommendes tenkeevne. Å bruke tvang er altså å fornekte det som er viktigst ved mennesket: dets evne til rasjonell tenkning. Tvang hører derfor ikke hjemme i samkvem mellom siviliserte mennesker.

Oppsummering

Siden libertarianismen ikke har noen egen filosofisk begrunnelse, betyr dette at man i libertarianeres resonnementer finner alle mulige feil som finnes innen tradisjonell filosofi. Jeg har allerede nevnt at man finner skeptisisme og dogmatisme. Videre er libertarianismen et skoleeksempel på den feilaktige tenkemetode som kalles *rasjonalisme*. Rasjonalisme går ut på at man tar et utgangspunkt som virker tilforlatelig, og så deduserer man fra dette utgangspunktet endel konklusjoner, og disse konklusjonene holder man så fast på uansett hvor virkelighetsfjerne og absurde de er. (Å være rasjonalist er altså noe annet enn å være rasjonell.)

Libertarianere begynner med noe de kaller et aksiom: ikke-aggresjons-prinsippet, og så deduseres det friskt i vei uten at det holdes kontakt med virkeligheten. Viktige Objektivistiske prinsipper som at man må ta utgangspunkt i virkeligheten, at man må korrekt definere de begrepene man benytter, og at man i ethvert resonnement kontinuerlig må bevare virkelighetskontakten ved å ta hensyn til kontekst og hierarki, utelates.

Som vi har sett innebærer libertarianismen en lang rekke absurde standpunkter: motstand mot varetektsfengsling av mistenkte forbrytere, motstand mot selvbestemt abort, motstand mot at et fritt land skal kunne foreta en intervensjon og befri innbyggerne i et ufritt land, motstand mot patenter/copyright, motstand mot injurielovgivning, osv. Alle disse standpunktene er resultater av libertarianernes virkelighetsfjerne tenkemetode: rasjonalismen.

Selv om mennesket har rett til å foreta de handlinger som det finner er riktige for å opprettholde livet, så glemmer libertarianere konteksten: det er *voksne* mennesker som har rett til å styre sine liv. Libertarianere hevder således at de samme prinsipper også gjelder barn.

355

Objektivismen sier at samfunn må organiseres slik at rettigheter respekteres; libertarianerne ignorerer konteksten og sier at rettigheter gjelder også i andre sammenhenger, f.eks. i øde-øy-situasjoner. I dette tilfellet ignorerer de også hierarkiet i utledningen av eiendomsretts-prinsippet: retten til eiendom er en implikasjon av den mer fundamentale retten til liv. I enkelte ekstreme nødsituasjoner kan det se ut som om det er en konflikt mellom retten til liv og retten til eiendom, og da gjelder den mer fundamentale retten.

Libertarianere sier de er tilhengere av prinsippet om rett til liv, men de innser ikke hva dette egentlig betyr og blir tilhengere av absurde standpunkter som at man ikke bør henrette mordere og at barn skal ha samme rett til å styre sine egne liv som voksne. De hevder at man ikke har plikter overfor andre, men tolker dette dit hen at man heller ikke må forsørge/oppdra sine egne barn. Enkelte libertarianere hevder endog at dyr har rettigheter! De overser det faktum at mennesker har rettigheter fordi mennesket besitter evnen til fornuftig tenkning og derfor har muligheten til å tenke og å utføre arbeid på lang sikt; dyr har ikke evnen til fornuftig tenkning, de kan derfor hverken respektere rettigheter eller utføre arbeid på lang sikt.

Hvor har libertarianere fått sine politiske oppfatninger fra? De har fått noen av sine ideer (direkte eller indirekte) ved å lese Ayn Rand (undersøkelser viser stadig at Ayn Rand er den forfatter som har influert flest libertarianere), og de forstår kanskje deler av det politiske syn hun har. Men av en eller annen grunn bruker de ikke ressurser til å sette seg inn i Objektivismen som helhet, og de forstår derfor intet av de metafysiske, epistemologiske og etiske begrunnelser for et fritt samfunn. Derfor setter de (det de oppfatter som) frihet inn i en tradisjonell ramme; de bygger (det de oppfatter som) frihet på vanlige filosofiske holdninger som skeptisisme, dogmatisme, rasjonalisme og, selvsagt, altruisme.

Det som ultimativt ligger til grunn for alle libertarianeres standpunkter er den samme grunnholdning som er nærmest enerådende blant alle ikke-Objektivister: subjektivisme. Blant personer som kaller seg libertarianere finner man personer som er for selvbestemt abort (dvs. som mener at det skal være tillatt) og man finner personer som er imot; man finner personer som mener at private skal kunne eie krigsvåpen og man finner personer som er imot; man finner personer som er for statens eksistens og man finner personer som er imot; man finner personer som er for patenter/copyright og man finner personer som er imot; man finner personer som er for at det skal være lovlig å la sine barn sulte i hjel og man finner personer som er imot; man finner personer som mener det bør være lovlig å spre løgner om folk og man finner personer som er imot, man finner personer som mener at pengeutpressing bør være lovlig og man finner personer som er imot, osv. Selv om libertarianere har ulike syn på alle disse punktene, så er de alle likevel villige til å bruke samme betegnelse på seg selv. Intet kan bekrefte en nærmest total subjektivisme mer enn dette. Alle libertarianere er subjektivister.

Riktignok finnes det en del seriøse libertarianere som ikke har de absurde standpunktene som jeg har omtalt i denne artikkelen, og som derfor kanskje vil si at min kritikk er urettferdig fordi jeg skjærer alle over en kam. Men jeg har aldri sett at noen av disse seriøse libertarianere har tatt avstand fra de som innehar de absurde standpunktene. Tvert imot, de samarbeider fullt og helt med de som har absurde standpunkter. Og de ikke bare samarbeider, absolutt alle libertarianere hyller Rothbard, som er talsmann for en lang rekke absurde standpunkter. Og, for å gjenta dette poenget, det visstnok seriøse libertarianske tidsskriftet Ideer om Frihet gir plass for en artikkel som kommer med den vanvittige påstand at Rothbard er en av det 20. århundredes største tenkere! Grunnen til at de seriøse libertarianere ikke tar avstand fra de libertarianere som har absurde standpunkter er selvsagt at også de seriøse er subjektivister; også de seriøse hevder reelt sett at det ikke finnes objektive kriterier for å avgjøre sant og usant, rett og galt.

Det Objektivistiske synet er altså at frihet må defineres, beskrives og forsvares innenfor en fullstendig og eksplisitt filosofisk ramme. Libertarianerne deler ikke dette synet; de hevder at man kan ha politiske standpunkter uten å forankre dette i et filosofisk grunnsyn. Men grunnen til at det finnes så mange ulike standpunkter blant libertarianerne er nettopp at de har ulike filosofiske grunnsyn. Som vi har sett inneholder libertarianismens (implisitte) epistemologi alle mulige tradisjonelle feilholdninger som f.eks. skeptisisme, subjektivisme, dogmatisme, rasjonalisme. Dette epistemologiske kaos ser vi klart i de ulike oppfatningene av ikke-aggresjons-prinsippet: har man ingen begrepsteori, kan man ikke ha noen oppfatning av hvilke handlinger som er uttrykk for aggresjon, og hvilke som ikke er uttrykk for aggresjon. Det epistemologiske kaos manifesterer seg i libertarianeres etiske grunnsyn: også her finnes alle mulige varianter. Og den etiske forvirringen manifesterer seg i en politisk forvirring – og dette har jeg dokumentert i denne artikkelen. I eksemplene ovenfor er det vist at det virkelig er en libertarianers filosofiske grunnsyn som bestemmer hans politiske standpunkter. Sammenhengen mellom politikk og mer grunnleggende etiske og epistemologiske synspunkter er uunngåelig.

Men ingen libertarianerne forstår denne sammenhengen. De hevder at (det de kaller) frihet er i overensstemmelse med ethvert filosofisk grunnsyn. Rothbard:

> «Freedom is necessary to, and integral with, the achievement of any of man's ends» (sitert i Schwartz: *Libertarianism: The Perversion of Liberty*).

En annen libertarianer, Tibor Machan, hevder at

> «political ideas can be supported in isolation from their underpinnings» (sitert i Schwartz).

Harry Browne, som flere ganger har vært presidentkandidat for det libertarianske partiet i USA, sier at folks ønsker om selv å fatte de viktige beslutninger som angår ens liv

> «require no explanation, no philosophical foundation, and no justification. In effect, we want to be free simply because we want to be free» (The Libertarian Communicator, Vol.1, No.1).

Men libertarianerne ville ikke vært libertarianere dersom de ikke var innbyrdes uenige også på dette punktet: Endel libertarianere hevder at libertarianismen er forenlig med alle tankesystemer unntatt ett. Og det ene tankesystemet som er uforenlig med libertarianismen er selvsagt Objektivismen. Peter Breggin:

«[the] books and philosophy of Ayn Rand have set back Libertarianism ...» (sitert i Schwartz).

Bill Birmingham:

«Ayn Rand's legacy have been a tragic one ... a millstone around the neck of Libertarianism» (sitert i Schwartz).

At libertarianere hevder at frihet er forenlig med en rekke helt ulike filosofiske grunnsyn er et resultat av at de er like subjektivistiske som hele den etablerte kulturen. Men det er Breggin og Birmingham som har rett: alternativene er Objektivismen og subjektivisme – og subjektivisme finnes det selvsagt et utall varianter av; én av dem er libertarianismen. Objektivismen er uforenlig med alle former for subjektivisme.

Det Objektivistiske synet er at det alltid er en nær sammenheng mellom enkelte grunnleggende ideer som er akseptert blant folk flest, og den politikken som blir ført. Grunnen til at vi nå har en velferdsstat med et utall lover, høye skatter, og et kolossalt system med overførings-ordninger som tar enorme beløp fra de produktive og gir til alle mulige interessegrupper (og folk flest), er fordi folk flest mener at 1) alle har plikt til å hjelpe de svake, og 2) individer kan ikke tillates å styre seg selv, dvs. være frie, fordi frihet vil føre til kaos, nød og elendighet. Men disse ideene er *filosofiske* ideer: det syn at vi har plikt til å hjelpe de svake kommer fra altruismen; det syn at individer ikke kan styre seg selv kommer fra det syn at fornuften er utilstrekkelig; og det syn at frihet fører til kaos kommer fra et Hobbesiansk menneskesyn. Og det er nettopp disse filosofiske ideene som er årsaken til den politikken som føres i alle vestlige land i dag. Det er som nevnt alltid samsvar mellom den politikken som føres i et land og de grunnideer som dominerer i befolkningen. Og det vil være helt umulig å få gjennomslag for frihet så lenge dagens grunnideer dominerer. Skal vi oppnå et fritt samfunn, må vi forandre disse grunnleggende, filosofiske ideene blant folk flest. Objektivismen setter opp et alternativ til dagens dominerende ideer, og kun Objektivismen gjør dette på en rasjonell og konsistent måte. Libertarianismen ignorerer dette poenget fullstendig, og kan derfor ikke ha noen positiv effekt i kampen for frihet. Har den noen effekt, er denne effekten kun negativ, blant annet fordi den på grunn av sitt feilaktige filosofiske grunnlag gir utrykk for en lang rekke bisarre standpunkter.

Objektivismen hevder at filosofiske ideer bestemmer historiens gang. Skal man prøve å forandre den historiske utvikling fra dagens kollektivisme og sosialisme og over til individualisme og kapitalisme, må man forsøke å få befolkningen til å skifte ut sine filosofiske grunnideer: ufornuft og altruisme må erstattes med fornuft og egoisme. Det er kun på denne måten man kan få oppslutning om frihet. Men libertarianismen benekter sammenhengen mellom politisk utvikling og filosofiske grunnideer – med andre ord: Objektivismen og libertarianismen har motsatte syn på dette punktet. Og dette punktet er følge Objektivismen det viktigste punktet. Den som hevder at libertarianere og Objektivister er allierte og derfor bør samarbeide, avslører at han ikke har en anelse om hva Objektivismen og libertarianismen står for. Objektivismen og libertarianismen er motsatte ytterligheter, og kan kun ødelegge for hverandre.

Enkelte hevder allikevel at siden Objektivismen og libertarianismen har så store likheter i sine politiske implikasjoner, bør det kunne være rom for samarbeid. Men dette er fullstendig å ignorere det poeng som jeg nettopp har omtalt: ideer styrer historien. Libertarianerne sier at de tar ideer på alvor, men når de anser som likeverdige en lang rekke motstridende ideer, betyr dette at de ikke har den fjerneste anelse om hvor viktige ideer er. Og siden Objektivister vet at det er aksepterte grunnideer som styrer historiens utvikling, er det direkte skadelig for frihetens sak å samarbeide med organisasjoner som ikke aksepterer at grunnideer er det viktige – og det er dette den libertarianske bevegelsen gjør når den forfekter alle ikke bare alle mulige, men også direkte selvmotsigende ideer. Forslaget om samarbeid mellom Objektivister og den libertarianske bevegelse er også en grov fornærmelse: dette er helt tilsvarende et forslag til Howard Roark om at han burde samarbeide med de arkitektene som ødela Cortlandt Homes .

(Denne artikkelen er selvsagt ikke ment som noen fullstendig fremstilling av løsningen på de nevnte problemstillingene. Men enhver som er ønsker det, og som har ressurser til det, kan med utgangspunkt i det ovenstående komme frem til de rasjonelle løsningene. En mer fullstendig filosofisk gjendrivelse av libertarianismen kan man finne i Peter Schwartz' essay *Libertarianism: The Perversion of Liberty*.)

Litteratur:

Block, Rockwell (eds): *Man, Economy and Liberty: Essays in Honor of Murray N. Rothbard,* Mises Institute 1988

Block, Walter: *Defending the Undefendable,* Fleet Press 1976

Block, Walter: «Libertarianism vs. Objectivism», Reason Papers Summer 2003

Childs, Roy A.: *Liberty Against Power,* Fox & Wilkes 1994

Friedman, David: *The Machinery of Freedom* 2nd.ed, Open Court 1989

Hoppe, Hans Herman: *A Theory of Socialism and Capitalism,* Kluwer Academic Publishers 1989

Hoppe, Hans Herman: *Democracy: The God that Failed,* Transaction Publishers 2001

Machan, Rasmussen (eds): *Liberty for the 21st Century,* Rowman, Littlefield 1995

Rand, Ayn: *Capitalism: The Unknown Ideal,* NAL 1965

Rand, Ayn: *The Voice of Reason,* NAL 1988

Rand, Ayn: *The Virtue of Selfishness,* NAL 1964

Rand, Ayn: *The Ayn Rand Lexicon,* NAL 1986

Rothbard, Murray: *What has the Government Done to Our Money,* Mises Institute 1990

Rothbard, Murray: *For A New Liberty,* Libertarian Review 1978

Rothbard, Murray: *Man, Economy and State,* Van Nostrand 1962

Rothbard, Murray: *The Ethics of Liberty,* Humanities Press 1982

Rothbard, Murray: *Power and Market,* Sheed, Andrews and McMell 1977

Rothbard, Murray: *Making Economic Sense,* Mises Institute 1995

Schwartz, Peter: *Libertarianism: The Perversion of Liberty,* TIA 1986

Tannehil, L&M: *The Market for Liberty,* Fox & Wilkes 1993

Liberalismens historie i Norge

Foredrag holdt på medlemsmøte i Oslo DLF 24. oktober 2002

Jeg tror det var i 1992 at jeg hørte et intervju med en fremtredende FrPpolitiker på NRK – han ble spurt om det fantes noen historisk forløper i Norge for det som var FrPs ideologi, liberalismen. Og han svarte at, Nei, det fantes ikke noen slik forløper. Hvis han hadde hatt rett ville vel dette foredraget sluttet omtrent her. Men denne politikeren tok feil. Det finnes en god del liberalisme i Norges historie, og jeg skal her gå igjennom den. Jeg vil ta for meg personer, organisasjoner, og også noen av de spørsmålene som har vært viktige sett fra et liberalistisk ståsted.

Men først må to innledende spørsmål avklares: Hva er liberalisme? Hvor begynner man?

Liberalisme er en ideologi som sier at individer bør ha frihet, dvs. de bør ha mulighet til å styre seg selv. Men det er ikke uvanlig å dele denne opp i to grener: økonomisk liberalisme, som sier at et samfunn bør ha stor grad av markedsøkonomi/kapitalisme, og sosial liberalisme – i to ord – som sier at individet innen den sosiale sfære bør ha frihet, dvs. hvert individ bør ha bevegelsesfrihet, ytringsfrihet, trosfrihet, frihet innen kjærlighetslivet, osv.

Den økonomiske liberalismen sto i lang tid langt sterkere enn den sosiale liberalismen, selv om begge er to sider av samme sak. Grunnen til forskjellen var at det faget som studerer produksjon og handel, sosialøkonomi, hinsides enhver tvil har vist at det frie marked er det mest effektive økonomiske system, men mht. sosial liberalisme finnes det ikke noen tilsvarende videnskapelig autoritet. Frihet innen produksjon og handel gir velstand – dette er videnskapelig bevist, både teoretisk og praktisk, men at personlig frihet er en nødvendig forutsetning for lykke, og at styring og tvang gir ulykke, dette er dels ikke ansett som videnskapelig bevist, og dels er dette – personlig lykke for individer – ikke ansett som særlig viktig. Derfor finner vi tidlig tegn på økonomisk liberalisme, og vi finner også at økonomisk liberalisme iblant går sammen med ikke-liberale holdninger innen den sosiale sfære. Det er altså to tråder innen liberalismen, men ekte liberalister er selvsagt både økonomiske og sosiale liberalister.

Det andre innledningsspørsmålet: Hvor begynner man? Kapitalismen (dessverre ikke en ren kapitalisme) avløste i store deler av Vesten på 1600-1700-tallet føydalsystemet med en mer eller mindre eneveldig konge på toppen, og det økonomiske system som fantes i Vesten på 1800-tallet var det nærmeste vi har kommet kapitalismen i Vesten.

Viktige teoretikere var John Locke (*Second Treatise on Government*, 1690), Montesquieu (maktfordelings-prinsippet, fremsatt i *L'esprit des Lois,* 1748), og Adam Smith (*Wealth of Nations*, 1776). *Wealth of Nations* ble forøvrig oversatt til dansk allerede i 1779 (Sørensen 1982). Thomas Jefferson formulerte essensen av liberalismen i USAs uavhengighetserklæring i 1776:

> «Vi anser følgende sannheter for å være selvinnlysende: Alle mennesker er skapt like, de er av sin Skaper utstyrt med visse ukrenkelige rettigheter, blant disse er retten til liv, frihet, og retten til å søke etter lykken. For å sikre disse rettighetene er statsmakten opprettet ...».

Skal man se på liberalismens historie i Norge (som var i union med Danmark frem til 1814) bør man vel begynne med Struensee (1737-1772), som var kong Christian 7.s livlege. Kongen var splitter pine gal, og Struensee klarte å skaffe seg all makt i riket (inkludert makt over dronningen; han var dronningens elsker). Struensee var fanatisk opptatt av de nye frihetsideene, og han satte i gang et stort reformprogram for å gjennomføre dem. Viktigst var at han innførte full ytringsfrihet (i 1770). Men Struensee utfordret sterke krefter, og han ble avsatt ved et kupp i 1772. Han ble henrettet, men mye av det han hadde gjennomført ble stående.

Senere kom det til makten personer som videreførte Struensees ideer. Viktig er landboreformen i Danmark i 1787-78, som opphevet føydalismen og la grunnlaget for et landbruk basert på privat eiendomsrett. Odelsretten ble også opphevet. (Odelsretten sier at en eiendom tilhører slekten, ikke den personen som akkurat nå står som eier. Odelsretten legger da for eksempel begrensninger på eierens rett til å selge eiendommen.) Enkelte hevder at tollforordningen av 1797 var et viktig skritt på veien til frihet, og denne la grunnlag for en øket

364

frihandel, men et av siktemålene med denne loven var å øke statens inntekter, så den var ikke ideell sett fra frihandelstilhengernes side. Den var dog en del av et forsøk på å forenkle de statlige reguleringer av økonomien, den var et viktig skritt mht. å oppheve merkantilismen (= sterke restriksjoner på frihandelen). Dette skjedde altså mindre enn 20 år etter at *Wealth of Nations* ble utgitt på dansk.

Den norske grunnloven av 1814 var sterkt preget av liberalistiske ideer. Ikke bare organiserte den staten etter maktfordelingsprinsippet, den inneholdt også eksplisitte bestemmelser om frihet. Da grunnloven ble vedtatt var den en av de mest progressive og opplyste i verden. Etter gjennombruddet for frihetlige ideer i USAs uavhengighetserklæring i 1776, var Norges grunnlov en av de første grunnlover som la stor vekt på det vi i dag vil kalle individers rettigheter, selv om rettigheter ikke ble eksplisitt nevnt i grunnloven.

Grunnloven inneholdt riktignok en del punkter som var i strid med full individuell frihet: Norge skal være kongedømme, det skal være begrensninger på innvandring (jøder og jesuitter hadde ikke adgang til riket), staten har rett til å pålegge folk verneplikt, staten har rett til å innføre tvungen beskatning, men et stort antall punkter var i fullt samsvar med et politisk system med respekt for individers rettigheter: Grunnloven sier at ingen skal dømmes uten etter lov og dom, at det skal være likhet for loven, at det er forbud mot tortur, at det skal være ytringsfrihet. Grunnloven legger også opp til at adelen skal avskaffes. Grunnloven inneholdt også denne bestemmelsen (paragraf 101): «Nye og bestandige Indskrænkninger i Næringsfriheten bør ikke tilstedes Nogen for Fremtiden». Alle vet at Stortinget dessverre har vedtatt et meget stort antall bestemmelser som er i strid med denne paragrafen. (Jurister har dog klart å finne tolkninger av grunnlovens bestemmelse som innebærer at reguleringer av næringslivet ikke er i strid med denne paragrafen.)

Men grunnloven svekket faktisk også eiendomsretten på et punkt, siden den gjeninnførte odelsretten. Gjeninnføringen var et utslag av «viderekommen bonderomantikk» sier historikeren Øystein Sørensen (Sørensen 1982).

Her var det i betydelig grad en sammenheng mellom økonomisk liberalisme og sosial liberalisme, men i den neste fase i Norges historie var det kun den økonomiske liberalisme det ble lagt vekt på, og dette også i en noe merkelig grad. Vi kommer nå til det som kalles den liberalistiske glanstiden i Norge: 1840-1884. De viktigste personene her var de konservative Anton Martin Schweigaard (1808-1870) og Fredrik Stang (1808-1884).

Schweigaard var Norges første professor i sosialøkonomi, og han var stortingsrepresentant fra 1842 til 1869, mens Stang var statsråd. Sørensen sier at «det var disse to som styrte Norge i den liberalistiske glanstiden» (Sørensen 1982). Disse var tilhengere av elitestyre, og motstandere av demokratisering, men de fremstilles allikevel ofte som liberalister. En historiker sier for eksempel at

> «En slik nærings-lovgivning og tollpolitikk [som Stang og Schweigaard stod for] var helt i samsvar med den økonomiske liberalismen som nettopp var dominerende i Vest-Europa. Føreren for denne retningen i Norge var professor A. M. Schweigaard, den fremste av embedsmennene på Stortinget i en mannsalder» (Bull, s. 194).

Keilhau, en viktig professor i økonomi i mellomkrigstiden, omtalte Schweigaard som «liberalismens bannerfører i norsk politikk» (sitert i Sørensen 1988, s. 50). En annen viktig historiker, Johan Sars, sier at Schweigaard hadde en «kullsviertro på frihetens velgjørende virkninger på næringslivets område» (Sørensen 1988, s. 50), og Carl Lund skriver at Schweigaard var «tilhenger av Manchesterliberalismen, og kan med rette kalles dens store profet i vårt land» (Sørensen 1988, s. 51).

Men la oss se på fakta: hvor liberalistisk var Schweigaard egentlig? Selv hvis vi kun ser på økonomisk liberalisme, viser det seg at Schweigaard ikke fortjener denne merkelappen. Han var professor, og i sine forelesninger tok han eksplisitt avstand fra laissez-faire og ikke-intervensjon. Som politiker var han like ille. Det er riktig at han gikk inn for øket frihet for det norske næringsliv på en rekke områder, men han var for statlig drift, han var for statlig styring, og han var tilhenger av beskyttelsestoll; han ville redusere eller fjerne en del tollsatser, men han var tilhenger av toll når formålet var å beskytte norske næringer. For eksempel var han tilhenger av å innføre toll på bøker for å beskytte norske trykkerier; de måtte vernes mot spekulasjon, dvs. at norske

366

forlag lot sine bøker trykke i billigere trykkerier i utlandet. Han var også tilhenger av at staten skulle gi lån til bedrifter som hadde problemer (for eksempel Modum Blaafarveverk i 1848), han var tilhenger av et forbud (foreslått i 1857) mot brødbaking på søn- og helligdager, og i stortingsdebatten om dette sa han at han ikke forstod de liberalistiske argumentene som ble brukt av de som var motstandere av forbudet.

Han var i 1851 tilhenger av forbudet mot privat postombæring, og uttalte at:

«Ved at lave Brevbefordren overgaa til privat Spekulation vilde man faa en billig Befordring på de mest beferdede Ruter, men en meget dyrere paa de øvrige; naar derimot Postvæsenet var en Statssag, vilde man paa de bedre Ruter erholde et lidet Overskud til Dækkelse af den Underbalance som de slettere Ruter gav» (sitert i Sørensen 1988, s. 29).

Han var i 1869 også imot et forslag om å oppheve forbudet mot kvakksalvervirksomhet; også her med en ren paternalistisk begrunnelse. Han var også tilhenger at av staten skulle føre tilsyn med private damp-skip.

Det var i denne tiden en viss handelsfrihet i byene, men ikke på landet, dvs. utenfor byene.

«Schweigaard motsatte seg praktisk talt alle forsøk på å utvide handelsfriheten på landet, og han motsatte seg samtidig alle forsøk på å bygge ned det juridiske skillet mellom by og land» (Sørensen 1988, s. 76).

Schweigaard sier intet om at den enkelte har rett til å drive handel på landet, han sier tvert imot at «forslaget ville medføre at uønskede handelsmenn og spekulanter kom til å overstrømme landsbygda» (Sørensen 1988, s. 78) – Schweigaard var igjen talsmann ikke for landsbygdbefolkningens interesser, men for deres egentlige interesser – slik han selv definerte dem. Enkelte av hans motstandere i stortingsdebattene brukte eksplisitt liberalistiske argumenter: hvis man ikke ønsket at en handelsmann skulle være et sted, så kunne befolkningen rett og slett la være å handle med ham, da ville han jo forsvinne, men Schweigaard hadde absolutt ingen sans for dette argumentet, han argumenterte eksplisitt imot slike liberalistiske argumenter. Schweigaards syn var at handelen måtte reguleres av de politiske myndigheter til beste for folket selv, og spesielt trengte befolkningen utenfor byene en ekstra beskyttelse, en beskyttelse som bybefolkningen egentlig ikke trengte. Sørensen sier at Schweigaard hadde en «påfallende sterk paternalistisk tone» (Sørensen 1988, s. 84) i sin argumentasjon.

Videre støttet han i 1842 et forslag om å forby brennevins-brenning, noe som var det første Stortinget vedtok å tillate etter 1814, og i 1845 gikk han inn for et forslag om totalforbud mot brennevin. Noen år senere snudde han 180 grader og var nå imot forbud, men tilhenger av en grundig kontroll av og hard beskatning av brennevin: «Som andre Næringer der sætter Menneskenes liv og Sundhet i Fare, maatte Brændevinstilvirkningen underkastes særegne regler» (Sørensen 1988, s.119).

Stortingsrepresentantene Johan Sverdrup og U.A. Motzfeldt argumenterte i debatten om alkoholspørsmål i 1857 med utgangspunkt i individers rettigheter (Sørensen 1988, s. 126), men Schweigaard lot seg ikke overbevise. Men ølet ble unntatt fra restriksjonene, fordi, som han konstaterte, øl er «en meget god Drik».

Schweigaard sier at staten kan gripe inn i alle næringer som setter menneskers liv og sunnhet i fare, og det er staten som skal avgjøre når dette skjer. Men man kan jo si at absolutt alle næringer kan sette menneskers liv og sunnhet i fare – produksjon av mat, byggevirksomhet, transport, trafikk, osv. – og Schweigaard åpner her for statens mulighet til å kontrollere og regulere absolutt all virksomhet.

Jaabæk, som vi kommer tilbake til, så på Schweigaard som «den største og mest ekstreme bevilgeren på Stortinget» (Sørensen 1988, s. 42). Og ofte var folk som Sverdrup sterkere tilhenger av den private eiendomsrett enn Schweigaard, «for Schweigaard var hensynet til samfunnets fellesinteresser overordnet» (Sørensen 1988, s. 31).

Sverdrup argumenterte iblant mot Schweigaard med utgangspunkt i prinsipper som individers rettigheter og næringsfrihet (Sørensen 1988, s. 126), men slikt gjorde aldri noe inntrykk på Schweigaard.

Men Schweigaard var tilhenger av åndsfrihet: han var for å oppheve jødeparagrafen i Grunnloven, og han var for at det ikke skulle være noe krav til religion for folk som ble ansatt i embetsverket. I slike debatter (for eksempel debatten om dissenterloven, oppe i Stortinget i 1845), argumenterte han eksplisitt med utgangspunkt i individers rettigheter. I debatten om odelsretten i 1857 sa han at den private eiendomsrett sto over loven.

Spesielt interessant for noen av oss er at han i sin ungdom skrev et par filosofiske artikler, «Betragtinging over Retsvidenskapens nærværende Tilstand i Tydskland» (1834), og «Om den tyske Filosofi», utgitt på fransk i Frankrike i 1835. Her kritiserte han sterkt den tyske idealistiske filosofiens manglende virkelighetskontakt:

> «Denne evige Reflexion i sig selv, denne Opmerksomhedens
> Henvendelse paa begrepernes Forhold ved Opløsning av deres
> Indklædning, eller Sproget, bliver tom og betydningsløs, naar
> Erkjendelsen ikke befruktes ved en rig og levende Opfattelse af
> det reelle Stof» (sitert i Sørensen 1988, s. 24).

Schweigaards syn er at den tyske filosofi fra Kant til Hegel i sitt vesen er

> «skolastisk, en blot og bar Ordfilosofi. Den gaar ud fra Intet,
> frembringer Intet, den forderver Sproget og Ødelegger
> Tenkningen». ... [Uansett hva de tyske filosofer lover] saa er
> det Altsammen kun tomme Ord og tomme Løfter, tomme paa
> Grund af den Modsigelse, som deres System bærer paa, tomme
> paa Grund af det Intetstigende og Ufrugtbare i deres Resultater,
> tomme paa Grund af Falskheden i deres Methode, hvor
> alt er Tilsnigelse og Scholastik.... [Hegel er en] Yppersteprest
> i Haarkløveri og Trakasseri» (sitert i Sørensen 1988, s. 248).

Sørensen oppsummerer slik: Schweigaard finner den tyske idealisme

> «apriorisk, abstrakt og spekulativ, løsrevet fra virkeligheten ...
> de tyske filosofer deduserer sine systemer fra vilkårlige
> utgangspunkter og tåler ikke at systemene konfronteres med den
> empiriske verden» (Sørensen 1988, s. 248).

Schweigaard selv mente at all kunnskap måtte ta utgangspunkt i virkeligheten, han hadde en grunnleggende empirisk orientering. Men allikevel var han kristen.

Med andre ord: Schweigaard var fullstendig prinsippløs: han var helt ute av stand til å se sammenhenger: noen ganger argumenterte han med utgangspunkt i individers rettigheter, en rekke ganger argumenterte og handlet han imot, han argumenterte med utgangspunkt i frihet, men var tilhenger av styring, han argumenterte for frihandel – og imot. Når Jaabæk fremmet sitt forslag om at man skulle lovfeste en lav rente, da argumenterte Schweigaard mot ham og hevdet at tilbud og etterspørsel måtte bestemme rentenivået. Han var mot spekulativ filosofi, han krevet empirisk grunnlag for alt – men trodde på Gud.

Hva slags politiker var han da? Han var tilhenger av modernisering: Norge skulle ha veier, jernbane, postvesen, telegraf-linjer, skoler og universiteter. Schweigaard hadde ingen mot-forestillinger mot at staten kunne sette i gang disse tingene når private ikke gjorde det. Et eksempel på hans styringsiver er han syn på helhetlig samfunnsplanlegging, beskrevet slik av Sørensen:

«Byer var noe som skulle planlegges, grunnlegges og reguleres, steder der handelen skulle samles» (Sørensen 1988, s. 195).

Han så at frihandel var bra, men mente også at staten «til samfunnets beste» kunne gjøre unntak fra dette prinsippet. Om dette krenket eiendomsretten hadde han få eller ingen innvendinger mot. Det var en del av utviklingen, mente han, at «staten og kommunene tiltok seg stadig større rett overfor privateiendommen», som Sørensen uttrykte det (Sørensen 1988, s. 42).

Mer grunnleggende var hans utviklingsoptimisme. Han ville at levestandarden skulle heves, og han mente at staten måtte styre samfunnet i denne retningen. Dersom det var noe som var ønskelig og nyttig, men som private ikke utførte, da kunne staten gjøre det. Og hans menneskesyn var at individene måtte underordne seg fellesskapet:

«Menneskerne forgaa, Individerne ere ikke evigvarende, kun Kommuniteterne» (Sørensen 1988, s. 30).

I samsvar med dette lar Schweigaard den enkelte underordne seg «det heles Vel». Sørensen beskriver Schweigaards syn slik:

> «den enkelte har plikter mot fellesskapet, den enkeltes lyster og interesser må underordnes fellesskapets interesser, og den enkeltes "egentlige" interesser faller sammen med hele samfunnets interesser. Hele samfunnets interesser er overordnet, og instrumentet for disse fellesinteressene er staten. En naturlig konsekvens av denne orienteringen er et ønske om en sterk stat med et utstrakt virkeområde» (Sørensen 1988, s. 30).

Men er ikke dette bra da? Øket levestandard for alle, utvikling, fremskritt – er det ikke bra at staten, en aktiv, styrende, inngripende, regulerende stat ved inngrep og styring gir folk utdannelse, kommunikasjoner, industri, bank- og pengevesen, moderne jordbruk, er det ikke bra at staten ordner dette når private henger etter? Spesielt i dette tilfelle, når ifølge Sørensen Schweigaards moderniseringsstrategi «var helt usedvanlig vellykket. Det eventyrlige oppsvinget i norsk økonomi i 1850-75 er velkjent» (Sørensen 1988, s. 290).

Nei, statlige inngrep kan føre til en raskere vekst i en kortere periode, men på sikt lages det alltid problemer, og det totale resultat er alltid dårligere enn det som vill ha blitt oppnådd ved et fritt marked basert på korrekte ideer. Også Sørensen er inne på dette. På siste side i sin bok om Schweigaard sier Sørensen at «Schweigaard bidro gjennom sitt engasjement for skipsfarten kanskje mer enn noen annen til å konservere den norske skipsfartsteknologien», dvs. Norge satset på seilskuter når dampen var i ferd med å gjøre sitt inntog. Og Sørensen stiller spørsmålet. «Var det slik at Schweigaards moderniseringsstrategi … bidro til å hemme utviklingen i perioden som fulgte og på lengre sikt?» (Sørensen 1988, s. 298). Svarte på dette er selvsagt Ja.

Schweigaard var kun stortingsrepresentant, og i mesteparten av denne tiden var hans parhest Fredrik Stang medlem av regjeringen. Stang var indreminister i perioden 1846-1854, og i årene 1861-1880 var han statsminister. Så det var Stang om satte tiltakene i verk, mens Schweigaard var den aktive politikeren og ideologen som sto bak politikken.

Bondepolitikken

Bondepolitikk gikk ifølge Sørensen «stort sett ut på å slippe å betale skatt og å motarbeide statlige inngrep» (Sørensen 1982). Slippe å betale skatt fordi pengene gikk til embedsmennene, byråkratene, og deres skoler og deres universiteter og deres pensjoner. Bøndene var imot inngrep i økonomien, fordi alle slike inngrep stort sett gikk ut på å hindre bønder i å drive næringsvirksomhet; slikt skulle forbeholdes bybefolkningen.

Bondepolitikken var ren interessegruppepolitikk, men slik interessegruppepolitikk må alltid uttrykkes gjennom legitime ideer, og de liberalistiske ideene sto så sterkt på midten av 1880-tallet at bondeinteressene ble legitimert gjennom liberalistiske ideer.

Men bondepolitikken var ikke rettlinjet. Bøndene på Stortinget var tilhengere og motstandere av tollmurer etter som det passet seg. De bønder som produserte korn var tilhengere av toll på korn og mot toll på smør, mens de bøndene som produserte smør var for toll på smør og mot toll på korn. De fremste bondepolitikerne på Stortinget var Ole Gabriel Ueland (1799-1879, på Stortinget 1833-1869) og Søren Jaabæk.

Søren Jaabæk

Søren Jaabæk (1814-1894) er den stortingsrepresentant som har sittet lengst på Stortinget – fra 1845 til 1891. Han var opprinnelig bonde og lærer, og ble den mest målbevisste og ideologiske politiker Norge noen gang har sett.

I ungdommen ble han grepet av frihetsbevegelsen. Hans ideal var liberalismen, og i sitt virke fulgte han den nesten 100 % konsekvent. Staten skulle kun ta seg av noen meget få oppgaver, mente han, og på Stortinget stemte han imot alle forslag til bevilgninger til andre saksområder; han stemte Nei så ofte at han fikk tilnavnet Neibæk. Han stemte imot bevilgninger til nye jernbaneanlegg, han stemte imot diktergasjer til Bjørnson og Ibsen, han var imot at staten skulle gi bønder særfordeler, og han var imot bevilgninger til landbruksskoler. Han forslo å oppheve tvungen konfirmasjon og han ville åpne for muligheten til ikke-kirkelige bryllup. I 1871 foreslo han å legge ned alle statens lærde skoler, middel- og realskoler. Det ser også ut til at han var mot verneplikt. Bondevennforeningen gikk i 1871 inn for at statsmakten «ikke ved Tvang og Ed har Ret til å tvinge Nogen til at dræbe Mennesker og ødelegge Ejendommer» (Slettan, s.76).

Dette kan se ut som en prinsipiell motstand mot tvungen verneplikt og mot ekspropriasjon.

Jaabæk stemte imot at Staten skulle godkjenne leger og sakførere, han ville ha fri adgang også til disse yrkene. Han var ikke bare en sterk motstander av kongemakt – «at være en Fyrste og ikke en Røver er neppe muligt» (sitert i Slettan, s. 111) – men også av presteskap: «han viste ingen respekt for den teologiske dogmatikk» heter det i Norsk Biografisk Leksikon. Men dessverre var ikke Jaabæk 100 % liberalistisk, han var for eksempel tilhenger av at staten skulle regulere bankenes utlånsrenter, og to ganger stemte han imot opphevelse av jødeparagrafen, før han i 1851 stemte for opphevelse. Norsk Biografisk Leksikon oppsummerer hans ideologi slik:

> «[Staten] skulle overhodet innskrenke sin virksomhet til det minst mulige og belaste borgerne med så lite skatter som mulig».

Pga. sterke angrep på kristendommen fikk han også svar på tiltale. Jaabæk gikk til injuriesøksmål mot en av angriperne, og vant i lavere rettsinstanser, men tapte i Høyesterett. Han ble endog dømt til å betale saksomkostninger, men da satte VG i gang en innsamling, og den innbrakte det flerdobbelte av Jaabæks omkostninger.

Jaabæk var stort sett prinsippfast, men han var også stri og kontroversiell, og det var etter hvert Sverdrup som ble den sterke mann i det som ble partiet Venstre.

Hvordan er Jaabæk beskrevet i tradisjonelle fremstillinger? Det store historieverket *Vårt folks historie* (Aschehoug 1964) viser hvordan man så på Jaabæk på denne tiden, 1964:

> «På Stortinget i 1845 møtte for første gang fra Lister og Mandal amt Søren Jaabæk. Han blir i skriftet [det henvises til et skrift fra Jaabæks samtid] karakterisert slik: "Ingen er vel første gang

han har vært stortingsmann, blitt strengere bedømt og hårdere medhandlet enn Jaabæk. Ti få eller ingen har noensinne opptrådt med den suffisanse [innbilskhet] og har så uforbeholdent gitt deres ord med i laget, som han. Kommer nu hertil at han var aldeles uinnviet i formene, at han frisk vekk hugg løs på embedsstand og regjering, at han la seg ut med Stortingets intelligens, ... kan man ikke forundre seg over at han ofte har fått endog velfortjent børst [kritikk]". Forfatteren av skriftet tror allikevel at Jaabæk er blitt miskjent, og venter at han "innen ikke rett mange storting vil bli en av våre bedre representanter"». (s. 376).

Dette er altså alt som står om Jaabæk i et stort historieverk gitt ut på et stort forlag i 1964!! Denne fremstillingen er skandaløs – forfatteren har ikke klart å plassere Jaabæk i det politiske landskap, og grunnen er at forfatteren ikke har kjennskap til liberalismen.

En annen historiker skrev følgende:

«Jørgen Løvland [viktig venstrepolitiker, mange år på Stortinget, statsråd fra 1898, statsminister fra 1905, så utenriksminister og igjen statsminister i perioden 1907-1908] sa om Jaabæk at han var "den egentlige og eneste radikale blandt århundredes mest fremragende politikere". Jaabæk var ein smålåten mann og lite ærekjær på eigne vegner. Han var ikkje særlig høg, noko smålåten og heller spinkel. Han hadde svart hår og tett sjømannskjegg, kvasse og mørke auga under buskete augnebryn. Han snakke klart og greitt, stutt og poengtert, lett og ledig. Jaabæk var korrekt og streng på formane, men samtidig ein likandes kar, heller langt frå den innbitne og småskorne "Neibæk", slik både samtid og ettertid har ynda å kalle han» (Nerbøvik, s. 109).

Slettan sier følgende om sammenhengen mellom Jaabæk og bondevennene:

«Mens Jaabæk gjennom grundig lesning av engelsk og amerikansk historie hadde tilegnet seg i teorien en nokså dogmatisk [sic] økonomisk liberalisme, la de menige bondevenner ikke synderlig vekt på teorier. For dem kunne slike tiltak heller virke som fordeler for folk som fra før hadde det romslig økonomisk. Det gjaldt heller å få klasseinteressene frem» (Slettan, s. 57).

I svært stor grad var allikevel Jaabæk en konsekvent liberalist. I bokverket *Norsk idéhistorie* omtaler Øystein Sørensen ham som en «genial organisator, radikal demokrat, ekstrem liberalist». Sørensen sier også at han var

«selvlært, intellektuelt orientert og grundig belest … han er en av de mest miskjente skikkelser i norsk 1800-tallshistorie. Samtidig var han, hva politiske ideer angår, en av de mest interessante. Han har fått renommé som en sur, tverr og smålig mann som stemte mot alt som smakte av fremskritt og kultur, alt fra jernbanebygging via kunstnerlønn til Bjørnson til landbruksskoler. Dels er dette renomméet formet av hans politiske motstandere i samtiden, dels av ideologisert historieskriving som ikke helt har fått ham til å passe inn i sine skjemaer» (Sørensen 1988, s. 284).

Jaabæk startet den første bondevennforening i Mandal i 1865, og på det meste hadde bondevennforeningene 30 000 medlemmer. Disse var en del av den store fremvekst av ulike typer foreninger og organisasjoner på denne tiden (avholdssak, målsak, dyrevern), og de var forløpere til de politiske partiene, som ble dannet på 1880-tallet (Venstre i 1884, Høyre like etter). Samme år, 1865, startet Jaabæk bladet Folketidende, som på sitt meste hadde ca 20 000 lesere. Bladet gikk inn i 1879.

Bondevennene startet en ny politisk kampform: det åpne folkemøtet. Bondevennbevegelsen var en viktig bevegelse i en ti års tid, og den var viktig i forbindelse med stortingsvalgene i 1868 og i 1870. På Stortinget kunne representantene grovt deles inn i to grupper: bønder og embedsmenn. Etter valget i 1868 fikk bøndene flertall, og de kondisjonerte reagerte med forferdelse. Avisen Innherredsposten kommenterte valgresultatet slik:

«Sogneprest Blom er altsaa blevet tilsidesat, og ligesaa Sogneprest Essendrop, for en ubekjendt Ingebrigt Norby, det er skandaløst! Fanatismen søger at vinde Terræn» (Slettan, s. 86).

Hovedårsaken til denne «farlige» utvikling var ... Jaabæk, som systematisk hadde arbeidet frem mot dette valget.

Hva var det bondevennene ønsket? De ønsket frihandel, næringsfrihet (etablering av handelsbedrifter skulle ikke være forbeholdt byfolk), direkte valg, allmenn stemmerett (i hvert fall for alle menn), årlige Storting, og parlamentarisme.

Denne bevegelsen kunne bare holdes sammen av en dyktig leder, og Jaabæk var denne lederen. Men bevegelsen slo etter hvert sprekker, spesielt i forbindelse med at Jaabæk med årene ble mer radikal: han var mot statskirken, mot verneplikt, han var motstander av monarkiet, han var tilhenger av likestilling mellom mann og kvinne. Mange av bøndene var konservative og kunne ikke akseptere dette. Etter hvert som bondevennlagene gikk i oppløsning, havnet medlemmene overalt i det politiske spektrum.

Stemmerett
Etter bestemmelsene i den originale grunnloven hadde noe under halvparten av alle norske menn stemmerett (mannen måtte være 25 år eller eldre, han måtte være eller ha vært embedsmann, han måtte eie eller bygsle jord, han måtte ha borgerskap i by, eller han måtte eie hus eller grunn i by).

På Stortinget var det i 1869 oppe forslag om å utvide stemmeretten. Jaabæk var tilhenger av full stemmerett (for menn), men Sverdrup var imot, og det var Sverdrup som fikk støtte i det som etter hvert ble Venstre. Også i 1873 var Sverdrup motstander av alminnelig stemmerett (for menn).

Fra 1884 fikk alle menn som betalte skatt av inntekt over kr 500 på landet, kr 800 i byene, stemmerett. Venstre programfestet allmenn stemmerett (for menn) i 1891. Kvinner som betalte skatt eller var gift med en mann som betalte skatt fikk stemmerett i 1907, mens alle kvinner fikk stemmerett i 1913.

Stortinget møtte frem til 1869 hvert tredje år og satt i ca et halvt år. Etter hvert ble det forandringer på dette, i 1869 vedtok man å avholde årlige Storting. Det var strid mellom Storting og regjering hele tiden, inntil parlamentarismen ble innført i 1884.

Venstre sprakk svært mange ganger, og det er en alt for stor oppgave å holde styr på alle Venstres delinger. Men Liberale Venstre var representert på Stortinget i perioden 1903-1905, Moderate Venstre i perioden 1888 - 1906, og Frisinnede Venstre i periodene 1903-1906 og 1909-1930.

Økende religionsfrihet

Det var allikevel ikke religionsfrihet i Norge. Enevoldstidens religionsmonopol og konfesjonstvang ble videreført med grunnlovens § 2: «Den evangeliske- Lutherske Religion forbliver statens offentlige Religion». Grunnloven medførte at jøder og munkeordener ble nektet adgang til riket. Etter Napoleonskrigene kom endel kvekere til Norge, og de fikk etter hvert tillatelse til å danne fellesskap, men de var underlagt strenge restriksjoner. I 1843 fikk katolikkene i Oslo rett til å organisere en egen menighet.

Stortingsrepresentant S.A.W. Sørensen fremmet i 1833 forslag om «fri Religionsutøvelse for alle christelige Religionssecter», og etter motstand fra mange hold, blant annet regjeringen og det teologiske fakultet, ble det i 1842 i forbindelse med opphevelse av konventikkelplakaten innført forsamlingsfrihet for statskirkens medlemmer. Konventikkelplakaten var en forordning vedtatt i 1741 om at konventikler (oppbyggelige, religiøse sammenkomster) måtte ha samtykke av sognepresten. Denne forordningen hadde gitt statskirken monopol på all religiøs aktivitet. Presteembedets monopolstilling i kirken var med denne opphevelsen brutt, og veien lå åpen for de frie lekmannsbevegelsene innenfor statskirken.

De liberale ønsket å gi grupper som stod utenfor statskirken de samme rettigheter, de ønsket å oppheve statskirkens monopolstilling på religionens område. Men mange av bøndene, med Ole Gabriel Ueland i spissen, gikk imot, de fryktet at «Vi kunne få både mohamedanske og andre ukristelige sekter inn». De inntok dette standpunktet til tross for at de tidligere hadde kjempet for opphevelse av konventikkelplakaten.

Utviklingen mot en større religionsfrihet fortsatte. «Lov angaaende dem, der bekjende sig til den christelige Religion, uden at være medlemmer af Statskirken» ble vedtatt i 1845. Den gav rett til fri offentlig religionsutøvelse for kristne, og rett til å danne frie kristne menigheter og kirkesamfunn med andre trosbekjennelser enn den evangelisk-lutherske. Norske borgere fikk rett til å melde seg ut av Statskirken og inn i andre kristne trossamfunn, og den generelle tvangen om norske borgeres plikt til å tilhøre Statskirken, ble opphevet. Loven påla dog dissenterne en rekke plikter, og de fikk heller ikke fulle borgerrettigheter.

Den pluralisme som Stortinget åpnet for i 1845 var en begrenset kristelig pluralisme, og det er derfor ikke riktig å si at religionsfriheten ble innført med denne loven. Grunnlovens forbud mot jesuittene og munkeordener ble oppretthold.

Dissenterloven ble endret i 1891, og den viktigste endringen var at prester/forstandere for dissentersamfunn fikk vigselsrett. Det generelle forbudet mot munkeordener ble opphevet ved revisjonen av Dissenterloven i 1897.

Utover siste halvdel av det 19. og første halvdel av det 20. århundre ble de fleste av de større frikirkelige trossamfunn vi i dag kjenner etablert her i landet. Parallelt med fremveksten av disse og den generelle utvikling mot et åpnere samfunn ble restriksjonene i dissenternes borgerrettigheter færre. Bekjennelsesplikten for embets-menn ble fjernet i 1878, for dommere i 1892, og for statsråder i 1919. Inntil ca 1900 var det dog ikke anledning for dissentere å undervise i skolen, og kun fra ca 1970 ble det tillatt for lærere som var medlemmer i frikirkemenigheter å undervise i kristendomskunnskap i grunnskolen.

Dissenterbegrepet ble avskaffet i norsk rett gjennom «Lov om trudomssamfunn og ymist anna» som ble vedtatt av Stortinget i 1969. Det viktigste i den reformen utover avskaffelsen av dissenterbegrepet, var antagelig bestemmelsene om adgangen til å kreve offentlig støtte etter medlemstall. Denne adgangen ble også gitt til andre livssyns-samfunn fra og med 1982.

Konsesjonslovene

En betydelig del av norsk industri i perioden før første verdenskrig var basert på fossekraft. Men hvem eide egentlig fossene som drev kraftverkene? En offentlig rapport fra 1906 viste at 77 % av kraften i alle utbygde fosser var på «fremmede hender», dvs. at eierne ikke var norske statsborgere. En stor del av aksjene i enkelte bransjer var også på fremmede hender: 44 % i treforedling, 85 % i kjemisk industri (Nerbøvik, s. 246). Det var altså aksjeselskapene det sto om, i 1891 var det 350 slike, mens det i 1910 var hele 1600.

Mange av aksjonærene var utlendinger – ofte svensker, og vi hadde jo fått uavhengighet fra Sverige i 1905. Ble uavhengigheten uthulet ved at mange svensker eide aksjer i norske selskaper? Det bredte seg en frykt for at fremmed kapitalmakt skulle få tak i norske naturressurser, først og fremst fossene.

Det fantes liberalister – eller personer som på dette punktet hadde liberalistiske holdninger – som hevdet at staten overhodet ikke skulle blande seg inn i dette. Tidligere statsminister Francis Hagerup var den viktigste av disse. Han så i storindustrien «den væsentligste kulturfaktor i nutiden» (Nerbøvik, s. 248). Michelsen og Løvland stod for en linje som innebar strengere vilkår for utenlandsk kapital. Disse lanserte hjemfallsprinsippet, som innebar selskaper hvor mer enn en tredjedel av kapitalen var utenlandsk, måtte gi eiendomsretten til fosser og røranlegg etc. til staten etter at konsesjonstiden var gått ut. Høyre støttet dette. Men det som fikk gjennomslag var de Castbergske konsesjonslover (først foreslått i 1908), hvor det ikke var noe skille mellom norsk og utenlandsk kapital.

Striden om disse lovene varte lenge, motstanderne hevdet at hjemfallsretten innebar ekspropriasjon uten erstatning, noe som var i strid med grunnloven. Men i Høyesterett i 1918 ble disse lovene godkjent med knappest mulig flertall.

Streikerett

LO ble en maktfaktor i 1905, og Arbeiderpartiet begynte å få representanter på Stortinget fra 1903. Fagbevegelsen snakket lite om politisk omveltning, det de var opptatt av var organisasjonsfrihet og tariffavtaler. Men på den borgerlige siden var det frykt for en samfunnsomveltning. Videre utover i første halvdel av 1900-tallet ble

379

det en del arbeidskonflikter med streik og lockout, og ved flere anledninger ble politi og til og med militære mannskaper satt inn mot streikende arbeidere. Jeg har ikke kommet over noe materiale som viser hvordan liberalister – om det fantes noen – forholdt seg til slik saker.

Paripolitikken

Paripolitikken er noe som alle liberalister bør kjenne til. Den er enda et eksempel på at liberalismen/kapitalismen får skylden for negative følger som fravær av kapitalisme fører til.

På 1800-tallet var de fleste lands valuta knyttet til en gullstandard, og pengeverdien var derfor stabil, noe som er meget viktig for all økonomisk planlegging. Etter første verdenskrig gikk flere land, blant dem Norge, bort fra denne gullstandarden. Krigen hadde ført til ustabilitet i økonomien, og regjeringen så seg tjent med at kronen ble løst fra gullverdien, dette ga politikerne større muligheter til å tukle med økonomien.

Under krigen hadde kronen høy verdi i forhold til andre lands valuta, og etter krigen ble verdien lav. Selv om jeg ikke har funnet noen konkrete data på dette, må årsaken være at regjeringen har øket pengemengden. Bull skriver dog: «Regjeringen og Norges Bank gav støtte til noen av de største bankene, bl.a. på den måten at de satte inn millionbeløp på konto der» (Bull, s. 273). Det er rimelig å tolke det som om staten øker pengemengden og sprøyter nye penger inn i enkelte utvalgte banker. Og det er en slik økning av pengemengden i forhold til gullmengden som er inflasjon (dersom det ikke forekommer en tilsvarende økning av aktiviteten i økonomien), noe som på sikt reduserer pengeverdien og gjør langsiktig økonomisk aktivitet og planlegging umulig.

Mer penger i omløp i forhold til gullmengde betyr at hver pengeenhet – hver krone – blir mindre verd i forhold til gull, og dette fører til en generell prisstigning.

Eksempel (ikke reelt):
1915: 100 kg gull = 100 kr => 1 kr = 1 kg gull,
1920: 100 kg gull = 200 kr => 2 kr = 1 kg gull

Man ser at kronen har sunket i verdi; verdien er halvert fordi mengden kroner i forhold til gull er fordoblet.

Men det var et ønske om å knytte kronene til gull igjen, og myndighetene hadde to muligheter: enten kunne de 1) definere verdien av den nye kronen i forhold til en mindre mengde gull, eller 2) de kunne bruke den gamle kursen, dvs. definere verdien av kronen i forhold til den gamle gullmengden.

Men i forhold til den gamle definisjonen var det for mange kroner i omløp, og man måtte da dra inn det passende antall kroner. Og det var det siste alternativet man bestemte seg for, og det var dette som ble kalt pari-politikken. Regjeringen satte i verk en deflasjon, dvs. en reduksjon i pengemengden, for å bringe pengemengden i samsvar med den gamle gullverdien – som var pari kurs. Dette førte til redusert etterspørsel i økonomien, og dette førte igjen til at lønninger sank, det ble vanskeligere å betale lån, det ble mange tvangsauksjoner for folk som hadde tatt opp lån da kronen var billig. Av samme grunn gikk bedrifter konkurs, det ble vanskeligere å skaffe seg jobb, arbeidsløsheten økte.

Dette var selvfølgelig sterkt negativt. Årsaken var myndighetenes politikk: det de burde ha gjort var ikke å gå bort fra gullstandarden. Når de først hadde gjort det og igjen skulle låse pengeverdien til gull, burde de ha låst den til den nye verdien.

Årsaken til problemene var altså myndighetenes meget ukloke politikk, og det som fikk skylden var selvsagt ... gullstandarden. Pga. paripolitikken var gullstandarden noe som var totalt fraværende i all seriøs økonomisk debatt fra omkring 1930.

Det var dessverre bred enighet om paripolitikken, men den hovedansvarlige var lederen for Statisk Sentralbyrå, professor Nicolai Rygg, som ble utnevnt til sjefsdirektør for Norges Bank i 1920. Han satt til 1947. Emil Disen, redaktør i Økonomisk Revue, var motstander av paripolitikken, og han sa det slik: «Deflasjonens vei er fallittenes vei» (sitert fra professor Tore J. Hanischs' innlegg i Aftenposten 21/7-02). Man nå ser det ut til at skylden er lagt der den hører hjemme. Berge Furre skriver:

«Tore Hanisch, som har levert den nyaste analysen, meiner at pengepolitikken både fordjupa krisa og dempa oppgangen. Pengepolitikken bar etter hans syn mykje av skulda for gjeldskrisa i jordbruka og banksamanbrota» (Furre, s. 56).

Nye bevegelser

Frisinnede Venstre ble stiftet av venstrefolk i 1909, etter at noen reagerte på Venstres venstreradikalisme. FV ble etter hvert en del av Høyre, de holdt for eksempel felles gruppemøter på Stortinget.

Men ut av Frisinnede Venstre vokste Fedrelandslaget. Fedrelandslaget ble dannet i 1925 (det ble registrert som parti i 1933), og hadde som formål å fremme borgerlig samling og å motarbeide kommunismen. Blant medlemmene var Fridtjof Nansen, Roald Amundsen og tidligere statsminister Christian Michelsen.

Initiativtagerne var misfornøyde med partiene, som ikke fikk gjennomført det de lovet, og de ønsket et sterkere samarbeid mellom partiene. Noen ønsket også at landet skulle styres av en sterk mann som stod over partiene. De fryktet også den voksende arbeiderbevegelsen, og ønsket å forby de to kommunistpartiene (Ap og NKP).

Fedrelandslaget drev en omfattende aktivisme: over hele landet holdt det møter med faner og flagg og korsang og hornmusikk og demagogiske taler. I hovedsak ble Fedrelandslaget ansett som en bevegelse for unge menn, og de var en slags motvekt til den organiserte arbeiderungdommen og den sosialismen som de sto for. Mitt inntrykk er at de i hovedsak reiste rundt og sloss med ungsosialistene.

Fe-laget, som det ble kalt, foreslo også tiltak som skulle hindre at Norge ble kommunistisk, de foreslo å innføre et to-kammer-system i Stortinget: Lagtinget skulle bli et overhus som kunne hindre gjennomføringen av vedtak fattet av Odelstinget. Medlemmene i Lagtinget skulle velges indirekte eller utpekes av nærings-organisasjonene. Var det noe grunnlag for denne frykten for sosialistisk maktovertagelse? Ap vedtok på landsmøtet i 1929 at de skulle kunne ta maken uten flertall i folket bak seg (Dahl, s. 86), dvs. at de for eksempel i regjeringsposisjon ikke ville gå av selv om de tapte et valg.

Fra 1932 utga Fedrelandslaget tidsskriftet ABC med en, ifølge Dahl, «klar fascistisk profil». Redaktør Rannik Halle skrev for eksempel at det ville være «altfor lettvint å avvise alle nydannelser i

382

Italia og Tyskland [Hitler og Mussolinis bevegelser] som oss uvedkommende, fordi de foregår i andre land» (Dahl, s. 171).

Fedrelandslaget skrøt av at de hadde 100 000 medlemmer omkring 1930, men ved valget i 1936, når de stilte som parti, fikk de kun et meget lite antall stemmer.

Det er to grunner til at vi nevner Fedrelandslaget. Det var ikke på noe vis liberalistisk, men det viser at den eneste motstand mot sosialismen på denne tiden var fascismen. Konservatismen var ikke noen kraft mot sosialismen. Konservative er kun opptatt av at samfunnsutviklingen skal gå sakte, de er ikke interessert i hvilken retning den går. Furre skriver for eksempel at

> det «vekte oppsikt at Høgre og sosialistane gjekk saman om å byggje finansieringa [av alderstrygden] på skattlegging i eit sosialt utjamnande system» (Furre, s. 86).

Slikt vekker kun oppsikt hos de som ikke er klar over hvor prinsippløse de konservative er. I mellomkrigstiden var kollektivismen så inngrodd at det ikke fantes noen individualistisk bevegelse eller teoretiker noe sted i verden. For eksempel ble Foundation for Economic Education dannet først i 1946, Mont Pelerin Society ble dannet i 1947, og viktige liberalistiske bøker begynte å komme ut først litt ut på 1940-tallet; *The Fountainhead* (1943), *The God of the Machine* (1943), *The Discovery of Freedom* (1943), og *The Road to Serfdom* (1944), *Economics in One Lesson* (1946). Den eneste organiserte opposisjon mot sosialismen før 1940 var fascismen. Valget var – satt på spissen – Stalin eller Hitler. Sosialistene valgte Stalin, de andre valgte om ikke Hitler så Mussolini.

Den andre grunnen til at vi nevner Fedrelandslaget er at mannen som var sekretær der i mange år – i perioden fra 1930 til 1938 – var en person som senere ble viktig: Anders Lange.

Trygve Hoff og Farmand

Trygve Jacob Broch Hoff (1885-1982) tok doktorgraden med avhandlingen *Økonomisk kalkulasjon i socialistiske samfund* i 1938. Hans utgangspunkt var en kort artikkel av Mises, og han viser at fri prisdannelse er en forutsetning for økonomisk velstand; med statlig dirigering av priser vil man ende opp med en ren bytte-husholdning og en svært lav levestandard.

Mot slutten av 1941 hadde Hoff en interessant brevveksling med økonomiprofessor Ragnar Frisch. Spørsmålet gjaldt hvorvidt en sosialistisk økonomi kan fungere, og Hoff skrev lange brev hvor han argumenterte for sitt syn, mens Frisch' annet svar til Hoff var et meget kort brev på ca et dusin linjer, og Frisch avslutter slik: «Forøvrig har jeg ikke anledning til å fortsette denne, ellers morsomme, diskusjonen.» Frisch fikk Nobelprisen i økonomi i 1970 – han var den aller første som fikk denne prisen (han delte den med Jan Tinbergen). Hoff er glemt. Naturligvis hadde Hoff rett, og Frisch tok helt feil.

Hoff ble redaktør for Farmand i 1935, og under hans første år som redaktør var innholdet hovedsakelig artikler om norske politikk, som Hoff og andre kritiserte fra et liberalistisk utgangspunkt. Farmand var også stappet med liberalistiske artikler av folk som Hayek og Mises, og også Ayn Rand ble ofte omtalt i Farmands spalter. Allerede i 1946 omtalte Hoff *We the Living*, og han avslutter omtalen slik: «Legg merke til navnet Ayn Rand. De vil få høre mer om henne» (sitert fra Farmand nr 14/82). Dette var altså før Hoff hadde lest *The Fountainhead*, som han for øvrig ikke likte. Han roste dog *Atlas Shrugged* opp i skyene i en omtale i 1960.

Så lenge Hoff var redaktør, fant man i Farmands spalter en noenlunde konsekvent liberalisme. Farmand var både anti-nazistisk og anti-kommunistisk, noe som da var sjeldent. Farmand var også det første norske presseorgan som ble stanset av tyskerne under okkupasjonen. Hoff satt noen tid som fange på Grini, men kom seg etter hvert til USA hvor han oppholdt seg frem til 1945. Der ble han kjent med de fremtredende liberalistiske økonomene, blant dem Ludwig von Mises. Hoff var blant de økonomene som dannet Mont Pelerin Society i 1947. Da Milton Friedman mottok Nobelprisen økonomi i 1976, tok han en tur innom Norge og besøkte Hoff.

Hoff er dog en noe merkverdig tenker. I sin programartikkel i det første nummer av Farmand han var redaktør for, skrev han:

«I første nummer av Farmand skrev Einar Sundt at Farmand
skal være upolitisk. I første paragraf i Farmands statutter står det
at Farmand skal være et organ for næringslivets frihet. Det

finnes de som mener at disse to krav ikke kan forenes. Vi ser det ikke så. At spørsmålet om næringslivets frihet er blitt et politisk spørsmål og er kommet i brennpunktet for den politiske diskusjon, er helt på det rene. Vi som ikke sogner til noe politisk parti, og som nærmest føler oss litt politisk husville, fraber oss imidlertid å bli påklistret politiske etiketter fordi om vi hevder at tapet av næringslivets frihet vil bli et tap for alle samfunnsklasser og at denne frihet derfor er verd å kjempe for.»

Standpunktet «fritt næringsliv» er altså ifølge Hoff ikke et politisk standpunkt. Hoff fortsetter med denne korrekte observasjonen:

«Næringslivets frihet er ikke lenger den vaiende fane som den en gang var og fremdeles fortjener å være. Den har vært ute i hardt vær. I Russland er den strøket av masten. I de andre diktaturstater, Tyskland og Italia, er den blitt frynset i kanten, og selv i USA ble den i en tid satt helt i skyggen av "den blå ørn". Også her hjemme arbeides det for å få opphevet næringslivets frihet. Vårt største politiske parti har opphevelse på sitt program, og fra annet hold foreligger lovforslag som går ut på det samme. Næringslivets egne menn virker likegyldige.»

Hoff beklaget andre verdenskrigs allianse mellom Vesten og Sovjet for å slå Hitler, og han begrunnet dette med at «den klare og riktige frontstilling: diktaturene mot demokratiene, ble forkludret» (Hoff 1945, s. 230).

Her var det selvfølgelig mye riktig, men å hevde at det å kjempe for næringslivets frihet ikke er et politisk standpunkt vitner om en meget stor naivitet. Det er riktig at økonomi som fag viser at kun frihet gir velstand, eller, jo større frihet, jo større velstand. De aller fleste som deler Hoffs syn, tror at alle ønsker velstand. Også denne ideen deler Hoff med Mises: økonomi er ifølge Mises «wertfrei», den tar ikke noe verdistandpunkt eller noe moralsk standpunkt. Men det å ønske velstand er selvsagt et moralsk standpunkt.

Hoff kom også med følgende treffende observasjon:

«De som har diskutert med troende marxister og nazister vil vite hvorledes de er helt paranoide i sine relativt logiske resonnementer ut fra notorisk urealistiske utgangspunkter. Denne trangen til å tviholde på ideer viser også symptomer på hvad den franske skole kaller besatthet ("obsession") og freudianerne kaller tvangsnevrose» (Hoff 1945, s. 109).

Så noen andre merkverdigheter fra Hoff. Et sted sier han at «Liberalismen kan bebreides for mangel på sosial medfølelse, menneskelig solidaritet og dens manglende forståelse for menneskelig lidelse» (Hoff 1945, s. 181). Dette er stikk i strid med sannheten, fordi det er de svake som rammes sterkest av styring og inngrep i den frie økonomi. Det er full frihet som medfører minst fattigdom.

Hoff: «Det må gjentas at der ikke eksisterer noe objektivt grunnlag for å fremheve europeisk livsinnstilling og livsførsel og europeiske ideer og prinsipper på bekostning av asiatisk-orientalske» (Hoff 1945, s 213).

Mitt syn er at Vestens verdier – fornuft, rasjonell egoisme, respekt for individers rettigheter, politisk frihet – er nødvendige forutsetninger for sivilisasjon og velstand, og at samfunn som bygger på andre grunnverdier er mer eller mindre barbariske.

Hoff hadde også den noe merkelige ide at ordene liberalisme og kapitalisme ikke var salgbare, og han forsøkte derfor som erstatning for disse å innføre navnet liberokrati – en kombinasjon av liberalisme og demokrati.

Farmands siste år

Ole Jacob Hoff var den reelle redaktøren i de siste årene som Farmand kom ut, mens hans far Trygve J. B. satt som eier av tidsskriftet. Mens Hoff senior fortrinnsvis var opptatt av liberalisme som økonomisk fenomen, hadde Ole Jacob et bredere perspektiv. Det var han som sørget for at Farmand trykte lange utdrag fra Ayn Rands The Objectivist Newsletter. Hoff junior skrev artikler mot verneplikten og mot den barbariske straffeforfølgelsen som etter hvert rammet alle som var involvert i narkotikatrafikken, både selgere og brukere. Mange vil si at Farmand var på sitt beste i Ole Jacob Hoffs redaktørtid.

Etter at Hoff junior hadde fungert noen tid med tittel av ansvarshavende redaktør, ble det uenighet mellom far og sønn om videre linjevalg for tidsskriftet. Trygve J. B. ønsket på sine eldre dager å legge om Farmand i en mer litterær retning, med noe mindre vekt på politikk og ideologi, noe Ole Jacob var høyst uenig i. Det endte ikke bedre enn at sistnevnte forlot tidsskriftet, og tidligere Cappelen-direktør Henrik Groth, som var en briljant, men konservativ, essayist, kom inn som medarbeider. Dette førte uunngåelig til at den liberalistiske profilen i bladet falmet merkbart, selv om Farmand stadig var et leseverdig organ. Trygve J. B. Hoff stod nå som redaktør, deretter fungerte Trygve J. B.s allierte Kåre Varvin på denne plassen. Kvaliteten på tidsskriftet sank etter hvert som månedene og årene gikk. Den endelige begravelse av Farmand som intellektuelt fyrtårn kom da en mann ved navn Erik Cameron overtok redaksjonen. Farmand kom under ham til å ligne mer og mer på Kapital og Økonomisk Rapport. På sitt meste hadde Farmand et opplag på omtrent 50 000, i 1985 var opplaget 30 000. Farmand gikk i inn i 1989.

Ufrihet også på det sosiale området

Også innen det område som omfattes av begrepet «sosial liberalisme» har det vært – og er fortsatt – betydelig mangel på frihet. Det mest opplagte eksemplet er Statskirken, en ordning som favoriserer en bestemt religion. At staten så sterkt har festet seg til kristendommen har ført til at visse former for religionskritikk har vært forbudt; Arnulf Øverland ble anmeldt, men ikke dømt, for brudd på blasfemiparagrafen med sitt foredrag «Kristendommen – den tiende landeplage» i 1933, og så sent som i 1980 ble filmen *Life of Brian* forbudt i Norge pga. blasfemi. Det må også nevnes at homofil praksis mellom menn, som kristendommen ikke aksepterer, i Norge var forbudt frem til 1972. Inntil 1972 var det også forbudt for mann og kvinne å bo sammen uten å være gift. Selvsagt ble ikke disse forbudene håndhevet, men det at de var vedtatt sier endel om hvor frihetsfiendtlig kulturen hadde vært. Et annet punkt som viser hvor lavt friheten sto var fornorskningspolitikken som ble ført overfor samene. Til langt inn i etterkrigstiden ble det ført en bevisst og klar politikk som gikk ut på at samene skulle oppgi sitt språk, forandre sine kulturelle grunnverdier, osv.

Spor av påvirkingen fra kristendommen kan vi muligens også finne i det faktum at flere kjente forfattere har fått enkelte av sine verker beslaglagt og/eller forbudt: Hans Jægers *Fra Kristianiabohemen* (1885), Agnar Mykles *Sangen om den røde rubin* (1957) og Jens Bjørneboes *Uten en tråd* (1966). Disse bøkene er nå ikke lenger forbudt, men tilsvarende skildringer på film er fortsatt forbudt*. Disse sakene vitner om manglende ytringsfrihet, og i samme kategori kan vi sette forbudet mot reklame for alkohol og tobakk, som ble innført i 1973. Videre er alle former for radio- og TV-virksomhet fortsatt underlagt strenge reguleringer og konsesjonsordninger, selv om NRK-monopolet ble opphevet under den konservative kulturministeren Lars Roar Langslet i 1981.

Også rusmidler er strengt kontrollert av staten: vin og alkohol var inntil helt nylig kun tillatt solgt av statens eget vinmonopol, og er i tillegg belagt med kolossale avgifter. Andre rusmidler, for eksempel ulike typer narkotika, er forbudt, og salg omfattes av strafferammer som er kolossalt overdrevne. Dette til tross for at de store problemene i forbindelse med narkotika er forårsaket ikke av narkotikaen, men av forbudet, siden dette medfører en enorm reell kriminalitet pga. de høye prisene forbudet medfører.

Utrolig nok finnes fortsatt enkelte steder slike ting som boplikt, og en del landbrukseiendommer omfattes av bestemmelser om bo- og driveplikt. I den allmenne debatt i dag er det praktisk talt ingen som er tilhengere av frihet på det sosiale området.

Libertas

Etter 1945 begynte Aps sosialiseringspolitikk for alvor. Ikke bare sosialisering av økonomien, men det ble også diskutert forslag om å forby ... ukepressen, «som nå også inneholder blader som Filmjournalen, KriminalJournalen og Cocktail. En stor artikkel i det litterære tidsskriftet Vinduet i 1949 inneholdt forslag om at det for ukepressen skulle innføres konsesjonsplikt, importkontroll og økt beskatning. I Forfatterforeningen forslo Arnulf Øverland at det skulle innføres en avgift på de uønskede ukeblader og magasiner for å finansiere et fond til støtte for respektable, men trengende, forfattere.

---

* Pr 2021 er dette forbudet opphevet.

Forslaget vakte gjenklang i foreningen. [Etter noen år trakk de forslaget.]» (Dahl, s. 429).

Et annet stort problem var tegneseriene, og i 1954 avga Statens Folkeopplysningsråd innstilling i tegneseriesaka, og Det rådgivende utvalg for tegneserier ble opprettet i 1955, men det gjorde heldigvis svært liten skade. Et annet eksempel på den kulturelle mentaliteten i etterkrigstiden: flere partier på Stortinget stemte imot innføringen av TV i Norge i 1960.

Enkelte satte allikevel i gang en motstand mot den økende sosialismen. Viktigst i de første årene etter 1945 var Den Norske Kirke!! Den mest prinsipielle motstand mot innføringen av velferdsstaten kom merkelig nok fra kirken! Biskop Berggrav var den fremste av de som argumenterte mot at staten skulle utvide sin makt og sitt ansvar inn på områder av livet hvor den mellommenneskelige barmhjertighet og den personlige samvittighet hadde sin plass. Han mente at i en velferdsstat ville det ikke lenger bli rom for gode gjerninger, for barmhjertighet, for kirken som institusjon. Berggrav: «Det som evangeliet vil skjenke de fattige og syke som nådegave, vil velferdsstaten gi dem som deres rett, som de til og med har krav på». Kirken vil bli fortrengt fra menneskelivet. «Den moderne stat som holder på å utvikle seg forsøker i dag å erstatte Gud ved at Gud og troen blir overflødige gjennom velferden» (Dahl, s. 357).

Men viktigst for oss er Libertas. Libertas begynte som et hemmelig fond gjennom hvilket næringslivet kanaliserte støtte til de borgerlige partier slik at disse skulle kunne motarbeide Aps sosialiseringsfremstøt. Libertas ble avslørt i 1948 under stor ståhei – en hemmelig organisasjon finansiert av storkapitalen, og som skulle ta opp kampen mot en demokratisk valgt politikk, var en ønskemotstander for Ap. Den prinsipielle motstand mot velferdsstaten som Libertas stod for ble da lett å avfeie.

Libertas arrangerte en kampanje mot de nye prislovene som ble foreslått i 1952. Prisloven – eller Lov om kontroll og regulering av priser, utbytte og konkurranseforhold – ble vedtatt 26. juni 1953, og ga staten vidtgående fullmakter til å til å gripe inn mot fortjenester som virket urimelige, og til å hindre utdeling av høyere utbytter enn forsvarlig.

Men hvis fortjenesten på et område er stor, så betyr jo dette at det som kjøpes fyller et stort behov eller ønske hos de som kjøper. Hvis staten hindrer mulighetene for fortjeneste, så betyr dette at tilbudet helt eller delvis forsvinner. Men for den sosialistiske staten er det jo viktigere å hindre at noen blir rike enn å la folks ønsker og behov blir tilfredsstilt.

I 1959 lanserte Libertas programmet «Vilje til makt», som innebar at næringslivet skulle lønne unge lovende politikere slik at de kunne egne all sin tid til politikken. Dette førte til at det til da gode samarbeidet mellom Høyre og Libertas sprakk. (En interessant ting er at Kåre Willoch i alle sine år som politiker mottok en hemmelig ekstralønn fra noen aktører i næringslivet – muligens var det Industriforbundet. Dagbladet gjorde et stort nummer ut av avsløringen av denne ekstralønnen en gang på 80-tallet. Dagbladets spaltist Andreas Hompland skrev i flere måneder «sponset av Industri-forbundet» i parentes etter Willochs navn hver gang han nevnte Willoch.)

Libertas slo retrett, og bestemte seg for å bli kun en opplysningsorganisasjon. Høyres avstandtagen til og oppgjør med Libertas førte til at Høyre ble mer stuerent for de andre borgerlige partiene, og den første borgerlige samarbeidsregjering så dagens lys i 1963.

Leder for Libertas var i mange år Trygve de Lange. Han ble avløst av Odd Grann ca 1970, Grann ble senere leder for Norges Røde Kors. I sin aktive tid utarbeidet Libertas flere interessante rapporter, for eksempel om Arbeiderpartiet og alle de ben det har å stå på (A-pressen, AOF, forlagsvirksomhet, Norsk folkehjelp, Norsk folkeferie, Samvirke forsikring, etc.) På 70-tallet kjørte Libertas to kampanjer, en mot venstrevridning i NRK, og én mot venstrepropaganda i skolen med tittelen *Venstre-ekstremistenes ideologi og misbruk av skolen*. De stod også bak en kampanje mot formynderstaten/velferdsstaten, og delte ut buttons med teksten «Nei til formynderstaten».

For min del synes jeg at aksjonene til Libertas virket noe ynkelige, de manglet den intellektuelle backing som er nødvendig for enhver aksjon. Det var ingen intellektuelle som støttet Libertas, og de hadde ingen talsmenn med tyngde.

Libertas sto også bak Ellingaard Forlag som blant annet utga endel anti-venstreorienterte bøker (*Slik arbeider Marxist-Leninistene*).

390

De utga også John Maddox' *Dommedagsprofetene* i 1972, en bok som var et oppgjør med den gryende miljøbevegelsen. Libertas utga også Billedbladet NÅ, som var en ypperlig motvekt mot det tilsvarende bladet Aktuell, som ble utgitt av LO. NÅ inneholdt en del kjendisstoff, men også politiske kommentarartikler i en lettfattelig form. NÅ kom ut i perioden 1952-1995.

Libertas ble avviklet i 1982 og gikk over i Liberalt forskingsinstitutt, som visstnok fortsatt eksisterer, men som ikke gjør noe vesen av seg overhodet.

Anders Langes parti

Anders Lange (1904-1974) var i mellomkrigstiden som nevnt med i Fedrelandslaget – han var sekretær i perioden 1930-38. Lange var dog ikke fascist, han ble for eksempel fengslet av tyskerne under krigen. Fra 1945 reiste han land og strand rundt og argumenterte mot reguleringspolitikk og økende skatter, men bortsett fra en liten gjeng ivrige tilhengere fikk han ingen oppslutning. Siden Lange drev kennel og fra 1948 utga Hundeavisen, ble medlemmene i denne gjengen kalt hundegutter. Hundeavisen, som til å begynne med kun skrev om hund, ble etter hvert et slags politisk organ, og skiftet navn til Anders Langes Avis i 1962.

Her skrev Lange om alt og alle, uten grenser. Det er tydelig at han hverken var liberalist eller fascist, men han hadde sans for næringsfrihet og lave skatter. Skal man sette en merkelapp på ham, må det være «antiintellektuell konservativ».

Lange var aktiv også på 60-tallet, og deltok for eksempel i demonstrasjoner til støtte for USAs forsøk på å forsvare Syd-Vietnam mot den kommunistiske invasjonen fra Nord-Vietnam.

Han inviterte til et folkemøte i Saga kino i Oslo 8. april 1973, og med utgangspunkt her ble «Anders Langes parti til sterk nedsettelse av skatter, avgifter og offentlige inngrep» dannet. En person, Carl I. Hagen, var så ivrig etter å være tilstede på dette møtet at han møtte frem i svært god tid, faktisk møtte han en hel uke for tidlig.

Lange ble sammen med tre andre ALPere valgt inn på Stortinget samme høst; ALP fikk ca 5 % oppslutning. Lange oppnådde dog ingen ting i den tiden han var på Stortinget. Han døde allerede i 1974, og hans varamann, Carl I. Hagen, overtok plassen på Stortinget.

Til å begynne med var partiet meget løst, både organisatorisk og ideologisk. Men pga. den økende misnøye med skattetrykk og byråkrati i befolkningen fikk det en del oppmerksomhet og oppslutning. Hagen forsøkte først å få ALP, som i 1976 skiftet navn til Fremskrittspartiet, til å bli en organisasjon med en fast organisatorisk struktur og med et partiprogram, men dette var mange av de gamle ALPerne imot. Slike indre stridigheter førte til at FrP mistet respekt og oppslutning, og FrP falt ut av Stortinget i 1977. Hagen kom seg inn i Oslo Bystyre i 1979, og fra 1981 var han igjen på Stortinget, og der har han sittet siden. FrP har dog gjennomgått en rekke til dels store forvandlinger i den perioden det har eksistert.

Høyrebølgen

Fra slutten av 70-tallet blåste det en slags høyrebølge over store deler av verden. Margaret Thatcher (statsminister i England fra 1979) og Ronald Reagan (president i USA fra 1981) hadde fått oppslutning ved å bruke en retorikk med visse liberalistiske innslag. Dessuten var sosialismen på dødens rand: de sosialistiske land hadde blitt sykere og sykere fra den dag sosialismen ble innført, men fra slutten av 70-tallet var det klart at pasienten lå for døden. I 1989 brøt Sovjet sammen, og det såkalte Jernteppet, som Sovjet hadde opprettet for å hindre sine vasallstater i Øst-Europa i å få kjennskap til velstanden i Vest gjennom alminnelig samkvem, forsvant.

På 70-tallet begynte også liberalister å bli tildelt Nobels minnepris i økonomi. Hayek fikk den i 1974 og Milton Friedman i 1976. Tidlig på 80-tallet viste også NRK Friedmans liberalistiske TV-serie *Free to Choose*. Dvs. NRK viste ikke alle episodene, de viste et utvalg, og for å sikre at seerne ikke tok innholdet på alvor ble hvert program etterfulgt av en studiodebatt. Noe tidligere hadde NRK vist en TV-serie av den venstreorienterte økonomen John Kenneth Galbraith, og episodene i denne ble ikke etterfulgt av noen TV-debatt.

Friedmans TV-serie førte til noe, men kun negativ, oppmerksomhet i pressen. Blant annet skrev den kjente og respekterte filmregissøren og journalisten Arne Skuoen i sin spalte i Dagbladet 11. mars 1981 om Friedman at han er «et selsomt fenomen med sitt verdensberømte nonsens». Skouen påstod også at Friedman var en klovn, og tittelen på spalten var «Fjolset», og han mente selvsagt

Friedman. Vi skal ikke si noe om det er evnen eller viljen som mangler hos Skouen og hans mange meningsfeller, men det slår en at det er behov for en norsk oversettelse av det svenske uttrykket «obildbar».

Fremskrittspartiet

I de første årene etter 1981 var FrP et på alle vis useriøst parti. Det sto for forenkling av lovverk, avbyråkratisering og skattelettelser, men hadde ingen ideologi og ingen organisasjon. Blant medlemmene var det for eksempel stor motstand mot å innføre et sentralt medlemsregister (?). Partiet overlevde, men på kun en eneste ting: Hagens enorme dyktighet på TV. Men uten ideologi kommer man vanligvis ingen vei.

Nå kommer en del materiale som jeg ikke har noen skriftlige kilder på, dette er ting jeg hørte mens jeg var i FrP. (Jeg var med i FrP i tidsrommet 1988-1991, og i de to siste av disse årene var jeg gruppesekretær for FrPs stortingsgruppe.)

En gang på første halvdel av 80-tallet ble Hagen oppsøkt av en liten gruppe liberalister som mente at FrP burde bli et ideologisk, liberalistisk parti. Dette var altså på samme tid som det blåste en slags liberalistisk vind over verden. Hagen lot seg overbevise om at FrP burde bli denne høyrebølgens talerør i Norge. Dette førte til at partiets skrifter – partiavisen, partiprogrammer, komitéinnstillinger – fikk en del liberalistiske innslag.

Partiet trakk derfor til seg en god del begavede unge mennesker; mest kjent var Pål Atle Skjervengen (formann i FpU 1984-1987) og Tor Mikkel Wara (formann i FpU 1987-1990), men det var også mange andre. Pga. ideologien, og den åpenbare dyktigheten hos de unge liberalistene, begynte partiet å nyte en viss respekt. Valgprogrammene i forbindelse med valgene i 1987 og 1989 ble meget liberalistiske: Her skulle det privatiseres over en lav sko, skatter skulle ned, u-hjelpen skulle avskaffes, det offentlige skulle ta seg av primæroppgavene og ellers kun sørge for et sosialt sikkerhetsnett. Partiet gikk i bresjen for forslag som stykkprisfinansiering innen helsevesenet som et første ledd i en privatisering, privatisering av folketrygden, privatisering av kraftmarkedet, opphevelse av NRK-monopolet, liberalisering av lukningsvedtekter, osv. Slagordene var «Mer velferd mindre stat» og «Fremtiden skapes, den vedtas ikke».

Men det var en slange i paradiset: innvandringspolitikken. FrP ønsket å redusere statens utgifter, og en ikke ubetydelig utgiftspost for det offentlige var kostnadene forbundet med innvandrere og flyktninger. Disse begynte på slutten av 70-tallet å komme til Norge i større og større mengder, og siden ikke bare de vanlige velferdsordninger omfattet også disse, men også fordi det ble etablert egne velferdsordninger for innvandrerne, utviklet det seg en merkbar misnøye i befolkningen. (Ett eksempel som illustrerer årsakene til misnøyen: På grunn av reguleringspolitikken måtte man for å få leilighet i Oslo i mange tilfeller stå på venteliste i årevis. Innvandrere og flyktninger, derimot, fikk i mange tilfeller gratis leiligheter på dagen.) Alle de andre partiene var reelt sett sterke tilhengere av denne innvandringen, selv om en innvandringsstopp var blitt vedtatt av et enstemmig Storting i 1975. AKP var dog i en periode på 70-tallet sterkt imot innvandring fordi de mente at den ville føre til reduserte lønninger, siden et stigende antall arbeidere ville gjøre lønningene lavere.

Siden FrP hadde et saklig økonomisk argument mot innvandringen, samlet alle innvandringsmotstanderne seg der, ikke bare folk som var imot innvandring av økonomiske grunner, men også folk som nærmest var rasister. Liberalistene i FrP, som prinsipielt var tilhengere av fri innvandring, fant seg i å være i et parti som også inneholdt innvandringsmotstandere, fordi de anså det økonomiske argumentet mot innvandring som noenlunde akseptabelt.

Situasjonen omkring 1988 var altså følgende: FrP hadde et godt partiprogram, stort sett skrevet av liberalister. Liberalistene hadde de ledende verv og stillinger i partiet; gruppesekretærer, redaktør av partiavisen, rådgivere, ledere i FpU, leder av Fremskrittspartiets Utredningsinstitutt (FUI) – praktisk talt alle disse var liberalister. Tor Geir Høien og Anne Mette Thunem var den første generasjon av unge liberalister i FrP, og blant de som var noe yngre enn disse var Skjervengen og Wara, samt Ole Hoelseth, Per Åge Pleym Christensen, Jan Erik Fåne, Jan Arild Snoen, Odd Magnar Brubæk, Lars Erik Grøntun, Lars William Saure, Dag Inge Fjeld, og, i annen rekke, Petter Bjørheim, Ellen Christiansen, Ellen Wibe og Hans Andreas Limi. Også de noe eldre Fridtjof Frank Gundersen og Anne Beth Moslet ble iblant regnet som tilhørende denne gruppen.

Stortingsgruppen besto i perioden 1985-1989 kun av to personer, den meget dyktige Hagen og den solide og respekterte Hans Røsjorde (som overtok plassen som ble ledig da den innvalgte Bjørn Ytterhorn døde i 1987). Etter brakvalget i 1989 økte FrPs stortingsgruppe fra 2 til 22, og dette var etter at meningsmålingene hadde gitt FrP en kolossal nedtur på slutten av valgkampen.

Jeg var vararepresentant for FrP på Stortinget i perioden 1989-1993, gruppesekretær for FrPs bystyregruppe i Oslo i en periode i 1989, og i to år gruppesekretær for stortingsgruppen etter valget i 1989. Jeg ble godt kjent med partiet i og med at partiet hadde hele 22 stortingsrepresentanter fra hele landet.

Som nevnt var partiprogrammene i 1987 og 1989 meget liberalistiske. Men i 1988 foretok partiet en viktig kursendring. I strid med program og lovlig behandling i partiets organer, kun på basis av partiformannens innfall, skulle FrP nå bli det partiet som var «snillest» mot de gamle og syke, dvs. FrP skulle bli det partiet som skulle bruke mest penger på det offentlige tilbudet til gamle og syke. Fullstendig uten dekning i program og vedtak, ja, stikk i strid med alt som partiet sto for, la formannen om partiets kurs på dette området, og på grunn av hans dyktighet og karisma hadde han ingen problemer med å få flesteparten av partiets medlemmer med seg. Hva kan være grunnen til denne kursomleggingen? Det eneste jeg kan henvise til her er et rykte som gikk i partiet på denne tiden: Hagen var blitt personlig kristen. Hagens 180-graders omlegging av kursen ble ikke møtt med noen opposisjon i partiet. Blant liberalistene var det noe snakk om dette, men praktisk talt ingen ting kom frem i partiets organer.

FrP var nå et parti som var:
- liberalistisk, i hvert fall ifølge retorikken, og det var gode liberalister i partiet
- sterkt imot innvandring, og som derved hadde fått en del rasister som medlemmer
- det partiet som skulle bruke mest penger på gamle og syke, og som derved fikk enkelte medlemmer som først og fremst var opptatt av dette.

Partiets medlemmer kunne nå deles inn i fire grupper:
- intellektuelle liberalister
- rasister
- sosialdemokrater, som primært var opptatt av å bruke mer penger
    på gamle og syke
- vanlige mennesker som var imot byråkrati og høye skatter.

De intellektuelle liberalistene var ennå i stor grad partiets ansikt utad. Disse var ofte på TV og i avisene, de skrev programmene, osv. Rasistene, i hvert fall en del av dem, forsto at deres standpunkter ikke kunne målbæres direkte, så når partiet snakket om å begrense innvandringen av økonomiske grunner, trodde rasistene at partiet kun formulerte deres standpunkt på en salgbar måte. Sosialdemokratene i partiet fikk fra ca 1988 sitt, i og med at FrP gikk inn for å øke bevilgningene på det offentlige tilbudet til gamle og syke. Og hele befolkningen syntes at Hagen var flink på TV.

Hagen hadde ett mål: å gjøre FrP stort. Hagen snakket derfor sitt publikum etter munnen uansett hvem det var: snakket han til de unge liberalistene sa han at han var enig med Ayn Rand (bortsett fra at han ville ha et lite offentlig sikkerhetsnett for de som ikke kunne klare seg på egenhånd), og at han var tilhenger av fri narkotika; han godkjente til og med navnet Laissez Faire på FUIs newsletter. Snakket han til de eldre sa han staten måtte bruke mer penger på pensjoner og på eldreomsorg, snakket han til kristne sa han at hans ideal var Jesus, som var den første liberalist. At Jesus var den første liberalist sa han også eksplisitt i sin bok med den av ham sikkert nøye utvalgte tittel *Ærlighet varer lengst*. La meg nevne ett konkret eksempel som viser Hagens sjonglering med fakta. I 1990 holdt han et foredrag på en liberalistkonferanse i USA (arrangert av ISIL), og i dette sa han eksplisitt at han var tilhenger av fri narkotika. Noen tid etter blir dette trukket frem i den norske debatten, og da nektet Hagen først for at han hadde sagt dette. Så kommer liberalisten Jan Arild Snoen, som var til stede på konferansen, trekkende med et lydbåndopptak hvor Hagen tydelig sier at han er for fri narkotika, og avisene skriver dette. Da forsøker Hagen å imøtegå dette med å påstå at dette ble sagt helt uformelt i en privat sammenheng. Så viser Snoen at dette var et opptak av Hagens foredrag på konferansen, og at tapen av foredraget til og med var i kommersielt salg.

At Hagen er prinsippløs er også innrømmet offentlig. I den offisielle boken om FrPs historie, *Fra Anders Lange til Carl I. Hagen,* som er godkjent av Hagen, finner vi følgende beskrivelse av Hagen:

> «Han er intet fløymenneske i streng ideologisk forstand. Han er pragmatisk, og tilpasser seg forholdene alt etter hva som vil tjene partiet rent oppslutningsmessig» (s. 127-28).

Hvordan kan et parti med så mange motstridende interesser holde seg samlet? Det kunne det ikke. Man kan allikevel ikke si at partiet sprakk, det som skjedde utover 90-tallet var at ulike grupper ble sparket ut av partiet, og liberalistene var de som forsvant først. I 1993 reiste Hagen rundt i lokallag og fikk oppslutning om en resolusjon som var stikk i strid med partiprogrammet, et program som i stor grad var preget av liberalistenes ideer, men som etter Hagens oppfatning nå var modent for utskiftning. Og han hadde ikke tid til å vente på neste landsmøte.

Selvsagt hadde han ikke noen problemer med å få flertall for denne resolusjonen i alle fylkeslag. På landsmøtet på Bolkesjø i april 1994 kom det formelle bruddet mellom liberalismen og FrP. (Det reelle bruddet kom med omleggingen på slutten av 80-tallet, selv om dette ikke ble tydelig før tidlig på 90-tallet.) Allikevel beskriver FrP seg fortsatt, selv i 2002, som liberalistisk. FpU hadde et langt større innslag av liberalister enn moderpartiet, og ledelsen i FpU sørget da også for at FpU ble vedtatt nedlagt på landsmøtet i 1994. FpU ble dog opprettet igjen av ledelsen i moderpartiet dagen etter, selvsagt med en helt ny ledelse.

Kjetil Wiedswang kommenterte meget innsiktsfullt forholdet mellom liberalistene og FrP i en artikkel i Dagens Næringsliv 20. april 1994. Under overskriften «Et hederlig kuppforsøk» sa han at det liberalistene gjorde var å forsøke å kuppe partiet, og at dette ikke kunne lykkes – antall liberalister var alt for lite:

> «Opplegget var klassisk: Et parti i uten ideologi og organisasjon. Inn kommer en gruppe intellektuelt oppegående og taktisk

dyktige mennesker som tilsynelatende har alt partiet mangler. De får tillit ved å snakke mye om fritt marked og formynderstat. Haken ved det hele er at ideologien de holder seg med, liberalismen, har et velgerpotensiale i Norge omtrent på nivå med RV, hvis det er så høyt. De ligger politiske lysår fra Fremskrittspartiets velgere. Dermed var det ikke rart i det hele tatt at Fremskrittsvennene ble forferdelig sinte, da de oppdaget hva som hadde skjedd. Her har man en slags bevegelse, hvor den politiske mavefølelse sier at narko-selgere bør henrettes etter standrett, og at muslimer og andre sotrør bør sendes i bulk tilbake dit de kom fra. Når man plutselig oppdager at tilhengere av åpne grenser og fri hasj har jobbet seg helt opp i partiledelsen, er det ikke rart det skaper endel opphisselse. Det var dette oppgjøret som endelig kom på Bolkesjø. Stutum har ikke lest *Kildens utspring* av Ayn Rand og han abonnerer ikke på The Economist. Det imponerende er egentlig at de kom så langt som de gjorde. Som kuppforsøk var det ikke dårlig i det hele tatt.»

Etter at liberalistene var sparket ut av partiet, fortsatte Hagen å gjøre det som folket via meningsmålingene ga uttrykk for at de ønsket. Han snudde kappen etter vinden, og partiet vokste og vokste. Da den mer primitive innvandringsmotstanden begynte å være en hemsko for Hagens ønsker for partiet, sparket Hagen de medlemmene som var sterkest profilert som innvandringsmotstandere (Kleppe, Simonsen, og deres allierte) ut av partiet i år 2000. Også F. F. Gundersen, som på mange vis hørte til i denne gruppen, trakk seg ut av partiet omtrent samtidig.

Ingen partier har vært igjennom så mange avskallinger som FrP – det er feil å snakke om splittelser som i tilfellet Venstre, men i motsetning til det som skjer når andre partier gjennomgår slike prosesser, øker FrPs oppslutning hver gang en gruppe avskalles.

Hagen har altså eksplisitt reorientert partiet: Han har i 2001 beskrevet Høyre som et fløyparti, og sier at FrP befinner seg mellom Arbeiderpartiet og Høyre. I en periode beskrev Hagen også FrP som det parti som var Einar Gerhardsens rette arvtager. Hagen er en mann som er blottet for politiske prinsipper. Han er kun ute etter en ting. Og det er

398

ikke makt, han er ute etter posisjon. Hans høyeste ønske er å bli statsråd. For å oppnå dette gjør han hva som helst: han er pr 2002 blitt motstander av privatiseringer, han er blitt tilhenger av u-hjelp, han samarbeider med SV om økede bevilgninger til barnehaver, osv. Høyres leder Jan Petersen ga i 2002 denne meget treffende beskrivelsen av FrP:

«Før befant FrP seg på ytterste høyre fløy. Nå er det overalt.»

Fri og frank

F. F. Gundersen (1934-2011) var kjent som økonomisk liberalist allerede fra slutten av 60-tallet. Gundersen, som var professor i juss ved handelshøyskolen i Bergen, skrev ofte i Morgenbladet, Farmand, Aftenposten og Kapital. Han var opprinnelig med i Høyre, men meldte seg ut med brask og bram en gang på 70-tallet. Han stilte på valglister for FrP fra 1981, men meldte seg ikke inn i partiet før ca 1990. Omkring 2000 tilhørte han en gruppe som Hagen ikke lenger ønsket å ha i partiet. Noen av disse ble ekskludert, men Gundersen meldte seg ut.

I 1981 utga han en samling av mange av sine ypperlige artikler, *Om å bruke andres penger – en innføring i norsk parasittøkonom*i, og de hadde titler som «Hvorfor NORAD bør nedlegges», «Falskmyntere fra Mephisto til Keynes» og «Studentene med sugekopper på Staten». Han skrev også en serie på fire briljante artikler i Morgenbladet i april 1980 som svar på Erik Dammans idiotiske *Revolusjon i velstands-samfunnet,* en bok som var ment som en mer stringent og teknisk videreføring av argumentene i den dessverre meget innflydelsesrike boken *Fremtiden i våre hender.* Dammans prosjekt går kort fortalt ut på at man bør ignorere økonomiske lover og økonomiske årsaks-sammenhenger, og når Gundersen fastslo at forsøkte man dette ville det ende med katastrofe, svarte Damman kun at «vi kan ikke gi opp, vi må forsøke å skape en bedre verden» (dette er ikke et ordrett sitat). Dammans prosjekt er altså intet annet enn ren ønsketenkning.

Gundersen var selvfølgelig en intellektuell kapasitet, men han var kun økonomisk liberalist og på flere områder hadde han eksplisitt ikke-liberale standpunkter. Han likte å få oppmerksomhet, og klarte det også, men aldri på viktige saker. For eksempel fikk han store oppslag i Dagsrevyen og i avisene da han varslet at han skulle ta med seg en vinflaske mer enn norsk lov tillot gjennom tollen; han hevdet at han hadde rett til dette i og med visse EU-bestemmelser som Norge hadde godtatt.

Dagbladet hevdet en gang at siden Gundersen var en intellektuell kapasitet, så kunne man forvente visse interessante ting fra ham i politikken, men dessverre drev han kun med det Dagbladet beskrev som «snurrepiperier». Allikevel holdt han en rekke gode innlegg fra Stortingets talerstol, og han samlet noen av disse i boken *Fri og frank på tinget.*

Det er hevet over tvil at Gundersen var en viktig person i den norske liberalismens historie, men dessverre fikk hans karriere en uheldig avslutning. Etter utmeldelsen av FrP i 2001 lot han seg lure til å «overta» Det Liberale Folkepartiet. Gundersen, som nå ikke lenger var med i FrP, ønsket å stille til stortingsvalget høsten 2001, men han ønsket ikke å stifte noe nytt parti på grunn av det betydelige arbeid som er forbundet med å stifte et parti (for eksempel må det samles inn et stort antall underskrifter fra sympatisører). Det enkleste ville være å overta et lite parti, legge om partiets politikk, og så stille til stortingsvalget under dette partiets navn – da ville man slippe å samle inn underskrifter etc.

Da var det at en person som påstod at han «eide» DLF, Tor Ingar Østerud, tok kontakt med Gundersen og sa at han var villig til å la Gundersen og de andre eks-FrPerne overta DLF. Avtalen mellom disse ble inngått over en kopp kaffe som Gundersen spanderte på Østerud, og overtagelsen ble humoristisk fremstilt i pressen som om Gundersen kjøpte DLF for en kopp kaffe. Østerud hadde riktignok en gang sittet i DLFs sentralstyre, men han hadde ingen eiendomsrett til DLF. Gundersen ble visstnok raskt fortalt at han hadde blitt lurt til å kjøpe tyvegods, men han fortsatte allikevel å kjempe for retten til DLF. Ulike versjoner av denne saken var for retten flere ganger, og Gundersen led nederlag hver eneste gang. Prosessen ble etter hvert en farse*.

Personlige betraktninger fra FrP-tiden
Som nevnt var jeg i et par år nært involvert med alle toppfolkene i FrP, og jeg kunne observere dem på nært hold. Det var klinkende klart at Hagen var svært dyktig. Han hadde en enormt god hukommelse, en

---

* Hele denne prosessen om Gundersen & cos forsøk på å overta DLF er grundig beskrevet i Trond Johansens artikkel om DLFs historie i denne boken.

kolossal arbeidskapasitet, og han gjennomførte det han ønsket uansett hva andre i partiet måtte mene. Sine egne standpunkter fikk han også gjennomført i saker hvor han til å begynne med hadde store flertall imot seg. Nå synes ikke jeg at dette uten videre er kritikkverdig – det kommer an på hva man bruker makten til. Hvis man bruker slik makt for en god sak, så er dette ikke bare akseptabelt, men beundringsverdig. Men det Hagen ønsker er kun en ting: han vil ha oppslutning. Og dette ikke for å gjennomføre politiske prinsipper han står for, han vil bruke dette for selv å få posisjon og innflydelse. Det som fascinerer ham er det politiske spillet, det å få gjennomslag for bestemte politiske prinsipper er av mindre viktighet for ham.

De unge i FrP ble i pressen fremstilt som bok-liberalister, et uttrykk som skulle bety at de var beleste. Det var de ikke. De likte å diskutere liberalistisk teori, men ingen av dem hadde noen spesiell innsikt i eller kunnskap om liberalistisk teori eller liberalismens historie. Det var dog en bok nesten alle hadde lest, og det var *Kildens utspring*. Dvs. det var også noen som ikke leste denne boken; de sa at de ikke ville lese en bok som alle anbefalte. Men det var en person som virkelig var belest og kunnskapsrik, og det var Jan Arild Snoen.

Da jeg begynte på Stortinget etter brakvalget i 1989 – da stortingsgruppen økte fra 2 til 22 – trodde jeg at det ville være en overvekt av liberalister i den nye stortingsgruppen. All retorikken var liberalistisk, partiprogrammet var liberalistisk, pressen beskrev FrP som et liberalistisk parti, de hadde tatt opp en rekke saker fra et liberalistisk perspektiv (opphevelse av radio- og TV-monopolet, privatisering av kraftmarkedet, varsel om problemer i folketrygden, etc.), praktisk talt alle de intelligente menneskene i partiet var liberalister, etc. Min oppfatning var da at Hagen tronet over det hele som en slags klok og modererende vismann, og at han så på sin oppgave som å sørge for at de entusiastiske unge kjørte frem i et passende tempo. Jeg visste at det fantes innvandringsmotstandere i partiet, men jeg regnet med at disses innflydelse var null.

Meget raskt fant jeg dog ut at det var liberalistene som praktisk talt ikke hadde innflydelse i FrP. Behandlingen av en rekke saker i stortingsgruppen, saker hvor man virkelig kunne stå for et liberalistisk alternativ, endte med at FrP valgte en sosialdemokratisk løsning. Noen eksempler: Folketrygden hadde problemer, og regjeringen Syse foreslo en del reduksjoner. Det må her skytes inn at før valget i '89 hadde Snoen og Wara utredet folketrygden, og kommet til at store innsparinger var nødvendig. Dette hadde ført til et stort oppstyr i pressen, men alle innså at Snoen/Wara hadde rett, noe som ga dem og partiet øket respekt. Men nå var det alvor – FrP kunne nå handle der hvor det før hadde snakket. Og FrP valgte å gå imot Syses kloke forslag; FrP kunne ikke være med på at noen ville få litt lavere pensjoner. Syse forslo også reduksjoner på subsidiene til hurtigruta. FrP gikk imot reduksjonene. Syse forslo reduksjoner på subsidiene til NSB. FrP gikk imot. Et forslag om å gi støtte til en ny flyplass på Leirin fikk såvidt flertall i FrPs gruppemøte. Dette var en sak som Peder Ramsrud kjempet for, og den av representantene som ga den avgjørende stemmen til støtte for Ramsrud var F. F. Gundersen. Og hvorfor? Han syntes at Ramsrud hadde fått så mange nederlag i gruppen – han hadde tidligere kommet med en rekke forslag om å gi støtte til diverse tiltak, spesielt til bygdene og til landbruket, og alle disse var blitt nedstemt – at han (Gundersen) denne gangen støttet Ramsrud fordi han syntes synd på ham.

Dette var typisk. I en lang rekke saker stemte FrP mot nedskjæringsforslag fra regjeringen Syse. I det store og hele påførte FrP regjeringen så mange nederlag at den gikk av, og Gro Harlem Brundtland ble igjen statsminister fra november 1990.

I 1990 skrev Gundersen en artikkel i partiavisen Fremskritt hvor han stilte spørsmålet om man noen gang ville få bred folkelig oppslutning om liberalismen, og han svarte negativt på dette. Hans poeng var at bred oppslutning om liberalisme får man først den dag folk flest hadde fått god innsikt i sosialøkonomi, og siden kunnskap om sosialøkonomi er for komplisert til å få bred utbredelse, mente han at vi aldri ville kunne få bred oppslutning om liberalismen. Jeg skrev et svar hvor jeg påpekte at det som styrer folk ikke er innsikt i sosialøkonomi, det som styrer dem er deres moralske grunnholdning. Slike grunnholdninger er ikke fastlåste – det har jo vært perioder hvor vi har hatt andre grunnideer enn de som dominerer i dag, og vi har derfor har hatt perioder hvor frihet i større grad har vært akseptert. Gundersen svarte ikke på mitt tilsvar, og da jeg traff ham noen uker etter at min artikkel hadde stått på trykk, spøkte han med temaet og sa at dersom han hadde skrevet et svar, ville han ikke ha vært en seriøs akademiker.

Underforstått: hans syn var at seriøse akademikere ikke kan diskutere Objektivistiske ideer.

Jeg traff Gundersen tilfeldig på gaten en del måneder etter at liberalistene hadde forlatt partiet, og vi snakket litt sammen. Han var tydelig nedslått over utviklingen. Han sa mht. det intellektuelle nivå hos de nye unge at «det er ikke som det var».

Tor Mikkel Wara var den aller dyktigste av de unge, men han forlot politikken i 1993 etter kun én periode på Stortinget. Allikevel holdt han et foredrag for Fridemokratene i 1997 hvor han fortalte om FpU-tiden Han beskrev de ivrige unge som «idealister med Ayn Rand i blikket». Men i et stort intervju like etter sa han om FpU-tiden at «Vi leste ellers mye av de klassiske liberale filosofene, som Friedrich von Hayek, Karl Popper og Milton Friedman». (Norsk Playboy, mars 1998, s. 35). Nå, foran et stort publikum, langt større enn det han hadde hatt hos Fridemokratene, nevnte han av en eller annen grunn ikke Ayn Rand, som var praktisk talt den eneste filosofen FpUs medlemmer hadde lest.

Ingen av de fremtredende liberalistene fra FpU er fortsatt med i politikken på den liberalistiske siden (Skjervengen, Wara, Fåne, Wibe, Grøntun er alle borte). De som fortsatt er engasjert i politikken er medlemmer av Høyre (Snoen, Christiansen) eller Venstre (Pleym Christensen). Det ser dog ut til at Snoen vil kunne få en interessant skribentkarriere; han har skrevet en rekke gode kronikker for Dagbladet, VG, og Aftenposten. Snoen skrev også en biografi om Hagen, *Kong Carl,* og den var vel et slags «takk for sist» etter stridigheter mellom dem av typen omtalt ovenfor. Det ser dog ut til at vi også kan forvente interessante bøker fra Snoen i tiden fremover. Snoen var også i flere år redaktør for tidsskriftet Ideer om frihet, som han la ned våren 2000.

Fridemokratene

Etter FrPs landsmøte på Bolkesjø, hvor FrP formelt sluttet å være et liberalistisk parti, melde fire av stortingsrepresentantene (Ellen Christiansen, Roy Wettestad, Steffen Bråthen, Oscar Hillgar) seg ut av partiet. Kun en av disse kan beskrives som liberalist (Christiansen), mens for eksempel Hillgaar snart meldte seg inn i Arbeiderpartiet. Som nevnt var det liberalistene i FrP som var partiets elite – det var disse som hadde ideologien, det var disse som hadde respekt i pressen og i akademia, og foruten Hagen var det disse som hadde kjente ansikter.

Det kom derfor raskt planer om at liberalistene burde danne et nytt parti, og det første møte ble holdt på Stortinget allerede i april 1994. Initiativtager var Jan Arild Snoen.

Fridemokratene ble dannet i Oslo i juni 1994, og det var stor jubel blant det store antall delegater på dette stiftelsesmøtet. Innledningsvis lå det i kortene at alle de «gamle» fremtredende liberalistene, i første rekke Skjervengen og Wara, skulle være med i Fridemokratene (FRI). Det var også meningen at Skjervengen skulle holde en tale på det første store møtet i FRIs regi, men han meldte avbud; han skulle være gjest i et bryllup. Det viste seg raskt at ingen av de fremtredende liberalistene som var nonelunde kjente fra FrP ble med i Fridemokratene. Til leder ble Ellen Christiansen valgt, og etter kort tid hadde FRI lokallag i ti fylker, og det var stor aktivitet frem til den første ildprøven: kommunalvalget i 1995. Ved energisk innsats, spesielt fra den meget aktive og joviale, men for eksentriske Bent Johan Mosfjell, som var sekretær i Oslo Fridemokrater, hadde man klart å samle inn nok underskrifter til å stille til valg i hele ti fylker. Viktigst var selvsagt valget i Oslo.

Under valgkampen hadde FRI en bemannet valgbod på Karl Johans gate hver dag, FRI deltok på skoledebatter og gjorde det bra. Men FRI slapp ikke til i radio og i TV. Selve valgresultatet ble en katastrofe: i Oslo fikk FRI kun ca 760 stemmer, og dette var en god del mindre enn de ca 5000 stemmer man trengte for å få inn en representant i Oslo bystyre.

Etter dette mistet de fleste av medlemmene interessen for Fridemokratene, og etter mitt syn kom spikeren i likkisten da man på landsmøtet i 1996 vedtok ikke å danne parti likevel. Det hadde som nevnt ligget i kortene at man skulle danne parti, men det dårlige valgresultatet, som for mange av FRIs medlemmer kom som en stor overraskelse, fikk de fleste til å tro at det var for tidlig å danne et liberalistisk parti i Norge.

Man valgte således å legge planene om å danne parti på hyllen, og i stedet skulle FRI bli en liberalistisk organisasjon, dvs. en slags diskusjonsklubb og konferansearrangør. På landsmøtet i 1996 sa Ellen Christiansen Nei til gjenvalg som leder, og ny leder ble Jon Henrik

Gilhuus. Det var noe uenighet om hvorvidt man allikevel skulle danne parti. Den fremste talsmann for at man skulle danne parti likevel var Arne Lidwin, men hans fløy ble nedstemt. Det partitilhengerne da gjorde var å melde seg inn i DLF, og på kort tid var DLF blitt til et liberalistisk parti. DLF stilte til valg i 1997, men resultatet ble meget dårlig, og etter dette var ikke aktiviteten i DLF særlig høy.

Fridemokratene sprekker

Det ble raskt klart at det var to ulike fløyer i FRI. Disse hadde stort sett de samme politiske standpunkter, men det var uenighet om vektleggingen av ulike spørsmål, og det var også uenighet om visse strategiske valg. Uenigheten gjaldt dels hvor stor vekt man skulle legge på slike ting som fri narko og fri porno, og dels hvorvidt man skulle legge vekt på sammenhengen mellom frihet og frihetens idémessige basis, eller om man skulle ignorere denne sammenhengen og kjøre en mykere og mer pragmatisk og prinsippløs linje. Et av temaene på FRIs landsmøte i 1997 var en diskusjon om disse to ulike linjene, og innledere til diskusjonen var Jan Arild Snoen og jeg. (Det innlegg jeg holdt ble trykt i AERA nr 2/97 under tittelen «Frihet og egoisme».)

Etter landsmøtet ble det en meget livlig diskusjon på FRIs e-maildiskusjonsliste, og tonen i innleggene skrevet av mange av de som delte Snoens syn var slik at de som ikke delte dette synet etter hvert kom til at det ikke lenger var formålstjenlig å arbeide innenfor FRI. En betydelig gruppe forlot da FRI, og FRI ble enda svakere. Etter hvert ble FRI en rendyrket libertariansk gruppe.

La meg avslutningsvis si noen ord om endel andre kjente nordmenn som kan klassifiseres som liberalister.

Egil Bakke

Bakke (f. 1927) har i mer enn tyve år vært en utrettelig talsmann for mer markedsøkonomi, mer konkurranse og mer frihandel. Han skrev utallige artikler, og noen bøker, om frihetens velsignelser. Han var i mange år (1984-1995) leder for Prisdirektoratet/Konkurransetilsynet. Nå er det i strid med liberalismen å ha et konkurransetilsyn, men i en gjennomregulert økonomi som den norske er det i hvert fall et gode at lederen i et Konkurransetilsyn både er tilhenger av konkurranse og forstår at det er i hovedsak statlige inngrep som hindrer konkurranse.

I forordet til artikkelsamlingen *Fritt rettferdig samfunn* (1985) sier han at han «alltid prøver å forsvare helheten og fellesskapet mot sektorenes særinteresser». Bakke forsvarer altså ikke individet mot tvang og overgrep, Bakke støtter det han mener er best for helheten – han er altså utilitarianer, på samme måte som en rekke andre liberalistiske økonomer, for eksempel Mises. I samme bok sier Bakke også at «Den inntekt som skapes i samfunnet bør være rimelig jevnt fordelt» (Bakke 1985, s. 79). Han sier altså ikke at individet bør ha rett til å beholde fruktene av sitt arbeid. På den annen side sier han i boken *Hvor mye politikk tåler Norge?* (1995) også at

«det viktigste ved markedsmekanismen [er] ikke at den fører til effektivitet, men at den er en samfunnsform som moralsk er mer høyverdig en noe annet kjent og anvendelig system» (s. 10).

Denne boken inneholder et kapittel med tittelen «Markedets moralske egenskaper», og her sier han at «... det er galt [å påstå] at markedsmekanismen forutsetter egoisme». På den annen side sier han også om et system basert på altruisme at «en slik politikk er ikke gjennomførbar» (Bakke 1995, s. 107). Nå er det slik at ethvert politisk syn nødvendigvis må bygge på mer fundamentale holdninger, og en bred oppslutning om rasjonell egoisme i et samfunn er en nødvendig forutsetning for å oppnå et system basert på respekt for individers rettigheter, dvs. et samfunn med markedsøkonomi. Nå skriver ikke Bakke «rasjonell egoisme», men bokens litteraturliste inneholder Ayn Rands *The Virtue of Selfishness*, så han vet hva han angriper. Når han sier at «det er helt galt å påstå at markedsmekanismen forutsetter egoisme» (Bakke 1995, s. 105), så er dette en avstandtagen til Ayn Rand.

Bakkes hovedbudskap er at markedet klarer seg best selv, og at politikeres inngrep, selv om de er godt ment, praktisk talt alltid gjør vondt verre: «Det foreligger et hav av eksempler på at velmenende statlige sosiale tiltak har bidratt til å skape større problemer og ikke til å løse dem vi har vært opptatt av» (Bakke 1985, s. 68). Bakke sier også at

«... det typiske for disse tjenester [som staten produserer] er at de gis bort uten at de som mottar dem må betale noe. Men pr.

406

definisjon og i praksis vil etterspørselen etter varer og tjenester som deles ut gratis, være uendelig. Med gratis tjenester har politikerne skapt seg en situasjon som gjør at etterspørselen etter det de produserer er ubegrenset. De har skapt en situasjon som for alltid vil være karakterisert av køer og misnøye. De kan ikke produsere seg ut av denne situasjonen» (Bakke 1985, s. 51-52)

Videre:

«Men for det første kan man reise spørsmål om de varer og tjenester det er tale om, virkelig bør gis bort. Både teori og erfaring viser klart at de varer og tjenester som gis bort til null-pris, blir overforbrukt. Det vil oppstå køer på grunn av varemangel, og for å bli kvitt køene vil det oppstå press for å produsere mer. Men køene vil allikevel ikke forsvinne, på grunn av null-prisingen. De samfunnsmessige styringsproblemer denne situasjonen skaper, er formidable. I betydelig grad kan dette problemet løses ved å individualisere fellesforbruket, ved å la hver enkelt forbruker betale etter hvor mye vedkommende forbruker. Det er ikke mulig på alle områder, men hvorfor ikke når det gjelder for eksempel forbruket av videregående undervisning, av kunst og kultur, av underholdning og velferdstiltak o.l.» (Bakke 1985, s. 56)

Hvis vi ser bort fra politi, rettsvesen og forsvar, så tar Bakke feil når han sier at dette – å la hver forbruker betale for sitt eget forbruk – ikke er mulig på alle områder, men ellers er det Bakke sier intet annet enn sosialøkonomisk ABC. Det er meget tragisk at alle land over hele verden hittil har vært styrt av personer og ideologier som later som om disse helt elementære økonomiske lovene ikke finnes. Bakke kommer også med følgende vittige observasjon:

«I visse sammenhenger er det politiske systems tro på folks evne til å tenke og til selv å ta avgjørelser uten grense. Vi forventes å skjære igjennom all politisk svada og treffe riktige valg om hvilket parti vi skal stemme på. Kvinnen skal selv ha det siste ord når det gjelder abort. Ekteskap inngås efter markedsmetoden og mye annet. Men de små ting kan ikke overlates til den enkelte. Om vi skal drikke juleøl eller melk, røyke sigaretter eller stå på rullebrett, så har vi ikke forstand nok selv. Det må andre bestemme for oss» (Bakke 1985, s. 64).

Det som er Bakkes prosjekt er å gjøre elementære økonomiske årsakslover kjent for allmennheten. Men det er dessverre intet som tyder på at han har hatt noen som helst suksess i dette. Dessverre er Bakke også tilhenger av velferdsstaten:

«Det er mange gode grunner for at vi i fellesskap skal hjelpe de svake, de uheldige. En moderne velferdsstat trenger et [statlig, skattefinansiert] sosialt sikkerhetsnett» (Bakke 1985, s. 77).

En ekte liberalist vil til dette si at dersom staten begynner å innføre tiltak for å hjelpe de svake, så gir man fanden lillefingeren, og staten vil da etter hvert påta seg flere og flere oppgaver. Dette fører til at det blir flere og flere lover, større og større byråkrati, stadig økende skatter, og de som klarer seg dårligst i dette systemet er de som virkelig er svake. Et statlig sosialt sikkerhetsnett vil på sikt nødvendigvis gjøre forholdene verre for de virkelig svake. Bakke sier dog helt korrekt at

«Demokrati og frihet er to forskjellige ting. Demokrati er et regelsett for hvordan samfunnets beslutninger skal treffes. Frihet betyr fravær av tvang» (Bakke 1995, s. 148).

Han foreløpig siste bok, *Hvor mye politikk tåler Norge?*, inneholder et noe eksentrisk forslag til en konstitusjonell reform. Han foreslår et skarpt skille mellom utøvende og lovgivende myndigheter, fordi dagens system, ifølge Bakke, innebærer at «flertallet i nasjonalforsamlingen vil ... medvirke til å effektivisere styringsmulighetene til den regjering som er utgått av dette flertallet. Det vil lage lover som ikke representerer et vern for borgerne mot maktmisbruk, men som er konstruert for å ekspandere den utøvende myndighets styringsrett og for å effektivisere styringen» (Bakke 1995, s. 152).

Han mener altså at dagens parlamentarisme er skadelig og må erstattes med prinsipper som er mer i samsvar med Montesquieus maktfordelingsprinsipp. Etableringen av en lovgivende forsamling bør ifølge Bakkes forslag skje ved at hvert år velger de som dette år er 45 år gamle de som skal representere denne aldersgruppe i forsamlingen de kommende 15 år. Kandidater oppnevnes/utpekes av stipulerte forslagsstillere.

Den bevilgende myndighet og den utøvende myndighet velges ved ulike valg. Den bevilgende myndighet samles for maksimalt to måneder for hver bevilgningstermin. Både den bevilgende og den utøvende myndighet velges på grunnlag av enmannsvalgkretser. Det innføres pliktig referendum (folkeavstemning) ved alle forslag om nye lover og regler som innebærer vesentlige forandringer i den enkeltes rett og plikt overfor fellesskapet (Bakke 1995, s. 169).

Dette forslaget bygger i stor grad på et tilsvarende forslag fra Hayek. Men feilen som begås er troen på at man kan få til en omfattende forandring av samfunnet ved å endre de konstitusjonelle spilleregler. Dette er helt feil. Grunnen til at vi er inne i et system med politikere som lover og lover og som bevilger og bevilger, er at folk flest mener at dette er moralsk riktig. At faget sosialøkonomi – og all erfaring – viser at en slik organisering ikke kan oppnå det som er dens mål, reduserer allikevel ikke dette systemets oppslutning. Grunnen er at det ikke er innsikt i sosialøkonomi som styrer de store masser, det som styrer de store masser er deres moralske overbevisning, og når denne overbevisningen sier at begrensninger i individets frihet til beste for fellesskapet er moralsk riktig, vil folk flest kun støtte feilaktige «løsninger» på problemene. Bakkes prosjekt om å undervise folk i økonomi vil derfor ha liten effekt, hvis det ikke samtidig undervises i frihetens moralske grunnlag.

Dessuten forutsetter Bakkes forslag at dagens politikere vil gi fra seg retten til å gi lover, men dette er fullstendig urealistisk. Det som må til er å få aksept for individers rettigheter, og dette forutsetter igjen en aksept av det moralske grunnsyn at hvert individ har full rett til å leve sitt liv slik det selv ønsker (så lenge det ikke krenker andres rettigheter) og ikke har noen plikt til å tjene eller underkaste seg andre. Først når denne moralske grunnholdningen begynner å få en bred oppslutning i befolkningen, først da vil partiene etter hvert begynne å fremme forslag som er i samsvar med dette. Og først da vil vi få den lovmessige basis for et fritt samfunn.

Jeg tror nok at det er umulig å gå bort fra dagens system med alminnelige valg, og det er heller ikke nødvendig eller ønskelig. Men en forandring som bør gjennomføres så tidlig som mulig er at hver stemme skal telle like mye: i dag teller stemmene fra folk i byene langt mindre ved valg enn stemmer fra folk i distriktene.

Som enkelte andre liberalister tror Bakke også på folke-avstemninger. Dette til tross for at det er intet som skulle tyde på at et flertall har rett eller er klokt. Øket bruk av folkeavstemninger vil etter mitt syn føre til at det vedtaes større offentlige utgifter og lavere inntekter/skatter – det er kort sagt en oppskrift på katastrofe. Et system med partier i en nasjonalforsamling vil også oppføre seg uansvarlig, men vil være mindre uansvarlige enn den politikken som vil bli resultatet av folkeavstemninger.

Bakke snakker om den enkeltes plikter overfor fellesskapet. En konsekvent liberalist vil si at den enkelte ikke har noen forpliktelser overfor andre mennesker, annet enn å la dem være i fred, dvs. respektere andre individers rettigheter. Begynner man å godta at den enkelte har plikter overfor fellesskapet, er det ingen ende på all de byrder som vil bli lagt på den enkelte til «helhetens beste».

Vennerød

Christian Vennerød var blant de som drev det venstreanarkistiske bladet Gateavisa fra tidlig på 70-tallet. Innholdet var artikler så og si utelukkende om anarkisme, dvs. det var infantilt vrøvl, men et av numrene inneholdt en artikkel om den såkalte høyreanarkisme, dvs. den selvmotsigende forestillingen om kapitalisme uten stat. Jeg vil tro at noen i Gateavisa, blant dem Vennerød, ble interessert i dette temaet, og det er tydelig at Vennerød gjennomgikk en forvandling fra anarkist til liberalist.

I 1982, mens han var anarkist, utga han boken *Arbeid mindre – lev mer*, hvis budskap var at man burde arbeide mindre og leve mer. Han så altså en motsetning mellom arbeid og liv, og erklærte seg som arbeidssky. I et foredrag som han holdt på Blindern i forbindelse med lanseringen av boken (jeg var til stede), skrøt han av land som hadde høye trygder for arbeidsløse.

410

Men han har utviklet seg. Han er nå liberalist, og som grunnlegger og redaktør av tidsskriftet Dine Penger har han gitt vanlige folk gode råd om hvordan de kan spare penger – hvordan investere, hvordan redusere skatt, etc. – men han har også brukt bladet som et utgangspunkt for stadige angrep på velferdsstaten. Han har skrevet artikler og kommentarer som eksplisitt har hyllet for eksempel Thomas Jefferson. Høsten 2001 holdt han et glimrende foredrag* om rettighetsteoriens utvikling fra John Locke til Ayn Rand på Fridemokratenes høstkonferanse.

Men han har, i hvert fall foreløpig, problemer med å kvitte seg med anarkist-etiketten. Han kaller seg fortsatt anarkist, og dette til tross for at han til og med er tilhenger av en viss mengde statlige inngrep i økonomien.

Myhre og Sørensen

Det har altså vært enkelte liberalistiske økonomer og politikere i Norges historie. Men finnes det andre, for eksempel skjønnlitterære forfattere eller akademikere? Ja, det finnes én forfatter: Øyvind Myhre. Han er sivilingeniør, men også «hadelending av herkomst og overbevisning». Myhre er ekte liberalist, og skrev i årene fra 1974 en rekke romaner, først rene science-fiction-fortellinger, som også hadde et politisk innhold. Han debuterte med *Aster* i 1974. Handlingen foregår på en annen planet og stiller individet og de få opp mot de små og de mange. I *Sneen på Nix Olympia* (1975) gjør de som har gjort Mars beboelig opprør mot den kvelende fellesskapsideologien på jorden. Senere kom actionromaner som *Sabotørene* (1978) og *En himmel av jern* (1980). Spesielt interessant er kanskje fremtidsromanen *1989* (1982), hvor «Norge styres av en kriseregjering, Gro og Kåre har delt makta mellom seg. Men landet er på vei mot fascismen: terrorgrupper herjer i gatene, folk forsvinner, arbeidsløsheten er stigende. Byråkratiet og de offentlige datasentralene prøver å få det hele under kontroll. Oljeavtalen med Sovjet er trådt i kraft...». Myhre er altså ikke noen god spåmann, men han er meget vittig i *Følge en drøm* (1984).

Kanskje mest interessant for oss er *Makt* (1983), hvor Myhre beskriver maktkampen mellom Attilla og heksedoktoren, Ayn Rands

---

* Jeg sier mer om dette foredraget i artikkelen om DLFs historie.

arketyper på maktmennesker: de som vil styre med fysisk tvang (Attilla), og de som vil styre med psykisk makt (heksedoktoren). Myhres bøker ble godt mottatt av kritikerne.

La oss også si noen ord om Øystein Sørensen, som nå er professor i historie ved UiO. I en kort periode i sin ungdom (tidlig på 70-tallet) var han med i AKP, men han trakk seg raskt ut. Han ble etter hvert interessert i liberalistiske ideer, og skrev boken *Ideer om frihet* (1986), som er en nokså god gjennomgang av liberalismen. Boken forteller om hva liberalismen er og hvilke løsningsforslag den har til noen av dagens samfunnsproblemer. Den går også igjennom liberalismens historie. Boken har dog et par vesentlige svakheter, for eksempel er Mises kun nevnt som Hayeks lærer, mens Hayek får bred omtale. Sannheten er at Hayek nærmest er ubetydelig i forhold til Mises.

Sørensen skrev også flere andre bøker: en om Schweigaard, hvor han korrigerer oppfatningen av Schweigaard som liberalist, og en bok – *Fra Marx til Quisling* – om sosialister som under Tysklands okkupasjon av Norge ikke hadde ideologiske motforestillinger mot å bli med i nazipartiet Nasjonal Samling. Han skrev også et essay om liberalismens historie i Norge for tidsskriftet Ideer om frihet. Sørensens prosjekt har helt klart vært å korrigere den tradisjonelle historieskriving, dels slik at liberalistiske ideer blir fremstilt på en korrekt måte, og dels slik at den nære forbindelsen mellom fascismen og sosialismen blir tydelig.

Bøker og tidsskrifter ikke nevnt ovenfor
Antall liberalistiske bøker som har kommet ut på norsk er dessverre svært lite, men til gjengjeld er det kommet ut en rekke forskjellige, men kortlivede, tidsskrifter. Hayeks *Veien til trelldom* ble utgitt av Dreyer forlag i 1949, oversatt av Gunnar Røed. Samme år kom Ayn Rands *Kildens utspring*, oversatt av Johan Hambro og utgitt av Aschehoug. Denne klassikeren ble utgitt på nytt i 1982 av Midas forlag. Bak Midas sto Tore Bøckmann og Klaus A. Nordby. For denne nyutgaven hadde Bøckmann sterkt forbedret Johan Hambros ganske mangelfulle oversettelse. Midas forlag ga i 1984 også ut Bøckmanns oversettelse av Ayn Rands *Anthem*; norsk tittel ble *Høysang*. Kagge forlag publiserte en norsk oversettelse av *Atlas Shrugged* i år 2000 under tittelen *De som*

beveger verden. NÅ forlag utga i 1981 Ludwig von Mises` *Det planlagte kaos*, oversatt av Trond Ruud. Henry Hazlitts klassiker *Economics in one Lesson* ble i 1997 utgitt på norsk under tittelen *Økonomi på en-to-tre*. Oversetter var Knut Mønnesland, utgiver var Fridemokratene.

Tidsskriftet Ideer om frihet kom ut i perioden 1980-2000. Redaktører var Lars Petter Nordbakken (1980-81), Sigmund Knag (1982-84), Jan Sommerfeldt Pettersen (1985-92), og Jan Arild Snoen (1993-2000). Tidsskriftet inneholdt til dels originale artikler og til dels oversettelser fra i hovedsak amerikanske liberalister. Flere av artiklene opprinnelig publisert i dette tidsskriftet ble utgitt i en bok i år 2000.

Fra 90-tallet kom det ut flere forskjellige tidsskrifter, blant dem Nyliberalen, Fri politisk journal, Ama-gi*, Nytt paradigme og Liberal. Alle disse hadde en relativt kort levetid. Nyliberalen var en norsk versjon av de svenske tidsskriftet med samme navn. Det norske Nyliberalen kom ut i årene 1995-1997 med i alt elleve utgaver. Redaktør var Lars William Saure. Fri politisk journal kom ut med to numre, ett i 1994 og ett i 1995. Redaktør var Pål Moen. Ama-gi kom ut med tre numre, ett i 1998, ett i 1999, og ett i 2000. Redaktører var Kristian Norheim og Kristine Løwe. Tidsskriftet Nytt Paradigme kom ut med to numre i 2005. Redaktør var Bent Johan Mosfjell.

DLF utga tidsskriftet Liberal i perioden 2003-2015. Redaktør var Vegard Martinsen. FSOs newsletter AERA så dagens lys i 1982, og er fortsatt i live; selv om utgivelsestakten er noe varierende.

Avslutning
Av de jeg har omtalt: Hvem er da egentlig liberalister? Jeg vil si at en liberalist er en som ønsker en stor grad av frihet. Og frihet er selvbestemmelse for individer. Dette er kontroversielt i dag, det vanlige synet i dag er at et samfunn er fritt dersom det er «demokratisk kontroll med statsmakten» (Sørensen 1988, s. 18). Etter mitt syn er dette vanlige synet helt feil. Dette synet er et resultat av et kollektivistisk utgangspunkt. Frihet er etter mitt syn retten for individer til å styre seg

---

*Fra bladets kolofonside: «Ama-gi er den eldste skrevne utformingen vi kjenner av ordet frihet. Det er tatt fra en leirtavle som må ha blir skrevet omkring år 2300 før Kristus i den sumeriske bystaten Lagash.»

selv. Men hvordan kan samfunn organiseres i samsvar med dette? Jo, da må det organiseres i samsvar med teorien om individers rettigheter.

En liberalist er en som i stor grad er tilhenger av individers rettigheter, en som støtter arbeidet for å styrke respekten for individers rettigheter. Disse rettighetene har mange implikasjoner, og selv om noen er tilhenger av øket respekt for rettigheter på noen avgrensede områder, så er dette ikke nok til å beskrive dem som liberalister. Lars Roar Langslet kan ikke beskrives som liberalist selv om han som kulturminister klarte å oppheve NRK-monopolet og å innføre privat radio/TV, til stor motstand fra Arbeiderpartiet og SV. Dette var en bragd, men ikke nok til å klassifisere ham som liberalist. Men det er noen som er tilhengere av respekt for eiendomsrett, mht. produksjon og handel, og som ønsker at staten ikke skal legge hindringer i veien for eller regulere næringslivet, og disse vil jeg si man kan karakterisere som økonomiske liberalister. Alle ekte liberalister er også økonomiske liberalister, men de som kun er økonomiske liberalister er ikke liberalister på andre områder.

Så, hvem er liberalister av dem vi har omtalt?

Jeg vil si at noen er liberalister: Jaabæk, Hoff, Myhre, Vennerød. Noen er kun økonomiske liberalister: F.F. Gundersen og Egil Bakke. Blant liberalister er det faktisk tre retninger. Noen liberalister er tilhengere av frihet med utgangspunkt i menneskets natur som rasjonelt vesen: for å kunne bruke sin rasjonalitet må mennesket ikke utsettes for initiering av tvang, dvs. dets rettigheter må respekteres. Disse er tilhengere av dyder som rasjonalitet, produktivitet, integritet, osv., og hevder at frihet er et resultat av en kultur hvor disse ideene står sterkt. Disse vil hevde at frihet – et fritt samfunn – er kulminasjonen av en rasjonell sivilisasjon.

Så finnes det frihetstilhengere som hevder at frihet er nødvendig siden det ikke finnes objektive normer for rett og galt – disse sier at alt er like godt eller like dårlig, at man bør ha frihet til å gjøre sin egen greie, liksom. Disse er tilhengere av frihet på et subjektivistisk grunnlag. Alle liberalister er tilhengere av full legalisering av pornografi og narkotika, men kun subjektivistene vil se på disse «godene» som goder på lik linje med andre goder, som for eksempel produktivt arbeid.

Så er det den tredje gruppe liberalister, de som ser på frihet som noe naturgitt, og som derfor kommer til å legge betydelig vekt på

414

tradisjon. Hvis vi ser på liberalister i Norge, så er de nå organisert tre steder: Noen er i DLF, noen er i Fridemokratene, og noen er i de vanlige partiene (Høyre, Venstre, det er kun helt ubetydelige forskjeller mellom dem). Og for de som kjenner den Objektivistiske inndeling i objektiv, subjektiv og intrinsikal, er dette et interessant poeng.

Dersom liberalister av alle typer finnes i samme liberalistiske organisasjon, vil denne organisasjonen sprekke, og det var dette som var bakgrunnen for at Fridemokratene sprakk noen få år etter opprettelsen.

Sluttord

Ingen av dem jeg har omtalt og som har hatt innflydelse utenfor liberalistmiljøet, er konsekvente liberalister (muligens bortsett fra Myhre), men de er altså blitt regnet som liberalister. Men dette er også hele listen over kjente liberalister i Norge. Totalt seks personer dersom vi tar med de økonomiske liberalistene. Og ingen av disse (altså bortsett fra Myhre) var 100 % konsekvente:

Noen blir feilaktig beskrevet som liberalister: Schweigaard.
Noen brukte liberalismen: Hagen.
Noen har gjort mye for å gjøre liberalismen kjent: Sørensen.
Noen har «undervist» i markedsøkonomi: Bakke, Gundersen.

La oss håpe at dersom et tilsvarende foredrag holdes om 50 år, så kan foredragsholderen da legge frem en mye lengre liste over kjente og konsekvente liberalister enn den jeg kan legge frem.

Litteratur:

Bakke, Egil: *Hvor mye politikk tåler Norge?*, Høyskoleforlaget 1995

Bakke, Egil: *Markedsmekanisme og samfunnsstyring*, Gyldendal, 1980

Bakke, Egil: *Fritt rettferdig samfunn*, Basis forlag, 1985

Brodersen, Arvid (red): *Tanker og ideer: Festskrift til Trygve Hoff*,
  Aschehoug 1975

Bull, Edvard: *Nordmenn før oss*, Tanum 1970

Dahl, Hans Fredrik: *Norsk idéhistorie, bind V: De store ideologienes tid
  1914-1955*, Aschehoug 2001

Ekeberg, Snoen: *Kong Carl*, Kagge Forlag, udatert [2002]

Furre, Berge: *Norsk historie 1914-2000*, Det norske Samlaget 1999

Gundersen, F. F.: *Om å bruke andres penger*, Eget forlag, 1981

Gundersen, F. F.: *Fri og frank på tinget*, Eget forlag, udatert

Hoff, Trygve J. B.: *Fred og fremtid: liberokratiets vei*, Aschehoug 1945

Hoff, Trygve J. B.: *Economic Calculation in the Socialist Society,*
  Liberty Press 1981

Iversen, Jan Martin: *Fra Anders Lange til Carl. I Hagen*, Millennium
  1998

Kvanmo, Rygnestad: *Anders Langes saga*, Samlaget 1993

Nerbøvik, Jostein: *Norsk historie 1860-1914*, Det norske Samlaget 1999

Nissen, Bernt A.: *Vårt folks historie, bind 6: Det nye Norge
  grunnlegges,* Aschehoug 1964

Simonsen, Jan: *Ikke helt A4*, Eger forlag 2003

Slettan, Dagfinn: *Søren Jaabæk og bondevennbevegelsen i Lister og
  Mandals Amt*, Universitetsforlaget 1974

Snoen, Jan Arild (red): *Liberalisme på norsk Ideer om Frihet 1980-
  2000,* udatert [2001]

Sørensen, Øystein: *Ideer om frihet,* Cappelen 1986

Sørensen, Øystein: «Liberalismens historie i Norge - noen hovedlinjer»,
  Ideer om frihet 1982

Sørensen, Øystein: *Anton Martin Schweigaards politiske tenkning*,
  Universitetsforlaget 1988

Vennerød, Christian: *Arbeid mindre – lev mer*, Universitetsforlaget
  1982

DLFs historie i perioden 1972-2001
med spesiell vekt på tiden etter 1996

Skrevet av Trond Johansen, DLFs leder 1997-2001

Publisert på Internett oktober 2017

Forord

Det Liberale Folkepartiet (DLF) vil den 31.12.2017 bli nedlagt, etter å ha eksistert som et begrep i norsk politikk i 45 år. DLF ble aldri noe stort parti. Etter opprettelsen i 1972, med en kort periode med representasjon på Stortinget, har det i årene i ettertid fristet tilværelsen som et mikroparti. DLF har allikevel ved to anledninger satt sine spor i norsk partipolitisk historie, noe som vil behandlet i denne utredningen. Partiet hadde i løpet av sin levetid to distinkt forskjellige ideologier, og er blitt kjent i norsk politisk historie som resultat av splittelser av to Stortingspartier. Det har opplevd å bli stiftet, nedlagt, og opprettet på nytt. Partiet er også, mer ukjent for de fleste, hovedgrunnen til utarbeidelsen av store endringer i valgloven, og opprettelsen av Partiregisteret i Brønnøysund i 2001-02. I partiets liberalistiske periode (1997-2017) var DLF i mange år eneste reelle representant for den liberalistiske ideologien i Norge. FrP forlot liberalismen i 1994, og FriDemokratene tok en kort periode på seg denne oppgaven, 1994-96. Dette siste kan sees på som DLFs største fortjeneste, forvaltningen av liberalismen, og idag har partiet en verdig arvtaker, partiet Liberalistene.

Gamle sosialliberale DLF 1972-1988

DLF ble startet som resultat av splittelsen av Venstre på Venstres landsmøte på Røros i 1972. Hovedgrunnen til splittelsen var spørsmålet om norsk medlemskap i EEC (EU), Venstre var imot, mens utbryterne og det nye partiet var for. Opprinnelig kalte partiet seg Folkepartiet Nye Venstre, men etter protest fra Venstre endret det navn til Det Nye Folkepartiet. DNF hadde en klar sosialliberal sentrumsprofil, og fikk i 1973 3,4% av stemmene, og Ole Myrvoll ble eneste Stortingsrepresentant i partiets historie. Partiet falt ut av Stortinget i 1977, og byttet navn til Det Liberale Folkepartiet i 1980. Etter dette sank DLF ned til å bli et mikroparti, og i 1988 vedtok partiet sammenslåing med Venstre.

DLFs ledere i denne perioden:
1972 – 1973 Helge Seip
1973 – 1978 Magne Lerheim
1978 – 1980 Ingvar Helle
1980 – 1982 Gerd Søraa
1980 – 1982 Øyvind Bjorvatn
1982 – 1986 Alice Ruud
1988   Marit Bjorvatn

Nye sosialliberale DLF 1992-1996
Endel personer som på 80-tallet hadde vært med i DLF, var svært misfornøyd med sammenslåingen med Venstre, og spesielt standpunktet til EF (EU). I 1992 "gjen"opprettet disse partiet, under navnet De Liberale-Europapartiet, som litt senere igjen tok navnet Det Liberale Folkepartiet. Sentrale personer her var Tor Ingar Østerud, Runar Henriksen, Tormod Kolsrud og Svend Albertsen. Disse fire, og en liten kjerne på maksimalt 5-6 personer til, drev dette partiet og stilte til valg i 1993, også denne gangen med et tydelig sosialliberalt sentrumsorientert program. Dette skulle raskt endre seg i tiden etter Fremskrittspartiets splittelse på Bolkesjølandsmøtet (det legendariske Dolkesjø) i 1994.

Fremskrittspartiets splittelse/FriDemokratene 1992-1996
Fremskrittspartiet hadde i årene 1985-1993 beveget seg i stadig mer konsekvent liberalistisk retning, noe som tydelig gjorde utslag i programmene til Stortingsvalgene i 1989 og 1993. Spesielt ungdoms-partiet FpU var preget av sterkt ideologiske liberalister, som stadig fikk mer innflytelse og makt i FrP. De mest kjente av disse var profilerte politikere som Tor Mikkel Wara, Pål Atle Skjervengen, Jan Erik Fåne, FpUs formann Lars Erik Grønntun, og ideologer som Jan Arild Snoen og Vegard Martinsen. Samtidig var det en fløy av partiet som så på dette med sterk misnøye, og ville tilbake til en mer "folkelig" populistisk profil. Partiformann Carl I Hagen prøvde lenge å balansere mellom

disse fløyene, men utover på 90-tallet begynte han å ta side for populistene. Spesielt sterk var striden mellom liberalister på den ene siden, og populister og kristenkonservative på den andre siden, om FrPs innvandringspolitikk. Liberalistene i FrP ønsket friest mulig innvandring, så sant det ikke belastet offentlige budsjetter, motstanderne ønsket en streng innvandringspolitikk, også begrunnet med kulturelle og etniske argumenter. Det siste skapte stor forferdelse i den liberalistiske fløyen, og frykten for et rasist-stempel på partiet var økende.

Dette kulminerte på landsmøtet på Bolkesjø i april 1994, etter en langvarig strid på fylkesårsmøter og i Stortingsgruppen de foregående to årene. Etter landsmøtet forlot de aller fleste aktive liberalister partiet, med de fire Stortingsrepresentantene Oscar D Hillgaar, Ellen Christine Christiansen, Stephen Braathen og Roy Wetterstad i spissen, sammen med nestformann Ellen Wibe. Wara og Skjervengen gikk i passivitet, og forsvant rett etter ut av norsk politikk. FrP opplevde her å miste omtrent 30% av sine aktive medlemmer, FpU nærmere 70%. FpU fulgte opp i juli 1994 med 2/3-flertall å legge ned organisasjonen. (Hagen gjenopprettet FpU dagen etter, med å bruke FrPs paragraf i vedtektene, den såkalte Stalin-paragrafen, for å overprøve lavere partiledds vedtak)

En stor del av de liberalistiske utbryterne fra FrP søkte raskt å organisere seg politisk i noe nytt, og flere modeller ble vurdert, samarbeid med med liberale/liberalister i andre partier, think-tanks og en mer partirettet løsning. Resultatet ble FriDemokratene, som ble opprettet i månedene etter Bolkesjø, med Ellen C. Christiansen som leder, og en god del tidligere aktive FrP-ere med (som de fire Stortingsrepresentantene), men uten sentrale folk som Wara, Skjervengen, Fåne, Wibe og Grønntun. FriDem var i første omgang ment å være en organisasjon som hadde som mål å stille til lokalvalget i 1995. Partispørsmålet fikk vente til etter dette valget. De stilte lister i fylkene Oslo, Akershus, Hordaland og Vestfold, og fikk et svært skuffende resultat, med f.eks. 765 stemmer i Oslo. Entusiasmen i prosjektet falt kraftig etter dette, og på landsmøtet i 1996 ble det vedtatt å ikke søke å bli et parti, men fortsette som en politisk organisasjon. Et mindretall stemte for å gå over til å bli et politisk parti.

Liberalistisk overtakelse av DLF 1996-1997

Umiddelbart etter dette landsmøtet i FriDem, samme kveld, samlet en liten gruppe skuffede FriDem-ere, som hadde vært i mindretall i partispørsmålet, seg på en restaurant i Oslo, og diskuterte veien videre. Stemningen var sterk for å få til oppstarten av et liberalistisk politisk parti. Det ble diskutert om man skulle starte et nytt parti fra grunnen, eller se om det fantes et parti "man kunne ta over". Det eksisterte på det tidspunktet mange mikropartier helt uten aktivitet, som pga. manglende regler for partier på det tidspunktet, aldri opphørte å eksistere. Sentrale i denne gruppen var Terje Lidwin, Arne Lidwin, Trond Johansen, Andreas Wohl, Bernt Olav Rostad, med tilknytning til Oslo/Vestfold, og noen personer fra Hordaland. Vegard Martinsen sluttet seg til denne gruppen litt senere. Et par uker senere oppnådde Terje Lidwin å få kontakt med leder i Det Liberale Folkepartiet, Runar Henriksen, og "partistifter" Tor Ingar Østerud. Disse var svært interessert i et samarbeid, og var mer enn villige til å legge om politikken for å få en tilførsel av nye, høyt motiverte medlemmer. Lite tyder på at disse helt visste hva de begikk seg inn på, og hva liberalismen disse nye medlemmene stod for, innebar.

I mai 1996 samlet så DLF seg til landsmøte i Oslo, med Østerud, Henriksen, Kolsrud og et par andre "gamle DLF-ere" sammen med eks-FriDem-erne Lidwin-brødrene, Johansen, og 5-6 andre.

Det ble valgt et nytt Sentralstyre hvor Henriksen fortsatte som leder, men flere liberalister fikk plass:

Leder: Runar Henriksen
Nestleder: Arne Lidwin
Generalsekretær: Terje Lidwin
Kasserer: Tormod Kolsrud
Styremedlemmer: Tor Ingar Østerud, Jan Fredrik Råkenes, Aina
*   Knutsen*
Varamedlem: Trond Johansen

Det ble videre vedtatt å jobbe for å starte opp nye fylkeslag og stille lister i så mange fylker som mulig i Stortingsvalget 1997. Det gamle sosialliberale programmet fra 1993 ble beholdt, men det ble nedsatt en programkomite for å utarbeide et helt nytt program, som skulle vedtas

420

på landsmøtet i mai 1997. Møtet ble preget av enighet og kompromiss, men liberalistene hadde en klar taktikk med å beholde Henriksen som leder, og la de sosialliberale beholde et 4-3 flertall i Sentralstyret, til tross for et klart flertall av liberalister på møtet. Liberalistene sikret seg dog et 2-1 flertall i programkomiteen for utarbeidelse av nytt partiprogram.

Det påfølgende året ble det i økende grad klart for de "gamle DLF'erne" hva de nye medlemmene stod for politisk. Spesielt ble dette synlig i programkomiteen, hvor liberalistene hadde sikret seg flertall. Med sitt flertall på 2 mot 1, fikk Trond Johansen og Terje Lidwin igjennom et forslag til partiprogram som var klart liberalistisk og i stor grad basert på standpunktene i FpU s program fra 1994 (hvor Johansen selv hadde sittet i FpUs programkomite) Dette førte til økende frustrasjon blant de sosialliberale, og det ble etterhvert klart at interessen fra leder og andre, både med å arrangere, og å møte opp på landsmøtet i 1997, sank kraftig. Ingen fra den sosialliberale fløyen var i stand eller interessert i å utføre sine oppgaver med å arrangere landsmøte. Resultatet var at Vestfold-folkene fikk i oppdrag å arrangere landsmøtet i mai 1997, som ble flyttet til Tønsberg.

Dette landsmøtet ble arrangert på Folkets Hus i Tønsberg 3.mai 1997, og resulterte i at den liberalistiske overtagelsen av DLF var komplett. Programmet for 1997 ble vedtatt enstemmig, i det nye Sentralstyret ble det 5-2 for liberalistene, og kun 2 "gamle DLF'ere" (Kolsrud, Østerud) ble innvalgt. Disse 2 ble valgt uten engang å møte opp på møtet, men de sa seg villige til en periode til. Sentralstyret valgt i 1997:

Leder: Trond Johansen
Nestleder: Arne Lidwin
Generalsekretær: Terje Lidwin
Styremedlemmer: Jan Fredrik Råkenes, Tormod Kolsrud, Andreas Wohl,
Tor Ingar Østerud
1.Varamedlem: Bernt Olav Rostad 2.Varamedlem: Nicholas Wohl

DLF 1997-2001
I tiden etter, og frem til valget, ble det klart at de sosialliberale hadde mistet helt interessen for å fortsette arbeidet i DLF, og kontakten med

421

disse ble mer eller mindre ikke-eksisterende i flere år etter. Partiet klarte å stille lister i 4 fylker: Oslo, Akershus, Buskerud og Vestfold. Innsatsen i valgkampen var som man kunne forvente av et parti med få aktive medlemmer, og resultatet ble svært dårlig med kun 258 stemmer på landsbasis. (Oslo 56, Akershus 74, Buskerud 48, Vestfold 80).

Etter dette ble aktiviteten mer eller mindre lagt på is, og 21.mars 1998 hadde Sentralstyret et telefonmøte hvor følgende vedtak ble gjort:

> *Det skal ikke holdes landsmøte i partiet. Dette fordi aktiviteten er svært lav. Et arbeidsutvalg får fullmakt til å forestå den daglige ledelsen av partiet på sentralstyrets vegne, inntil sentralstyret er i funksjon igjen. Partiet skal fortsatt eksistere. Arbeidsutvalget består av leder, nestleder og sekretær. Kontingenten settes inntil videre til kr 0, inntil sentralstyret bestemmer noe annet. Innmeldelser mottas på partiets postboks-adresse eller av arbeidsutvalget. Post og henvendelser til partiet administreres av sekretær/nestleder. Arbeidsutvalget skal vurdere partiets situasjon og vurdere om det er grunnlag for normal drift igjen i partiet.*

I november 1998 ble det søkt Notarius Publicus (som den gangen administrerte registreringer som Partiregisteret har idag) i Oslo om navneendring for partiet til Folkepartiet-Generasjonspartiet uten at Arbeidsutvalget eller Sentralstyret hadde noen kjennskap til det. Initiativtaker for søknaden var bl.a. Tor Ingar Østerud. Sentralstyret i DLF ble underrettet om dette i brev av 1. desember 1998.

Arbeidsutvalget vedtok en protest mot dette, som de oppfattet som et kuppforsøk, og oversendte protesten til Notarius Publicus. Samtidig slo arbeidsutvalget fast at initiativtakerne til navneendrings-søknaden – herunder Østerud – ikke lenger hadde noen rettigheter til bruk av partinavnet. Søknaden om navneendring ble trukket tilbake 21. januar 1999.

Nå fulgte to år nesten uten noe aktivitet i partiet, Arbeids-utvalget (Trond Johansen, Terje Lidwin og Arne Lidwin) hadde regelmessig kontakt på telefon, via internett og innimellom fysisk. Det ble enighet om at det ikke var noe grunnlag for å stille i kommune- og fylkesvalget i 1999, men avvente og se om det ville være et bedre grunnlag ved Stortingsvalget i 2001. I desember 2000 tok Arbeidsutvalget en ny vurdering, og ble enige om å sondere terrenget for mulige Stortingsvalglister i Oslo og Vestfold. Dette arbeidet ble for alvor påbegynt i januar 2001. Så skjedde det noe som fikk aktiviteten opp på det nesten utenkelige, og DLF hadde plutselig sin mest aktive periode siden 1972- 76.

Sosialkonservative utbrytere og ekskluderte FrP-ere prøver å kuppe DLF 2001

Høsten 2000 og tidlig i 2001 blåste det opp til et nytt voldsomt oppgjør i FrP. Denne gangen var det de som vi i dag ville kalt sosial-konservative, som den gangen ble kalt "verstingene" og populistene, Carl I Hagen ville ha ut av partiet. Disse hadde vokst seg innflytelses-rike og mektige i FrP etter at liberalistene forlot partiet i 1994, og hadde i 2000 blitt så sterke at de utfordret Hagens makt i partiet. De utfordret Hagen og hans nestledere Siv Jensen og Terje Søviknes direkte gjennom å lekke den famøse sexskandalen "Søviknes-saken" til pressen. I tillegg ville de føre en restriktiv innvandringspolitikk som selv Hagen syntes gikk altfor langt, med kontakter inn i partiene Fedrelandspartiet og Stopp Innvandringen, i tillegg til andre ytterliggående rasistiske og fremmedfiendtlige organsisasjoner. De personene dette gjaldt var først og fremst Stortingsrepresentantene Fridtjof Frank Gundersen, Jan Simonsen, Vidar Kleppe, Øystein Hedstrøm og Dag Danielsen, i tillegg til en rekke (100-200) personer på lokalplan. Flere ble ekskludert fra FrP pga illojalitet, andre forlot partiet i sympati med de som ble ekskludert.

Disse såkalte "verstingene" fant seg selv stående uten parti i januar/februar 2001, og med altfor liten tid til å starte noe nytt før valget i 2001. De gikk da på jakt etter et lite parti de kunne ta over, og igjen dukker Tor Ingar Østerud opp i DLFs historie. Overraskelsen var stor for Arbeidsutvalget da flere riksaviser meddelte ettermiddagen 13.mars at "partistifter" Østerud hadde "solgt DLF til Gundersen for en kopp kaffe". (Det var faktisk det overskriftene sa.) Arbeidsutvalget kom samme kveld sammen på telefon, og forfattet e-mailer til flere riksaviser og direkte til Gundersen, med budskapet om at DLF alt hadde en ledelse, at partiet slett ikke "var til salgs", og at den sittende ledelsen absolutt ikke ville ha noe med disse reaksjonære anti-liberale utbryterne fra FrP å gjøre. Det ble raskt en ordkrig frem og tilbake mellom DLFs lovlige ledelse og utbryterne fra FrP i flere riksaviser, VG, Dagbladet, NRK og Nettavisen, med en forvirret Østerud hengende på slep.

Arbeidsutvalget tok hurtig avgjørelser om å opprette fylkeslag i en rekke fylker med henblikk på å stille Stortingsvalglister i disse. Det ble også vedtatt å re-aktivisere partiet sentralt og Sentralstyret med øyeblikkelig virkning. 29.mars kom Sentralstyret med følgende vedtak:

> *Det er partiets lovlig valgte ledelse.*
> *Tidligere fylkeslag og lokallag anses oppløst.*
> *Det opprettes interimstyrer i 8 fylker (Oslo, Akershus, Vestfold, Aust-Agder, Vest-Agder, Hordaland, Sør-Trøndelag, Nordland). Interimstyrene får i oppdrag å stille lister i sine respektive fylker ved Stortingsvalget, og ellers arbeide fram mot konstituerende årsmøte. Ingen lister som ikke er levert ov interimstyrene skal kunne godkjennes som DLFs lister.*
> *Medlemmer i partiet er de som betalte siste forfalte kontingent.*
> *Tor Ingar Østerud anses uønsket i partiet og anses utmeldt, pga sine aktiviteter i andre partier, og fordi han ikke har betalt kontingent i 1996 og 1997.*

Det ble også bestemt at partiet ikke skulle avholde noe landsmøte før etter valget, og at Stortingsvalgprogrammet fra 1997 også var å anse som DLF's program for Stortingsvalget i 2001.

De påfølgende ukene ble det en hektisk virksomhet på begge sider med å opprette fylkeslag og å sette opp lister til Stortingsvalget. Dette ble etterhvert et stort problem for fylkesvalgstyrene, da de ikke hadde noen retningslinjer for hvordan de skulle behandle en slik situasjon, med listeforslag fra to grupper fra "samme" parti i flere fylker. Det største problemet var å avgjøre hvilken av sidene som hadde et sentralt organ som kunne sies å kontrollere partiet. Fylkesvalgstyret i Nordland bestilte en rapport fra PriceWaterhouseCoopers (pwc) på vegne av flere fylker, og denne konkluderte 20.april med at DLF pr januar 2001 ikke hadde noe sentralt organ, og at Gundersen-gruppen stod fritt til å reaktivisere partiet, et slags "først-til-mølla-prinsipp".

Hovedankepunktet fra Gundersen sin gruppe var hele tiden at DLFs Sentralstyre hadde handlet feil da aktiviteten ble lagt på is, og at ledelsen som ble valgt i 1997 hadde mistet sin kompetanse etter å ikke ha arrangert landsmøeter de tre foregående år, og gitt Arbeidsutvalget rettigheter til å handle på Sentralstyrets vegne. DLF på sin side var klare på at partiet hadde handlet korrekt i henhold til vedtektene, og at det valgte Sentralstyret kunne i 2001 innta sin gamle posisjon, og avgjøre hvem som kunne stille lister på vegne av partiet.

Sentralstyret fikk hjelp og støtte fra flere utenforstående grupper, bl.a. uttalte Venstres leder Lars Sponheim at han ikke likte at disse reaksjonære skulle kalle seg "liberale", og at de skulle få ta over et parti som i sin tid brøt ut fra Venstre. Samtidig fikk partiet hjelp fra ledende personer i FriDemokratene, som Per Aage Pleym Christensen og Bent Johan Mosfjell. Disse to brukte utallige timer på å grave frem fakta, komme med juridiske og praktiske betenkninger og hjelpe til på andre måter for å vinne denne striden. Den største hjelpen fikk DLF utrolig nok fra ledelsen i FrP, ved Generalsekretær Geir Moe og Kontorsjef Per Arne Olsen, som man forstod handlet på ordre direkte fra Carl I Hagen. Hagen ville på alle måter han kunne hindre disse "verstingene" å bli en utfordring for FrP i valget, og minnet om Dansk Folkeparti's utradering av Fremskridspartiet i Danmark skremte nok litt. FrP bestilte en konkurrerende advokatrapport fra firmaet Thommessen, Krefting, Greve, Lund (TKGL), som konkluderte stikk motsatt av pwc, at det sittende Sentralstyret og Arbeidsutvalget i DLF hadde handlet rett, og at partier er av en slik art at det må være tillatt at aktivitet i små partier ligger nede mellom valgene, og kan bli revitalisert neste valg. Denne rapporten kom 6.mai. Noe som var interessant i denne situasjonen var at her kom vidt forskjellige grupper som FriDem, DLF, Venstre og FrP frem til samme konklusjon av helt forskjellige grunner, og dette er vel eneste gang i historien disse gruppene har samarbeidet om et felles mål. I dette tilfellet å stoppe reaksjonære utbrytere fra FrP i å kuppe DLF.

Partiet fikk eksepsjonelt mye pressedekning de 3-4 månedene denne striden varte, med flere helsideoppslag i de største riksavisene (Aftenposten, VG, Dagbladet og Nettavisen spesielt) og mange oppslag i diverse lokal presse. Det hele toppet seg da NRK Dagsrevyen i slutten av april kom på besøk hjem til leder Trond Johansen, og et sjokkert

Arbeidsutvalg samme kveld kunne se Johansen som førsteoppslag i Norges suverent største nyhetsmedium. Alt dette bekreftet de fleste sin oppfattelse av at pressen er mye mer interessert i dramaer, intriger og personlige motsetninger i politikken, enn rene politiske standpunkter og ren politisk uenighet.

En stund så det ut som om utbryter-"verstingene" fra FrP skulle vinne denne striden. De leverte listeforslag i samtlige fylker, DLF leverte i 8 fylker. I de fleste fylker ble pwc sin rapport tatt hensyn til, og ett etter ett fylke godkjente Gundersen sine lister. Ingen ville godkjenne listene fra partiet, men noen satte saken på vent. Så litt senere gav Oslo Kommune signaler om at de ville godkjenne DLF sin liste, og Vestfold sendte signaler om at de også ville komme til den samme konklusjonen. Dette utløste frenetisk aktivitet i Kommunaldepartementet og Justisdepartementets Lovavdeling. Om det kunne komme til å bli godkjent konkurrerende lister i forskjellige fylker, ville dette være en mulig alvorlig trussel for valget, og kunne i verste fall utløse en krise etter valget, med påfølgende krav om nyvalg. Kommunaldept og Justisdept kom etter kort tid med hver sin utredning, som begge konkluderte med at listene utgått fra det lovlige DLF ville være de rette å godkjenne. Fra utredningen fra Kommunaldep 29.mai:

> "Saken har reist tvil, men vi legger til grunn at det sentralstyret som ble valgt på DLFs landsmøte i 1997 må anses å
> være partiets sentrale organ, og at dette styret fortsatt vil ha kompetanse til å opptre på partiets vegne (riktignok med en begrenset kompetanse som nevnt i Lovavdelingens uttalelse). Departementet finner derfor at dette sentralstyret må anses som "hovedstyre" i henhold til valgloven § 26 første ledd.
> Sentralstyret kan følgelig avgjøre spørsmålet om hvem som har rett til å representere partiet på fylkesnivå. "

Etter nye innvendinger fra Gundersen, denne gang omkring formelle ting i forbindelse med landsmøtet i 1997, kom Kommunaldepartementet med en ny uttalelse 13.juni som konkluderte med:

> "De involverte parter har ulik oppfatning når det gjelder spørsmålet om DLFs landsmøte i 1997 ble avviklet i samsvar

426

med partiets vedtekter. Det kan synes noe uklart hva som faktisk
skjedde i forbindelse med landsmøtet. Dette kan likevel, etter
departementets mening, ikke ha avgjørende betydning når det
gjelder spørsmålet om hvem som har rett til å representere
partiet. Departementet legger til grunn at sentralstyret som ble
valgt i 1997, og dets arbeidsutvalg, i perioden etter dette
landsmøtet har opptrådt på partiets vegne, og og det tidligere
ikke er reist innsigelser mot sentralstyrets kompetanse.
Departementet finner ikke at det kan legges vekt på innsigelser
som først reises nå, 4 år etter landsmøtet."

Dette førte uhyre raskt til helomvending i de fylkene som hadde
godkjent Gundersen sine lister, og disse ble i nye møter i
fylkesvalgstyrene underkjent (med ett unntak), og det ekte DLF fikk
godkjent sine lister i fem fylker, Oslo, Vestfold, Aust-Agder, Vest-Agder
og Nordland. En merkelig situasjon oppstod da Troms nektet å omgjøre
sin godkjennelse av Gundersen sin liste, og denne faktisk endte opp
med å få 23 stemmer. Men dette var nok langt fra noe grunnlag for en
konstitusjonell krise. DLF leste dette problemet med å opplyse om at
Troms-listen ikke bestod av DLF-ere, men at folk gjerne kunne stryke
alle på listen, og allikevel bruke stemmeseddelen.
      Full seier for DLF!

Stortingsvalget 2001 og tiden rett etter
Selve valgkampen ble et antiklimaks, hvor partiet gjorde sitt beste med
å prøve å få ut politikken, men når striden var over hadde ingen i
rikspressen noen som helst interesse av hva partiet hadde å si lenger.
Valgresultatet ble deretter: 166 stemmer på landsbasis, Oslo 40,
Vestfold 43, Aust-Ager 14, Vest Agder 14, Nordland 32, og altså ikke-
listen i Troms 23. Vidar Kleppe reddet ansikt ved å raskt få sammen en
liste i sitt hjemfylke Vest-Agder under navnet Sørlandslista. Etter valget
prøvde "verstingene" å starte et nytt parti under navnet Frihetspartiet,
men de viste seg ikke i stand til å samle nok underskrifter. Deretter
kuppet de et annet mikroparti, Sosialdemokratene, og endret navn til
Demokratene, som fremdeles er et mikroparti 16 år etter.
      Fr Fr Gundersen prøvde i månedene etter valget, og litt ut i 2002
å saksøke Arbeidsutvalgets medlemmer, først i Tønsberg Tingrett, så i

Horten Tingrett, og til slutt i Oslo Tingrett, alle disse sakene ble sakene avvist av retten. Til slutt prøvde han å få saken opp i lagmannsretten, før han ble avvist der og, og måtte gi opp. Vegard Martinsen uttalte til pressen: "Han er død, men vil ikke ligge ned". Alle advokatutredninger, utredninger fra DLF og Gundersen, departementsuttalelser, pressemeldinger og andre vedtak er tilgjengelige i DLFs arkiver for de som evt. er interessert i å fordype seg nærmere om det som skjedde i 2001. En fullstending gjennomgang av hendelsene mars-juni 2001 vil krevet et atskillig større format enn dette, mest sannsynlig en liten bok. Etter valget ble saken, med klager fra begge sider, behandlet i Stortingets "Innst. S. nr. 1(2001-2002) - Innstilling fra fullmaktskomiteen om fullmaktene", og valget og avgjørelser i fylkesvalgstyrene ble der godkjent. På landsmøte etter valget valgte Trond Johansen å ikke stille til gjenvalg, og forsvant ut som aktiv i DLF, og Arne Lidwin tok over som leder.

I forordet ble det nevnt at DLF-striden fra 2001 også initierte endringene, og påvirket Valgloven som ble revidert i 2001-02, med påfølgende innføring av Partiregisteret i Brønnøysund. Dette er kanskje et av de mest interessante praktiske resultatene av DLF's eksistens, en fullstendig omlegging av registrering og forvaltning av hvem som er myndighet i hvert enkelt politiske parti, og dermed hvem som kan avgjøre hvem som kan stille til valg på vegne av partiet. I "Odelstingsproposisjon nr 45 2001-02", side 153 står følgende:

> *"I forbindelse med forberedelsene til Stortingsvalget i 2001, var det intern strid i Det liberale folkepartiet om hvem som «eide» partiet. Det viste seg da med tydelighet at gjeldende valglov er mangelfull når det er intern tvist i et parti, og ulike «fraksjoner» fremmer hver sine listeforslag. Det er sterkt ønskelig å unngå slike situasjoner. Registreringsordningen bør derfor ha som et mål gjøre det notorisk også hvem som er øverste ledelse i et parti. "*

DLFs historie i perioden 2001-2017

Publisert på Internett oktober 2017

Denne artikkelen ble skrevet etter anmodning fra Trond Johansen, som var leder i DLF fra 1997 til 2001. Han hadde skrevet en artikkel om DLFs historie i denne perioden, en artikkel som er å finne på de foregående sider i denne boken, og han foreslo at jeg burde skrive en tilsvarende artikkel om DLFs historie fra 2001 til 2017. I denne perioden var jeg den mest sentrale personen i DLF. Jeg har forsøkt å skrive denne historien som sett utenfra, og jeg har gjort mitt beste for å være objektiv.

Bakgrunn

I perioden 1989-1993 viste det seg at FrP ikke var det liberalistiske parti det hadde fremstilt seg som i sitt program og i sine utspill i mediene i årene før valget i 1989. Partiets formann, Carl I. Hagen, brukte liberalismen for å få respekt og oppslutning for et parti som fra starten og til ca 1985 var svært sprikende i sine meninger, og som var uideologisk, eksentrisk, mangfoldig og sammensatt, og hvor medlemmer og talsmenn både i form og innhold sto nokså fjernt fra det som var vanlig i den politiske debatten i Norge. Med liberalismen som ideologi fikk FrP både respekt og oppslutning – 80-tallet var jo høyrebølgens tiår! Resultatet var over all forventning: ved valget i 1989 gikk FrP frem fra 2 til 22 representanter på Stortinget.

Etter valget viste det seg at kun noen få av representantene støttet en liberalistisk politikk, og partiet landet på en rekke standpunkter som var i strid med en liberalistisk linje. Det var uro i partiet, dette viste seg bla. i synkende oppslutning, og ved valget i 1993 fikk FrP kun inn 10 representanter på Stortinget. Fire av disse meldte seg ut av partiet pga. partiets linjeskift. Etter valget i 1989 var Hagen leder for en gruppe på 22; kort tid etter valget i 1993 ledet han en gruppe på 6. FrPs landsmøte på Bolkesjø i 1994 markerte det formelle skillet mellom FrP og liberalismen.

Noen av liberalistene som hadde vært med i FrP ønsket å fortsette med partipolitikk, og de dannet organisasjonen Fridemokratene, som ved valget i 1995 stilte i ti fylker. Valgresultatet var nedslående, og Fridemokratene* besluttet å ikke fortsette sin opprinnelig plan om å gjøre Fridemokratene om til et politisk parti.

Det var dog noen Fridemokrater som mente at det å ha et politisk parti var et nyttig redskap for å spre liberalistiske ideer. Et parti er en kjent organisasjonsform når formålet er å arbeide med samfunnspåvirkning. Et parti får tilgang til mediene og til skolene på en annen måte enn organisasjoner får, og dessuten får et parti en motiverende vitamininnsprøytning hvert år det er valg Dette synet fikk liten oppslutning i Fridemokratene, og noen av de som hadde dette synet – blant dem Trond Johansen, Terje Lidwin, Arne Lidwin og Vegard Martinsen – meldte seg da inn i DLF.

DLF var et lite parti, og hvis noen få personer meldte seg inn kunne disse enkelt endre partiets linje. Disse nyinnmeldte liberalistene skiftet da ut partiets tidligere sosialliberale linje med en liberalistisk linje, og partiet stilte til valg i 1997 som et liberalistisk parti. Resultatet var dog nedslående (DLF fikk 258 stemmer), det var svært liten aktivitet i DLF etter valget i 1997, og partiet stilte ikke til valg i 1999.

Men omkring 2000 kom det en ny utrenskning i FrP: Hagen ville nå kvitte seg med den gruppen som var, for å si det pent, noe udiplomatiske i sin omtale av innvandringspolitikken. De fremste i denne gruppen var Vidar Kleppe og Øystein Hedstrøm; disse ble i media omtalt som «verstingene» i FrP. Også disse ønsket å fortsette den partipolitiske virksomheten, og den enkleste måten å gjøre dette på var å overta et eksisterende parti. Siden det var liten aktivitet i DLF, så det ut til at det var enkelt for Kleppe & co å overta DLF. Det ble inngått en avtale mellom Kleppe og et tidligere sentralstyremedlem i DLF om at Kleppes folk kunne overta partiet. Det som skjedde i forbindelse med dette er grundig behandlet i den delen om DLFs historie som er skrevet av Trond Johansen under tittelen «Sosialkonservative utbrytere og ekskluderte fra FrP prøver å kuppe DLF 2001».

De liberalistene som var igjen i DLF forsøkte å hindre denne overtagelsen, og det er her neste fase i DLFs historie begynner. (DLFs ledelse klarte å hindre Kleppe & co i å overta DLF, og Kleppe-folkene dannet da det nye partiet Demokratene.)

---

* Mer om det som skjedde i Fridemokratene kan man finne i kapitlet «Liberalismens historie i Norge» i denne boken.

Ny giv

Tidlig i 2001 tok Arne Lidwin kontakt med Vegard Martinsen (heretter VM). Hans ønske var å få flere liberalister inn i DLF for å hindre at DLF skulle overtas av verstingene. Kleppe & co hadde allerede levert inn til valgstyrene i en rekke fylker lister under DLFs navn, og Lidwin ønsket å mobilisere et antall liberalister som var villige til å stille på lister for det ekte DLF, og levere disse til valgstyrene for derved å hindre at navnet DLF ble knyttet opp mot de standpunkter som Kleppe & co hadde. Resultatet av dette var at det i flere fylker ble levert inn to lister med samme partinavn, men med forskjellige kandidater. Dette endte med at i alle fylker unntatt ett ble de ekte DLF-listene ble godkjent, mens Kleppe-listene ikke ble godkjent.

Etter dette kom Lidwin og VM til at man burde forsøke å bygge opp igjen partiet. VM hadde forbindelser inn i Objektivistmiljøet, og med rekruttering derfra var det mulig å få DLF til igjen å bli et aktivt parti. Et tilstrekkelig antall personer sa seg villige til å jobbe i DLF til at man kunne få gjort DLF til et aktivt parti igjen. Partiorganisasjonen ble bygget opp, men hovedformålet nå var å spre liberalistiske ideer, ikke å komme inn i folkevalgte verv. Dette betydde at DLF skulle stå for en ren, ideologisk linje, en linje som hadde som mål å etablere et samfunn hvor individuell frihet var fullstendig respektert, dvs. partiet skulle arbeide for laissez-faire-kapitalisme på en rasjonell basis. Dette betydde at de som ville ha en mer inkonsekvent linje, f.eks. de som ville beholde visse elementer av velferdsstaten, ikke ville føle seg hjemme i dette partiet.

Det ble besluttet å opprette en nettside hvor det skulle skrives daglige nyhetskommentarer fra et liberalistisk perspektiv, det skulle etableres et debattforum, og det skulle utgis et tidsskrift. I tillegg skulle det sendes innlegg til avisene, og det skulle selvsagt stilles til valg. Det skulle også bygges opp lokallag, og, i første omgang, fylkeslag.

Det ble bestemt å benytte stemDLF.no som adresse til nettsiden, førstevalget dlf.no var opptatt. Det ble bestemt at DLF skulle benytte farven lilla som partifarve, og at partiet skulle knytte seg opp til den legendariske stortingsmannen fra Venstre, Søren Jaabæk. Jaabæk fikk kjælenavnet «Neibæk» fordi han på Stortinget stemte imot praktisk talt alle bevilgninger – og DLF ga ham hedersnavnet «den første DLFer».

Ny byrdefull valglov

Som nevnt i Trond Johansens bidrag om DLFs historie førte striden om DLF foran valget i 2001 til endringer i valgloven. En av disse endringene ga partiet et stort merarbeid. Tidligere, før 2001, var det slik at alle registrerte parter kunne stille til valg. (Dette var grunnen til at det var enklere å overta et eksisterende parti for å stille til valg heller enn å danne et nytt parti.) En av de endringene som kom etter 2001 var at dersom et registrert parti får færre enn 500 stemmer i et fylke, må det samle minst 500 underskrifter i hvert fylke det vil stille for å kunne stille ved kommende Stortingsvalg (for å stille ved kommunevalg var kravet noe lavere). I perioden fra 2001 til 2013 fikk DLF aldri flere enn 500 stemmer i noe fylke, så det måtte da samles inn underskrifter ved hvert valg. DLF brukte store ressurser for å samle inn underskrifter til valgene i 2003, 2005, 2007, 2009, 2011 og 2013. Det var mange som arbeidet mye med å samle inn underskrifter, men den som utførte den største innsatsen i alle disse innsamlingene var Lasse K. Lien.

Ny ledelse

I 2001 gikk Trond Johansen av som leder i DLF, og han ble erstattet av Arne Lidwin. Generalsekretær ble Terje Lidwin. Disse to hadde utført et stort arbeid i driften av DLF før Arne Lidwins møte med VM tidlig i 2001. Møtet mellom Lidwin og VM førte til at en håndfull personer fra Objektivistmiljøet ble aktive i DLF, men antallet var ikke stort, det var kun ca 3 - 5 personer som jevnlig deltok på møter for tillitsvalgte i tillegg til Arne og Terje Lidwin. VM ble i 2002 valgt til nestleder, og Per Arne Karlsen (heretter PAK) ble valgt som varamedlem til sentralstyret.

Meningen med DLF var å spre ideer; partiet skulle være et konsekvent liberalistisk parti. Det viste seg imidlertid raskt at det var uenighet på viktige punkter mellom de som var aktive i DLF før 2001 og de som ble aktive i 2001. Uenigheten gikk bla. på forholdet til konflikten i Midt-Østen, hvor Terje Lidwin var en ivrig tilhenger av den palestinske siden, mens de som kom inn i 2001 støttet Israel. Terje Lidwin hadde også synspunkter på frihandel som var annerledes enn det som de som kom inn i 2001 hadde; han mente f.eks. at i visse tilfeller kunne staten pålegge toll.

Dette førte til at VM og PAK mente at Terje Lidwin ikke kunne fortsette i det viktige vervet som generalsekretær. VM kontaktet derfor et medlem før landsmøtet i 2003 og ba ham fremme et benkeforslag om at Terje Lidwin ble erstattet som generalsekretær av PAK.

Terje Lidwin hadde gjort en glimrende jobb som general-sekretær, spesielt hadde han lagt ned mye arbeid i å hindre at Kleppe & co skulle overta DLF. Antagelig følte han (og Arne Lidwin) at forslaget om å erstatte Terje som generalsekretær med PAK var å dolke dem i ryggen, men VM og PAK mente at å holde en ren og konsistent politisk linje var viktigere enn å ikke krenke følelsene til personer som hadde gjort en god jobb, men som i noen viktige enkeltsaker hadde standpunkter som var i strid med den rene ideologiske linjen som DLF skulle følge.

I en kampvotering på landsmøtet ble PAK valgt som ny generalsekretær. Da valgte Arne Lidwin å ikke ta gjenvalg som leder. VM ble vagt til ny leder. VM foreslo Arne Lidwin som nestleder, man han ønsket ikke å ta dette vervet. Ny nestleder ble Knut Eirik Braaten. Opprinnelig hadde VM og PAK ønsket at Tomm Arntsen eller Frederik Normann skulle bli ny leder dersom Arne Lidwin ikke ville fortsette, men ingen av disse var villige til å bli leder. VM var derfor villig til å bli leder. Etter dette var Terje Lidwin og Arne Lidwin ikke lenger involvert i DLF.

Økonomi
Rett etter 2001 var økonomien i DLF svært dårlig; de eneste inntektene var medlemskontingentene og noen gaver.

Lørdag 13. oktober 2001 holdt Christian Vennerød et glimrende foredrag på Fridemokratenes høstkonferansene. Tema for konferansen var «Ayn Rand og de som beveger verden»*, og Vennerøds foredrag hadde tittelen «Likhet, frihet eller brorskap? Når en fransk åpning møter norsk virkelighet.» Iført en T-skjorte med teksten «Skatt er tyveri» gikk Vennerød igjennom liberalismes historie fra begynnelse til slutt, og hans fremstilling kulminerte i Ayn Rand.

---

* Jeg var også invitert til å holde foredrag på denne konferansen, og det innlegget jeg holdt er gjengitt fra side 313 i denne boken.

Våren 2002 var ledelsen i ferd med å bygge opp DLF, og ledelsen besluttet å ta kontakt med Vennerød for å invitere ham til å gjenta foredraget på et introduksjonsmøte i DLF-regi. VM ringte til Vennerød, Vennerød var hyggelig og viste interesse for DLF-prosjektet, men krevde for å gjenta foredraget et honorar som ikke var stort, men som var like stort som DLFs samlede beholdning. DLF kunne da ikke fullføre invitasjonen.

Ledelsen tok i valgåret 2003 kontakt med noen aktører som var arvtagere etter Libertas (Libertas var en liberalistisk organisasjon som var aktiv på 50- og 60-tallet, men som ble lagt ned i 1988), med håp om økonomisk bistand. Ledelsen hadde flere hyggelig møter med dem, og tok opp muligheten for økonomisk støtte, og det endte med at DLF fikk følgende tilbud: «Dere skal få kr 50 000 dersom dere bruker dette til en annonse som også inneholder følgende tekst: "Norge skal ikke være Europas sosialkontor"». Ledelsen svarte med å si at dette ville plassere DLF som et innvandringsfiendtlig parti, og det var i strid med den profilen DLF skulle ha. Det endte opp med at DLF ikke fikk noen støtte, og kontakten ble brutt.

Etter anbefaling fra et medlem søkte DLF også en privat stiftelse om støtte. Stiftelsen hadde som et av sine formål å spre kjennskap til markedsøkonomi og liberale ideer, men søknaden ble avslått. I svarbrevet het det at de ikke støttet politiske partier.

DLFs driftsutgifter ble dekket av kontingent og gaver fra medlemmene, og enkelte medlemmer betalte slike ting som trykkeriutgifter av egen lomme.

Men i 2011 mottok DLF en betydelig arv. Dagfinn Kongsdal, en svært god og dedikert liberalist som hadde vært et ivrig og nyttig medlem av DLF siden 2001, døde, og etterlot en arv på om lag 100 000 kr til DLF.

Etter hvert mottok DLF offentlig støtte i samsvar med gjeldende regler.

Idéspredning
Formålet med DLF var å spre ideer. Programmet ble derfor endret slik at det fra 2003 forfektet full individuell frihet, dvs. full laissez-faire-kapitalisme. Endringene i programmene etter dette var minimale.

Fra februar 2002 ble det hver virkedag, unntatt i feriene, skrevet en nyhetskommentar som vurderte aktuelle hendelser ut i fra et konsekvent liberalistisk perspektiv. Antallet nyhetskommentarer gikk dog noe ned etter at det ble klart at partiet Liberalistene skulle opprettes, men det ble publisert nyhetskommentarer på stemDLF.no helt frem til desember 2017. Alt i alt ble det skrevet om lag 3000 nyhetskommentarer, og praktisk talt alle ble skrevet av VM.

Det at partiets nettside ble oppdatert hver dag, og at den hadde et godt design, medførte at Dagbladets omtale av alle partienes nettsider før valget i 2003 konkluderte med at «DLF vinner valgkampen på nett». Det må nevnes at den første nettsiden ble designet av Frederik Normann, og at senere versjoner ble laget av Martin Johansen. PAK og Johansen gjorde et betydelig arbeid med å opprettholde, oppdatere og vedlikeholde nettside, diskusjonsforum, medlemsregister, etc.

Foran valget i 2013 la Petter Sandstad et stort arbeid ned i å utarbeide et alternativt statsbudsjett, basert på DLFs prinsipper.

Diskusjonsforumet ble svært mye brukt frem til ca 2015. Pr. idag er det på forumet ca 700 brukere som har skrevet til sammen mer enn 44 000 innlegg. De fleste brukere har skrevet bare noen få innlegg; mesteparten av innleggene er skrevet av en liten håndfull brukere: VM 7867, QIQrr 4439, Per Anton Rønning 3322, Onarki 2249, simon 1750. Forumet var stedet for en rekke viktige diskusjoner om alt fra praktisk politikk til liberalistisk teori, og er en kolossal ressurs for enhver som vil se liberalistisk teori diskutert. Det kan nok allikevel være noe vanskelig å finne frem i dette forumet; enkelte viktige temaer dukket opp igjen og igjen i forskjellige tråder. Blant de spørsmålene som oftest ble diskutert var abort, anarki, egoisme, våpen, islam, kristendom, kjønnsforskjeller, kapitalismens historie, og begrunnelsen for rettigheter, men det er knapt et tema som ikke ble diskutert på forumet. (Forumet er pr juli 2018 fortsatt åpent, men er lite brukt. Denne type diskusjoner foregår nå på facebook, en utvikling som er tragisk siden det på facebook i praksis er nærmest umulig å finne igjen eldre innlegg og tråder.)

DLF utga også tidsskriftet LIBERAL, som utkom med 3 - 4 numre hvert år fra 2001 til 2015. Artiklene her var mer teoretisk rettet enn nyhetskommentarene. Blant de som skrev flest artikler for LIBERAL var VM, Knut Mønnesland, Per Anton Rønning, Petter

Sandstad og Andreas Aure. Noen av skribentene ønsket å være anonyme; de fryktet at det å gi uttrykk for sine meninger i LIBERAL ville kunne medføre negative konsekvenser for dem i privat- eller yrkeslivet. Ved et par tilfeller inneholdt tidsskriftet artikler av personer som ikke var medlemmer av partiet: Geir Levi Nilsen og Marianne Haslev Skånland. Det syv første årganger av LIBERAL ble designet, satt og redigert av PAK. De siste årgangene ble satt av Jori Haavet.

DLF sendte også ut et uregelmessig e-mail-newsletter som i hovedsak inneholdt informasjon om organisasjonsmessige forhold: info om møter og presseoppslag, samlinger som sommeravslutning og julebord, etc.

Etter at VM ble leder ble hans landsmøtetaler filmet og gjort tilgjengelige på nett. Landsmøtetalene var relativt lange – de varte gjerne opp i mot en time – og lederen bruke dem til å gi en relativt grundig analyse av en aktuell sak eller tema fra et prinsipielt perspektiv. Opptakene ble lagt ut på DLFs kanal på youtube, og manus ble trykt i tidsskriftet LIBERAL. (Enkelte av dem er også å finne i noen av VMs bøker.)

Det ble også avholdt medlemsmøter med interne og (noe få ganger) eksterne foredragsholdere. Blant de eksterne foredragsholderne var Dag Inge Fjeld, Tor Mikkel Wara, Geir Levi Nilsen, Tara Smith, Andrew Bernstein.

Et stort antall leserbrev ble sendt til de største avisene (Aftenposten, VG, Dagbladet og Dagsavisen). Et betydelig antall av disse leserbrevene, skrevet av VM, Per Anton Rønning og Inge Simon Thorbjørnsen, ble publisert. Disse var undertegnet med navn og posisjon i DLF. Mest generøs med spalteplassen var kanskje noe overraskende Dagsavisen, mens Aftenposten var vanskeligst å komme inn i. Men dette var før 2007. Etter 2007 ble praktisk talt ingen leserbrev publisert i noen avis overhodet. VM ble også etter invitasjon intervjuet på to store radiokanaler (Radio Norge, P4) før valgene i 2005 og 2007, men etter 2007 kom det ingen invitasjoner.

Omtrent samtidig ble også den redaksjonelle omtale i avisene redusert. Striden mellom DLF og «verstingene» fikk stor omtale i avisene, men etter dette var avisene svært lite interessert i å skrive om DLF. Aftenposten hadde i alle år hatt omtale av småpartiene rett før valget, men omtalen av DLF i 2001 og 2003 var feil; avisen benyttet den samme teksten som de hadde benyttet da DLF var et sosialliberalt parti. VM fikk inn en korreksjon i 2001, men ikke i 2003. Senere forsvant denne faste omtalen av småpartiene før valget fra Aftenpostens valgdekning. VM sendte inn korte omtaler av partiet til Aftenposten i forkant av hvert valg, men ingen ble publisert etter 2003. Det kan se ut som om DLF ble rammet av en fullstendig presseboikott etter 2007.

Viktig var introduksjonen av LIBERAL AFTEN, en månedlig sosial samling som først begynte hjemme hos Tore Aabø, Raymond Johansen og Ken Gjøran Johansen i 2008. Etter hvert som antall deltagere steg, ble arrangementet flyttet til Peppes Pizza i Stortingsgaten i Oslo. I en periode var det slik at DLF spanderte pizza (men ikke drikke) på de fremmøtte, og da var arrangementet meget populært. På det meste var det da mer enn 30 deltagere. Senere ble arrangementet i Oslo overtatt av Liberalistene, og flyttet til Cafe Amsterdam. Liberale aftener arrangeres nå en rekke steder over hele Norge.

Valgkamp

I Oslo stilte DLF til hvert valg fra og med 2001 til og med 2013. I de siste tre-fire ukene før valget hadde DLF Oslo valgbod på Karl Johan, og et stort antall medlemmer deltok for å dele ut brosjyrer og valgavis (til to valg ble det laget lekre valgaviser, designet av Martin Johansen og Bjørnar Schelderup Tømmerås), og for å svare på spørsmål fra og diskutere med velgerne. Det var alltid god stemning, og det var veldig hyggelig å være på valgboden. Mange av velgerne ble da for første gang utsatt for liberalistiske ideer. Bemanningen ved DLFs valgbod var så og si alltid større enn bemanningen ved de andre partienes valgboder. Avisene skrev iblant om partienes valgboder, men de nevnte aldri DLFs valgbod.

Men det var motstand. Under to valgkamper ble valgboden utstatt for hærverk. Politiet henla umiddelbart de anmeldelsene som ble levert inn. Etter den andre gangen begynte DLF å benytte en hærverkssikker container som valgbod.

Også i andre fylker drev fylkeslagene tilsvarende valgkapmer: i 2005 stilte DLF også i Hordaland, i 2009 også i Hedemark og Rogaland, og i 2013 stilte DLF også i Akershus, Oppland, Vest-Agder, Rogaland, Sør-Trøndelag.

Valgresultater

I valgene i perioden 2001-2013 oppnådde DLF disse stemmetallene: Stortingsvalg: 2001: 166 (seks fylker), 2005: 213 (to fylker), 2009: 350 (tre fylker), 2013: 909 (tre fylker. Kommunevalg, Oslo: 2003: 113, 2007: 127, 2011: 247.

Forslag om vesentlige endringer

Til landsmøtet i 2012 ble det levert inn et forslag fra åtte medlemmer, et forslag som innebar en kritikk av den sittende ledelsen pga. partiets manglende fremgang både mht. rekruttering, oppslutning og synlighet. Her er forslaget gjengitt i sin helhet:

FORSLAG TIL DLFs LANDSMØTE, 2012

Fornying i DLF

Forslagsstillere: Thomas M. Johanson, Ole Martin Moen, Magnus Botnedal, Hogne Kirkebø, Emil Christopher Solli Melar, Fredrik Meyer, Tore Rasmussen, Bjørnar Schelderup Tømmerås.

Det sittende sentralstyret i DLF har gjort en solid jobb med å bygge opp partiet i årene som har gått. Det er likevel uheldig at sentralstyret har bestått av de samme personene over svært mange år, uten at nye og idérike krefter har kommet inn. Viktigheten av å dyrke frem nye politiske talenter i partiorganisasjonen skal ikke undervurderes.

Når noe ikke fungerer, er det nødvendig å prøve ut nye måter å gjøre tingene på; når media ikke skriver om partiet vårt, må vi prøve ut nye mediestrategier. Det sittende sentralstyret har valgt å beholde en strategi som ikke gir medieoppslag, og forklarer ofte den manglende interessen med at "media boikotter DLF". Hva om faktum er at budskapet er uengasjerende eller formen er feil?

438

Vi trenger nye tanker inn i et sentralstyre som har hengt seg fast i gamle vaner. Vi trenger et sentralstyre hvor medlemmene er mer ulike, og kan utfordre hverandre. Vi trenger en ny og frisk vind inn i sentralstyret.

Det er også uheldig at mange av de samme personene som sitter i sentralstyret også sitter i valgkomiteen, og år etter år foreslår seg selv til de sentrale vervene i partiet. Dette kan vitne om et demokratisk underskudd. I en tid da partiet var svært lite var en slik praksis kanskje nødvendig. Nå er det tid for å tenke nytt. På bakgrunn av dette foreslås det at:

Valgkomiteen skal arbeide for å finne en ny kandidat til vervet som generalsekretær eller leder innen landsmøtet i 2013, samt arbeide for at fremtidige landsmøteter skal ha et mangfold av kandidater å velge mellom til å besette de øvrige vervene. Sentralstyret skal starte arbeidet med å revidere vedtektene, slik at det vedtektsfestes at valgkomiteens medlemmer ikke kan foreslå seg selv til sentrale verv i partiet.

Ledelsen var i utgangspunktet positiv til forslagets intensjon, men kunne ikke støtte forslaget slik det var formulert. DLFs primære oppgave var å spre ideer, og for å kunne gjøre dette på en effektiv og hensiktsmessig måte måtte alle som hadde fremtredende verv i partiet være godt skolert i ideologien og kjenne partiets strategi. Antall personer som oppfylte dette kravet var ganske lite. Dersom nye folk skulle inn på de viktige posisjonene burde de, slik ledelsen så det, vise at de var egnet og kvalifisert til disse viktige posisjonene. Måten å vise dette på var f.eks. å starte et lokallag, og vise over noe tid at de kunne gjøre jobben der på en måte som bekreftet at de var kvalifisert. Med en slik bakgrunn kunne man bli foreslått til sentrale og viktige verv. Dette innleverte forslaget så ut til å bety at personer kunne komme inn i viktige verv uten tidligere å ha hatt noen verv i partiet.

Da forslaget kom til avstemning på landsmøtet fikk det bare noen få stemmer. De fleste av de som sto bak forslaget hadde ikke betalt medlemskontingenten, og hadde dermed ikke stemmerett på landsmøtet.

DLF kobles opp mot useriøse standpunkter

Et parti som er for individuell frihet trekker til seg et stort mangfold av ulike personer, og noen av disse har ikke nødvendigvis stor innsikt i hva frihet er, hvorfor det er et gode, og hvordan den skal begrunnes. Disse kan da i debatter og innlegg på diskusjonsfora gi uttrykk for standpunkter som er dårlig gjennomtenkt, dårlig begrunnet, og som rent ut sagt kan være eksentriske. Dersom slike personer sier at de representerer DLF, eller blir oppfattet som talsmenn for DLF, vil DLF kobles opp mot standpunkter som reelt sett er helt fremmed for det som DLF virkelig står for. Med andre ord: i en slik situasjon kan DLF bli tillagt meninger og standpunkter som ikke finnes hverken i DLFs program eller i nyhetskommentarene (som var de eneste uttrykk for DLFs offisielle synspunkter).

I en periode var det et betydelig antall medlemmer som, som regel i diskusjoner på ulike politiske fora på nettet, ga uttrykk for slike standpunkter. Vi skal gi noen eksempler, men vil først si at de fleste av disse standpunktene ble diskutert på DLFs forum før de ble brukt eksternt av DLF-sympatisører. De i ledelsen som var med i disse diskusjonene var sterkt uenige i disse standpunktene, og mente at de ga et feil inntrykk av hva frihet er og ikke burde brukes som argumenter for det DLF sto for, de mente tvert imot at de var useriøse og kunne skade DLF. Noen av de som brukte disse argumentene eksternt var enten ikke kjent med diskusjonene på forumet, eller brød seg ikke om at det de forfektet etter ledelsens oppfatning var i strid med det DLF offisielt sto for.

Noen gikk inn for at enkelte kriminelle skulle kunne idømmes fysisk avstraffelse (dvs. f.eks. pisking; DLF gikk kun inn for fengsel eller bøter); noen mente at det var en sammenheng mellom intelligens og rase; noen mente at det var bedre å si at målet var «fred» og ikke «frihet». Dette var spesielt upassende siden DLFs navn hadde halen «partiet for individuell frihet». (De som sa at målet var fred baserte seg på en meget uvanlig forståelse av begrepet «fred»; de definerte «fred» som fravær av tvang, og benyttet ikke den vanlige definisjonen av fred som «fravær av krig». Dette skapte forvirring blant noen av de som

440

besøkte valgboden da de ble fortalt at DLF var det eneste partiet som ønsket fred.)

Videre, de mente at pressen (aviser, radio- og TV-stasjoner) var en del av rettsapparatet og derved f.eks. kunne pålegges av staten å dekke alle partier i forkant av valg. Dette var i strid med den presse- og ytringsfrihet som var ekstremt viktig for DLF. De mente at frihet innebar 100 % demokrati (en oppfatning som koblet sammen en merkelig oppfatning av både frihet og demokrati, og som var i strid med DLFs eksplisitte standpunkt om at DLF var imot demokrati, forstått som ubegrenset flertallsstyre; DLF var for individuell frihet). Enkelte hevdet også at alle andre partier sto for fascisme, og at norske politikere i maktposisjoner er tyranner.

Men kanskje det verste av disse standpunktene var dette: skatt er å sammenligne med voldtekt. Det er opplagt riktig at å bli tvunget til å betale skatt er en krenkelse, og at det også er riktig å si at en voldtekt er en grov krenkelse av offeret. De som brukte dette argumentet mente åpenbart at siden begge handlinger er krenkelser, er de sammenlignbare, og man kan si at «skatt er [like ille som] voldtekt». Men dersom man har en viss virkelighetskontakt vil man forstå at det er ulike typer krenkelser, og at ikke alle er like grove. Man kan krenke noen ved å ta hans eller hennes penger, ved å ta en viss prosent av vedkommendes inntekt, ved å ta noe han eller hun eier (f.eks. ved å ekspropriere hus eller eiendom), eller ved å krenke vedkommendes kropp. Alt dette er krenkelser, men de er ikke like grove; minst grovt er det å ta en andel av vedkommendes inntekt, mest grovt er å krenke noens kropp (ved f.eks. tvangsabort, ved å måtte donere en nyre, ved å bli utsatt for voldtekt).

De som brukte dette argumentet så ikke disse vesentlige gradsforskjellene, og siden de brukte disse poengene i eksterne debatter resulterer det i at i visse miljøer ble DLF oppfattet som partiet som mente at «skatt = voldtekt». Dette var altså resultatet av at folk med sympati for noe de tror er frihet, men som ikke har stor forståelse av hva det er og hvordan den begrunnes, og lite kjennskap til hvordan man oppfører seg når man er med i en organisasjon eller i et parti, blir aktive uten å sette seg grundig inn i det som er ideologien. Bare for å ha sagt det også her: «voldtekt er en langt verre krenkelse enn å bli beskattet».

Dette resulterte altså i at i visse ikke uviktige miljøer ble DLF koblet opp mot en rekke standpunkter som DLF ikke hadde, standpunkter som var i strid med det DLF virkelig sto for, og som ga et svært useriøst bilde av DLF.

Mer byråkrati

I perioden fra 2001 ble alle partier, og alle andre virksomheter, av staten stadig pålagt mer rapportering og mer skjemautfylling. Dette ble gjort for at staten skulle få stadig større kontroll med alt som foregikk (man skulle rapportere slike ting som ansatte og deres lønninger, hvilke inntekter/gaver man hadde fått og hvor de kom fra, det kom krav om at partienes regnskaper skulle revideres av godkjent revisor og ikke som tidligere av en revisor landsmøtet fritt kunne velge, etc.). Regelverket ble stadig mer komplisert og førte til stadig større arbeidsbyrde – regelverk skulle leses og forstås, skjemaer skulle fylles ut og sendes inn – for de som hadde verv i partiet, dvs. spesielt for generalsekretæren. Siden alt arbeid i DLF var ulønnet, gjorde dette at gleden ved å arbeide for DLF ble noe dempet.

Avslutning

I 2015 var DLFs situasjonen slik: Partiet var utsatt for full presse-boikott, det var fortsatt koblinger til det sosialliberale DLF (ved hver valgkamp ble de som representerte DLF spurt av flere velgere om DLF var det samme partiet og hadde samme politikk som det som ble dannet etter splittelsen fra Venstre i 1972!), det var fortsatt koblinger til Vidar Kleppes nasjonalistiske parti Demokratene, dette fordi det var store oppslag i pressen om dette i 2001 og siden avisene ikke hadde skrevet om DLF etter dette. Videre, det var liten rekruttering, det var mer byråkrati som innebar mye meningsløst arbeid, og det var et bilde i deler av det politiske miljøet som ikke bare var i strid med det DLF virkelig sto for, men som ga partiet et useriøst image. Situasjonen var ikke lys. Og i denne situasjonen tar Vegard Ottervig kontakt med VM for å lufte ideen om å danne et nytt liberalistisk parti som skal overta den plassen som DLF har, men med nytt navn, nye folk, nye ansikter, ny nettside, ny profil, og en mindre stringent ideologisk linje enn den DLF hadde.

DLFs ledelse inviterte til medlemsmøte i Oslo 13. november 2013 hvor Ottervig la frem sine planer, og ga ham også tid på landsmøtet i 2014 for å legge frem planene for representanter fra hele landet. Landsmøtet betraktet dette som en god ide. DLF valgte å legge seg i dvale inntil det viste seg hvordan utviklingen i det nye partiet – som fikk navnet Liberalistene – skulle bli. Det endelige resultatet var at Liberalistene gjorde gode valg i 2015 og 2017, og DLF ble besluttet nedlagt fra 31. desember 2017.

DLF nettside vil bli opprettholdt, og alle nyhetskommentarer, DLFs programmer og alternativt statsbudsjett vil bli tilgjengelige fremover. Som nevnt vil også diskusjonsforumet være åpent fremover.

Addendum 2021

Med stor iver og entusiasme ble partiet Liberalistene dannet i 2014. Raskt fikk partiet om lag 100 medlemmer, og dette var i betydelig grad personer som ønsket å tilhøre et liberalistisk parti, men som mente at DLF ideologisk sett var for smalsporet. Nysatsingen på Liberalistene førte også til at den nye partiet nådde frem til et stort antall personer som ikke kjente til DLF. Økonomien til det nye partiet ble også svært god, partiet mottok en rekke generøse gaver, og også DLF bidro med et betydelig beløp.

Valget om å ikke kjøre en klar ideologisk linje innebar at partiets nettside ønsket besøkende velkommen med sine fanesaker «Trygg hverdag. Økt velstand. Større mangfold», noe partiets ledelse mente kunne appellere til et bredt publikum. Liberalt forum på facebook, som ikke er en offisiell side for partiet, definerte liberalismen slik: «Liberalisme er livssynet om å vise toleranse for våre forskjeller, at vi ikke skal stå i veien for hverandres liv». Dette var en langt mindre tydelig linje enn den DLF hadde fulgt: DLF presenterte seg som «partiet for individuell frihet».

Liberalistene skulle følge en linje som er beskrevet som et «Åpent telt», dvs. at partiet skulle være åpent for en rekke ideologier som alle hevdet å være liberalistiske. Mange i partiet mente også at det var realistisk å komme inn i kommunestyrer i 2019 og endog bli representert på Stortinget i 2021.

I partiet var det diskusjon om man i programmet skulle legge vekt på en endestasjonsmodell eller en mellomstasjonsmodell, dvs. om de primært skulle beskrive hvordan målet (et fritt samfunn med full individuell frihet og markedsøkonomi) skulle se ut, eller om man skulle legge vekt på hvordan man skulle komme dit, dvs. hvordan man skulle gradvis endre dagens system slik at man kom nærmere et fritt samfunn. Det var den siste modellen som vant gjennomslag.

Som følge av Åpent-telt-modellen kom det inn i partiet en rekke personer som ikke var konsekvente liberalister, og dette førte til at slike ting som forslag om å innføre borgertrygd fikk en viss oppslutning blant noen medlemmer. Det kom også inn forslag om å innføre vesentlige endringer i skattesystemet.

Nettstedet liberaleren.no, det nærmeste man kom en uoffisiell partiavis for Liberalistene, hvor den allestedsnærværende anarkist Bent Johan Mosfjell ble redaktør i 2019, publiserte artikler med et bredt spekter av politiske meninger og vurderinger. I 2019 og 2020 kunne man der finne artikler med titler som «Er Kristin Clemet liberalistenes egentlige leder?», «Borgerlønn til alle?», «Det finnes en løsning på klimakrisen», etc. Men man kunne også finne artikler som ga uttrykk for et konsekvent liberalistisk grunnsyn.

Partiet stilte til valg i Oslo i 2015, og fikk 458 stemmer, noe som nå karakteriseres som et godt resultat. Partiet satset sterkt på Stortingsvalget i 2017, og mange i partiet regnet med at de kunne få innpå 10000 stemmer. De fikk ca 5600, noe som mange syntes var skuffende lavt. Ved kommunevalget i 2019 stilte partiet i et stort antall kommuner, og fikk 4482 stemmer. Ved fylkestingsvalget fikk partiet 6379 stemmer.

Det ble også etter hvert uenighet om hvem som skulle lede partiet. Espen Hagen Hammer ble partiets første leder, og han ble i 2015 erstattet av Arnt Rune Flekstad. På landsmøtet i 2018 stilte Ronny Skjæveland som motkandidat til Flekstad, men Flekstad ble gjenvalgt med 49 mot 48 stemmer. På landsmøtet i 2020 stilte igjen Skjævelad som motkandidat etter å ha blitt innstilt av valgkomiteen, og nå ble han valgt med 41 mot 33 stemmer. Det ble hevdet at det ikke var politiske motsetninger som var årsak til at valgkomiteen og landsmøtet foretrakk Skjæveland som ny leder.

Noe som ga partiet bred presse etter landsmøtet i 2020 var at tidligere nestleder i og statsråd for FrP, Per Sandberg, gikk inn i partiet. Sandberg tilhørte den mer folkelige fløyen i FrP, og mange mente at Sandberg som ny frontfigur ikke ville styrke Liberalistenes seriøse image. Sandberg fikk ingen verv, man han stilte seg til disposisjon for partiet; muligens siktet han på en plass på en Stortingsvalgliste.

I forbindelse med den utviklingen som skjedde i Liberalistene, meldte både partiets grunnlegger Vegard Ottervig, og partiets første leder Espen Hagen Hammer, seg ut av partiet. I den forbindelse skrev Ottervig bla. følgende på liberaleren.no 16. august 2020:

En av de åpenbare utfordringene med Liberalistene er den grunn-leggende inkompatibiliteten mellom diverse medlemsgrupper. For eksempel: libertarianere og objektivister har overfladiske likhetstrekk i sin motstand mot velferdsstaten og higen etter økt frihet, men bak fasaden finner vi grunnleggende uenigheter som er så enorme at de forbigår "de enorme forskjellene" mellom samtlige stortingspartier på høylys dag.

Til denne volatile miksen kan vi også legge til anarkister, sosialliberalere, konservative og "vanlige" liberalister – og resultatet blir ofte evige interne diskusjoner om emner som burde ha vært avgjort for lengst i et konsekvent liberalistisk parti. Å kjempe en tofrontskrig – én intern og én ekstern – er en turnoff.

Jeg mener det er fånyttes å jobbe med partipolitikk og flikke på velferdsmaskineriet for å endre de grunnleggende idéene i samfunnet. Detaljjustering av eksisterende ordninger fører til en grumsete visjon og et grumsete mål for Liberalistene.

Jeg er rett og slett ikke interessert i å diskutere detaljer i pensjonsordninger eller hvor mange karensdager vi skal ha. Praktisk politikk med alt det innebærer av maktkamp, interne konflikter, detaljstyring av skatt og reguleringer, og å stå på stand for å diskutere tilskuddsordninger og finansieringspakker med sosialdemokrater, er mildt sagt ineffektivt som en faktor for å endre samfunnets grunnleggende idéer.

Jeg er mer interessert i prinsippene til politisk filosofi, og ikke praktisk detaljpolitikk innen en sosialdemokratisk kontekst. Flikking på velferdsmaskineriet skaper ikke grobunn for kommunikasjon av klare, rasjonelle idéer. For det trengs i dagens Norge.

For syv år siden var jeg ikke fullstendig klar over hva DLF egentlig forsøkte å få til. Jeg trodde de var et standard politisk parti, ute etter makt for å endre samfunnet gradvis i mer frihetlig retning. Jeg tok feil. Selv om DLF poserte som et vanlig parti, var de i realiteten en slags tankesmie, ute etter å spre klare, rasjonelle og virkelighetsforankrede idéer. Ja, mange av idéene provoserte, stakk dypt og gjorde meg forferdet de første gangene jeg ble eksponert for dem. Men, gradvis over tid, kom jeg til å realisere at DLF hadde rett i stort sett alt.

Men hvorfor gå for denne modellen? Hva er vitsen med et politisk parti som faktisk ikke skal gjennomføre politikk? DLFs taktikk var å komme inn på unike arenaer, som skoledebatter, for å påvirke ungdommer – fremtidens intellektuelle. Det langsiktige målet var å gradvis få innflytelse med grunnleggende, rasjonelle idéer via ungdommer og universitetene, for deretter å påvirke skolene, media, og de andre politiske partiene til å følge etter. Det er grunnleggende idéer som gjelder. ...

For å vite om alternativet til sosialdemokrati og altruisme trenger folk å høre krystallklare rasjonelle idéer kommunisert av noen som ikke trenger å ta hensyn til potensielle velgere. Noen må si det som det er. Det var dette DLF gjorde og det Liberalistene nå dessverre er på vei til å vende seg bort fra.

Etterord

En av tesene i denne boken er at det er fundamentale filosofiske ideer som styrer historien: de grunnleggende ideer som er akseptert i en befolkning bestemmer alt fra hvordan befolkningen organiserer sitt samfunn til hvordan levestandarden er.

La oss helt til slutt se på to konkrete eksempler som illustrerer dette. La oss sammenligne revolusjonen i Amerika i 1776 og revolusjonen i Frankrike 1789. Den amerikanske revolusjon førte til at USA ble et i meget stor grad kapitalistisk land, og etter hvert ble USA verdens mektigste nasjon. I perioden frem til begynnelsen av det tyvende århundre hadde USA en kolossal økonomisk vekst (den sterkeste veksten skjedde i perioden fra 1865 til 1929), og den materielle velstanden økte sterkt. Innvandrere fra store deler av verden kom til USA for å søke lykken, og mange av dem fant den der. Slaveriet var et grusomt og meget beklagelig unntak fra friheten i USA, men de nordlige og mest kapitalistiske delstatene gikk til en borgerkrig mot de mer føydale sørstatene for å få oppheve slaveriet.

I Frankrike hadde revolusjonen et helt motsatt resultat. Der ble revolusjonen etterfulgt av en anarkistisk periode med omfattende terror: ca 17 000 mennesker ble henrettet etter en offisiell dom; mange ble drept uten lov og dom, mange andre sultet ihjel i fengsler. Det totale antall døde skal være ca 40 000. En slik periode kan ikke vare lenge, og også denne revolusjonen førte til noe som må omtales som et kupp: den seierrike generalen Napoleon Bonaparte tok makten i november 1799 – Frankrike ble reellt sett et militærdiktatur. Senere kom det kriger, både mellom Frankrike og andre land (England, Russland), og borgerkrig i Frankrike. Denne perioden endte med Napoleons endelige nederlag ved Waterloo i 1815.

De personer som er mest kjent etter revolusjonen i USA er folk som Thomas Jefferson, Alexander Hamilton, George Washington, John Adams; intellektuelle giganter og betydelige statsmenn. De personer som er mest kjent etter revolusjonen i Frankrike er folk som Jean-Paul Marat, Maximilien de Robespierre, Louis Antoine de Saint-Just – som alle med full rett kan karakteriseres som terrorister og tyranner.

Hvordan kunne disse to revolusjonene, som begge var uttrykk for vanlige menneskers ønske om frihet, gi så motsatte resultater? En viktig forskjell var at det i Frankrike var en betydelig adelsstand som ikke uten en viss rett var hatet av folk flest, men terroren etter revolusjonen rammet ikke bare adelen, den rammet også de revolusjonære lederne selv.

Forskjellen mellom det som fulgte de to revolusjonene kom av de ulike ideene som de revolusjonære bygget på.

USA

De amerikanske revolusjonære var preget av de individualistiske ideene til John Locke. Dette gjaldt ikke bare de intellektuelle, men også i stor grad befolkningen: Patrick Henrys «Give me liberty or give me death!» var et slagord praktisk talt alle sluttet opp om. De amerikanske grunnlovsfedrene – George Washington, Alexander Hamilton, Benjamin Franklin, John Adams, Samuel Adams, Thomas Jefferson, James Madison – var alle rasjonelle individualister, de var opplysningstids-tenkere som satte fornuft og individets rettigheter høyt. De var alle tilhengere av individets suverene rett til å styre sitt liv, og de mente at statens eneste oppgave er å beskytte denne retten.

Resultatet ble at det ble dannet en republikk på eksplisitt rasjonelle verdier, og dette ga et samfunn med stor grad av frihet, noe som igjen førte til en stigende velstand. Dessverre var disse ideene, som er korrekte, ikke godt begrunnet: Jefferson hadde for eksempel ingen annen begrunnelse for individers rettigheter enn at de er selvinnlysende og at de er gitt oss av Skaperen. Når da tilsynelatende velbegrunnede, men egentlig sterkt virkelighetsfjerne og irrasjonelle ideer med utgangspunkt i tenkere som Kant, Hegel og Marx, ankom USA fra i hovedsak Tyskland på slutten av 1800-tallet, begynte disse ideene etter hvert å prege først USAs intellektuelle, og derfor preget de etter hvert store deler av befolkningen. Et forfall satte derfor inn i USA utover i det tyvende århundre. (Se mer om dette i artikkelen «Romerrikets fall i reprise»[*].)

---

[*] Dette tema er ytterligere begrunnet i tre artikler om USAs utvikling i min bok *SISTE ORD* (2021).

448

Frankrike

De franske revolusjonære, derimot, var ikke preget av den rasjonelle individualisten John Locke, de var preget av den irrasjonelle kollektivisten Jean Jacques Rousseau.

Rousseau hevdet i *En avhandling om kunst og videnskap* (1749) at fornuft, videnskap, teknologi og frihet hadde hatt en negativ innflydelse på menneskets moral. Videnskap, litteratur og kunst er ifølge Rousseau moralens største fiende: de skaper kunstige behov og gjør mennesket til en forbruker. Rousseau hevdet at mennesket bør leve som det opprinnelig levet, som en edel villmann. Uttrykket «tilbake til naturen» kommer fra denne holdningen. Sivilisasjonen – Vestens rasjonelle sivilisasjon – har ifølge Rousseau ødelagt mennesket og er menneskets største fiende. Det første skritt vekk fra den gode naturtilstand kom ifølge Rousseau med innføringen av eiendomsretten. «Den første som gjerdet inne et område og sa "dette er mitt", og fant at andre var dumme nok til å tro på ham, var den som grunnla [den ifølge Rousseau ødeleggende] sivilisasjonen».

Rousseau var tilhenger av en totalitær styreform: all makt bør samles i hendene til én person, Lovgiveren. Hvert individ er først og fremst en del av Staten, og Staten har rett til å eliminere enhver person som ikke innpasser seg. Rousseau støttet sensur av upassende meninger, og han ønsket at Staten skal kontrollere hele det økonomiske og sosiale liv. Staten skal også bekjempe luksus og bykultur. Rousseaus forslag til den troskapsed som han ønsket at staten Korsika skulle kreve av sine innbyggere, illustrerer dette:

> «Jeg gir meg selv, min kropp, min vilje og alle mine krefter til den korsikanske nasjon, og gir den full disposisjonsrett over meg og alle som avhenger av meg».

Rousseau mente at kapitalismen – individuell frihet – er umoralsk fordi den belønner overfladiske egenskaper som kreativitet, utholdenhet og arbeidsomhet, og fordi den fører til sosiale forskjeller. Det viktige er ifølge Rousseau intensjon, ikke handlinger eller handlingers konsekvenser. Rousseau hevdet også at rettigheter ikke er gitt ut ifra menneskets natur, rettigheter gis til folket ved politiske vedtak etter de styrendes forgodtbefinnende. Som man kan se av Rousseaus ideer er det ikke overraskende at de førte til terror og diktatur.

Det skulle være lett å konstatere at Rousseau ikke var noen renessanse-tenker, tvert imot. Han var den første betydelige tenker som forfektet ideer som innebar et brudd med renessansen og opplysnings-tiden.

Senere tenkere fulgte tradisjonen fra Rousseau, de viktigste var Kant, Hegel og Marx, som alle var sterkt influert av Rousseaus ideer. Så selv om det var i den franske revolusjon at vi hørte kravet om «frihet, likhet, brorskap», var det etter den amerikanske revolusjon at dette i størst grad ble gjennomført. Grunnen er at det er fundamentale filosofiske ideer som styrer historien, og den franske revolusjon var basert på irrasjonelle og derfor menneskefiendtlige ideer, mens den amerikanske revolusjon var basert på rasjonelle ideer, ideer som er i samsvar med virkeligheten og menneskets natur. Kun grunnleggende rasjonelle ideer utbredt i befolkningen kan derfor gi oss et samfunn preget av frihet, likhet og brorskap – kun rasjonelle ideer kan gi oss et kapitalistisk samfunn, og kun kapitalismen kan gis samfunn preget av fred, harmoni, og velstand.

www.ingramcontent.com/pod-product-compliance
Lightning Source LLC
Chambersburg PA
CBHW022345280326
41935CB00007B/78